國家社科基金重大項目《荊楚全書》編纂成果

荆楚文庫

梅國楨集

〔明〕梅國楨 著 淩禮潮 整理

梅國樓集

〔明〕梅國樓 著 淩禮潮 整理

荆楚文庫編纂出版委員會
華中師範大學出版社

荊楚文庫

梅國楨集　梅國樓集

MEIGUOZHEN JI　MEIGUOLOU JI

圖書在版編目 (CIP) 數據

梅國楨集 /（明）梅國楨著；淩禮潮整理 . 梅國樓集 /（明）梅國樓著；淩禮潮整理 .
—武漢 : 華中師範大學出版社 , 2022.6
（荊楚文庫）
ISBN 978-7-5622-9564-8
Ⅰ . ①梅…　②梅…
Ⅱ . ①梅…　②梅…　③淩…
Ⅲ . ①梅國楨—文集　②梅國樓—文集
Ⅳ . ① C53
中國版本圖書館 CIP 數據核字（2021）第 238809 號

責任編輯：魏耀武
整體設計：范漢成　曾顯惠　思　蒙
責任校對：張懷東
責任印製：劉　敏
出版發行：華中師範大學出版社
地址：湖北省武漢市洪山區珞喻路 152 號（湖北・武漢）
電話：027-67863426（發行部）　郵政編碼：430079
録排：桂子工藝
印刷：湖北新華印務有限公司
開本：720mm × 1000mm　1/16
印張：32.25
字數：460 千字
版次：2022 年 6 月第 1 版　2022 年 6 月第 1 次印刷
定價：149.00 圓

ISBN 978-7-5622-9564-8
9 787562 295648 >

出版説明

湖北乃九省通衢，北學南學交會融通之地，文明昌盛，歷代文獻豐厚。守望傳統，編纂荊楚文獻，湖北淵源有自。清同治年間設立官書局，以整理鄉邦文獻爲旨趣。光緒年間張之洞督鄂後，以崇文書局推進典籍集成，湖北鄉賢身體力行之，編纂《湖北文徵》，集元明清三代湖北先哲遺作，收兩千七百餘作者文八千餘篇，洋洋六百萬言。盧氏兄弟輯録湖北先賢之作而成《湖北先正遺書》。至當代，武漢多所大學、圖書館在鄉邦典籍整理方面亦多所用力。爲傳承和弘揚優秀傳統文化，湖北省委、省政府决定編纂大型歷史文獻叢書《荊楚文庫》。

《荊楚文庫》以“搶救、保護、整理、出版”湖北文獻爲宗旨，分三編集藏。

甲、文獻編。收録歷代鄂籍人士著述，長期寓居湖北人士著述，省外人士探究湖北著述。包括傳世文獻、出土文獻和民間文獻。

乙、方志編。收録歷代省志、府縣志等。

丙、研究編。收録今人研究評述荊楚人物、史地、風物的學術著作和工具書及圖册。

文獻編、方志編録籍以1949年爲下限。

研究編簡體横排，文獻編繁體横排，方志編影印或點校出版。

《荊楚文庫》編纂出版委員會

2015年11月

前　言

一

梅國楨（1542—1605），初名梅鼎，大約在參加鄉試前更名爲梅國楨。字公生，又字克生，亦作客生，號衡湘，麻城人。梅國楨生於明嘉靖二十一年（1542），卒於萬曆三十三年（1605），享年六十四歲。

梅國楨的科舉之路頗不順利，自隆慶元年（1567）以第五十五名的成績中舉後，一直到萬曆十一年（1583）才進士及第。其間六上公車，久困場屋，中進士時已四十二歲。從萬曆十一年起，梅國楨任順天府固安縣令。十五年（1587），以政最擢河南道試御史，尋丁母憂。萬曆十九年，以母憂服除，起浙江道御史。

梅國楨的仕途轉折在萬曆二十年（1592），已年届五十一歲。這年二月，寧夏致仕副總兵哱拜"殺巡撫右僉都御使黨馨、督儲道兵備副使石繼芳"，談遷《國榷》卷七十六。韃靼河套部也蠢蠢欲動。梅國楨挺身而出，力排眾議，獨薦李成梁父子領兵平叛，並自請以身監軍，疏四上始准，以御史監軍赴寧夏。在寧夏，梅國楨身先士卒，始終戰鬥在最前綫，與將士同甘共苦。經過五個多月的戰鬥，終於取得了勝利。萬曆二十一年四月，叛乱平定，梅國楨以功升太僕寺少卿，正四品。八月，升都察院右僉都御史，巡撫山東，旋改大同。萬曆二十六年（1598）四月，升兵部右侍郎兼都察院右僉都御史，總督宣府、大同、山西軍務，兼理錢糧。官居三品，達到了他仕途的顛峰。萬曆二十九年（1601）正月，歸鄉丁父憂，服闋即疾作不起，萬曆三十三年（1605）五月去世。按照明朝的慣例，總督入朝即可爲兵部尚書，可惜他還没有來得及施展自己的抱負，就與世長辭了。

梅家是麻城望族，與劉氏、李氏、周氏，並稱麻城四大巨族。梅國楨的祖父梅吉對他的影響很大。據《梅氏族譜》記載，梅吉字仲修，號西野。中弘治己未（1499）進士，選任南京車駕司郎中，外轉廣東惠州府知府。到任才八個月，就因替府學生員鳴不平並爲之白冤而得罪了上司，於是挂冠歸里，不再做官，歸家時“囊只俸金八兩”。梅吉身材高大，爲人端重，性直憨而善談論。有子五人，但無一人取得功名，孫子輩中也不見有出類拔萃的人物。而劉氏家族已出了八名進士，李氏和周氏家族也是接連金榜題名。於是，梅吉把光宗耀祖的希望寄託在孫子梅國楨身上。梅國楨的父親梅汝觀，是梅吉的第五個兒子。母親是進士陳三泉的女兒，這當是梅吉最得意的一門親事。梅國楨出生時，梅吉已八十一歲，老太爺自然視之若掌上明珠，悉心培養。梅國楨早慧，四歲即能對句，“客有以‘桂花香十里’試公者，公應聲曰‘梅子發千枝’，試者奇之”。《梅氏族譜》卷首莊天合撰《梅公墓誌銘》。這事雖然讓人覺得有些誇張，但梅國楨比一般的孩子聰明是可以肯定的。八歲那年，梅吉去世。年幼的梅國楨，在爲人正直而又學識淵博的祖父的呵護下，健康而又快樂地成長。求取功名、光宗耀祖的渴望，也深深地刻入了他幼小的心靈。

第二個始終影響着他的宦途走向和人生理想的人，就是劉天和。

劉天和（1479—1545），字養和，號松石。正德三年進士，授南京禮部主事，累遷右副都御史，後以故官總理河道。嘉靖十五年（1536），爲加强邊備，升劉天和兵部左侍郎兼都察院右副都御史，總制陝西三邊軍務。嘉靖十七年（1538）八月，韃靼吉囊部擾河西，劉天和却之，升爲兵部尚書兼左都御史，仍任三邊總制。嘉靖十九年（1540），寇將入平虜城，劉天和伏兵花馬池。寇戰不勝，走河上，遇伏兵，多死于水。吉囊乘虛寇固原，剽掠且饜，而諸將多畏縮，天和斬指揮二人，召故總兵周尚文令立功。會陝西總兵官魏時剿寇至黑水苑，尚文盡鋭夾擊，殺吉囊子小十王。寇退寧夏，巡撫楊守禮、總兵官任傑等復邀擊，敗之鐵柱泉，斬獲共四百四十餘級。論功，加天和太子太保，蔭一子錦衣衛正千户，爲世爵，前後賚賞銀幣十數。後遷南京户部尚書。嘉靖二十年（1541），俺答派使者至大同，請求與明朝通貢互市，保證以後“令邊民墾田寨中，夷衆牧馬塞外，永不相犯”。明朝廷認爲其請貢不可信，予以回絶。又誅戮使者，傳首九邊。俺答大怒。次年六月，俺答部以十萬騎擾山西，掠十衛三十八州縣，殺戮男女二十餘萬，搶掠金錢財寶無算，焚毁公私廬舍八萬户，蹂踏田禾十萬頃。七月方出塞而歸。嘉靖帝又改天和爲兵部尚書，提督團營。嘉靖二十二年（1543），言官論天和衰老，遂乞休歸。家居三年卒。贈少保，謚莊襄。

劉天和在歷史上最值得稱道的功績，一是治河，二是禦邊。在擔任河道總理期間，“黄河南徙，歷濟、徐皆旁溢。天和疏汴河，自朱仙鎮至沛飛雲橋，殺其下流。疏山東七十二泉，自凫、尼諸山達南旺河，浚其下流。役夫二萬，不三月訖工”①。尤其是他推行的“植柳六法”的護堤措施，更爲明代治河專家潘季馴所學習和繼承。可以説，在明代治河史上，劉天和的影響僅次於潘季馴。出任三邊總制後，劉天和注重改進武器裝備，以原用“兵車皆雙輪，用二十人，遇險即困，又行遲不適於用”。乃改爲單輪車，“上置炮槍斧戟，厢前樹狻猊牌，左右虎盾，連二車可蔽三四十人。一人挽之，推且翼者各二人。戰則護騎士其中，敵遠則施火炮，稍近發弓弩，又近乃出短兵。敵走則騎兵追。復製隨車小帳，令士不露宿。又毒弩矢，修邊牆濠塹”。《明史》卷二〇〇。這一系列措施，使軍隊的戰鬥力大大提高，軍威大振，屢敗韃靼兵。

劉家與梅家數代姻親不絶。儘管劉天和死時梅國楨才四歲，但那些傳奇性的戰鬥故事和令人神往的邊塞風光，自然會給他留下不可磨滅的記憶。“丈夫重勳業，壯士薄雕蟲！近聞關塞外，和議漸不終。”“便須南取倭，北擊虜，功成不受印如斗。”《匕首篇》。在他爲數不多的詩中，充斥着一種非常强烈的建功立業的渴望。萬曆十六年九月，青海部長他不囊犯西寧，殺副將李魁。邊境騷動。正居家服母喪的梅國楨，一直密切地

① 张廷玉等：《明史》卷二〇〇，中華書局2000年版，第3527頁。

注視着事態的發展，尋找着奔赴疆場、“繫單于之頸”①、殺敵立功的機會。

萬曆二十年，年過半百的監察御史梅國楨，終於抓住了寧夏平叛的機遇，實現了自己建功立業、報效國家的夙願。我們看他的《西征集·第一疏》：“爲今之計，非力剿無以定禍亂，非分别無以宥無辜，非詔赦無以安脅從，非特遣無以重事權，非破格無以用豪傑，非便宜無以中事機，非重賞無以作士氣。”力主出兵剿平禍亂。所謂“特遣”，實際上就是爲自己的請纓自薦埋下伏筆。果然，在《第二疏》中他就挺身而出了：“臣自外吏入厠臺班，雖懷狗馬之心，未效涓埃之報。若疑徒市私恩，不顧國計，願與成梁馳赴寧夏，同心討賊。不必加以别銜，假之重任。但憑陛下威靈，生平忠義。賊知歸命，則臣爲陛下之使，奉揚恩赦以安反側；負固不服，則臣爲陛下之將，披堅執鋭爲士卒先。”但梅國楨並非一介莽夫，他對邊事有着深切的了解。他説：“我朝邊事，自洪武以至嘉靖，一時也；自隆慶以至萬曆十八年，一時也；自十八年以至今日，又一時也。蓋洪武以至嘉靖，寇無歲不犯，我無歲不備。各軍雖有戰守之勞，無克削之苦。嘉靖以至隆慶，和議既成，不修戰守。各軍雖有克削之苦，而無操練之勞。今時則異是矣，外實修和而内欲兼戰。修和則不免仍克削以爲媚寇之資，兼戰則徒有操練而無首功之望。”《第一疏》。這個分析，既高屋建瓴，又切中要害。對於敵情，他認爲：“其心必不肯悔禍，其黨又無敢先發。遷延一日，則禍深一日；狂謀愈成，黨與愈固；聲勢愈大，風聞愈遠；脅從愈多，人心愈疑。既難以俟其自定，又不可嚇以虚聲。外有勾連，内有觀望；近者蠶食，遠者震驚，將來之患有不可勝言者矣！”同上。一旦皇上同意他以御使監軍後，他似乎忘記了先前所説“不必加以别銜，假之重任”的話，立即向神宗提出五條要求。其中第一條就是請皇帝“假以威令”，賜給他可以“誅將士之不用命者”的

① 李贄：《與梅衡湘》，《李贄全集注（第一册）·焚書注（一）》卷二，社會科學文獻出版社 2010 年版，第 160 頁。

尚方寶劍。第二條竟要求不僅僅“監軍”，還可指揮作戰。第三條則是索取人事權，等等。《第四疏》。總之，讀他的《西征集》，我們除了感受到他那迫不及待的立功報國之心以外，還不能不佩服他對邊事的洞察和對軍事的留心。

二

梅國楨與李贄的交往，是一個值得學術界認真研究的問題。

李贄一生，以求友爲樂，汲汲於尋覓勝己之友，以至於“終日欲見勝己之心，終年有不見知己之恨”。但是，在他那些最親近的朋友之中，却很難找到幾個真正能與他始終不渝的人。耿定理因早逝姑且不論，那些被李贄視爲“相愛”但並非“相知”的楊定見、劉近城、無念、丘長孺之輩也姑且不論，其他如周思久、周思敬、焦竑等李贄視爲勝己之友者，當耿定向與李贄的論戰開始後，或與李贄關係破裂，或首鼠兩端，依違其間，或干脆疏遠回避，音耗闕然。直至李贄生命的盡頭，我們所能看到自始至終與他堅定的站在一起的，除了一個馬經倫外，就只有一個梅國楨了。

梅國楨與李贄的初次見面在萬曆十六年春二月①，在梅家位於城北龍池邊的環陽樓上，李贄寫了《環陽樓晚眺得“棋”字》一詩。就在這以後，梅國楨之女梅澹然認識了李贄，並因李贄的影響而落髮出家。李贄在談到他和澹然的交往時說：

> 彼知我不肯爲人師也，然已時時遣人走三十里問法。余雖欲不答，得乎？彼以師禮默默事我，我縱不受半個徒弟于世間，亦難以不答其請。故凡答彼請教之書，彼以師稱我，我亦以澹然師答其稱，終不欲犯此不爲人師之戒也。嗚呼！不相見而相師，不獨師而彼此

① 參見林海權：《李贄年譜考略》，福建人民出版社 2005 年版，第 202 頁。

皆以師稱，亦異矣！①

萬曆二十一年（1593），李贄將他和梅澹然等人的來往書信結集爲《觀音問》刻印成書，公佈於世，在朝野掀起軒然大波。一些封建士大夫、理學家們羣起而攻之，甚至勾結官府，對李贄進行迫害。在這種情況下，梅國楨不僅没有因事涉女兒名節而回避，反將李贄接往大同，“供養甚備”②，還爲其抄録《藏書》並作序。他在序言中說：“自古豪傑之士，其識趣論議，與世人定不相入。故其人惟艱難危急之時用焉，當治平無事，往往無以自見。其磊塊不平之氣，不得已而筆之於書。書又不相入，而藏之名山以俟千百世之下。又安知千百世之人不猶今之人乎？豪傑之士，不宜於人也如此。……余不及秃翁遠甚，而與世不相入則甚似之。”③ 這些話，既評李贄又兼自況；既是他們人生遭際的共同特點，也是他們友情不渝的思想基礎。李贄至雲中，特地帶去了他的《孫子參同》書稿，除了請梅國楨爲其作序以外，可以推想，更重要者，當是有所就教于梅國楨。就如梅國楨在《〈孫子參同〉敘》中所說：“雲中於兵，猶齊魯之于文學，其天性也。”④ 對於李贄來説，梅國楨自然更加精通《孫子兵法》。李贄對梅國楨的評價是很高的，稱之爲“伯樂之千里馬，王武子之八百駿”。針對有人攻擊梅國楨“專任權智”“大樣”麻城方言，指高傲、看不起人的樣子。的言論，李贄辯解道：“余謂衡湘雖大樣，然心實細謹，非曹孟德等比也。必如曹孟德等，方可稱之爲江淮河海之水，如之何而遂遽以譽衡湘也哉？……然千里之駒，一日而致；

① 李贄：《豫約》，《李贄全集注（第二册）·焚書注（二）》卷四，社會科學文獻出版社 2010 年版，第 105 頁。

② 李贄：《答李惟清》，《李贄全集注（第三册）·續焚書注》卷一，社會科學文獻出版社 2010 年版，第 73 頁。

③ 梅國楨：《李氏書序》，《梅國楨集》卷二，凌禮潮箋校，湖北人民出版社 2006 年版，第 101 頁。

④ 梅國楨：《孫子參同序》，《梅國楨集》卷二，凌禮潮箋校，湖北人民出版社 2006 年版，第 101 頁。

八百之牛，一日而程。麟乎鳳乎，雖至奇且異，亦奚以異爲也？士之任重致遠者，大率類此。而世無伯樂，祇謂之馬牛而不知其能千里也，真可慨也！”① 在《與友人》的信中，李贄將梅國楨與顧養謙作了比較和評價：

顧沖庵具大有爲之才，負大有爲之氣，而時時見大有爲之相，所謂才足以有爲，而志亦欲以有爲者也。梅衡湘亦具大有爲之才，而平時全不見有作爲之意，所謂無爲而自能有爲者也。此二公之别也。然皆當今之傑也，未易多見者也。顧沖庵氣欲蓋人，而心實能下人。梅衡湘時時降下於人，而心實看不見人。此又二公之别也，然亦當今之傑也，未易多見也。在寧夏時，以不干己之事而能出力以成大功，其有爲也如此；今居大同，軍民夷虜若不見有巡撫在其地者，其安静不爲也又如此，所謂真人傑者非耶？②

在寫給陶望齡的信中，李贄又將梅國楨與馬經綸等三人作了比較，他説：“梅客生雖眼前造詣勝是三公，但負其奇邁，少許可，亦終爲經世士耳。”③

萬曆二十五年，李贄在山西動身前往大同之前，應劉東星的女婿王洽之請，爲其作《壽王母田淑人九十序》一文，不到七百字的篇幅，就有近五百字是在談論梅國楨；至大同途中，寫了《晉陽懷古》一詩，對梅國楨在平定寧夏兵變中首建奇功而没有得到應有的奬賞表達了對朝廷的不滿和對國楨的同情。到桑乾河邊，李贄已經按捺不住即將見到梅國

① 李贄：《八物》，《李贄全集注（第二册）·焚書注（二）》卷四，社會科學文獻出版社 2010 年版，第 60 頁。

② 李贄：《與友人》，《李贄全集注（第三册）·續焚書注》卷一，社會科學文獻出版社 2010 年版，第 117 頁。

③ 李贄：《復陶石簣》，《李贄全集注（第三册）·續焚書注》卷一，社會科學文獻出版社 2010 年版，第 22 頁。

楨的急切而又激動的心情："逢人勿問我何方，信宿并州即我鄉。明日桑間横渡去，兩程又見梅衡湘。"① 歡快和期待，躍然紙上。

在大同，李贄的心情是輕鬆而又愉快的。"芍藥庭開兩朵，經僧閣裏評論。木魚暫且停手，風送花香有情。""笑時傾城傾國，愁時倚樹憑闌。爾但一開兩朵，我來萬水千山。"② 在他爲數極少的詩作中，這種明快的風格確實是罕見的。在《乾樓晚眺》中，他写道："憑高一灑衣，望遠此何時？正是中元節，兼聽遊女悲。杯乾旋可酌，曲罷更題詩。願將北流水，彈與鍾子期。""中丞綏定後，攜我共登臨。所喜聞謡俗，非干懷壯心。山雲低薄暮，樓日壓重陰。欲歸猶未可，此地有知音。"③ 盡情地表達了他與梅國楨非同尋常的友誼。

萬曆三十年三月，李贄在北京被迫害致死時，梅國楨正在麻城丁憂守制。得到李贄自殺的噩耗，梅國楨憤激之餘，滿懷深情和對世態的不平寫下了《恭薦李長者疏》一文④。他説道：

> 持己太高，故當意者少；望人過重，致負心者多。涇渭分明，乏藏垢納污之量；斗山卓絶，懷調高和寡之悲。剛方未免激昂，真實間成執著。善善惡惡，務必極其本懷；是是非非，略不徇諸時好。以致招嫌觸忌，遂而賈怨益仇。

---

① 李贄：《渡桑間》，《李贄全集注（第二册）·焚書注（二）》卷六，社會科學文獻出版社 2010 年版，第 295 頁。

② 李贄：《雲中僧舍芍藥》，《李贄全集注（第二册）·焚書注（二）》卷六，社會科學文獻出版社 2010 年版，第 279 頁。

③ 李贄：《乾樓晚眺》，《李贄全集注（第二册）·焚書注（二）》卷六，社會科學文獻出版社 2010 年版，第 317～318 頁。

④ 在《麻城縣志》（卷九，康熙九年刻本）中，該文置於梅之焕文中，然據其文有"試憶丁亥後種種悲歡得喪"句，丁亥爲萬曆十五年，其時梅之焕才十三歲，故此文當爲梅國楨所作，説見拙著《麻城梅國楨大傳》（湖北音像出版社 2003 年版，第 182 頁）。

文章對李贄孤傲叛逆性格特點的評述，揭示了李贄悲劇結局的必然性。文章的結尾處，對迫害李贄的惡勢力，梅國楨表示了極端的輕蔑和憤怒："太虛無物，任他把火燒空；羣小流言，何異彎弓射影！"這種大無畏的豪情，與李贄敢"與百千萬人作對敵"①的精神毫無二致。

關於李贄與梅澹然遭到攻擊和迫害的原因，也是一個應該重新探討的問題。

李贄寓居麻城以後，封建士大夫階層和理學衛道者們在對李贄的攻擊和迫害中，無一例外地都羅列了他"勾引士人妻女""僧尼宣淫"等罪名②。歷代學者雖然不乏從李贄的人品和性格上對這些罪名予以駁斥之論③，但認爲梅澹然遭謗而死，實在是受了李贄的牽連。也就是説，梅澹然是"李贄事件"的犧牲品，這種看法，恐怕是迄今爲止大多數人的共識。

持這種認識並不奇怪，因爲李贄是名人，梅澹然不過是一普通女子。李贄的"異端"思想，極大地危害和動摇了統治階級程朱理學的正統地位，這既是他必然受到迫害的主要原因，也是封建理學衛道者們必欲將他去之而後快的理由。梅澹然與李贄交往只不過是迫害李贄的諸多罪名

---

① 李贄：《與焦弱侯》，《李贄全集注（第三册）·續焚書注》卷一，社會科學文獻出版社 2010 年版，第 124 頁。

② 耿定向寫信給周思久説："魯橋諸公之會宴鄧令君也，卓吾將優旦調弄，此亦禪機也，打滚意也。"又説："卓吾曾强其弟狎妓，此亦禪機也。"又説："卓吾曾率衆僧入一嫠婦之室乞齋，卒令此婦冒帷簿之羞，士紳多憾之，此亦禪機也。"（李贄《焚書》增補一《答周柳塘》）禮科給事中張問達上疏説："尤可恨者，寄居麻城，肆行不簡，與無良輩游於庵院，挾妓女白晝同浴。勾引士人妻女，入庵講法，至有攜衾枕而宿庵觀者，一境如狂。又作《觀音問》一書。所謂觀音者，皆士人妻女也。而後生小子，喜其倡狂放肆，相率煽惑，至於明劫人財，强摟人婦，同於禽獸而不之恤。"（《明神宗實録》卷三六九）談遷説：李贄"寄居麻城，引士人妻女入庵講法，作《觀音問》"（《國榷》卷七九，中華書局 2005 年版）。

③ 如沈德符説："忌者遂以幃箔疑之，然此老狷性如鐵，不足污也。"（沈德符：《萬曆野獲編》卷二十七"釋道·二大教主"，中華書局 1959 年版，第 691 頁。）

中的一項而已。

對這種看法最先提出異議的，是李贄的好友，曾任御史的馬經綸。他在李贄被湖廣按察司簽事馮應京逐出麻城後寫給馮應京的信中説道："且'宣淫'之説，意在梅氏繡佛寺者，梅亞卿即梅國楨。之女也；三義廟者，陳郎中之妻，梅亞卿之妹也。"①在《與當道書》中，他激憤地説："彼蓋借'宣淫'之名以醜詆其一鄉顯貴之族，又借逐僧毁寺之名，以實其'宣淫'之事。於是賄眾狂吠，若以爲公論，公惡焉耳。此其機械誠深，而其用心亦太勞矣。"《李温陵外紀》卷四。李贄被逮入獄後，他在《啟當事書》中更一針見血地指出："蓋此事起于麻城士夫相傾，借'僧尼宣淫'名目，以醜詆衡湘梅國楨字衡湘。家聲，因以敗壞衡湘之官，如斯而已！今麻城官京師者甚多，中間盡有是非不昧之人可質問也。"《李温陵外紀》卷四。

馬經綸認爲，攻擊李贄的目的，在於"醜詆"梅國楨，而"醜詆"梅國楨的原因，是因爲"麻城士夫相傾"。馬經綸的説法，是否有根據呢？我們可以肯定地回答，不僅有，而且很多。下面，試列幾條史料以作證明。

第一，梅國楨與耿定向、周思久有隙。據南師仲《梅少司馬傳》，早在萬曆十三年梅國楨任固安知縣時，因住在梅國樓處的母親病重，國楨"甫聞即索騎馳赴。及春明門，遇同鄉司寇耿天臺、司隸劉司雲，戒公且止，外吏非覲期，例不得潛入禁門"。國楨不聽，竟入奉湯藥。康熙《麻城縣志》卷十收有梅國楨《與周柳塘》一書，云：

> 前在黄安，聞楚侗先生瞑眩之論，真有味乎？其言以爲人生大造，最宜大省悟、大憤悱，方大長進。若不肖者，行多跅弛，譽乏長厚，亦既迭宕而憤悱矣。而世情俗見，割斷未能。近日以來，動

---

① 馬經綸：《與湖廣馮僉憲》，《馬公文集》卷三，清康熙間刻本。"三義廟者"，指梅國晉，當爲梅國楨之姊。

> 違清議。夫木無不鎛隙之蠹，人無不間隙之尤。諸所加於不肖者，皆實實有之。而又側大會發高論，不肖之顔厚矣。自今以往，閉門自訟。如前所云瞑眩之藥，更新其耳目，重易肺腸，以求信于朋友。若復優遊歲月，以人言爲不足惜，是竊儒名以文巨奸，結善類以延虚譽。徒以未識者而堅僞行，反以阻向善之心。不肖曾以此爲恥，而躬自蹈之，可勝痛哉？可勝痛哉？惟門下察于衆口之外，論其虚實，而時賜藥石焉，斯回生之力也。若下愚終不可移，清議終不可逭，不肖非朝市之鄙夫，而山澤之臒耳。寧復與有道者相接哉？言語激切，幸其亮察。

周柳塘即周思久，字子徵，號柳塘，嘉靖三十四年（1555）進士，任瓊州知府。晚年築室龍潭湖，自號石潭居士。楚倜先生即耿定向。二人均爲當時的理學名家，在官場和學術界的影響不必説，在麻城和黄安一帶的勢力就更大。從上面所引書信中，我們除感覺到耿、周對梅國楨有過嚴厲斥責外，還可以讀出梅國楨對他們的反感和不滿。

第二，梅國楨與麻城士紳之間關係緊張。這一點可以舉兩個例子。一是麻城有一萬姓顯族，曾因土地問題與梅家發生過嚴重衝突，以至萬兆動手打了梅家族人，此事可從梅國楨寫給萬兆的一封信中康熙《麻城縣志》卷十《與萬兆書》。看得很清楚。另一個例子是與黄建衷的衝突，而這次衝突又恰恰是爲女兒梅澹然所起。據沈德符《萬曆野獲編》卷二十三記載：

> 麻城人黄取吾（建衷）素負時名，早登公車，風流自命。時同邑梅衡湘司馬長女，嫠居有才色。結庵事佛，頗於宗門有悟入處，即李卓吾所稱澹然師者是也。黄心欲挑之，苦無計。其愛妾亦姝麗能文，乃使詭稱弟子，學禪於澹然。稍久亦喜其慧黠，甚眷念之。因乘間漸以邪説進，且述厥夫殷勤意。澹然佯諾，謀於司馬，姑勿露機，反更厚遇之，因令入司馬家晤語。初亦伺司馬他出始一來，

既而習熟。司馬忽戒遠遊之裝，澹然與訂期，俾弟子先至，而黄續賦多露可也。其妾甫及門，則女奴數輩竟擁香車入司馬曲房。自是扃門不復出，而澹然亦不復再過其舊庵矣。黄羞赧不敢言，爲鄉里所誚。初以雉媒往，不特如皋空返，且並媒失之。黄後登辛丑進士，從户部改兵部，近罹計典謫去，然其人材器可用也。黄字季主，己卯與張江陵公子狀元懋修同鄉舉，最厚。在公車二十三年始第。①

受到如此戲弄，黄建衷絶不會善罷甘休。

第三，梅家與縣衙長期發生衝突。萬曆十年，梅國楨在寫給縣令文德的信中就説："敝邑士風漸不如前，一假詞色，則家族家人便得憑藉，恣睢冒犯，殆不可言。寒族人雖知守法，而人衆難齊，家人又易隨風而靡。惟望一以法繩之，使寒家父子、兄弟不至獲罪名教，不至取怨鄉人，則明公之賜，不但生成已也。"② 前引《與萬兆書》中，梅國楨也説過："人謂足下見邑侯有所督過於寒家故，因而爲此，使寒家不敢言，而足下又因以取媚而倖免於三尺之外。是足下之智不若葵矣。何也？邑侯之於寒家，不過以其不能將順，故薄示懲創耳。"康熙《麻城縣志》還有一封寫給縣令劉文琦的信：

不孝不欲令一人擅入衙門，通邑所知。昨因吴可通事，細訪乃知有李夢麟、梅可托（不知嫡名）並可通三人，常常假借本家名目。可通恐其不信，又假具一詞以實之。事雖實而人則非。不孝素不以一字入公門，即有詞，豈不令家人親去而使他人代也。蓋不孝自叨鄉書，至今三十六年矣。院道公祖，屢疏通問，況敢有一字一人，有所干謁鄉里？平民以此相信相許。今老矣，肯毫忽苟爲舉生平負盡乎？聞可通悖傲異常，須枷號始足示警。此輩

① 沈德符：《萬曆野獲編》卷二十三"婦女·黄取吾兵部"，中華書局1959年版，第594～595頁。

② 梅國楨：《與文明府》，康熙《麻城縣志》卷十，康熙九年刻本。

刁頑，撲責非所懼也。因遣家僮完納鞭銀，並白鄙心。種種之懷，容遲日面悉。①

給劉文琦的信寫于萬曆三十年（1602）居家丁父憂時。所言之事，與《與萬兆書》中被邑侯“薄示懲創”之事，應非同一事。可見，梅家與官府的衝突，絶非偶然有之。

第四，梅國楨的性格特點，極易引起鄉人的反感。首先，梅國楨聰明灑脱，有着師心玩世、遊戲人間、風流自賞、不落町畦的一面。在京城赴試的十年中，他“常與海内之文人詞客，花月晨夕，分題賦詠，爲騷壇主盟。游金吾戚里間，歌鐘酒兕，非公不歡。筆札唇舌，爲世所榮。孟公驚坐，樓緩合鯖。下至三河年少，五陵公子，走馬章臺，校射平原。酒後耳熱，相與爲裙簪之游。調笑青樓，酣歌酒肆。布衣楚制，出入市廛。摩挲鐘鼎，賞評書畫。大鼻長髯，有若劍客道人之狀。識者固知公愛憐光景，耗磨壯心，與俗沉浮，不用繩檢。而外夷内朗，宏量沉機，真謝安石、張齊賢之流也。”② 這里尤其應注意的是他“走馬章臺”“調笑青樓”的放蕩生活方式。袁中道已經是個縱情聲色的人了，然而在其《梅大中丞傳》中，却不無羨慕地談到梅國楨“後房姬侍繁多”的家居生活。沈德符也説到他“縱游狎邪，如杜牧之爲淮南書記時。嘗題詩倡館，有‘門垂夜月梨花冷，簾捲東風燕子寒’之句，爲時所膾炙”③。其次，他又很自大，目空一切。李贄曾經在《焚書》中説到梅國楨的“大樣”④，“大樣”一詞，在麻城方言中，是大大咧咧、看不起人的樣子。在《與友人》的信中，李贄又將梅國楨與顧沖庵作了比較，説梅國楨

① 梅國楨：《與劉邑侯書》，康熙《麻城縣志》卷十，康熙九年刻本。

② 袁中道：《梅大中丞傳》，《珂雪齋集》卷十七，上海古籍出版社 1989 年版，第 711～712 頁。

③ 沈德符：《萬曆野獲編》卷十七“兵部·梅客生司馬”，中華書局 1959 年版，第 449 頁。

④ 李贄；《八物》，《李贄全集注（第二册）·焚書注（二）》卷四，社會科學文獻出版社 2010 年版，第 60 頁。

“時時降下於人，而心實看不見人”①。最後，梅國楨晚年大約也是受李贄和女兒的影響，入佛而通禪理，這當然爲一般封建士大夫所憎惡。

綜上所述，我認爲，在李贄和梅澹然遭謗的初期，主要的誹謗對象是梅澹然而不是李贄。但是，這種誹謗最終被統治階級和理學衛道士們所利用，成爲迫害李贄的主要罪名之一。

三

梅國楨是個文武雙全的人，其軍事才能在寧夏平叛中已有出色的表現，其文采，亦頗爲當時人所稱道。沈德符就説：

> 嘉靖以來，名公如唐荆川中丞、趙大洲閣老、趙浚谷中丞，皆巍科大儒，士林宗仰。然俱究心武事，又皆出詞林，足爲文人生色。今上初年，如馮仰芹（子履）、于完朴（達真）二大參，俱真正邊材，惜乎不及大用。其次則沈少林狀元、董伯念禮部，並有聲藝苑，亦好談兵。但厄於年，賫志以没。唯二十年來，如顧沖庵（養謙）、葉龍潭（夢熊）、萬邱澤（世德）、李霖寰（化龍）、梅衡湘（國楨），皆因四方多事，各從簪筆吮毫，時伸其彎弓擊劍之技，俱正位司馬，延世金吾，頓令措大吐氣。②

《萬曆野獲編》中還記載了梅國楨一段風流佳話：

> 麻城梅客生（國楨）大司馬，少登公車，高才任俠。其中表劉思雲（守有），亦大司馬（天和）孫，時領緹騎，與江陵、吴門二相

① 李贄：《與友人》，《李贄全集注（第三册）·續焚書注》卷一，社會科學文獻出版社 2010 年版，第 117 頁。

② 沈德符：《萬曆野獲編》卷十七“兵部·文士論兵”，中華書局 1959 年版，第 435 頁。

> 相昵，而好文下士。梅每游京師，輒以羽林衛士給之，因得縱游狎邪，如杜牧之爲淮南書記時。嘗題詩倡館，有“門垂夜月梨花冷，簾捲東風燕子寒”之句，爲時所膾炙。①

梅國楨詩文的思想内容主要涉及到揭露時弊和感憤不遇兩個方面。

揭露時弊，是梅國楨詩文中最有社會意義的部分。他是一個關心國事、渴望建功立業的人，當他滿懷理想走向社會時，看到的却是“鄙夫戀偷安，上下常相蒙”《贈李華君實子光遠元暉》。的現實，是國事日非、邊備日弛、宦官專權、民不聊生的種種黑暗。於是，他不避嫌疑和禍患，直接上書皇帝，寫出了一篇又一篇精彩的奏疏。馮夢龍對梅國楨的征哱奏議有過較高的評價：

> 嘗反復公疏，其論兵事也，曰：“賊有同心，而我則異志；賊有確畫，而我皆浮談；賊得我之言皆疑，而我得賊之言即信。賊之耗我不得聞，而我之謀賊已先覺。賊以知者謀之而必行，我以不知者敗之而中輟。”其論塘報也，曰：“本遇零敵，則曰‘約百約千’。人未得敵，則曰‘首級未割’。偶捕卑弱，則曰‘奮勇斬獲’。多損兵卒，則曰‘中傷未核’。目擊諸將用兵不及兒戲，因知從前報捷盡屬欺罔。”其論軍功也，曰：“或竄名沾賞，或買級算功；或殺人，或奪人；或非賊而作賊。與其賞不實之首級，孰若録有據之功勞?”其論紀録也，曰：“欲紀功則無功可紀，諸將可以欺臣，而臣不可以欺陛下；欲録過則不勝録。人不駭爲刻，必黜以爲狂。”其論賞罰也，曰：“古之恩賞以功，故功高者受上賞，無功者蒙顯罰；今之恩賞以爵，故官尊者雖安坐而賞厚，官卑者雖勞苦而賞輕。”其論揭害也，曰：“被揭者雖未必君子，揭

① 沈德符：《萬曆野獲編》卷十七“兵部·梅客生司馬”，中華書局1959年版，第449頁。

人者顯已爲小人，揭人者既已爲小人，則信揭者必不爲君子。”凡此數端，切中時弊。在昔固爲明鑒，在今尤爲要藥。當與漢晁賈，唐陸忠宣，宋蘇文忠著作並垂萬世。①

擔任三鎮總督後，梅國楨對神宗皇帝派遣礦使税使四出斂財表示了極大的憤慨，並堅決抵制。萬曆二十七年（1599），神宗聽信百户劉思忠的奏議，在宣府、大同“抽税以助大工”。梅國楨立即上書，極言“宣鎮極邊，百物不産”，“華夷封疆，界在咫尺”，“萬一激成他變，關係匪輕”。並尖鋭地指出，這種作法是“税而又税，朘膏咋髓，一羊十皮”，揭露劉思忠等“無知弁類，逐逐眈眈，顯以藉口大工，陰以滿志溪壑”。最後，他大聲疾呼：“邊庭何地，關市何市？利害安危，介在呼吸，是可容其横徵苛斂，以魚肉華夷列肆之人哉？伏望我皇上軫軍國之大計，慎宗社之遠圖；思裔夷之釁端必不可冒開，憐磽埆之窮民必不可復擾。可收回成命，姑免筦榷，庶夷情相安，而塞下敉寧矣！”《請罷榷税疏》。神宗不聽，仍令駐蘆溝橋御馬監右監丞張燁照例徵馬抽税。梅國楨又上《再請罷榷税疏》據理力争，“不避斧鉞，敢以邊地榷税之利害，爲皇上陳之，伏望將中使亟賜停遣”。

抒發渴望建功立業而又懷才不遇的憤懣情懷，感歎時光易逝、壯志難酬，是梅國楨詩文中又一個突出内容，也是他的作品中占比重最大的部分。如頗爲時人稱道的《秋夜感懷六首》《感懷十首》《七夕》《見須鬢白戲成四首》《雨中》《送李山人還四首》《寄邱謙之》諸詩，就是這方面的代表作。前期的詩作中，充滿着建功立業的渴望，“丈夫重勳業，壯士薄雕蟲”，“我意攬太行，擲之東海東”，《贈李華君實子光遠元暉》。是何等的氣魄！“南取倭，北擊虜，功成不受印如斗”，《匕首篇》。又是何等的豪邁。然而，等到他久困公車，屢試不第、壯心消磨、須鬢變白後，他的詩又呈現出截然不同的一種格調。“人生蹤跡未可料，莫使尋常廢歡笑。有酒

① 凌禮潮箋校：《前言》，《梅國楨集》，湖北人民出版社 2006 年版，第 18～19 頁。

欲飲須盡卮，有花欲折須盡枝”，《七夕》。全然是一種人生難測、前途難料，須及時尋樂、盡情享受的頽廢情懷。這種情緒發展到極點，就只能是消沉和沮喪：“病骨寒先覺，愁懷夢易驚。”“偶然思往事，淒切不勝情。”“攬衣孤月在，倚枕一燈殘。”“白髮生何易，青山到亦難。”“客裏寒威重，愁中夜色微。”“永夜愁難寐，寒燈首重搔。”“此身何所用，應是愧鉛刀。”“天意高難問，吾生老未休。”《秋夜感懷六首》。这些诗句讓人看到的，是一個人生失意、前途絶望、老病多愁、毫無生氣的形象，孤苦伶仃地在深秋淒切的月影下躑躅、徘徊。他前期和後期詩的風格，判若兩人。

梅國楨的詩，寫得最好的當是他的七言古詩，時人就稱其歌行如李賀。他的《匕首篇》《送南子興》《壽穆侯》《賦得銀河篇壽劉仲修六十》諸詩，不僅有李賀詩的感覺，甚至還有李白古風的餘韻。

著名的公安三袁都對梅國楨的文韜武略稱讚有加，袁宗道説他“門下功蓋天下，而文章亦妙天下。詞客天人，欲爲詩歌稱功頌業而不可得，即搜腸竭吻，曾不滿大中丞一笑”①。大名鼎鼎的文豪徐渭，在寫給梅國楨的信中，對其詩文也是讚賞不絶：“讀牘與詩，高韻雅致，雙見互陳，如吴橘渡淮而枳，令人幾於易性，況寒暑細故耶?”②正如清人丁宿章所説：“都憲詩才華富贍，氣局深沉。看似平淡無奇，含蓄渾厚。淵然一代元音，誠不易才也。”③

梅國楨的詩文，康熙九年和乾隆六十年兩部《麻城縣志》均無著録。至光緒八年《麻城縣志》才有著録，可見其基本没有流布。這種情況，主要與梅國楨不願自己的著作流傳有關。莊天合在其所撰《明通議大夫總督宣大山西兵部右侍郎兼都察院右僉都御史誥贈右都御史梅公墓誌銘》中説：“公爲詩，焚香立就，煙波滿紙，而詩成輒棄去。海内文士折節定

① 錢伯城標點：《梅開府》，《白蘇齋類集》卷十五，上海古籍出版社 1989 年版，第 206 頁。

② 徐渭：《徐文長三集》卷十六，《徐渭集》，中華書局 1983 年版，第 484 頁。

③ 丁宿章：《湖北詩徵傳略》卷十九，《續修四庫全書》第 1707 册，第 415 頁。

交，而山人温允文欲爲公記西征事，笑而謝卻之。”馮夢龍也談到搜集梅國楨詩文的困難：“余初游楚，館亭州，得與公嗣惠連善。搜公遺文，止燕臺雜詩百余章，而奏議亦止西征十七疏。楚人不好事如此哉。友人云，公居鄉時，有欲請其西征事蹟爲記者，公笑而謝之。又所親集其詩文尺牘若干卷，將謀梓，公曰：‘是有訛，吾將自閱。’取至付之一炬，則此寥寥僅傳者亦危矣。夫公不願居功於朝，豈願記功於野？而又況文章之末乎哉？”①

到目前爲止，筆者所見有著録的計有：

1. 光緒八年、民國二十四年《麻城縣志》。著録《征哱奏議》吴應箕序。《梅司馬遺文》《燕臺集》陳以聞序。三種。均不分卷。

2.《千頃堂書目》著録《征哱奏議》一種、題作《征西奏議》。《西征集》十卷、《燕臺遺稿》二卷。

3.《湖北藝文志》著録《征哱奏議》、《西征集》十卷、《燕臺遺稿》二卷。

查《中國古籍總目》，中華書局2013年版。亦只著録有《西征奏議》二卷、《西征集》十卷、《梅司馬燕臺遺稿》二卷，均爲明刻本。2006年，我們以民國十九年《梅氏族譜》所載此三種詩文集爲底本，又從陳子龍主編的《皇明經世文編》中録出梅國楨《總督奏議》五篇，另從有關傳記資料、友人詩文集中輯出相關篇目，作爲附録，共釐爲四卷，編成《梅國楨集》，並加簡單箋校，由湖北人民出版社出版。

此次整理其詩文集，在2006年版的基礎上，增補了新搜集到的《西征集》一書，除已有的十七疏以外，主要是西征中與同僚們的往來書函和少量詩文。此外，值得一提的是《李温陵外紀》卷一中有一篇署名爲“西陵同志”的《拜懺功德疏》。此文在《梅氏族譜》中收入梅之焕的《中丞遺稿》内，題目作《恭薦李長者》，文字略有不同。康熙《麻城縣志》卷九亦録入梅之焕文内，題目爲《恭薦李長者疏》。然從行文語氣

① 《梅氏族譜》卷首《人物譜》，民國十九年刻本。

看，當爲梅國楨手筆。如文中“試憶丁亥後種種悲歡得喪”句，丁亥年梅之焕才十三歲，恐難有如此深切感受，故此次收入梅國楨文集内。

詩文後一般均作簡短箋釋，着重於考定寫作年代和重要人名的介紹。少數無法確定寫作年代的詩文和無法查實的人名暫付闕如，不勉加臆説。有關梅國楨的傳記和其他史料、友人書函和贈答詩等，盡力搜集，輯爲附録，以省讀者和研究者翻檢之勞。

四

梅國樓（1550？—？）字公岑，號瓊宇。梅國樓的《戊戌七月七日》詩首句云“百歲年來半百過”，萬曆二十六年（1598）爲戊戌年，上推五十年，爲嘉靖二十八年（1549）。而《湯顯祖集》卷四十六《寄梅瓊宇》書中説到“仁兄與弟生同年月日”，已知湯顯祖生於嘉靖二十九年（1550），則梅國樓亦當生於是年。問題的關鍵，大概是在“半百過”的“過”上，如果没“過”，就應該是生於嘉靖二十九年。梅國樓的卒年亦不能確定，據《明熹宗哲皇帝實録》卷十八，他是天啟二年（1622）正月，以老疾而“奉旨致仕”的，其時他已高齡七十三歲。因此，我們估計，他大約是在天啟末，也就是天啟六七年間去世的。

關於梅國樓的生平，康熙《黄州府志》卷七有一段簡介：

> 梅國樓，字瓊宇。進士，選庶吉士，歷遷至四川敘州副使。時播酋楊應龍反，蜀撫進討失利。督起李化龍節制，檄國樓隨軍進剿。國樓同將軍劉綎冒險出奇，並力合攻。應龍倉皇闔室自焚死，播州平。捷聞，各加一級，賜賞有差。

乾隆《麻城縣志》的《少參公傳》稍加詳細：

> 梅國樓，字公岑，號瓊宇。萬曆癸未進士，拔詞垣，官行人。

> 典試浙江，遷工科給事中。時河決，議復故道，請專設總理。國樓力保潘季馴，上遂命潘爲都御史，總理河道有功。萬曆十四年，征永寧蠻。時安堯臣外怙平播功，内仗水西，有撫鎮雄制永寧之心。國樓爲川南道，督兵協討，俘獲蠻醜者，詢知鎮雄將魯大功兵五營屯大壩，水西兵已渡馬鈴堡，約攻永寧。堯臣所遣彭月政等，助逆不退。於是，移諮總兵侯國弼等，始知歸惡堯臣，而川貴兩撫馳奏堯臣稔惡，急移師擊之，毋使虺復爲蛇，罅復爲河也。疏上，廷議無敢決用師者，國樓遂亦不能竟其志。後遷廣東貴築道，江西南贛兵備道，布政使司參議，年七十餘告休歸里。

但這僅有的兩條傳記資料，既十分簡略，又錯漏百出，難以卒讀。例如説他“萬曆十四年，征永甯蠻”，簡直就錯得不可思議。實際上，萬曆十四年，他才剛以行人司行人轉任禮科給事中。而“典試浙江”，則更是萬曆十九年六月以後的事。因此，我們參考《明實録》和其他有關史料，整理其履歷如下：

梅國樓，治春秋，中萬曆壬午（1582）第七十六名舉人。萬曆十一年癸未（1583），與其兄梅國楨同舉進士，觀政於刑部。拔詞垣，爲翰林院庶吉士，後官行人司行人。行人司置“司正”及左右“司副”，洪武二十七年定制，下有“行人”三十七人，均以進士充任，正八品。非奉旨，諸司不得擅差，其職始重。行人掌管捧節奉使之事，凡頒詔、册封、撫諭、賞賜、慰問、賑濟、軍旅、祭祀、傳旨、徵聘諸事，皆屬其職掌。在京官中地位虽低，而声望甚高，因而升轉极快。初中之進士，往往以任此職爲榮。萬曆十三年，授梅國樓禮科給事中。萬曆十五年四月，遷工科給事中。七月，與“給事中邵庶、胡時麟、郭顯忠交章論列刑部員外郎李懋檜”，至其“再降二級，謫外”。萬曆十六年正月，劾工部郎中公一揚河政不舉，疏庸廢事，上罷之。四月，薦原任刑部尚書潘季馴堪總河之用，時季馴已鐫職爲民，“故部覆起潘季馴爲都察院右都御史，總督河道兼理軍務”[①]。萬曆十九年五月，除刑科給事中。六月，“以翰林院編修李廷機、刑科右給事中梅國樓主考浙江”[②]。九月，升河南布政司左參議。大梁道。明年八月，轉四川按察司副使。

據郭子章《黔記》卷二十八《總督撫按藩臬表》記載，從萬曆二十六年起，國樓任貴州布政司左參議，分守貴寧道。

又據李化龍《平播全書》，萬曆二十八年平播之役，國樓督糧兼紀功於烏江渡。戰後轉四川布政司參議，分守川南道。

萬曆三十五年四月，督兵協討永甯蠻，有功，升按察司副使。四十六年，降補江西僉事。天啟元年，轉廣東布政司右參議，分守嶺東道。天啟二年，年七十餘告休歸里。

萬曆三大征，是明神宗萬曆（1573 年—1620 年）年間發生的三次大規模軍事行動。除萬曆二十一年（1593 年）至萬曆二十五年（1597 年）抗擊日本入侵的朝鮮之役以外，梅氏兄弟倆分别參與了另外兩次戰爭。梅國楨參與了萬曆二十年（1592 年）平定蒙古人哱拜叛亂的寧夏之役；梅國樓參與了萬曆二十八年（1600 年）平定楊應龍叛亂的播州之役。相比於梅國楨以監軍御史的身份參與戰役，而且直接參與了指揮和戰鬥不同，梅國樓只是八路大軍之一路的督糧兼紀功軍需官。李化龍《平播全書》卷五有一篇《敘功疏》，疏中說：“參議梅國樓督糧於烏江河渡……志在平夷，謀周□國，量盈縮之數，而供需接踵於夫丁；裁裒益之宜，而部卒絶呼於庚癸。”除此以外，在這場戰役中他再没有留下任何可歌可泣的業績。我們只是從他的《平播凱歌八首》等詩中，才能看到他也有充滿豪情的時候：“百萬雄兵羽檄飛，鸊鵜新淬照征衣。海關不避千重險，斬得酋頭馬上歸。”其一。他也在詩中抒發了自比諸葛孔明的雄心壯志和憑欄意氣：“二月興師六月還，七擒今復見平蠻。壁壘雲屯天地暗，轟雷俄掣海龍山。”其七。他在戰後從四川再至遵義途中，寫了《自望草

① 傅澤洪：《行水金鑒》卷三十二。

② 《明神宗實録》卷二百三十七。

過綏陽二首》，詩中云："亂山開小邑，叢樹擁高天。荒服來千載，勳勞此日偏。"其二。他在詩中對大戰後滿目瘡痍的鄉村景色和多艱多難的百姓眾生，表示了高度的關注。雖然此地"揮戈方二年"剛剛經歷過一場戰爭，如今"亂後地初辟"，開始了緩慢的恢復和重建，但是，説不定哪一天又是一場戰爭，將一切再次毀滅。想到這裹，他忍不住大聲疾呼："民勞財亦竭，珍重論開邊。"

梅國樓的詩文，易登瀛在《梅瓊宇先生詩序》中説他"有意必宣，有詞必達。清新旖旎，蒼勁玲瓏。神情輳泊，興象融洽。如轉石于崔魏之巔，勢無留行；決注於浩瀚之陂，驟無停息也"。這評價雖然有些溢美，但總體上説來還是恰當的。丁宿章在《湖北詩徵傳略》中也十分稱道他的《遊太和山》。當然，比起其兄梅國楨來，我們覺得他還是缺乏一種氣局沉雄、含蓄渾厚的韻味。

梅國樓的著作，留傳下來的更少，除了《梅氏族譜》在譜中保留了一些詩文以外，就只有《梅公岑草》一册殘本，藏於湖北省圖書館。《荆楚文獻書目》根據陽海清先生《中國古籍總目》，中華書局 2013 年版。著録國家圖書館和廣東省圖書館也藏有此書，但經與兩地圖書館聯繫，均無此書收藏，故湖北省圖書館藏本應爲孤本。此次整理《梅國樓集》，將《梅公岑草》按原貌收入，此外又從民國十五年的《梅氏族譜》卷三十一《少參公遺文》中得文十篇，從卷三十五的《少參遺稿》中得詩二十餘首，從他人詩文集和方志資料中輯得梅國樓詩文近十篇。另搜集相關資料作爲附録，供研究之用。爲與《梅國楨集》的體例保持一致，本人對《梅國樓集》亦作了簡略箋校。從時、地、事三個方面，儘量對詩文各篇給予箋釋。限於學力而無法箋釋的，則留待識者，不强作解人。用作校勘的文本，隨校注出。

淩禮潮

二〇一九年八月於武漢

總　目　録

荆楚文库

梅國楨集

目　　録

西征集

梅衡湘先生《西征集》序

萬曆間之三大征，其最著哉。迨末年遼事敝壞，浸淫昌啟以及於今。用兵二十載，無分毫功。而東隅未復，羣盜滿山，於是談者益侈言三征爲極盛。予嘗著《三征本末》，於海外之捷至不忍道，而所重慨屢歎以爲功不可再見者，莫如哱事。夫世亦嘗深究於哱所繇滅而功所自成乎？則梅先生之苦心偉績，何可没哉！何可没哉！

吴生曰，先生是役也，近事無可比方。嘗以唐淮蔡事觀之，先生蓋獨爲其難者耳。夫哱之悖也，惡不在元濟下，又加之勾虜爲援，蓋變劇而禍大矣。衡湘是時發憤上書，身請臨戎，然官不過御史耳。即受命監軍，而有制、有督、有撫。監者不俯而仰其鼻息，稱伉直自喜矣，況敢挾才據其上，以指揮惟吾意？故視之晋公以宰相行師，位尊體重，勢得自爲而柄無旁掣者，爲何如哉！水攻則城崩，間行則黨貳，創虜則援絶，招降則眾散，事勢曉然而撓者曲至。嚮微先生捐卻善讓，令其計卒行，則國家於西事恐尚有不可言者也。夫唐之平淮西也，晋公受李愬之成，然愬之功炳焉。是役也，有受先生成者，先生不自張而報亦不副。要其苦心偉績，見之先後疏牘者，何可没也？吾故曰：衡湘獨爲其難者耳。

哱事距今四十餘年，予始得先生《西征集》讀之。先是集未行世，予謂先生嗣君惠連曰："昔營平有言：'兵者，萬世法。何嫌伐一時事以欺明主？'夫先生不伐，子不以伐成先生之志，然其於萬世者何也？今天下用兵二十年不效，令得如先生者在，何詎至是？"惠連曰："若是，是先君子所以不没者，以有此集哉！"西征本末，詳予他記者甚悉，不更序。今獨序先生之獨爲其難者如此。夫此亦非予言也，則王子在明蓋亦嘗感慨繫之矣。貴池後學吴應箕撰。

叙

海内交道稱始終不衰者，輒推子常、麟士、次尾、伯宗及余與惠連，則惠連先子即吾父也。西征疏行世，皆余點次披閲，而余卒無一言弁首。詳先生當日偉績苦衷，非余不能詳也，余不忍言也；非愛先生而不忍言也，乃見近日無有如先生者，而不忍言也。鳴呼，豈不傷哉！

當今寇賊横行，所在殘破，致煩聖天子宵旰之憂。增兵增餉，假以便宜，緩之時月，乃將權愈重，兵勢愈横，兵勢愈張，賊焰愈熾。然則重之以事權，乃助之以摽掠；擁之以旌旄，乃授之以虔劉，致殘邑小民，以病死爲榮，以遇賊爲幸。嗚呼，豈不傷哉！

前過吴門，遇同社諸子，皆以中原鼎沸爲憂，而吴次尾尤抱澄清一世之志者，重修神廟三大征，聊寄傷今思古之懷，而首其功于梅先生。乃語余曰："當今若有梅監軍起而任之，天下旦暮可見太平！"余語次尾曰："何其望世之深也！梅先生功不經見，事亦不經見；不但事所宜無，即理亦不必有。梅先生初徵爲御史入都，稍圖展報，代天子巡方，體統尊嚴，而志意得遂，豈不居然稱丈夫事哉！即不然，或熱中功名，希圖捷得，出位請纓，如世之輕以邊事僥倖者，猶曰其謀素定也！"

乃目擊寧夏兵噪，特疏保李將軍父子往。科臣以李氏父子有反志，不可遣，先生乃始身願監軍，保李將軍以往。則先生願李將軍往耳，原未嘗願監軍往也。夫本不願監軍往而一旦以監軍往也，則籌算何其難！猶曰：先生智深勇沉，談事響應，即卒然加以大任，何難辦賊？然必須事權在手，賞罰自繇，始可制士卒之死命，而出之以不意。乃以不合時宜之人，黨孤援寡，而任此監軍，稍有所爲，輒罪以侵越。以故凡有謀略，則必移文督撫，動經旬日。及間一允從，非事泄于他人，且機阻於眉睫矣。即有不測之恩威，士卒亦德督撫，畏督撫耳。誰肯爲督撫效死力而争先哉？

卒之張亮一捷，虜大挫，賊勢遂衰。先生惟恃一片精誠，感諭士卒，相與僇力，乃克有此，則戰剿之難也。以思威兩窮而戰勦尤難也。其尤難者，叛賊許朝，正當氣焰方張之日，曰："得見梅監軍，我即聽撫。"此安知非詐？一時聞者，無不舌舉項縮。先生挺身往，許賊露雙刃以擬先生，先生笑迎之，而許賊已氣奪羅拜矣。後來成功，水攻、用間，實不一端。其令賊衆膽落心服，則大計係於此。儻先生稍有愛惜，稍有逡巡，不將助賊衆鴟張之焰，而靡我將士投石超距之氣哉！則取敵之難也。不有其身而往以威敵尤難也。

嗟乎！功歸於人，責萃於我。譽歸於人，謗萃於我。有志者，多甘心焉。獨明知叛賊之可討，而討賊之權不歸于我。明知籌算之必宜出于此，而籌算之權必聽于人。明知責任可以袖手旁觀，而不忍袖手；明知軍國之事可以公相推委，而不敢推委。至朝廷原懸通侯之賞，卒之功成謝事，口不言平吴，止晉位冏卿，而欣然甘之，則志士之所以午夜痛心，而展轉泣血者也。鳴呼！豈不傷哉。

乃次尾以先生望今日，何其望世之深也。夫先生旁觀者也，先生無事權者也；先生不必往，不願往，而偶以監軍往者也。彼輦上諸君推轂，而遣者豈無事權者乎！豈待命于督撫者乎！豈賞罰必請之人，而恩威不歸于己者乎？尚不自知爲當局也，況責之以旁觀；尚不自知有事權也，況責以聽鼻息于人手？尚不知何者爲賊，何者爲兵也，況責以剿不必我剿之賊，御以不必我御之兵哉？吴子次尾何其望世之深也！

先生功成四年，惠連始生。惠連甫十歲，先生即見背。余生廿年，乃得交惠連，余因以知先生不深，得之梅長公先生最詳。長公屬先生猶子，朝夕侍左右，一切苦衷窺之獨悉。且一則威振朔方，一則威振張掖，前後功同也。一則不必監軍，而迫焉監軍；卒之晝夜圖謀，心血俱枯，而功歸事外之督撫。一則虜逼城下，旨命各邊鎮臣、督軍應援，乃獨以甘肅撫臣單車入衛；卒之圍解，而幾不免後至之誅。前後力同，而不獲報亦同也，同志同道兼以同室。故其言先生倍至，此余之所以能詳先生也。

今惠連雖未任天下事，而血性自持，周旋不顧，海内共知，有父兄風久矣。梅氏一門，報國心癡，任事性熱，何前後符合若此？謂非天之獨鍾，能如是乎！時事孔艱，生民塗炭，廓清之業，舍吾惠連，余更何望哉，余更何望哉！願以質之次尾。崇禎戊寅中秋前三日，通家子王都俞謹書于黄州之旅次。

敕監察御史梅國楨

近因寧夏兵變，勾虜擾邊。已命總兵李如松，帶領遼東並調宣大、山陝兵馬，與各鎮將官，會集征勦，以靖邊陲。特命爾前去監軍，惟爾慷慨談兵，激切任事，故有是命。用兵之時，爾宜親詣陣所，監督官兵，稽察軍務，紀驗功次。凡賊勢緩急，虜情虚實，陸續具報。其將官敢有臨陣退縮，抗違觀望，不用命者，即時糸奏。事定之後，一切功罪重輕，從實查覈明白，以憑賞罰。爾爲憲臣，宜盡心秉公，不許狥情隱護，亦毋得自執己見，輒有侵擾，以悞軍機。爾其欽哉！故敕。

廣運

萬曆二十年四月二十一日 之寶

西征集卷之一

麻城梅國楨著
後學王都俞閱
不肖男之熉訂

疏

第一疏

爲叛丁悖亂異常，時事萬分可慮。懇乞宸斷，決機宜，任宿將，清弊政，以消禍萌，以安人心事。

近見邸報，寧夏家丁劉東陽[1]等賊上擅權據城掠堡。此非常大變，視唐藩鎮之禍猶有甚焉。最可恨者，逼使總兵張維忠，疏列巡撫黨馨罪狀。其二十餘條之内，多係款虜以來，題准遵行。此其意，蓋隱然暴揚時弊，以煽惑各邊，其謀更不軌矣。當此虜酋叛盟之後，邊計未定之時。豈可視爲細故，而不早爲平定乎！

今之議者不過曰："變起倉卒，衆由脅迫，緩之可散其乍合之黨，急之恐堅其致死之心。"不知各惡權勢已成，蓄謀非淺。其心必不肯悔禍，其黨又無敢先發。遷延一日，則禍深一日；狂謀愈成，黨與愈固；聲勢愈大，風聞愈遠；脅從愈多，人心愈疑。既難以俟其自定，又不可嚇以虚聲。外有勾連，内有觀望；近者蠶食，遠者震驚，將來之患有不可勝言者矣！

臣見御史賈希夷上請特遣一臣，不蒙採納，止令督臣魏學曾相機撫剿。雖專任責成，事理宜然，但學曾素敢任事，臣所推服，聞變已久，徐徐就道，豈其乏應變之材，昧專制之義？或亦首尾牽制，輕動爲難，有不可以明言者？況邊事煩夥，萃於一身？方經營戰款之宜，難專任討賊之事，爲今之計，非力剿無以定禍亂，非分别無以宥無辜，非詔赦無以安脅從，非特遣無以重事權，非破格無以用豪傑，非便宜無以中事機，非重賞無以作士氣。科臣王德完請羅豪傑，真爲濟時之急。昨見寧夏各堡，多爲所制，而平虜参將蕭如薰獨能相持，則任將之明驗也。以臣私計，求舊易於得人，使功不如使過。除各邊見任及已經調遣不宜更議外，若退閑可任，則無如原任遼東總兵李成梁者，屢經戰陣，紀律嚴明，其子李如松、李如柏、李如楨皆負大將之才，李如樟、李如梅又爲少年之傑，其家丁自各有官守之外，尚多同心敢戰之人。世受重恩，必不自頹於末路；屢經論列，更思昭雪其前功。年力未衰，威名久著。各邊將領，誰不畏服？上下相信，父子同心，不惟勇略足以成功，亦且先聲可以奪氣。若慮其權多分屬，地非素歷，宜於文臣中暢曉軍情、實心任事者公舉一人，監其軍事。謀勇相資，調遣隨便[2]。他如閑住及戴罪將領史宸、張應種、麻貴、馬孔英、倪敏政等，或素經戰陣，或膽勇過人，皆可隨軍，使之自效。若遼東未代，曠日持久。或令伊子原任總兵李如松先往料理，勒限起行。即未必刻期擒剿，斷足以制其死命。天威既臨，不敢四出，魚遊釜中，勢必自亂。附近營路恃以無恐，他方觀望憚而自戢。待首惡正法之後，大加賑恤。使朝廷之威惠並行，紀綱大正。此機宜之當決，宿將之當任也。若失此不圖，臣未見其得策矣。

然臣又聞之，罅隙將成者，當急爲補塞；琴瑟不調者，必改而更張。今寧夏之變，正罅隙將成之會。而致變之由，則琴瑟不調之驗也。我朝邊事，自洪武以至嘉靖，一時也。自隆慶以至萬曆十八年，一時也。自十八年以至今日，又一時也。蓋洪武以至嘉靖，虜無歲不犯，我無歲不備。各軍雖有戰守之勞，無尅削之苦。嘉靖以至隆慶，和議既成，不修戰守，各軍雖有尅削之苦，而無操練之勞。今時則異是矣，外實修和而内欲兼戰。修和則不免仍尅削以爲媚虜之資，兼戰則徒有操練而無首功之望。臣前疏有云：不加矜恤而尅削之聞[3]，使之治生不給，發身無階。已逆知其有今日之弊矣。即總兵張維忠疏内所列，據臣所知，有載在會計録者，有新經題准者，有係寧夏舊例，有在各邊通行。諸如此類，皆以節省爲重，以矜恤爲輕。暫行於無事之時，尚難以得其心，相沿于用武之日，其何以免其怨？巡撫黨馨不能變通而更爲嚴峻，以致叛軍借以爲名，鼓眾倡亂，紀綱大壞，人心動摇。宜敕兵科會同彼處巡按御史，逐款清查，或係原舊有行，或係黨馨作俑，當因者明著爲例，當革者即爲調停，此弊政之當清者也。然其本，則科臣王德完所陳“有治人無治法”一言蔽之矣。如京營軍士，素稱虚設。有急則慮其孱弱而别爲調遣，閒暇則畏其訛言而不敢深求。臣前疏中思有以鼓舞之，而言不見用。近見侍郎王基條陳四事，悉切實用。臣扣其議論，採之人情，慷慨敢爲，人樂爲用。若即以本官授之協理，聽其主張，而又明賞罰，均勞逸，察疾苦，教技擊，則數月而人心悦，期年而神氣壯。内之以護衛神京，外之以風示遠近。仍通行各邊督撫，凡利所當興，弊所當革，悉心條議，毋畏浮言，毋沿舊習。惠行而威令可施，政平而驕悍自伏。其有處置失宜，苟且塞責，訪實參奏，別選賢能。此皆救時之急務，轉移之微權。伏乞採覽，即賜允行，不惟一方之悖亂可平，而各邊之人心悉定。督撫不至掣肘，而外夷亦將落膽矣。其餘有關大計，先爲諸臣已言者，臣不敢復瀆也。無任懇切待命之至。

奉聖旨：“這本説的是，兵部即便看議來説。”

【箋】

萬曆二十年壬辰（1592）三月於浙江道御史任上。

《明史》卷二二八《魏學曾傳》：“會戍卒請衣糧久弗給，拜遂嗾軍鋒劉東暘、許朝作亂。二十年三月殺馨及副使石繼芳，逼總兵官張維忠縊死。”《神宗實録》：萬曆二十年三月“寧夏鎮四營官軍家丁圍殺巡撫黨馨、副使石繼芳，數其侵尅殘暴二十事。並殺衛官李承恩、供應官陳漢於市。防獄囚、毁文卷。鎮守總兵官張維忠以聞。上謂邊軍窮苦，撫臣等不加體恤，維忠不能伸理禁戢，當逮治。念其素頗廉愛，姑降職戴罪撫處。事定，所司議奏”。卷二四六。谷應泰《明史紀事本末》：“神宗萬曆二十年二月，寧夏哱拜亂。”卷六三。《平哱拜》。談遷《國榷》：神宗萬曆二十年二月“己酉（十八日），寧夏卒作亂，殺巡撫右僉都御使黨馨、督儲道兵備副使石繼芳。”卷七六。瞿九思《萬曆武功録》：“於是，（哱承恩）立劉川白爲大會長，劉東暘、張文學爲二會長。期二月十八日並馳總戎張維忠所，鼓梁出罵詈語。”卷一《哱拜、哱承恩列傳》。按：寧夏作亂的時間，應爲萬曆二十年二月十八日。《明史》原亦作二月，中華書局1974年版據《神宗實録》改作三月，誤。《神宗實録》所記當爲朝廷聞變的時間。談遷《國榷》記三月“戊辰，寧夏變聞”，正與《神宗實録》所記聞變時間合。且説到消息來源時强調是“予友姚士粦從沈中丞朔方云”，《國榷》卷七六。應確鑿可信。

哱拜，“西部人也。嘉靖中得罪其部長，父兄皆見殺，拜跳脱來降，驍勇屢立戰功……加副總兵……拜老，（子）承恩襲父爵”。《明史》卷二二八《魏學曾傳》。

魏學曾，字惟貫，涇陽人。嘉靖三十二年進士。時以兵部尚書總督陝西、延、寧、甘肅軍務。《明史》卷二二八有傳。

李成梁，字汝契，朝鮮人。隆慶四年以遼東副總兵署都督僉事，累進左都督。萬曆初，又以功加太子太保，世蔭錦衣千户，封甯遠伯。萬曆十九年被劾解職。《明史》卷二三八有傳。

第二疏

爲心急討賊，未暇過慮，願得身任，以釋羣疑，以圖補報事。

臣見寧夏叛兵猖獗，致廑聖慮。當主憂臣辱之時，正竭智畢忠之日。思督臣魏學曾，邊事浩煩，不得專於討賊。必得名將，以專其任。時雖豪傑如雲，而各有鎮守。惟退閑總兵李成梁，素有威望，紀律嚴明。諸子家丁，武勇可任。又聞寧夏哱承恩父子，號爲猛悍，而不知李氏父子之遠出其上也。義激於中，且時不可緩。舉其所知，期於必克，而不暇慮其勢重生患，有拒虎進狼之憂也。然臣之不暇慮者，非見不及，亦斷之以理耳。李氏父子即爲狼子野心，自取覆滅，但當防之於遼東握兵之時，而不當防之於廢棄離任之後。蓋遼東專制一方，非若延綏、固原之峙立也。將領多其親屬，非若張臣、董一元之散主也。況在昔危疑不安，而今則明主洞察矣。不以疑之之日，肆其不肖之心；而於信之之日，反爲赤族之計。其愚悖速禍，又出劉東暘、許朝之下矣，謂成梁爲之乎？

科臣王德完思深慮遠，知無不言，臣所敬服，願與同心。今謂臣薦之太過，臣實愧之。但云獻議自彼，恐天下聞之，以爲禍本，則慎而過於葸矣。天下之人，豈不知成梁父子爲臣所薦？不過疏内引德完“收羅豪傑”之言，爲得救時之急，且又引賈希夷“請遣大臣”之言矣，豈賈希夷之所謂大臣，即德完所羅之豪傑？德完之豪傑，即臣所薦之成梁乎？若以臣之言，而追論於德完，則德完前疏所引，皆漢唐故事，脱有不效，亦將起古人而追其罪乎？臣非不知德完之心，爲濟臣之所不及，非相悖也。但用人之道，疑則勿用，用則勿疑。上而疑下，必不肯盡與之權；下畏上之疑，必不敢盡行其志。將領因疑而不受節制，士卒因疑而不聽號令。忌者因疑而得肆其讒，敵人因疑而得行其間。欲專制也，人曰：“非有異志，何以不待奏報？”欲撫惜也，人曰：“非有異志，何以要結人心？”欲行法也，人曰：“非有異志，何以立威？”欲待釁也，人曰：“非有異志，何以觀望？”或與監軍謀而不合，人曰：“非有異志，何以不聽約束？”或與督撫期而先發，人曰：“非有異志，何以不與同心？”服而舍之，則曰：“何故縱有罪以市恩？”抗而盡誅之，則曰：“何故多屠戮以冒賞？”脅之而使其自殺，則曰：“攘以爲功。”困之而致其遁逃，則曰：“縱以生患。”無功則以爲怠玩以養亂，有功又以爲妄報而欺罔。首尾牽制，手足束縛。古如王翦、樂羊，或請田宅而後行，或借投杼以自況。以孫權、周瑜，義同骨肉，必拔劍砍案而後成功。況未有深信之素，而又示以猜疑之端乎！臣有疏云，今之將士，殺身不足以成名，剖心無由以自白。邊事之壞，所從來久矣。

伏望陛下斷之宸衷，博採輿論。成梁父子，稍有可疑，速罷其權，别爲調遣。如萬萬可以相信，方可虛心任之。臣自外吏入厠臺班，雖懷狗馬之心，未效涓埃之報。若疑徒市私恩，不顧國計，願與成梁馳赴寧夏，同心討賊。不必加以别銜，假之重任。但憑陛下威靈，生平忠義，賊知歸命，則臣爲陛下之使，奉揚恩赦以安反側；負固不服，則臣爲陛下之將，披堅執鋭爲士卒先。平定之日，一切事宜付之魏學曾、朱正色、董一奎等，聽其安輯，以靖地方。臣與成梁即日還朝，止求自明，不敢言功。倘中途事定，聞報即返；若其不捷，則軍法在焉。何止薦舉非人之罪，又何至以臣之罪而貽之他人哉？兵機所在，關係重大，惟陛下自以疑信決其用舍。若曰姑以試之，而使成梁不敢自專，則功不可成，患不可測。臣不若先受狂躁之誅，以免誤國之禍也。不勝惶恐待命之至。

奉聖旨："兵部知道。"

【箋】

萬曆二十年壬辰（1592）三月於浙江道御史任上。

王德完，字子醇，廣安人。萬曆十四年進士，時爲兵科給事中。《神宗實録》：萬曆二十年四月，"初，科臣王德完極論都督李如松父子不宜更叨兵權。於是，如松自言憂危畏譏之身，當戡亂定變之任，萬一指責再及，無論心分氣索，且不知死所矣"。卷二四七。

第三疏

爲西事危急，人心洶懼，懇乞宸斷，以保疆圉事。

臣自寧夏兵變，逆知禍必不小。故兩具疏請，謂稍遲一日，則禍深一日。仰蒙聖明洞見事幾，以臣言爲是。不知何故竟格不行，則臣無可奈何矣。及督臣魏學曾，七次具奏云："逆賊勾虜不來，我兵漸逼臨近，奪獲船隻牛羊，各賊局縮求撫。"人以爲喜，臣獨憂之。即欲具疏，自思前當危懼之時，尚以臣爲躁妄，則今懈怠之日，更以言爲不祥。惟時時對人言之，或疑、或信，獨都察院經歷劉黄裳、原任尚寶司少卿周宏禴，深以爲然，相對欷歔，至於泣下。今不來者已勾至内地，局縮者已領兵出城。但著力等酋，乃平素效順之虜，所領人馬，皆畸零老弱之衆，不過以嘗試我耳。效順者不驅之去，則凶逆者進矣。老弱者不制其命，則精强者進矣。日益月盛，凶謀愈堅。而最可恨者，賊與境外同心，而我之軍中異志。賊有密謀石畫，而我皆浮言亂議；賊以招安緩我，而我以招安自緩；賊之兵勢日集，而我之士氣不振；賊得我之言皆疑其詐，而我得賊之言即信爲真；賊之舉動我不得聞，而我之秘謀賊已先覺；賊以知者謀之而必行，而我以不知者敗之而中止。陛下考覽往古，諳曉兵機，曾有如此用兵而不至僨事者乎？

今據魏學曾之報，在三月二十九日，及今半月餘矣。恐彼中事體已不可知，而議論者方甲可乙否，務相求勝。當事者方東遷西就，不敢主張。即奉明旨，亦朝更夕改，莫肯奉行。臣恐賊勢既合，必不肯坐守孤城。非近據靈州，則遠襲潼關。效尤者脱巾而呼，思亂者揭竿而應。不惟全陝騷動，天下事大有可憂。臣初聞變之時，知寧夏非魏學曾之所能定，故請爲調遣，今見此舉動，又知非此時紛紛者之所能辦也。臣之所望在陛下一人耳，伏乞念人心不可摇動，禍患不可滋蔓，大奮乾斷，或召大臣科道面陳可否，或謀之密勿，裁之宸衷，特發嚴旨，毅然必行，不得更緩。庶廟議可定，人心稍振。雖用力視前百倍，而事猶不至大壞也。若聽其煩擾，遷延不決，臣徒抱赤心，言不見信，惟待事壞之後，别圖自效，以死報陛下耳，不敢更爲煩瀆也。臣無任憤切祈望之至！

奉聖旨："梅國楨就着同李如松前去監軍，並紀録功次。兵部知道。"

【箋】

萬曆二十年壬辰（1592）四月中旬於浙江道御史任上。

談遷《國榷》：四月甲辰，十五日。"命李如松提督陝西軍務總兵官。初，浙江道御使梅國楨薦如松可將，朝議持之。國楨謂'李氏父子當疑於遼左握兵之時，不當疑於廢棄離任之後。如慮臣徒計私恩，不顧國計。願與如松俱馳赴寧夏。如賊旋平，中道而反；若其不效，則軍法在焉。何止檢舉非人之罪？'上壯而許之"。卷七六。

第四疏

爲望輕任重誓圖補報，敬陳一二事權，乞賜酌議，以便展布事。

臣因寧夏兵變，奏爲西事危急，人心洶懼，懇乞宸斷，以保疆圉事。奉聖旨："梅國楨就着同李如松前往寧夏監軍，並紀録功次，兵部知道，欽此。"臣職微望輕，聞命驚怖。除叩闕謝恩外，竊思剿叛禦虜事體重大，監軍紀功責任優崇。方今謀臣策士，布列庶位，豈臣卑微所堪負荷？理合固辭，以讓能者。但臣當事變未甚之時，請以身保李成梁同往。若自請之而自辭之，詐也；請之於未甚之時而辭之於猖獗之後，怯也。二者皆非臣子以身許國之義，臣不敢爲。

顧臣又自念陛下御極二十年來，未常有萑苻之警，近日寧夏之事，第一大變也；亦未嘗有征討之命，今日臣與李如松之遣，第一重命也。必動出萬全，謀成必勝，而後可以紓宵旰之憂，寒中外之膽。臣前疏有云："出不敢加銜，入不敢言功。惟憑陛下威靈，生平忠義，誓滅逆賊，以白初心。"今既膺非常之任，必有非常之權，而後可以定非常之變。若曰："監軍之職止於稽察，不得自專。"則兵權散主者，不相聯屬，各持意見者，無與調停。況由此至彼，往返萬里，奏報候旨，動經月餘。勝負在呼吸之間，而舉劾在成敗之後。及時之賞罰，方有實效；而事後之舉劾，尚屬虚文。臣敢不避嫌疑，不拘常例，除敕印、符驗例應關領外，更以一二事權冒罪上請，伏乞聖裁。一曰假以威令，如古遣將，拔所佩刀授之，以誅將士之不用命者。二曰不拘臣以文法，使得戎服臨陣，以身督戰。三曰凡有謀略，勇敢立功自效者，不拘白衣及罷閑將領，隨軍收用。有功之日，方請定擬。四曰李成梁老成多算，宜早赴軍中，資其調度，不必以父子拘泥。若在京俟遣，恐緩不及事。五曰些小利鈍不得輒爲憂喜，進止遲速不得輒相催促，總待事定論其功罪。六曰紀録功次，臣惟條上某官獻某計，某將破某陣，某軍獲幾賊。至於擒捕名目，剿戮首級，俱聽巡按御史查勘劾實，臣不敢與。伏乞陛下酌議量賜允從，庶臣狗馬之心得以自效，而諸臣同心爲國必不爲嫌。若一一拘形跡，循舊例，似非濟變之權，亦非陛下命臣之意也。

臣待陛辭之後，乞同李成梁先赴臨境，宣佈皇上威德，與魏學曾、葉夢熊、朱正色等，相度事宜，諮謀方略。聽李如松赴宣、大等處簡選，大兵隨後進發。計兵行遲緩兩月方到，恐賊虜詭詐，頃刻多變，須制使不動。待大兵既集，一鼓成功。此臣之所以效愚忠而報陛下也。臣無任踴躍待命之至。

奉聖旨：“御史職司監察，凡事只與督撫將領計議而行。李成梁着隨後來。兵部知道。”

【箋】

萬曆二十年壬辰（1592）四月。據《明神宗實録》卷二四七，命梅國楨往寧夏監軍爲四月乙巳（十六日），此疏上於四月戊申。十九日。《神宗實録》：萬曆二十年四月，“鎮守遼東總兵官寧遠伯李成梁，以科臣王德完‘拒虎進狼’之劾，及御使龔文選‘責成策勵’之疑，乞免督兵寧鎮。詔赴京候遣，不准辭”。卷二四七。

葉夢熊，字男兆，歸善人。嘉靖四十年進士。萬曆十七年由山東布政使擢右僉都御史，巡撫貴州。尋改陝西，進右副都御史。移甘肅，會拜反，上疏自請討賊，帝然之。以六月至靈州，與學曾合。《明史》卷二二八有傳。

第五疏

爲奉命討逆，敬陳一二事宜，懇乞採納，以便效力事。

臣奉敕監督官兵，親詣討賊，除同總兵官李如松調兵前往外，近見賊情狡詐，嬰城自守。陽示卑順，以緩我師，廣結虜眾，以爲聲援，意待秋高虜集而後公然横逞，其情甚明，而其勢甚急也。臣之所誓，在披肝膽以和將領之心，同甘苦以作士卒之氣，宣威信以散賊虜之黨，體主恩以全脅從之命。至於攻取進止，在相度機宜，廣集眾思，難以預定，此皆臣之得以自盡者。其有勢不得自盡者，不得不望之陛下也。伏望敕下該部，再加詳議。如果臣言不謬，覆議上請行下該鎮督撫等官，一體遵奉施行，則疆埸幸甚、愚臣甚幸！

一曰諭諸臣以急公義。昔廉藺同心，秦不敢侮。以先公家之急，而後私仇也。今討逆諸臣，自督撫以及將領，皆負重望，權各不同。萬一各持意見，不相協和，則僨事不小。須得嚴諭，務以國事爲重，一切嫌疑禮數不得介意。臣到之日，與之歃血設誓，有二心者，天地祖宗，是糾是殛。至於用兵之際，無分彼此，或當其前，或應於後；或以攻城，或以阻隘，犄角相資，首尾互應，皆得論功。庶師克在和，而戰必勝，攻必取矣。伏乞聖裁。

二曰賞完守以鼓忠義。寧夏之變，各堡瓦解，而平虜獨完，則論功當以蕭如薰爲首，而偏裨各軍之用力，闔城士民之同心，皆有不可泯者。宜查功次大小，即時行賞。城内居民，悉加賑恤。其死於戰鬥者，更宜優給其家。庶人知忠義之益，而各自思奮矣。伏乞聖裁。

三曰分順逆以散虜黨。賊之所恃，惟在勾虜。而虜之所以爲賊用者，非有骨肉之親、情好之素也，不過利其子女財帛耳。夫受恩則朝廷爲重，計利則撫賞爲多，虜亦未必不見及此也。但順逆不與分别，則彼亦無以自白耳。宜遣通官查問曉諭，有原不助賊，或始助中止者爲一等，即與嘉賞，獎其效順。有能擒獻賊首者爲一等，照依欽定賞格，厚加封賞，仍以各賊資財，盡數給予。其有諭之不改，甘心從逆者，又爲一等。是自取誅夷，罪在不赦。容臣等會同諸將，嚴兵以殲其衆，分鋭以搗其巢。庶虜勢既散，而賊膽自寒矣。伏乞聖裁。

四曰專責成以制虜患。虜酋所近鎮城，各有督撫、總協等官。如督臣魏學曾，親駐花馬池，極爲得體。則清水、興武、横城一帶可保無事。至於延綏，宜責之賈仁元。固原責之沈思孝，甘肅責之田樂及各該總鎮將領等官。虜如不動，則相安無事；若稱兵内犯，則嚴兵固圉，以遏其鋒。或虜往寧夏，即出師搗巢，以牽其勢。須多方偵探，使不得動。庶我兵專力於賊，而各鎮之功不在討逆之後矣。伏乞聖裁。

五曰豫儲偫以濟士馬。寧夏餽糧，不啻千里，樵採供爨，無所取給。近聞偏關之外，絶無藁草。非先行置辦，恐時刻缺乏，則人心不安。須行司道及管糧府佐等官，或百里，或五十里，定委一官駐劄，常川拔運，務令有餘。仍多發太倉及馬價等項銀兩，解赴軍前。不但行軍犒勞不可稽遲，即賊平之後，除賞功外，修理城堡，安撫人民，招補軍丁，所費不貲。用之有餘，即貯庫藏以抵日後京運，不得妄費。若臨期請討，將何能濟？此猶萬分至緊不可緩者也。伏乞聖裁。

六曰禁妄殺以安人心。驗賊首級與虜不同，虜有炙痕、巾痕種種可辨。賊係中國之人，倘妄殺冒功，不惟負陛下好生之意，而適以堅從賊者死守之心矣。臣請惟臨陣斬獲者，准以首級報功。其四外不時剿捕，須令生擒，准與首功同賞。容臣會同各官審實，或即時誅戮，或監候待奏，或從權釋放。至於破城之後，猶宜嚴禁。有妄殺一人及擅入民家者，即時梟示，以正軍法。庶功無冒濫，而民知有生矣。伏乞聖裁。

奉聖旨："這本説的是，兵部便看議來説。"

【箋】

萬曆二十年壬辰（1592）五月十三日，在大同至寧夏道中。據《明神宗實録》卷二四八，五月壬申日中記有"監軍御使梅國楨陳六議"等語。

第六疏

爲賊勢可平，士氣不振。懇乞聖明，嚴加責成，以絶大患事。

臣自四月二十六日奉命出京，五月初五日至陽和，即與總督蕭大亨議諭外王，約束西部，勿令助賊。大亨即力任之後，至大同，又託之巡撫邢玠，所見相同。及至神木，臣遣通官駱允，遵奉明旨，往諭莊禿賴、明愛二酋，示以順逆，順受獎賞，逆有誅夷。彼即聽命，隨遣外使四人，追至波羅，願受約束。臣當同提督李如松，面布聖恩，稍加賞賚。靖邊與套虜相近，臣遣通官盧世美，往諭切盡妣吉、及吉囊等酋。沿途虜騎充斥，臣與李如松披甲束伍，聞烽衝擊，虜望風逃遁。

天熱馬乏，至六月二十二日，由紅山至靈州界渡河。臣即日大張旗幟，歷覽城池。使賊知臣到，賊從上放炮，賴陛下福庇，皆從旁過，倖免傷殘。二十三日，賊請招安。臣以一受降白旗，豎之城南。李如松面與折論，詞雖恭順，意實奸狡。欲求鐵券，世守西夏。止許提督以二十人入城，是又欲張傑我也。臣度必不可從，本日午時，傳號各將，照常攻打，試其方略。但見彼此各用箭炮，我之所發，止及磚石。賊之所發，輒傷我軍。提督李如松，總兵董一奎、李昫、劉承嗣，皆親冒矢石。臣見難取勝，傳令收兵。二十四日，衆議用布袋盛土，堆集上城。賊用炮石，損傷亦多，幸而不死，遊擊吴顯面被一箭，臣令罷攻。二十五日，臣自南門移幕城西，賊見臣過，盡數赴西，以防攻打。臣約諸將，至二更時先攻西城，以絆賊勢。其餘三城聞炮齊攻，使之應援不及。然後從空虚之處，用梯暗上。都司李如樟，率領遼東、宣大軍士，已上南城。苗兵亦争上梯，賊衆慌亂，急用柴草裹以硝磺炷炮從上墜下。家丁墮地，梯折不能復上。原任副將李甯，身被鉛子，幸而未傷。本日遊擊吴顯，於中營堡地方，斬獲賊党通官李小、思漢等首級七顆。二十六日，將軍士休息至午，忽東南風大作。臣曰：此乃仰托皇上福德，天賜成功也。傳令諸將，速備火箭，燒毁南樓。皆云無箭，惟李如松令李有昇、麻達子速行取箭。臣大忿怒，欲還朝泣奏，免致誤事。苗兵遊擊龔子敬、劉天俸，方與齊射，燒毁南樓。董一奎攻打城門，參將王鐵塊面中鉛子。李如松率兵上城，仍被打傷，梯折。臣見人心涣散，權不能制，欲具疏上聞，因營中筆劄几案俱有不便，且與軍士雜處，無隙起草。移至河西寨，以就房舍。乃本日，在城百户姚欽，同武生張遐齡，射帖二張。約定是晚先攻西門，城上舉火爲號。百户王英、舍人陳嵩，將許朝門前把守。待人馬上城，一齊下手。各將收帖，不令臣知。欽等不見城外動静，仍將遐齡縋城，調取人馬，遲誤不及。副將葛臣，先將譙樓號火舉放，姚欽往西北放火，指揮趙承先往西南放火。欽將城上滚木、礌石盡行推下，機事遂泄。賊衆來捕，欽等見事已敗，砍傷巡邏旗牌三人。同家人姚得才、張元跳滚下城。至二十七日早，有同事百户方正，同家丁朱尚舉，亦投城下。報説賊將同事五十餘名殺戮。本日午時，懸頭城上。各將得帖，不令臣知，又不以人馬策應，是誠何心？坐失機會，懊恨無已。

二十九日，劉承嗣於北門穿鑿地道，賊衆出城衝擊。我軍隔壕用槍炮射打，傷賊數多。内打傷青甲白馬一人，有人識爲許朝之子萬鍾，未知的否，不敢妄報。使非濠深，又隔外牆，徑追擊奪門矣。本日，提督李如松探知賊遣通官大敖把等，往調着酋。當差原任副將李甯、都司李如樟標下督陣。李有昇、李世功等前往擒捕。斬獲真夷孛羅歹、把總張火力赤，兼哱拜養子克力蓋等一十八顆，生擒大敖把十一名。奪獲哱承恩調賊印信、令旗二竿，着酋號箭一枝，夷馬兵器俱全。臣面審是的，内餘丁二名，賈丙、劉思元，原無馬匹兵器，不係勾虜之數，即時釋放，以分首從。時賊在西城巡邏，臣將各首級懸之高竿，仍將各賊向城斬首，高唱姓名，使之聞見。彼知外援既絶，則心膽自寒，即此皆平賊一機。奈將心不一，但知忌功，不肯立功。若困守不攻，有七不易：城堅守固一也；糧草充足二也；彼逸我勞、彼飽我饑三也；時時賊下取箭燒房，我兵不知，恐乘機劫營，則自相踐踏四也；軍久暴露，食皆烘炒，渴不得水，必生怨望五也；久旱必雨，營壘難立六也；達虜秋高必來助賊，各處塘報見虜西行七也。不攻則其害如此，攻之又徒損我軍。臣令各營將領，每面築立土山，即古拒堙之制。或立懸樓，先將女牆打碎，然後衆赴城下。或壘土袋，或架雲梯，方免損傷。魏學曾、葉夢熊、朱正色等所見皆同，而諸將口雖唯唯，無有從者。由臣望淺權輕，不足懾服，坐辱君命，雖死無補。伏乞嚴諭責成，信賞必罰。如以臣爲多事，先將臣罷斥，别選能者，假以重權，使親營陣，庶人心知畏而賊可立平。如更因循，不惟一方之憂，將全陝皆有不測。

撫臣沈思孝、按臣孫琉曾有疏，言猶有所隱。倘以臣言過當，願下臣於獄。待至秋冬，事不大壞，斬臣之首，以爲人臣欺君者之戒。至於諸將塘報，多不足憑。臣必待城破之日，方以捷聞。其餘功罪，以還師之日，按臣核實，總論具奏。參政顧其志，方賴督餉，即經升轉，不宜離任。總兵李昫，近益奮勵，使功使過，宜在此時。出降百户姚欽、武生張遐齡，宜重升賞。百户方正，亦應優敘，以勸降者。臣在營中，人人爲臣危懼。欲其移屯城堡，苟全性命。臣念受陛下非常知遇，恩重身輕，死不足報。一切嫌怨，又何足避。乞賜睿斷，敕下該部查議速行。若七月中旬此賊不滅，則大事去矣。臣親見事機，隱默不言，是臣誤國之罪更甚於諸臣也。臣無任激切待命之至。

奉聖旨："覽奏，攻城日久不下，皆因主帥紀律不嚴，調度失策。以致各將官全不用命，奸誤國事。兵部便看議來說。"

【箋】

萬曆二十年壬辰（1592）七月三日，在寧夏。據《明神宗實録》卷二五〇，此疏至二十五日始奏聞。

第七疏

爲虜患日深，賊守愈固。直陳所見，以免誤國事。

臣自六月二十二日抵寧夏，至二十九日止，攻城事情，已經具奏外，七月初二日，原任河東道僉事隨府，從南門懸樓跳下。家人張興，身帶本道關防亦隨跳下。隨府傷臂，不能動履。張興傷足，滚至濠邊，被救過營。賊令四人下城取府。總兵董一奎，遣人往救，無肯聽令。一奎親射三箭，弓撥而止。致將府綁縛上城，許朝打府四刀，扭鎖收監。其奪府四人，各賞銀一大錠、紅一匹，於城上誇耀。賊於數丈高城，取隨府如拾地芥。而我軍咫尺乾壕，不肯前渡。則彼此軍令，可以概見。各領兵將官，反致一書與督撫及臣云："城高守固，我以一法攻，彼以一法備。空傷軍士，決不可攻。"臣當覆之云："諸將受朝廷厚恩，既不能力攻，當别思方略。若不明紀律，不卹軍士。奸細出入而不知，賊徒下城而坐視；隨道出而不能救，内變作而不能應。日復一日，作何究竟?"諸將亦不回答。

初七日，賊又詭求招安，將黨巡撫、石副使家眷送出。而石副使弟石繼善，極知城内虛實，云："軍民盡已絶糧，賊馬餓死過半。前見攻打至急，又燒南樓，慌懼欲逃。因數日不攻，方始心安。"攻城軍士，反叫賊從城上燒梯。似此人心，皆諸將素無恩威，不能鼓舞所致。時達虜數萬，已從沙湃大入，斷我糧道。賊使通官馬世傑、德勝二人，爲虜鄉導。饋各酋每人金十兩、銀五百兩、蟒緞食物在外，其部落奸人，皆有餽送。以故虜爲之用。督臣魏學曾，調去副將麻貴，領騎兵五千有餘，遊擊龔子敬苗兵一千，前往堵截。雖曾獲首級，而虜入轉深，將及韋州、慶陽等處，略無退志。臣偵知殺戮人民，搶奪牲畜，燒毀及搶去糧料，不知其數，各將皆不以報。幸初八日，提督李如松，哨知賊遣通官阿不失户，在夾河地方，專一勾虜。遣遊擊李寧等，帶領家丁，前往捕擒。阿卜失户射砍重傷，落水身死，亦足以剪其羽翼。

臣差官丁，持臣曉諭告示，安撫各堡軍民，即曾經從賊者，許其投降，給與免死執照。民知有生，踴躍聽令。窮餓者量與賑濟，耕種者即與放水。道路始有行人，軍營貿易不缺，而民且以糧數十石助臣軍需。臣給與優獎，以勸忠義。又使各民時赴城下，招其父兄子弟之在内者，使其歸順。即不敢應，亦令自疑。仍出示各堡積有糧米者，增價糴買。運送軍前者，給與腳價。大兵屯聚，可省搬運。賊平兵退，即以濟貧。若積有數千，則賊虜截糧之計亦無所施。而士飽馬騰，可攻可困。

且寧夏西南爲唐渠，東爲紅花渠。登堤一望，城如釜底。惟北面低窪，原以出水。已募民夫，將此堤築斷。賊在釜中，一決大壩，即可淹没。連日城中哭聲震地，賊勢已窮。但念一城生靈，殺之不忍。姑俟内變，若虜騎逼近，不得不爲毒計。或浸城多半，使賊不得出，而後分兵休力，相機禦虜。

奈諸將用兵不及兒戲，因知從前報捷，盡屬欺罔。陛下神聖，洞曉兵機。自古旌旗以教目，今軍中無旌旗矣；金鼓以教耳，今無金鼓矣；號令以教心，今無號令矣；編之行伍，使知方位，今無行伍矣。軍之命在食，今絶糧矣；軍之力在馬，病餓死者過半矣。長技在弓矢，臣到時，軍已缺箭。咋取之督臣，發到萬枝。以四萬人計之，是四人而共一箭也。三軍之眾，百物具備。今制攻具則無木，造火器則無鐵，且無工匠矣。甚至坐視賊徒下城取箭，過壕取草。每遇攻城，又將雞血染衣，詭稱被傷。及至驗視，纖毫無損。或逃之别堡，輒報陣亡。惟原任總兵劉承嗣，屢次查究，諸將勸其含糊。又其甚者，姚欽内應，望兵不至，於黄昏時遣武生張遐齡下城，赴遊擊陳守義營中，催兵上城。至二更後，哀求不應，以難得之機，竟爲所誤。固原軍趙思義，不知何時被賊執之上城，坐營都司張詩初不得知，至七月十六日，賊自報説，方始驚異。若能將陳守義、張詩軍前梟示，則三軍股栗。以數萬之衆，四面齊攻，賊之家丁，不過二千，安能盡備？然後擇其空虚之處，以死士先登，無不克者。今諸軍進或被傷，退反得免，全無賞罰，何以勸懲？而諸將但以卑詞求賊，不曰受降，而曰講和。賊見勢窘，許進南關，爲之奏請，盡赦其罪。夫以賊之罪惡滔天，既無赦理。況赦之而彼又欲留家丁以自衛，分大城以自居，亦將聽之乎？又況既許之赦，則必撤兵。彼復牧馬積糧與虜合黨，則我之兵將反爲所制，是何張傑之多也？惟既得南關，因而取之，則爲得策。臣觀諸將無能辨此者。此外則臣萬萬不敢任也。

人皆謂臣職任，在於紀功録過，可以推託。當爲身謀，不宜空費心力。顧臣心感特知，不容自已。況欲紀功則無功可紀，諸將可以欺臣，而臣不敢以欺陛下。欲録過則難以悉録，且恐駭人，不以爲刻，必以爲狂。惟有隨其所見，據實奏聞。但臣於七月初三日曾有疏奏，内云：七月中旬事不可爲。今虜果大入，殘害已盡。計今此疏，方得進呈，則今疏得呈，必出月杪，覆議施行，已在中秋之後，彼時事勢，又不知其何如矣！惟時時切齒按劍長歎。副使蔡可賢，同在營中，時與涕泣而已。陛下即行臣之言，已在事後，則臣之心不得盡，臣之官爲虚設，不若早賜罷斥，得離行間，誠不忍見逆賊得志，虜騎横行，國家之兵制法紀，蕩然至此極也。無任涕泣迫切之至。

奉聖旨："兵部便看了來説。"

【箋】

萬曆二十年壬辰（1592）七月中旬，在寧夏。據《明神宗實録》卷二五一，此疏至八月初始報聞。

第八疏

爲激切招尤，荷蒙垂察。遵職陳言，以盡愚忠事。

寧夏事情，已經二次具奏。自是以來，督臣魏學曾信臣之真，而臣亦憫學曾之苦，相與約誓，同心滅賊，有異同者，神明殛之！臣感其忠誠，盡心計議。學曾每夜露香跪禱，願以餘生贖一城生命。彼此佈置，事有端緒。

除一切瑣屑不敢瀆陳外，自七月二十一日開閘放水，城被浸壞，四面各數十丈。軍心踴躍，以爲必克。三十日夜，賊駕船十一只，偷挖參將達雲所守堤岸，擒縛軍士。被提督李如松衝退，斬獲一十六名。至八月初一日，參將來保所築堤岸被水衝決，遂棄前功。幸初六日賊據教場，麻貴奮勇占奪。初七日，賊修東城，俞尚德親往擒斬。自此喪氣，不敢復出。城中糧盡，樹皮、敗靴悉以充食。饑民擁賊，早求招安。賊因紿之曰："朝廷已有鐵牌招安，奈諸將匿之，欲盡殺爾輩。"愚民盡爲所惑，我軍亦以爲言。臣知其然，於十二日大出榜示，略云：許朝等既求招安，先將城内饑民開報。限三日内迎大兵入城，分别賑濟。如有疑畏，先將饑民赴河西寨給領。至十五日，又出一示云：三日已滿，既不開門，又不放出支領，顯是各賊原無求招實意，要將闔城餓死，又令我軍勞苦。軍民之心始共恨賊。十六日，魏學曾遣千總潘宗、把總劉禄到城，詭稱鐵牌已到，誘其出迎。暗約諸將，出即擒制，或進而圖之。葉夢熊亦差標兵百餘，暗伏接應。事幾可成，謀泄而止。

二十日，着力兔、打正把都兒合黨助賊。先該魏學曾調有防堡人馬，李如松又遣遊擊李寧往鎮北堡剿殺並擒斬，奪回男婦共五十四名口。二十一日，虜又渡河，從李剛堡進入，離城僅三十餘里。臣見事急，欲待督撫傳示，遠不及事，欲自行調遣，又嫌侵越。惟令標下把總張澤，及本鎮投到應襲、王都等，領兵百人先往埋伏。後臣中軍李如樟，挺身願往。臣壯而遣之，令其約會麻貴、李甯、王通、李有昇等，領兵三千。

李如松恐其有失，親領千人，手馘虜首。李甯、俞尚德、趙夢麟、李如樟等，各各奮勇，斬獲七十餘名。虜衆大敗，各賊失望。我軍歡聲雷動，皆云稀有之捷。

原任總兵劉承嗣，又將決堤修補，水復到城。督臣葉夢熊許約撫臣，至期親督攻打。以賊勢度之，内絶民食，外無虜援。水一到城，必多頽壞，萬無不克之理。倘不如意，惟有坐困，但恐軍民盡爲餓莩。各賊尚支一年，邊地早寒，八月已雪，三軍野宿，何能久存？不撤則恐生他變，勢必散屯各堡。無奈將心漸離，皆稱有病。臣與蔡可賢、蕭如薰再三調停，尚不能挽。倘人心一弛，則賊虜復合。着、打已被殺敗，莊、吉求撫未得。賊知其有恨於我，而以重幣購之。東西並進，腹背受敵，不惟喪其前功，抑且大有後患，此臣之所甚恐也。雖事權與臣無干而狗馬之心不能自已，謹條爲六議，惟陛下察之。

一議恩澤。昔越王投醪而三軍心醉，楚莊拊循而士人挾纊。蓋誠意之感人深，而衣食之及人淺也。陛下端居九重，慮周萬里，何嘗一日忘西征將士哉！顧屢蒙皇賞，皆視爲常例，不知所自。似宜特發綸音，念將士寒苦。即以在軍銀兩，各給冬衣。容臣等宣諭，使人人明知聖意。則一時鼓舞，奚翅紫貂裘帽之賜哉！

二議司道。臣於七月初三日具疏，謂參政顧其志雖經升轉，不宜離任。蓋彼時督餉無人，故欲議留。今本官已行，兩月計程，何止數千？而新代參議張季思，慷慨任事，明爽有爲，所賴尤重，似難别議。顧其志亦不必復回，以滋往返。副使蔡可賢，既熟邊情，兼能應變。臣因虜入定邊，截我糧道，諸臣争報糧料已盡，囑臣暫回靈州。自念臣離營中，則人心洶懼，適墮賊奸。出示糴買，稍昂其值。可賢毅然自任，親赴各堡。數日之内，得糧七千余石，軍士恃以無恐。虜住二旬，賴以不乏。則可賢之才，堪備緩急。雖經論列，然科臣所論者，行也；臣所見者，能也。當此使才之時，又不可以一眚廢矣！

三議塘報。從來各邊軍情，皆據將官塘報。臣在軍中，極知其弊。如虜本數十，則曰數百、數千。本未見虜，則曰彼此砍殺；止獲一二首級，則曰殺死數多，盡被拉去；軍士多被殺掠，則曰中傷軍丁尚未查數。如臣在營中，查問我軍有無被擒，皆曰無有。忽賊放回竇元等十一人，皆係被擒縛，獨非軍乎？問賊徒有無出城，皆曰無有。及捉獲奸細王羊等數人，皆從城内出邊。其未獲者，尚有數十，獨非賊乎？又如達雲縱賊挖堤，全不之覺，塘報督撫反謂有殺賊之功，得首級一十六顆。諸如此類，難以枚舉。此臣之具奏，必查核明白，不敢止據塘報，自同欺罔。如沙湃之敗，雖在河東，與臣無與，但槼虜軍士，皆討賊之數。據報麻貴損兵一百八十，今未到者，三百餘名；苗兵死者六百五十，今全軍未見一人。即如李如松張亮堡之戰，從來所無，因臣未查實，尚未敢報。蓋無功之罪小，而欺君之罪大也。宜專委賢能司道，親在軍中，專查功罪。庶欺蔽無所容，而賞罰亦得其實也。

四議賞罰。將帥之所以鼓舞人心者，惟賞與罰。必賞當功，罰當罪，而後人心悦服。諸葛亮罰二十以上必親覽焉，誠恐以不當而失人心也。行罰如此，則行賞可知。今之人才，不知視諸葛何如？而所謂賞罰，皆非親見。或主以偏係之私，而決之於左右之口。多置伺察以爲耳目，不知諸將巧於彌縫，小人易以利動，耳目愈多而是非愈亂。似宜親在行間，不厭詳慎。若行之任意，恐有功不賞，已難示勸，況不賞而反罰，誰不怨望；有罪不罰，已難示懲，況不罰而反賞，適啟幸門。此不可不嚴爲之防也。

五議冒功。軍中欺罔，其事非一，而最可恨者，冒功爲甚。有自圖陞賞贖罪，而買他人首級者；有實未出門，而竄名督陣者；有畏其勢力，而奪彼與此者；有他人所獲，而恃强奪取者；有以民爲賊，以中國爲外人者。甚至見人獲功，殺而奪之，並所奪首級與所殺獲功之首而成二功者。及委官視驗，不過全憑塘報，即再四查核，又以初勘爲准。人冒死以得功，已安坐而攘之。至妄殺平人者，不以抵命足矣，反從而賞之，如天理何？人心離散，以至覆敗，率由於此。相沿已久，難以盡革，惟隨其發覺而重法繩之，或可懲一而警百也。

六議揭害。人情相忌，軍中爲甚。御使龔文選，極言忌功揭害，欲行按治，誠爲有見。以臣所見，遇難爲之事，則推避不前，見有以身任者，恐其成功，就中破壞其事，反布爲流言，使無所容。臣愚以爲欲禁揭害，必清其源。大凡被揭者，雖未必君子；其揭人者，必爲小人無疑也。揭人者既爲小人，則信揭者之不必爲君子亦可知也。臣自爲台臣，不敢受一私揭，亦未嘗以一疏發人陰私，以獵搏擊之名。即大計時，各發訪單，臣所列人數獨少，止用一二考語，模寫所見實事，不敢摭拾曖昧，恐一有不實，則壞人平生。蓋名義至重，鬼神難欺；公論昭然，不可枉也。乞敕閣部大臣，凡有私揭，投諸水火；擇其甚者，反坐其人。如有徇私黨護，以誤國計者，許科道訪實參奏，則忮害之風可不禁而息矣。

以上六條，皆有所據。但用人之際，不宜輕泄，恐激他害。伏乞敕下該部，查議採擇施行。不惟西夏有賴，凡於軍政未必無小補也。

抑臣猶有私情，不得不哀鳴于君父之前者。臣賦性愚直，動與時忤。起復以來，閣部大臣多未識面，即同在言責，亦未往返，孤立無援，莫臣爲甚。兼以上有老親，下無血胤，久欲乞歸，以全子道，因屢有疏陳，仰蒙採納，誓報萬一，後爲身謀。復有寧夏之遣，臣受命之日，已忘其身。初意尚欲假以將權，身任滅賊，即馬革裹屍，亦有餘榮。行時具奏，不蒙俞允。臣知難自效，惟盡此心，故至陽和，復有小疏。自謂感諸將以忠義，與士卒同甘苦。自是以來，倦不敢乘輿，暑不敢張蓋。與三軍共食烘炒，同飲污泥。一以感動人心，一以明臣之不敢漫語也。暑與勞並，遂成痼疾。及至寧夏，加以雨濕，轉益增劇。臣勉强談笑，恐摇衆心。至十七日，忽聞魏學曾回籍，臣憐其苦心，且事將就緒，意欲奏留。見已交代，又因軍民不忍其去，戀戀垂泣。臣雖素未相見，疾馳百里，追送郊外，灑淚而別。還至靈州，於督臣坐中，見邸報内有明旨："監軍專司監察，無得侵越事權。"臣心悸魄散，不知所措。

竊念臣在行間，所行者士卒之事，且未常與諸將比，敢侵越督撫之權耶？權之大者，在賞與罰。臣隨行委官經歷王立民，領馬價三千兩，聽臣支用。臣沿途招募犒賞，所用不過三百兩，尚存二千有餘。惟攻城時懸之於外，以誘士卒，未嘗敢輕用之也。姚欽等出降，適撫臣朱正色到營，問曾賞否。臣曰："尚未。"正色曰："三人冒死内應，今懸首城上，必其親屬。即百兩不過也。"此正色主之，臣應承之耳。若臣之所最恨者，陳守義、張詩，則奏之陛下。來保、達雲，則請之督臣。尚曰："用人之際，當以功贖。"督臣牌行營中，殺都司吴世顯，臣不與聞。以督撫所殺，且止一人，臣又何敢擅殺乎？若謂調遣兵將，自臣到時，分撥已定。董一奎時時告臣，兵止數百。雖有苗兵數千，驕悍不受約束，動輒反唇相譏，意欲臣爲督臣言之，而未許也。虜入定邊，督撫調麻貴、龔子敬往遏其鋒。臣明知其不敵，不過以書屬督臣，云步兵不到平曠，宜以五百火器手助之。使臣敢專調遣，彼時遣兵助之矣。惟虜退而學曾又憂其復來，臣復之曰："虜之入搶，以釋明安之恨。今歸必來求撫，不復入矣。惟着、打二酋，或來助賊。若以重兵守平虜，而分兵以防李剛、金貴二堡，擊其半渡，乃便計也。"學曾深以爲然，問平虜以郭有光與吴顯孰優，臣曰有光可。至於近日張亮堡之捷，因事勢至急，臣不得已，亦止遣標下親丁，其餘乃令李如樟約會願往者。何嘗敢擅遣一將，擅發一兵哉？臣之心事，在營將士與城堡軍民無一不知，不過乘風威以毁南樓，因截糧而行糴買，收壯丁以安堡民，宥脅從以定反側。親丈地形，築堤決水，亦必以圖示學曾，同心催督。以此爲臣之侵越則可，初何關於事權哉？

况人之侵權，必有所爲，或爲貪功，或爲尊大，或爲受享。今以臣爲貪功，事定之日，必首敘督撫，次及大將，次及用力獲功之人。臣以監察之官，即自居其功，欲何爲耶？以臣爲尊大，臣待罪御史。御使之出，俗以爲代天巡狩，黜陟羣吏，出入生死。儀衛擬於諸侯而嚴肅過之，參遊而下不敢仰視。今臣與士卒爲伍，倏忽聞警，躍馬疾馳。將領效力則拜而謝之，士卒有謀則就而問之，其非好尊也明矣。以爲受享，臣見受享者，食味兼水陸，屋壁衣繒綺；朝歌夜弦，猶曰未足。臣與吏書，日夕餔糜，自買柴菜，惟恐虧價；居處營中，累土爲榻，以蒲代瓦，風雨時至，擁氈自蔽；木板爲几案，瓦盆爲頮器；自到以來，夜無燈燭，欲有所營，引火自照。魏學曾行時，憫臣之苦，以書相勸，且以積俸十兩，遺臣犒從。且云："晝有衝突之險，夜有刺客之危，宜過靈州，與衆共處。"臣覆之云："楨受主上特知，誓以死報。身有親丁百人，並寧夏投到復仇者百人。以楨用之，足當一面。若爲將之道，頓身爲先，楨頗習此道。即有荆、聶之流，不能爲害。聞公親弟來省，不能具三金，何至以十金見遺？況公垂橐而歸，楨在行間既不能贐，何敢受惠以速其貧？且積俸皆主上所賜，以優養老臣者，即不爲子孫計，獨不念與故人共飲乎？"學曾諒臣之心，亦不以卻之爲忤。蓋臣之所以爲此者，欲以身先將士，激使同心，以報陛下耳。不意不能協和，而反致人疑忌，至有云，臣未到時，京師已有密書，謂臣狂直，到必掣肘，宜謹防之。昔桓典出而且止興謠，二鮑用而斂手相戒，臣亦何人，敢方斯軌？顧在昔以爲美談，即今以爲怪異，則非臣之所能解也。

今臣不但不敢侵權，即如前應行者，亦不敢與。是臣之官，真爲冗員，而臣之心愈不得盡。奈軍中無一重臣，事無統帥，乞敕督撫二臣，或内擇一人，渡河臨陣，庶聞見得實，而人心知奮；更乞敕下部院，細加體訪，參之公論，果臣有侵越，乞治專擅之罪，以爲人臣躁妄之戒；如其虚枉，乞賜臣歸田，以保病體，上事老親，下延宗祀，從此有生之年，皆陛下之賜也。若留之愈久，倘事體有壞，臣不得不言；臣有言，人不得不恨，臣之微軀，曾何足惜？恐豪傑之士，見臣以任事受禍，皆懷明哲之思，沮效用之志，非所以風示天下，宏濟艱難也。臣干冒天威，無任涕泣待罪之至。

奉聖旨："該部院知道。"

【箋】

萬曆二十年壬辰（1592）八月下旬，在寧夏。據《明神宗實録》：八月一日"兵部題：'……監軍以糾察功罪爲主，總督不得阻撓；總督以調度諸將爲主，監軍不得侵越。'上曰：'……監軍專司監紀，無侵事權。'"卷二五一。

第九疏

爲心急平賊，疏奏欠慎，致干宸怒，遺累老臣。伏乞聖慈，少霽天威，以光至德事。

臣奉命監軍，見逆賊據城，恨不蹴踏，生食其肉，以雪憤恨。諸將稍不奮勵，即不能忍。故二次具奏，皆歷數諸將之失。惟望敕下兵部，嚴加責成。使臣得從旁獎勵，早擒凶逆。不意陛下怒及原任總督魏學曾，差官拿問。臣一聞之，不勝惶怖。

夫以學曾身爲督帥師久無功，陛下歸罪其身，誠所宜然。但自各虜款貢以來，武備久廢，將不知兵，兵不知戰。即在諸將，目未睹韜鈐，身未履營陣。一旦責以勦逆，無異驅市人而授以戈也。臣亦知其相沿已久，隨處皆然，難以過責。但當主憂之時，正臣子效命之日，不得復爲姑息之語。至於學曾，發跡賢科，敦尚名檢，海内人士，視爲師表。奈報主之心有餘，而應變之才不足。年老體衰，難親戎陣，日夜焦勞，寢食俱廢。臣初亦責其玩虜，久乃知其苦心。誓相協贊，稍有次第。聞其罷歸，尚欲乞留，以俟奏捷。今復有此旨，誠知陛下不過以大臣，且至被逮，則將士益加警惕，初無深罪之意。但學曾以風燭之年，罹霜露之苦，萬一驚懼，遂成危病，非陛下平日所以優禮大臣之心矣。臣雖至愚，豈不知天威不敢輕犯？獨以臣親見其苦，而不爲陳訴，不惟下負學曾，亦且上欺陛下。

懇乞少霽威嚴，特賜寬宥。則雷霆之威，與天地之量，並行不悖。傍觀者皆服陛下之寛，而受任者自不敢怠陛下之事矣。臣干冒天威，無任戰慄待罪之至。

【箋】

萬曆二十年壬辰（1592）八月底或九月初，在寧夏。據《明神宗實録》卷二五一，梅國楨《第七疏》至八月初始報聞。八月四日，辛卯。“上謂‘釀亂損軍，耽延日久。致賊勾虜入犯，殘黎民、絶餉道，皆前督魏學曾辱國之罪。命錦衣衛逮繫來京究問。'"

【校記】

〔1〕劉東陽，《明史》作"劉東暘"。

〔2〕調遣隨便，《明經世文編》卷四五二作"調遣隨宜"。

〔3〕克削之聞，《明經世文編》卷四五二作"克削是聞"。

西征集卷之二

麻城梅國楨著
後學王都俞閲
不肖男之熉訂

疏

第十疏

爲逆賊蕩平，全仗睿斷。據實奏報，以合公論，以定恩賞事。

自逆賊劉東暘、許朝、哱拜、哱承恩、哱雲、土文秀等，戮官倡亂，糾虜拒兵。天地之大變，神人所共憤。聞亂以來，邊報朝議，倏喜倏驚，盡如説夢。惟賴陛下明見萬里，報勝不喜，報敗不憂。一意責成，期於平定。臣仰窺聖心，必非羣議所能摇奪。方敢自任，奮然請行。

受命以來，屢奉明旨，或決水以困堅城，或赦降以散脅從，或遏虜以絶聲援，或行間以相賊殺。其間亦有出自兵部覆議、閣臣手書，實皆廟謨之所預定，諸臣不過申而明之耳。以故原任督臣魏學曾，夙夜兢兢，同心共誓。而葉夢熊、朱正色，守其畫一，不敢更張；李如松與麻貴等，大戰張亮堡，而虜不敢入矣；劉承嗣督率諸將，修築長堤，而賊不得出矣。

九月初三日，遵旨將姚欽、方正等，冠帶鼓吹，誇示城下。見各賊騈肩看視，知其已有羡心。初八日起更時，忽有三人下城，審係袁朝、黄中、薛永受，報稱何廷章、王林、夏之時等二十七人，約會同心，先獻南關。内有畢邪氣要獻大城，機會未便等。因此時諸將營壘散處，惟近南關者先聞此言。而是日巡撫朱正色、參將楊文，領浙兵適至營中。李如松馳赴南門，意欲渡水。因劉天倖、趙夢麟俱陷泥淖，不得近城。

時臣在東南，城角一方無水。令遊擊李寧首先登城，李如樟繼之。止有五十餘人。董正誼執臣認旗，假稱臣已上城，禁止殺掠。居民聞言，盡設香案，把火照耀。李如松同楊文，亦來本處登城。總兵牛秉忠年七十餘，奮勇亦登。臣大呼衆將："老將軍且不避險，諸將何不早上！"是時王通、錢熚、郭有光、趙夢麟、俞尚德、來保、李鎮中、麻承詔、頗貴、胡澤、馬孔英、擺賽、馮大柱、嚴惟忠、達雲俱到。臣恐人衆，難以禁約。一或妄殺，則大城死守不可復得。遂同麻貴登城，分遣約束。而總兵蕭如薰、董一奎、劉承嗣，撫道朱正色、蔡可賢，將領姜顯謨、陳良玭、劉天俸、王鐵塊、王希魯、劉朝臣、金尚禮、鄒天福、宿振化、李世功、杜熊兆、張澤、張二、伯效誠、李秉德、王國翰、王國柱、何崇德、李懷信、宗臣、吳顯、孟孝臣、左朝紀、劉本義、趙夢龍、葉子高、安宇等，陸續亦至城中矣。蓋雖有先後，而或以路遠，或以水隔，難以遲速論也。兵不血刃，秋毫無犯。凡各軍丁生擒獻功，盡行釋放，歡聲雷動。

至次初九日，兵赴本關北樓，攻打大城南門，盡令先經釋放黄羔兒、戴朝相、林華，領王林等向賊叫説："我每獻關，都有陞賞。你每若獻大城，功勞更大。"賊黨故云："聞守城家丁盡被殺戮。"王林答以未殺一人。臣盡遣所釋者，與賊相見。各賊一一呼名看視，點頭不語。衆口齊叫早降免死，各賊摇手令其勿言。又以手自指其心，示其有心也。自此撫臣朱正色同各總兵將領，督率甚力。用土墊路，彼此射打，互有傷損。正色亦幾被箭，而浙兵鳥銃打傷賊徒獨多。

至初十日，賊遂送出總兵張傑，使求招安。臣察其意，許朝雖有獻城之心，而憚哱氏父子之强，不敢動手。惟哱承恩年少易動，令董正誼密訪南關軍民，與哱相識者，令其行間。十三日夜，臣標下百户耿憲、武生陳汝松，訪知南關居民李登，挺身願往。以妻寄母家，子托其弟。自稱成則有功受賞，不成則以死報國。臣與以諭帖，使哱承恩父子殺許朝等自贖。當差李如樟、俞方策，用小船送至東門，聞有諭帖，暗吊上城。至次十四日，持承恩稟帖下城，且云哱拜見説免死，哭泣跪拜，當與畢邪氣等商議，但要印信執照，以爲憑據。當晚李如松馳往督臣葉夢熊處討劄，付臣與李如松，各與執照，如松又向朱正色討要執照一張。十五日夜，李登持各執照進城。值劉東暘知土文秀向有歸順之心，假粧風疾，將文秀殺死。至次十六日早，哱承恩與畢邪氣約同哱拜赴南門，將許朝、許萬鍾砍死。畢邪氣向北樓，將劉東暘砍下首級，同赴南門報知。李如松差家丁小白兒，臣差把總温浩，上城驗看是的。畢邪氣要臣令旗，又請一總兵進城安撫。李如松、李如樟同楊文上城。董正誼仍執臣認旗上城，禁止殺掠。滿城軍丁，解甲焚香，以迎王師，又如南關故事。但各門土填不能即開，仍又放下木梯。蕭如薫、劉承嗣、牛秉忠、麻貴、麻承詔、王通等大小將領，一一進城。

臣因前入南關，生擒賊黨者盡行釋放，請賞未與。料各兵進城，必以多殺爲功，不能禁約，雖分遣止殺，而非復南關斂戢矣。至次十七日，大開南門，商賈輻輳。哱承恩出見朱正色與臣，請入大城，且稟稱城中殺人甚多，乞要禁約。臣與蕭如熏、蔡可賢等私議先收人心。各賊家丁，分屬該鎮總副標下，撫以恩惠。將哱氏父子兄弟，監候請旨。或解京，或傳首，庶不驚擾。而各賊資財，足供賞軍之用。忽督臣葉夢熊傳示諸將，本日不盡殺哱氏者，以賜劍行法。哱承恩方出臣門，即遇浙兵綁縛。時牛秉忠寓哱拜家，方與哱拜午飯。聞大兵喊聲，知哱承恩被擒，牛秉忠即出。哱拜闔家自縊，焚燒房舍。李如樟率家丁李世恩，斬獲哱拜首級。麻承詔捉獲土文秀長男土希衛，李寧捉獲哱拜次男哱承寵。鄉官穆來輔，率領親丁穆卮等，殺死賊党杜虎喇赤，及許朝中軍白鶴等。哱拜家丁俱上平房，哀求免死。李如松與以令箭，遂各投下。至次日，方被亂軍搜殺。惟内有達賊數人，向眾射箭，當被擒斬，餘俱赴火。連日搜索無遺，亦有民家擒獻者，而各賊資財盡被混搶矣。參政馬鳴鑾、副使蔡可賢，親往禁約，皆不能止，至今株連，尚未休息。此不但臣所目擊，而内有十餘萬家丁，外有數萬兵將，皆能言之。

若謂初八日四面攻城，十七日哱賊拒敵，則臣前疏有言，諸將可以欺臣，而臣不可以欺陛下也。奈各將塘報，彼此不一。有謂賊徒拒敵者，有謂哱承恩欲逃者，有謂賊尚拒守者，其意不過欲張大其事，以明有功，且避殺降之名。以臣愚直，謂各賊罪惡深重，死不償責。雖殺戮數多，人人稱快。若留之本鎮，則彼此疑忌，終成禍患。且事急後降，殺不爲過，而將士環甲執戈，祁寒暑雨，辛苦備嘗。雖死者不多，而帶傷者眾，饑餓勞困，僅存皮骨。若非用命破虜，圍困至極，則雖李登往諭，未必聽從。今業已削平，不惟關全陜安危，亦且係華外觀望。當兹舉將募兵之時，即加以非常恩賚，似不爲過。但出自聖裁，何虛妄以自希冀？

除文武將吏同與討賊者，另疏奏聞外，臣受命之日已具疏請：事定之日，一切事宜付與督撫，即日還朝。其紀驗首功，俱屬巡按御史，已蒙部覆如議。臣原無别權，只有經歷王立民，隨帶馬價銀三千兩。内用過四百三十九兩二錢八分，支剩二千五百六十兩七錢二分。交付督撫，有册送部。

臣於本月二十六日，遂離鎮城，還朝覆命。但續奉部議三事：一與巡按勘李昫功罪；一查已故巡撫黨馨、副使石繼芳，有無克減軍糧；一爲五日一報軍情事。奉聖旨："魏學曾已有旨了，這斬獲功次，着巡按監軍御史勘明，從實具奏，欽此。"内麻貴、董一元，奉魏學曾之令，堵虜搗巢，雖未目擊，聞之頗真。復行河東、河西、靖邊三道勘明，會同巡按具奏。其李昫功多於罪，已蒙寬宥。黨馨雖無克減顯跡，而沿習舊弊，不能厘革，加以刑罰太重，裁抑將領，頗失人心。前任副使李春光以此不合，及石繼芳與馨至親，人皆稱其清謹，奈事事順從，無所規正。總兵張維忠，一味苦節，不能撫軍，久知各丁忿恨，不與馨言，坐待其變，均之無足紀者。若追論其罪，則死已足憫；若隆以恤典，恐該鎮人心，且有疵議，非所以示公道、樹風聲也。臣以菲才，遇知己之主，除此一念微誠，更無可以補報，故敢不避嫌怨，據實奏聞。乞敕部院行巡按御史，逐一查勘，略其細故，從重加恩。以風示遠近，鼓舞人心。臣狂躁不慎，致累老臣横被訾議，不敢復玷班行。倘臣之心事得明，則從此廢棄，亦有餘榮矣。臣無任冒昧切直之至。

奉聖旨："該部院知道。"

【箋】

萬曆二十年壬辰（1592）九月底，在寧夏回京途中。

第十一疏

爲衰病老臣功罪已明，懇乞聖明早賜矜宥，以慰人心事。

原任督臣魏學曾，以師久無功，上干宸怒。臣具疏乞憐，不蒙俞允。彼時極知學曾用心獨苦，收復頗多，但大城未克，不敢敘功，嫌於粉飾。及賊平之後，該鎮將士，無不知爲學曾之功。九月二十五日，例有一宴，以慶太平。文武諸臣，相與歎息：魏學曾首任其苦，而不得享其成。僉謂大捷一聞，必蒙寬宥。今捷報一月餘日，學曾執繫，已行四千餘里。

仰窺聖怒，尚未盡解，必以學曾爲有罪無功，而臣之申救之者爲欺也。夫學曾之功，除收復各堡、敗賊退虜，在臣未到之先，雖詢訪甚真，不敢概敘外，止據今之所以成功者，大要有三。一曰遵明旨以遏虜。二曰遵明旨以灌城。三曰遵明旨以赦降。以臣論之，三者皆不可謂非學曾之功也。方虜騎於八月二十二日渡河，距學曾解任僅五日耳。虜至寧夏不及三十餘里，呼吸可至，若必待新任督撫發令，往返二百餘里，又隔黄河。賴有學曾原設李剛、金貴、張亮等堡哨探，塘馬飛報臣知，方遣張澤等，以所部壯丁，令其暗伏，戒以賊未渡，則於半渡射之；既渡則從後吶喊揚塵，虛張疑兵，以助軍威。而李如樟以自請往，麻貴、李寧以如樟、如柏約而往，李如松以援弟而往，皆學曾平日所分佈，爲敵兵遊兵者也，可謂敗虜非學曾之功乎？臣初築堤，阻者甚眾。惟學曾見同，即斷以爲可行，責成劉承嗣晝夜並工。故水至而賊虜不通，勢遂危急。則灌城者，學曾也。兵法攻城爲下，攻心爲上。以許朝奸狡，善於用兵，既據堅城，又多守備，若非内變，至今尚不可知。學曾屢將明旨賞格，曉諭城中，如各賊若能自相擒殺，照例赦罪封賞。及城破之日，擅殺降人者，許巡按及監軍御史參奏等項事例，一一密傳。並印信部劄，令其通知。故當機動之時，臣令李登往諭，而哱拜父子泣拜聽命。皆學曾先有以攻其心也。

學曾之功如此，獨其初聞亂之時，似於遲緩。臣未奉命之先，曾以此參論，云此賊必非學曾之所能辦。及至紅山，學曾遣人約臣相見，臣薄其無功，逕自渡河，不與相聞。書劄往來，多有譏刺。旬日之後，始知其苦心。而學曾亦知臣之忘身報國，遂忘嫌怨，傾心相與，共誓以死，期於必克。臣以此蒙侵越之謗，而學曾遂罷職去矣。

使學曾更留數月，與臣合志，禁止搶掠，則寧夏之元氣，不至大傷。而松套諸虜，且聽約束，延寧二鎮，可保無患，豈特止于平賊已乎？今陛下方以學曾爲罪人，而臣譽之太過，嫌於欺罔。顧臣之所自誓以報知遇者，惟此愚直。況當此虛冒之時。臣每疏以禁欺罔爲先，若躬自蹈之，則凡有欺罔皆臣有以成之，臣之罪萬倍於他人矣。若謂陛下之逮學曾，由臣疏中票出，以致廷臣紛紛詆臣，臣恐及禍，故力救之，以爲自解之計，猶爲未明臣心也。臣上疏之時，正與學曾同心，大小事體，一一付臣。惟時時問臣，擒賊定在何日。臣復之云："一月之内，保爲公平此凶逆，以共報朝廷。幸自寬，毋過慮也。"但士氣不振，難以速克。故欲望陛下切責諸將，使知所警耳。不意聖意追究主帥，則學曾宜其不免矣。臣一聞邸報，自悔自恨，若無所容。況他人遠在數千里之外，不知臣二人相與之義，其歸咎於臣，又何足怪。使學曾事不早白，則臣且受萬世訾議，況目前乎？如謂臣爲懼禍，假此自解，又大不然。即以學曾之故而甘心，於臣不過外轉與罷斥而已。臣前自保德渡河之後，時有虜警。臣從容談笑，以安衆心。攻城之時，矢炮如雨，略不爲動。許朝曾露刃擬臣，笑而就之，彼方納刀跪訴。人皆服臣之量，則臣於死生之際，亦甚輕矣。豈有死生之甚輕，而反重一官位者哉？

臣已候期見朝，惟聞學曾先至，恐陛下尚未垂察，則一時之舉動，係萬代之瞻仰。故敢昧死急迫具奏，伏乞聖慈，特加矜宥，則臣之心事，上見信于君父，下見信於羣臣，得有面目，以就班行。臣雖肝腦塗地，不足報矣。無任皇恐懇切之至。

【箋】

萬曆二十年壬辰（1592）十月三日，在北京。《明神宗實録》：十月“己丑，監軍御使梅國楨奏：‘前任督臣魏學曾，以師久無功，上干宸怒。今逆賊平矣，退虜、灌城、招降三事，學曾先期佈置，與有功焉。獨聞變時似蹈遲緩耳。臣前請切責諸臣，止欲振起士氣。乃逮學曾之旨，發自臣疏，悔恨若無所容。使學曾不早白，臣將受萬世訾議，何怪目前謗詆紛紛也。乞寬宥以慰人心。’不報。”卷二五三。談遷《國榷》：十月“己丑，監軍御使梅國楨乞宥魏學曾，不報。”卷七六。

第十二疏

爲仰仗天威，蕩平大亂，直據所見，查敘有功文武大小諸臣，以候聖裁，以定恩賞事。

逆賊許朝等戮官倡亂，糾虜拒兵，幾至摇動遠近。甚於唐吴元濟之據蔡州，在元濟株守彈丸，唐竭數年之力僅能克之。今各賊虎負重鎮，阻山帶河，内擁勁兵，外連强虜，其勢尤盛。而我軍不滿四萬，克之於數月之間。元濟尚登牙城拒戰，而哱承恩開城迎師。李愬之入蔡，市不改肆，而初克寧夏，家家焚香，商賈輻輳。其功名之奇，從古未有。又非唐憲宗、裴度君臣可同年語也！

此皆仰賴陛下，居九重若履營陣，視萬里如在户庭；專以任人而不摇浮議，斷以定計而務責成功。昔二祖以開天之聖，而驅外造夏；世宗以命世之主，而拒虜殲倭。前古所無，於今更盛。神人之所胥慶，史册之所首編者也。而輔臣之贊襄密勿，考究韜鈐。攻城則有策，禦虜則有策，非徒托之空言；或主於行間，或主於灌城，今悉見之實效。兵部尚書石星，以犯顔敢諫之節，爲鞠躬盡瘁之忠。聞羽檄則慷慨請行，捧賜劍則感激垂泣；任事不牽於俗，而遣將悉當其材。户部尚書楊俊民，盈縮有度，利國兼以利民；饋餉及時，足兵先於足食。且家世素嫻於將略，故談兵特中乎機宜。兵科都給事中許宏綱，論事遍采風謡，知必言而言必盡。兵部職方司郎中楊于庭，籌邊動皆石畫，事求可而功求成。職方司主事趙夢麟，參謀議而兼制攻具。武選司主事來三聘、户部江西司主事趙彦，督轉輸而備歷險艱。均之在内之臣，有功於討賊者，雖例不得敘，而當此非常之捷，皆有可紀之實，真難以常例拘也。

若身當其事，則原任總督尚書魏學曾，據跡雖覺遲緩，原心實極焦勞。每夜焚香，祈以身代圍城之命；多方行間，屢以計伐賊虜之交。故今賊内應而虜遠移，皆其威素行而算豫定。總督侍郎葉夢熊，揮霍而雙眸星炯，談吐則四面風生。先在甘州，越千里而自請討賊；甫爲督撫，未一月而旋以成功。巡撫朱正色，鼓士淩城，敢身立乎矢石；披甲上馬，更手挽乎弓刀。囊底智算多端，腹中兵甲莫測。陝西按察使馬鳴鑾，沉毅有謀，安詳不擾。當紛紜擾攘之際，有從容暇豫之風。參政楊時寧，督糧餉則錙銖不爽，士氣用張；監軍務而功過最明，人心協服。副使蔡可賢，邊計虜情，悉指諸掌上；糴糧積草，若取之囊中。參議張季思，督運井井有條，馬騰士飽；談兵亹亹不倦，令肅機圓。陞任參政顧其志，圭角盡消，而軍需賴其立辦；精明内蘊，而機事可以前籌。雖大小久暫之不同，皆一時文臣之選也。

至於大小將領，則臣所與朝夕，處之最密，知之最真。臣請品第勳勞，而不以官爵爲先後；直據實跡，而不以駢麗飾浮詞。提督軍務都督同知李如松，北堤堵賊，箭中耳傍而督戰愈力。張亮堡之戰，親射黑馬虜將，一發而斃。所騎戰馬被傷，已經三易，猶手刃二卒，用成大功。使着、打諸酋移帳數百里之外，至今不敢近邊。及哱承恩獻城之時，挺身先登，略無疑畏。後承恩被擒，人心洶懼，又親招賊丁千人，以安反側。且以自製堅甲三百副助邊，以示己不復用，更覺苦心。此諸將之所以心服，而推爲首功者也。寧夏總兵蕭如薰，初守平虜，城孤糧絶，乃能獎帥軍士，飲血登陴。即其忠義，不減張許之在睢陽，而功則過之。及入大城，衆皆以殺降爲功，彼獨以安民爲本。且調和諸將，略無忌功妒能之心。此臣之所以敬重，而歎爲名將者也。寧夏副總兵麻貴，初至北城，即能遏截哱拜，使之内外不通。虜衆入犯，星夜赴敵，雖斬獲不多，而以計毒死者甚衆，虜中降人盡能言之。張亮堡之戰，與李如樟、李寧内外夾攻，功尤當録。定邊副總兵王通，初與虜戰，以數騎衝陣，直至月城，今降賊言之猶有懼色。原任副總兵李寧，擒大敖把等，殺阿不失户及黄夾口之戰，皆其領兵。而張亮堡單騎突陣，所向披靡。初得南關，首先登城。以臣所見，敢戰之將，無出其右。都司李如樟，當許朝等下城求招之時，即欲擒斬，爲衆所遏。獨以計擒戴朝相等，皆賊心腹。内黄羔兒有力如虎，亦誘而擒之。張亮堡之戰，奮力助兄。南關大城，皆其先登。而督築堤埧，監造攻具，勞苦爲最。參將來保，於逆賊初亂之時，人心摇動。吴世顯欲將靈州應賊，本官親督家丁，以死拒守，使賊不得東渡。而前後力戰，斬獲獨多。浙江領兵參將楊文，與李提督首登大城，足徵膽勇。且所統浙兵，旗幟鮮明，鳥銃便習，有古什五之遺風焉。宣府領兵遊擊趙夢麟，騎射最精，渾身是膽。聞主將被圍，免胄突陣，示以必死。其果敢義烈，當於古人求之。遼東指揮董正誼，先入南關，後入大城，皆執臣坐纛約束，全活數萬餘人。九月初三日，將升賞姚欽邸報，曉諭城中，大叫反賊，向旗竿射箭，一箭正中小竿，各賊齊聲喝采。初九日，賊將南關獻城家口，綁吊城樓，人心憂懼。正誼傳臣之令，要將許朝之女、劉東暘之母，照樣綁吊，賊遂釋放，人心益安。千户李有昇，屢次獻策攻賊，兼以計毒許朝。張亮堡之戰，幾被虜擒，更能取勝。此皆特出之材，所當破格優敘者也。若原任總兵劉承嗣，與臣定計決水，冒險丈地，督築堤岸，備極勤勞。兩次灌城，使賊洶懼，皆其首功。原任總兵牛秉忠，聞張亮堡虜騎數多，則欲往接應。南關既得，奮勇登城，老年之矍鑠如此，則少壯之英勇可知。此臣之嘗借老將軍，以激勵諸將者也。原任總兵董一奎，力能挽强，射必貫劄。以九百疲怯之卒，當南關衝突之地，而竟保無虞，則功難盡泯。原任總兵李昫，當賊虜合兵之時，統固原懦卒，首先渡河，收復各堡，敗賊運糧，多著勤勞。山西領兵參將錢燁，定邊禦虜，斬獲數多。大戰張亮堡，乘勝追奔，直至賀蘭山下。寧夏管事參將馬孔英，當虜入定邊，獨騎雙馬，遠行哨探。故我軍有備，得免伏兵。驍雄敢戰，虜亦知名。莊浪參將王國柱，北門堵賊，奪獲挨牌；石溝禦虜，用奇取勝。延綏右營參將姜顯謨，海寶塔虜賊夾攻，身親鏖戰，又能奪取將臺，使賊不敢復出。和州參將李秉德，石溝之戰，入營馘虜。沙湃被困，徑透重圍。赴水殺賊，中指已被射傷，猶能裹瘡取勝。原任參將麻承詔，每經大陣，戰必居先，而先登南關，能禁殺掠。遊擊則大同領兵孫仁，夾河多斬獲之功，而隰寧堡追虜，直至瓦踏梁外。總督標下吴顯，助來保以守靈州，擒張承勳而保橫城，前後收復各堡，殺敗虜賊，其功尤多。延綏後營俞尚德，力護糧運於虜騎充斥之時，暗決東南外城以致大城坍塌。且能披甲入水，當先殺賊。蘭州孟孝臣，鹽池大戰，打傷賊徒最多。哼雲亦於本處身死，但與吴顯等合營，亂行射打，難定誰功。後於河西護糧，略無疏失。虜中呼爲鷂子，亦知其猛摯敢擊也。原任遊擊郭有光，大軍未集，首先渡河，收堡安民，護糧遏虜。後署平虜，積糧修備，人賴以安。原任遊擊劉天倖，馭苗兵不剛不柔，製火藥可攻可戰。都司則山西領兵李鎮中，斬獲數多，肩腿被傷亦不爲動。浙江領兵陳良玭，家世習兵，親丁可當一隊，而實心任事，不爲流俗所染。坐營則提督標下頗貴，督率攻城，親冒矢石，領兵堵虜，奮勇當先，領兵擺賽。張亮堡之戰，馬蹶刀折，徒手奮前，生擒强虜。原任馮大柱，傷瘢遍體，臨陣居先。守備則遼東胡澤，潘昶、王澄等堡設伏，李剛、張亮等處領兵，皆其當先，斬獲既多，收奪尤眾。大同督陣王希魯，行軍獨明紀律，遇敵不避艱難，初入大城，即能安撫。靖邊陳愚衷，年力俱强，智勇足備。原任伯效誠，首登南城，徹夜巡徼，軍民安堵，不知有兵。千把總則苗兵領兵杜熊兆，馭驕悍之兵，樂爲之用，屢次攻城，未嘗退縮。遼東李世功，手擒賊黨，敢戰居先。葉子高火器既精，手刃達虜。張澤騎射甚精，膽勇可用。通官駱允，自神木諭虜，極得其心，久住沙漠，備嘗辛苦。而副將蕭如蘭之協贊軍機，參將鄧鳳之深得虜情，王鐵塊之屢帶重傷，遊擊肖如蕙之獨守要堡，嚴惟忠之奮力破虜，王宜平之獨拒衝邊，金尚禮之屢擒劇賊，宿振化之扶病突圍，張雲之諳曉占候，徐龍之猛烈當先，張進諫之敢死先登，達雲之補築堤岸，温浩、麻允孝之巡徼營壘，耿憲、王都之周旋間牒，並當優敘，以備緩急者也。又如原任副將何崇德，延綏參將王國翰，原任遊擊趙武、趙寵，千把總劉朝臣、郇天福、譚宗仁、宗臣、施國忠、陳良璣、薛宜春、盧世美、陳守義、薛紹貴、龔君禮、小白兒、許仲、陳松、蕭韶成、楊朝、盧濟滄、劉丙一、王從浩、汪汝謨、成尚仁、李天角、安邊才、焦承恩、沈安邦、卜祥、張詩、薛正南、安宇、朱騰擢、左朝鯤、李懷信、宋文鳳、宋文麟、安舒、趙夢龍、王審大、楊大政、盧惟高、樓大榮、魯瑶、吴平虜、劉鳴鳳、宴武、王綬、胡化、許登麟、趙良臣、冒承恩、張懷邦、李廉、麻植、葉光裕、王惟賢、劉芳聲、馬騰霄、張榮、任應常、左朝紀，或攻城，或築堤，而備歷艱辛；或臨陣，或設伏，而多有斬獲，均當敘録，以勵人心者也。内陳守義、張詩，曾經臣論，欲加梟示。但張詩之罪，以其軍丁趙思孝被賊捉去，而不知覺察。然本官及管哨蔣崇功，已被李如松捆打。管隊張尚忠，又被魏學曾斬示，似亦足以正法。況自是之後，若竇元等十一人，皆在各營，被賊所執。不罪各營而獨罪張詩，似不足以伏其心也。陳守義之罪，以姚欽獻城不能接應，真爲可恨。俱八月初九日，何廷章等約獻南關。臣親督宣、大、遼東人馬，方欲豎梯而賊兵即至，不能近前。雖九月初八日登城，自李甯、李如樟、董正誼而後，少有繼者。蓋城高梯脆，難以責之守義也。況皆係有功，均應寬宥。其不與攻城而有裨討賊者，在陝西則原任巡撫沈思孝、今巡撫姚可繼、延綏巡撫賈仁元、甘肅巡撫田樂，或調兵足餉，而我之神氣愈堅；或堵虜搗巢，而賊之羽翼已絶。巡按御史孫銃，巡鹽御史先蔣春芳、今顧龍禎，巡茶御史徐彦登，甘肅巡按劉芳譽，或條議以贊廟謨而兼足軍需，或移檄以作忠義而益修内治。布政李春光、參政鄭國仕、按察使劉光國、副使李承志，皆多方以灌輸而芻粟兼充，悉心以糴買而軍民無怨。延綏副使房守士，神木副使李杜，靖邊副使先張梯、今李楠，或布威信以諭虜而莊、明聽命，或贊謀議以搗巢而吉囊寒心。管糧通判李崇德、劉沛、吴遊藝、王尚忠，解銀經歷王立民，委用經歷陳一鴻，或督糧河上，牙籌不勝其勞，或隨臣營中，矢石屢冒其險。其餘府縣有司，效勞者多，臣不深知不敢混敘。延綏總兵董一元，所調該鎮兵將獨多，其用力獨苦。搗巢一捷，不惟牽狂虜入犯之勢，抑且銷逆賊望救之心。而固原總兵張剛、副將姜直，均有勤勞，皆不可略。在宣、大、山西，則總督尚書蕭大亨，威信以服虜，潛消其助逆之心；恩惠以撫軍，自作其敵愾之氣。大同巡撫邢玠、宣府巡撫王世揚、山西巡撫吕坤，或大義以責虜酋而樂於受約，或重賞以激將士而勇於從征。按察使韓取善、楊芳，參政王象乾、趙耀、周於德，副使萬世德，彬彬皆經世之才，故士馬之簡選俱精；鑿鑿抱籌邊之略，故道路之紀律不亂。而宣府總兵麻承恩，大同總兵李東暘，參將解生、祁光祖，遊擊周宏謨，即兵馬之驍雄，知簡練之有素。保德州知州王甲，以數千之眾，守候渡河，船筏移之遠方，糧草辦之倉卒，而隨取隨足，愈多愈辦，亦可喜之才也。浙江巡撫常居敬，忿切叛虜，妙簡精兵。即以初到之日，而闢廂遂開；亦見用心之誠，而鬼神協贊。遼東巡撫郝杰，勉將領以忠義，優士卒以廩糧，故以遠涉之久，略無内顧之憂。而居常又曰："不成功，何以見郝都爺?"則恩義之入人深矣。

此皆臣所真知，故敢直敘其功次，虛實有該鎮之公論，而巡按御史詳加稽核。恩賞重輕，有閣部主張，九卿科道會議而斷。以陛下聖裁，臣何敢與？惟以方今東邊竊發，西虜未平，當選將募兵之時，正開誠佈公之始，必大公而後可以服人心，必大信而後可以定人心，是在陛下加之意耳。如必以擒殺賊首爲功，則殺劉東暘者畢邪氣，而郎科其從也；殺許朝、許萬鍾者，據畢邪氣所稱，爲王英、石棟，而寧夏之人以爲哱承恩之家丁也。要之始終，忠義則畢邪氣爲首，王英次之，而周旋其間者，副總兵葛臣也。持臣之帖，拼死以諭哱承恩者李登，而採訪李登者，千户耿憲、應襲、陳汝松也。引領上城者，中軍李如樟、貢生俞方策。始終運用者，指揮董正誼也。先獻南關以分大城之勢，則何廷章、王林、夏之時、陳謨、戴榮一之功皆不可没。至於趙承先、陳松等之死義，趙承先母妻之並縊，義士節婦，難以枚舉。合行查實表揚，以振風化。宗藩之被困，軍民之被劫，平虜將士軍民之完守，猶不可不厚加存恤賑濟，以慰人心者也。

臣身在行間，於才品之優劣，勞績之多少，一一親見，獨以塘報互異，心知積弊難革，徒懷竊歎。忽見科臣王建中疏稱："稽核不可不明，即使爵通侯，膺世賞，何以謝天下之公論?"臣心服其言，故敢不避嫌怨，據實直陳。大抵古之恩賞以功，故功高者受上賞，無功者蒙顯罰；今之恩賞以爵，故官尊者雖無功而賞厚，官卑者雖勞苦而賞輕。又其甚者，或欺罔以虛冒，或毀人以揚己，或廣布流言，或密行揭害。種種弊端，不可枚舉。當此議功之時，正人心觀望之始。賞當其功，則有功者勸，而豪傑之士皆乘時以赴功名；賞不當功，則欺罔者肆，而奸險之徒皆多方以圖僥倖。是在陛下鑒從前之積弊，法祖宗之英明，近以定一時之人心，遠以合萬世之公論。臣之愚直，不敢望言之見信。惟求上不負陛下，下不負此心。使天下後世知聖明在上，有不敢雷同欺罔之臣，則志願畢矣 。

奉聖旨："兵部知道。"

【箋】

萬曆二十年壬辰（1592）十月，在北京。

第十三疏

爲辭免恩命，以安愚分事。

接邸報，兵部一本，爲寧賊蕩平，查勘功次，分別昇賞，以勵人心事節。奉聖旨："梅國楨陞四品京堂，候邊方巡撫推用。蔭一子錦衣衛，實授百户。賞銀五十兩，彩緞三表裏。欽此。"

臣方卧病，不勝感戴，不勝驚懼。恩由上命，理不敢辭；小臣陞轉，例不當辭。惟有誓竭狗馬，以圖補報。但臣反於心有未安，度之力有難勝者，不得不昧罪爲皇上陳之。臣初聞寧夏之變，請以身往，不過爲皇上焦勞，羣議未定，義激於中，誓不俱生，上以釋君父之憂，下以泄臣子之忿耳，原非藉此以立功名取富貴也。疏内即云："出不加銜，入不言功。"皇上過聽，特命臣往。受命之後，堅持此心，始終不易，惟恐有負任使。不進而死於敵，則退而死於法耳！以故孤身行陣，一切危機皆不敢避。蓋此身之不恤，寧復有一毫身外之望乎？仰賴皇上神武，惟斷乃成。三月之間，僅而底定。臣得生還，望見闕庭，則臣之幸已出望外，又何敢貪天之功，以爲己力？還京以來，日惟杜門守拙，延醫問藥，即有顯弊隱憂，是非毁譽，内自憤惋，不復一言。但思保病軀，省罪過，以聽皇上之察也，而後爲歸計耳。今既不以臣爲有罪，而又濫從重臣之後，混叨陞蔭。不惟前疏所陳，身自背之，即臣平生所痛恨者，冒功競進之徒，相去能幾何哉？況數月以來，意氣消沮，須鬢蒼白，當此邊事敝壞，人心不振之時，雖有狗馬之心，而勢有所不可矣。

伏乞聖慈，察臣愚直之性，不敢僞辭。憐臣孤危之身，不堪驅策，收回成命，使得隨分自效，庶臣之心得自安，而臣之職亦易盡也。無任悚息待命之至。

奉聖旨："梅國楨督戰忠勤，朝廷核實敘功。着遵旨勿辭，該部知道。"

【箋】

萬曆二十一年癸巳（1593）四月四日，在北京。《明神宗實録》卷二五九：四月丁亥（三日）"敘平寧夏功，升經略葉夢熊、巡撫朱正色、監軍梅國楨、總兵李如松、蕭如薰等俱一級，蔭一子錦衣衛指揮同知等官，世襲。餘各升賞有差。復魏學曾原官致仕"。談遷《國榷》卷七六："丁亥，録寧夏功。進李如松太子少保、肖如薰都督同知，進葉夢熊右都御使、朱正色右副都御使、梅國楨太僕寺少卿。餘文武陞賞有差。"

第十四疏

爲再懇天恩，允免陞蔭，以明初心，以全病軀事。

欽蒙聖恩，陞臣四品京堂，蔭一子錦衣衛百户。已於本月初四日具奏懇辭。奉聖旨："梅國楨督戰忠勤，朝廷核實敘功。着遵旨勿辭，該部知道，欽此。"

臣何敢固違，甘逃榮寵？但臣之初心，詳見屢疏。陛下或未之察也。

陛下以臣爲功不過，謂其督戰效勤耳。臣奉敕書，親詣陣所，監督官兵，則臣之職分，非他人比。事敗獨任其罪，事成不足爲功。原非若督撫重臣，不必身親其事，身運一籌，而衆人之功皆其功也。臣所以出萬死不顧一生之計者，止欲早定大亂，以副任使。待事定之後，角巾歸里，口不言功。使天下後世，知臣一念樸忠，非有所爲，則臣榮多矣。若混從重臣之後，亦沾陞蔭，是臣輕死生而重官品，忘其身而爲一子謀也！則臣初請自效之心，反爲受賞所掩，將何所施其面目哉？況臣之病日益深，難以驅策。若不早求休息，將有性命之憂。

懇乞聖明，特賜允免。倘臣病稍愈，尚得隨分盡職，即從此以填溝壑，亦得以自白於天下後世矣！冒罪再陳，無任惶恐懇祈之至。

奉聖旨："梅國楨自請督戰，不爲官顯效忠。但功成不賞，何以示勸？不必再辭。吏部知道。"

【箋】

萬曆二十一年癸巳（1593）四月，在北京。

第十五疏

爲患病沉痼，不能供職，乞賜放歸，以圖補報事。

臣自去歲夏秋之間，不知自慎，暑濕不調，饑飽失節。初時肢體拘倦，手足酸痛，止謂患在四肢，無關心腹，不早醫治，以致正氣日衰，邪氣轉盛，日復一日，積成隱憂，還京以來，漸不可支。都察院舊例，御史患病，堂上官代爲奏請。臣再三具呈，皆云臣曾往寧夏，彼處敘功未完，留臣候勘。遷延半載，輾轉床褥。雖暫出朝參，旋即注籍。

本年三月十七日，加以霍亂，泄痢不止。本月十九日，眩暈僕地，良久方甦。延醫李良相診視，云内傷憂思，外傷勞瘁，調攝乖方，勢已深痼，非藥餌所及，亦非旦夕可愈。螻蟻貪生，悔恨無及。況臣父年七十，因臣在軍中，思念悲泣，致患氣喘，屢有書來，望臣一見。臣母柩在淺土，未得安厝。臣之一身，爲臣不能報國，爲子反遺親憂。忠孝兩虧，生不若死。

查得御史陳禹謨、劉會、馮從吾等，皆以病請，俱蒙允歸。臣事體與之相同，而情苦何止萬倍。伏乞聖慈，憐臣既無可用之才，又有可憂之病，特賜放還，使父子相見。幸而苟全，尚竭狗馬，以報涓埃。即由此溝壑，亦銜結不朽也。無任懇切待命之至。

奉聖旨："吏部知道。"該吏部覆奉聖旨："梅國楨係敘功欽擢官，你部裏即便推用，不准養病。"

【箋】

萬曆二十一年癸巳（1593）五月，在北京。

第十六疏

爲功賞不當，大失人心，目擊時弊，不能匡正。懇乞聖明，賜臣罷斥，以明心跡事。

臣接邸報，刑科右給事中趙完璧一本"競功之奏可疑，幽隱之情當察，伏祈聖明，亟爲詳勘，以信賞罰，以彰激勸事"。大意爲：貢生俞方策，自陳有功未敘，欲令與臣面質，以辯真僞。奉聖旨："兵部知道，欽此。"臣自寧夏以還，日惟杜門乞歸。在朝諸臣罕見臣面，一切時弊徒懷私憂。方以狂躁待罪，何敢又復妄發？忽聞此奏，不勝驚懼。

夫方策臣所委用，用之而不知其功，臣之罪也。知其功而不能明其賞，致令瀆訴于君父之前，臣之罪滋大矣。顧臣有大不得已者，不得不爲陛下明之。臣初以御史自請討賊，即爲人所非笑；及已受命，又請餉，請權，遂目爲病狂，而思得甘心於臣矣。見臣獨在軍中，廣布侵權流言，逆料賊不可平，使臣獨任其罪。非賴陛下明察，則賊未滅而臣先受禍矣。臣所以奮不顧身，甘冒賊鋒者，蓋見時事人情之難。甯死於賊，以明報主之心；不死於讒，反爲任事之戒。彼時已自誓，事敗則死，事成則歸，不敢更與時事矣。惟因賊勢猖獗，我兵散亂，必以身任，庶克有濟。故自任以軍旅之事，而紀録功罪，付之巡按。此臣未出京而疏已明言之矣。

仰藉陛下神武，幸而平定。得南關而臣不敢報，敗大虜而臣不敢報，克大城而猶不敘功。必待科臣王建中有言，而後略陳其概。臣所親見勞苦功多者，止列姓名。其他勞而有功者，即名亦未列，非敢蔽人之功，蓋督撫遠在靈州，聲息難達；魏學曾與臣同心，盡以付託。諸凡攻戰機宜，俱臣一人調度。既無文臣共事，又無紀功之官。若明敘屢戰之故，嫌於自伐其功。雖不敢没人之勞，亦不敢詳著其事。一以明無所爲之心，一以消讒忌者之忿。且意事體重大，耳目衆多，臣雖不敘，人必勘明。豈知心欲抑臣之身，而並不用臣之疏。臣未列名者，即置而不録，即臣所列姓名，亦棄而不賞。其不在軍中，不見營陣者，反叨世職。顛倒乖謬，一至於此乎。

且臣之所自遣，所目擊者，尚不之信，不知所憑者何人。若憑之督撫，則督撫俱在靈州，原不與事矣；憑之巡按，則巡按遠在甘肅，相去二千餘里矣，只憑欺冒附會之説，以誤大事。今雖與臣面質，亦何益哉？

如恐臣有偏繫，言不足信，試查臣所不列者，皆臣親隨之人也。不但今日查之，即數十年之後查有一字涉虚，請先斬臣，以爲欺君者之戒。且臣不但不敢敘功而已，即督臣葉夢熊論臣而不與之辨，科臣王如堅論臣而不與之辨，豈其甘於隱忍？事不足辨，惟以身將隱矣，焉用言之故。

還朝以來，屢以病呈都察院，而不爲轉奏。自以疏請，而不蒙俞允。今方關會太僕卿徐作，給假葬母。具本欲上，而忽有俞方策之事。科臣以臣方在朝，欲令面質。夫方策隨臣軍中，每聞臣言，無功事小，欺君罪大。今臣在此，何敢面謾？其事之真實，可不問而知也。幸而臣在，可以面質。若臣已去，將誰質哉？況方策之外，有具疏而不得上者，有已上而不爲行者，有私訴於臣而不能具疏者。臣惟以好言慰之，云身病不能與事，必有公正之臣，爲朝廷明白此事，宜静以待之。今方策既質之於臣，繼此有奏者又將誰質乎？此其小者也，寧夏雖經賊亂，元氣未傷，而殘破之甚，乃在焚香以迎王師之後。所搶封過財帛，何止三四百萬？倘後有言者，亦將質之於臣乎？此猶其小者也，陛下神武，削平大亂，乃祖宗以來稀有之功。陛下御門獻俘，亦重之也。謂宜昭大信，布大公，以威懾四方，風示萬世。乃是非淆亂，賞罰倒置。即以書之史策，何以信今傳後？科臣所謂近水裁雲，深谷秋水，誠善喻也。故自寧夏敘功之後，欺罔得志，而忠直扼腕；鑽刺成風，而孤介引避。見觀望者之優敘，誰肯臨陣以冒無益之險；見任事者之招忌，誰不退縮以享安閒之利？以聖明在上，而以私滅公若此。此人心之所以不平，而行路亦爲之竊笑也。倘以此而盡質之於臣，臣敢任乎？

昨尚書石星語臣云："寧夏之事，公論如今漸明，我夢中亦慚愧不安，且其中多有難言者。"即如今漸明，可見前此之不明。即其慚愧不安，可見本兵尚有爲國之心，但有所顧忌，而不敢主張耳。及此時明之，猶爲不遠之復，人心尚可挽回，況今各邊虜俱生心，而倭奴屯結朝鮮，我兵進退失據。譬若棄財於無底之淵，驅人於無罪之死。既乏必勝之算，又無息肩之期。而遼東一路，百里無人，殺牛毀車，以避轉運。邊事之壞，其勢甚岌。有識之士，皆懷隱憂。惟以時方掩飾，無有爲陛下明言之者。不久事露，雖正誤國者之罪，亦何補哉？況彗星示異，正除舊佈新之象。且伏讀明旨："近來被論官，情重提問的，有虧枉多得開釋；其情輕閒住等項，及爲民免提的，反混議斥革。伸理無路，政體殊爲不平。今後還着該部，虛心細訪，斟酌去留。有原參不當的，一併議處，欽此。"大哉王言，其愛惜人才，惟恐一物不得其平，真天地父母之心也。

今從征之士，出萬死不顧一生之計，其初尚以明旨有封拜之賞，既從輕典已不信于人心，而輕典之中，又以之飾喜怒，快恩仇，臣固知聖心之不忍有更甚也。

臣既求去，本不欲言，但因科臣指及於臣，竊恐臣去之後，各弊盡露，又有歸咎於臣者，不得不先白之。至於顯弊隱情，不敢盡發也。伏乞聖明，先將臣罷斥，以謝人心，以明不能匡正之罪。仍敕閣部大臣，念國家多事之時，體陛下信任之重，存大體，忘小嫌，絶私交，明公道，虛心諮訪。去成心以革弊政，則賞罰當而人心服，豪傑之士皆願效忠于清明之世矣。無任惶恐待罪之至。

奉聖旨："該鎮功次，原據彼處巡按官勘報。如有未確，不妨斟酌改定。有何私嫌？這所奏，着該部看了。就問梅國楨，何人虧枉，何人冒濫？從實查明來說。"

【箋】

萬曆二十一年癸巳（1593）六月，在北京。

第十七疏

爲遵明旨，據實見摘陳未賞員役，以憑斟酌查覆。仍乞聖慈特允歸田，以安愚分事。

先該臣奏爲功賞不當，大失人心，目擊時弊，不能匡正，懇乞聖明賜臣罷斥，以明心跡事。奉聖旨："該鎮功次，原據彼處巡按官勘報，如有未確，不妨斟酌改定。有何私嫌？這所奏，着該部看了。就問梅國楨，何人虧枉，何人冒濫？從實查明來説，欽此。"

寧夏蕩平，已經十月，而功賞之定，又數月矣。夫霜雪雨露，無非天澤；輕重厚薄，總屬主恩。故凡有人訴功者，惟以好言慰之；有人怨臣者，惟以必歸謝之。其必不復言之心，前疏已略具矣。止因科臣趙完璧，欲臣面質。竊恐臣去之後，復有歸咎者，不得已而有言。冀由此得遂罷斥，則臣志願永畢。及奉明旨，着該部問臣。隨接職方司手本，使臣從實開報。臣方欲直書回覆間，又接邸報，兵科都給事中張輔之一本："西征功賞久定，忽致煩言。懇乞聖明，亟敕原遣寺臣，直書親見在事人員。明白具奏，以便該部查覆事。"奉聖旨："兵部知道，欽此。"又不得不爲陛下陳之，不敢止覆該部而已。

竊惟論事貴識體，用兵貴識機。何謂體？朝廷大事，既經九卿科道公議，又蒙聖斷裁定。升者已履任，賞者已拜恩。一旦紛更，則議論滋多，淆亂愈甚。不若就中稍爲斟酌，使人心不致大失，此體也。何謂機？野戰主於斬獲，故禦敵以隻輪不返爲大捷；平亂主於攻心，故克城以兵不血刃爲奇功，此機也。明此而後可以論寧夏之事矣。

逆賊據城，以老我師。臣未目擊者，不敢妄言。自六月二十二日到營之後，初未與賊對陣。若論斬獲之功，惟張亮堡禦虜，方爲臨陣血戰。其次則黄峽口之獲，猶屬剿殺。即夾河口已爲擒捕矣。至於逐日有獲，或由各堡綁獻，或堡人來報而往擒之，已非拒捕可比。況克城之後，沿門搜索，駢首就戮，積屍如山。時監軍道按察使馬鳴鑾，知其混殺，不肯驗功。必要總兵手本，蕭如薰等堅執不與。各質於臣，臣謂該道以無從辨驗，不敢擔當是也。在總兵又何所據，而敢與手本？若彼此推諉，終必置而不驗。萬一各軍不伏，將如之何？不若每顆量賞銀二十兩，令其散歸。臣明諭各軍，其事始定。且殺戮之時，臣已移往陽和堡，標下不許一人進城。各將憐其貧苦，暗以首級充賞，有數十顆者。則首級之不足憑，大略可知矣。今拘於條例，專重首級，已非所以論非常之功。而況論於首級之外，又未得其實乎？蓋由平賊始末尚未明知，故隨意重輕，無所的據。

臣不敢瑣屑，以瀆聖聽，姑陳其略，以便稽查。除已經陞賞，及不甚相懸者不敢概論外。臣初聞賊用重賄，勾結虜王、套虜以爲聲援。行至陽和，即具疏，請分别順逆以散虜黨。荷蒙俞允，臣即以虜王大衆，托之宣大總督，加意羈縻，禁其西行。又向總督蕭大亨借通官駱允，巡撫邢蚧借通官盧世美。遣駱允往諭莊、明，盧世美往諭切盡妣吉及吉囊等。酋各譴外使，來受約束。臣面諭以朝廷威福，各人感激而去。駱允與其副陳國，自去年五月出邊，往來各帳，至今年正月方回。亡論有功，其苦亦極矣。止各賞銀五兩，陳國以未題，不在賞例。初至城下，各堡無人敢出，商賈斷絶。各營鹽菜之類，無所取給，軍不堪命。值王世禄等，綁獻賊黨吴繼韜。臣見其魁偉，審係用事頭目，即行釋放，令俞方策隨帶耿憲，以繼韜爲鄉導，執臣大書白牌，明示各堡，安心生理。其曾經從賊者，各來投見，給以免死執照。各堡見是繼韜，方肯開門，始出耕種，赴營交易。而軍民俱安矣。又欲城内聞知此風，仍遣方策行令各堡。有父兄子弟在城者，齊赴城外喊叫，云：“監軍盡赦我罪，又與賑濟。你每速出投降，必有重賞。若執迷不聽，即將我等向前攻城，城上不可亂放槍炮。”又思各堡壯丁，多係從賊。不若招致部下，一以安其心，二以散賊党，三得知賊虛實，而我賴其用。亦令方策帶領鄭道等，招致幾二百人。即以招到王都、孫承訓、許仲，及生員陶繼先，分兩哨領之。臣之營壘，賴此以成一隊。方策以此披甲周回數百里，汗透鐵葉之外，諸將盡知，不可謂非其功也。城大兵少，不能合圍。賊徒出入，無所顧忌。臣登土臺寺，相度地勢。三面高渠，止北面低窪，若築北堤以水困之。强於百萬之眾。親行履地立標，時有一經歷在傍，令其丈量。方行數步，見城上飛炮亂下，遽爾匿走，徑赴靈州，云城不可灌，以致葉巡撫屢書力阻。臣遣王承烈丈地，計一千七百餘丈。約會魏總督，委劉承嗣督理，李如樟、王承烈往來催並。後許朝等詭求招安，諸將信以爲實，暗傳散工。許朝下城見臣，揮刀直犯臣面。臣笑而就之，責以大義，賊知臣不可動，其謀方寢。臣查知散工，怒將李如樟、王承烈治以軍法。諸將自願三日完堤，以贖其罪。只因承烈與將領抗禮，遂革其委。因而疏未列名，至今嘵嘵欲上疏自訴。臣思怠緩既治其罪，事成不紀其勞，非人情也。李剛堡報，着力兔大眾隔河下營。臣先遣張澤、王都、許仲、陶繼先領標下親丁，往本堡埋伏。待虜將至岸，齊出射打。若虜已渡河，不可堵截。待其與大兵交戰，專聽炮響，從後砍下柳梢，搔起塵土，放炮吶喊，使其懷疑，不敢迫近。李如樟因而自請，臣壯而遣之。令約麻貴、李甯、王通等，以兵二千同往。至夜半，李提督自選兵一千接應，適與虜遇。如樟聞急，同麻貴及前遣張澤等赴援夾攻，虜遂大敗。原疏雖未盡列，所稱王都等即其人也。且本日未報虜敗，賊甚得志。城上號煙起火不絕，反罵我軍爲“反賊”，“何不早散，頃刻即有禍到”等語。臣恐賊見虜來相助，我兵分散迎敵，突出衝營，勢必難禦。令董正誼向城大叫許朝，傳臣之言云：“着力兔領精兵十萬助你，如何死守不出迎接?”賊心始疑，不復叫罵，即遣總兵張傑上城叫説：“情願招安，無心望虜。”臣又令董正誼回説：“往時將官尚不許招安，況今各得虜首數百，視寧夏已在掌中，豈肯相聽? 惟開門出降，自我赦之，誰敢加害?”賊遂疑虜真敗，未幾果報大捷。又令正誼揀壯大首級三顆，持向城下叫云："今有首級，人言是着力兔兄弟，未知真假，送與許朝辨驗。"賊疑虜酋果死，而氣益奪矣。臣嘗謂正誼數言，賢於十萬之師。今正誼止推備禦，而張澤等止賞銀五兩，均似太薄。王林等謀獻南城，若妄殺一人，則大城堅守，誰肯復降。先使正誼執臣認旗，繞城大叫："有妄殺一人，擅入人家者，即時斬首。"各民聞言，把火照耀，焚香跪拜。臣坐城上，分遣伯效誠、麻允孝、温浩、俞方策、張進諫、龔君禮、薛宜春、張澤、劉本義等，周回禁約，只許將士生擒獻功，不得擅殺。自夜至曉，口不絶聲。而俞方策以儒生披甲執旗，曾無厭倦，更足録也。賊勢窮促，許朝送張傑下城，討求招安。臣知有間可乘，尋訪哱承恩親識，令其行間。耿憲、陳汝松報，有李登將妻子托寄，情願入城。臣與以諭帖，密令李如樟、俞方策暗討小船，送上東門，因而事定。今李如樟以别功升敘，俞方策反注邊方員缺。耿憲、陳汝松皆驍勇敢戰，克城多賴，俱止賞銀五兩。汝松原係應襲，徒以家貧不能襲替，猶爲可憫。以上員役，功非斬獲，條例真爲不合，而事關勘定，棄置殊爲不平。況原無敵可戰，非其欲戰不能。與其賞不實之首級，孰若拔有用之真才？今或遺而未賞，或賞而未盡。彼不怨核功者之不能得其實，而怨臣親見之者不肯明其冤也。若盡舉虧枉，即臣吏書葉希陽、吴震、楊世鶴等，相隨軍營，暴露烈日風雨之中，時有矢石之患。目今陞賞員役，皆其所見。自謂勞苦過之，況其他用力之人乎？

至於冒濫，則臣更有説。蓋冒濫之與虧枉，起於彼此相形。功同而賞異，則賞輕者以賞重者爲冒濫；功異而賞同，則功大者以功小爲冒濫。各邊凡遇有功，則督撫大將親隨用事之人，皆得附名，均沾恩賞，相沿已久，不足爲異。況寧夏之賊，據城糾虜，摇動遠近，天地大變，朝野共憤。仰仗天威，幸而蕩平，即有重賞，原爲不過[1]。但自虧枉者視之，或於他處效勞，未至營陣；或暫往暫來，無大勞績者，亦得世職。而日夕勤苦，多有實效者，榮不及身。遂見其爲冒濫耳，其實未爲過也。如俞方策、耿憲、陳汝松，自負以薦李登成功，及見别有指稱，行間受蔭者，遂目爲冒濫矣。王承烈擒賊党陶大鸞，遺而不敘。李如樟擒黄羔兒，及造火器僞官汪雲谷，張進諫擒賊党陳雷，具以之獻俘矣，又皆敘爲他人之功。則自覺虧枉，而以受賞者爲冒濫矣。葛臣倡義圖賊，人所共推；張傑入城，即被拘繫，爲賊求招，則張傑爲首。今葛臣止賞銀十兩，而張傑遇大將員缺推用。不惟葛臣視之爲冒濫，恐穆來輔、隨府亦有後言矣。自臣所見，世襲鎮撫五十七員之中，惟朱騰擢常在營中製造火器、船筏，得此誠不爲過。若以之相較，毋論臣疏内所敘諸人遠出其上，即臣委官郇世雄監造各器，勞苦相等，只因大炮不堅，爲臣所斥。以此論之何啻天淵？九月十六日黎明平賊，至十七日午後，督撫有書與臣，欲殺哱氏父子。臣恐人心未定，急之或致敗事。尚欲止之，李如樟、董正誼等稟臣云："軍門要殺哱氏，何不先拿？安肯自我平賊，反使他人收功？"臣叱之曰："皆賴朝廷洪福，何分彼此？況以束手擒人，豈是名將所爲？"及軍門牌到："諸將不盡殺家丁者，以賜劍行法。"哱承恩方同王英、石棟出城見臣，家丁張進諫、陳子玉密謀，欲就臣寓所擒之，則力省而功大。臣皆不許。後承恩方出臣門，即爲浙兵縛去，至今言及擒哱氏之功，皆笑其冒濫。而恨臣之不用其矣[2]。各軍搶殺之時，臣禁約標下，不許入城。後見在城多得金寶，又得陞級，又得升賞，而臣之人一無所得。無知者恨臣執法之過，不肯恤下，而有識者諒臣自守之心，遂目他兵爲冒濫矣。此其大略也。

蓋臣之疏皆所親見，惟比前稍著其詳。督撫之疏，出自風聞，故前後屢變其説。又況按臣核功之時，當諸將已散之後。止據報册之空言，懸斷於數千里之外，雖至明察者無所用其巧矣。即明白易知者，如反賊以七月三十日挖堤，而曰初一日夜。楊文兵以九月初八日到城，即遇獻關，而曰初三日。李登以十三日二更時上城，而曰十四。又況密謀隱事，人所不及知者乎？伏望陛下念事體久定，不宜更張，且功疑惟予，古今通義。敕下該部細加查核，倘臣言不實，即明正欺罔之罪，不煩别議。如言有可信，將虧枉各役，斟酌陞賞，以慰人心。其已叨恩命，不必追奪，似亦國體當如是也。至於臣之不才，既賴衆人之力，以遂報主之心，又以避嫌之故，而没衆人之善。況今見叨非常恩賞，即蔭不敢受，而官尚未辭。是陛下不忍負臣，而臣深負於衆；臣即欲爲陛下用，而臣之人不肯爲臣用矣，何以自解於怨望之口哉？更乞聖慈，允臣歸田以娱老親而謝衆口。則從此有生之年，皆荷再生之造矣。無任懇切待命之至。

奉聖旨："兵部知道。"

【箋】

萬曆二十一年癸巳（1593）七月，在北京。《明神宗實録》卷二六三：八月壬午朔一日。"兵部申議平寧夏功，准俞方策起文到部，不必論其應選年份，即爲銓選邊腹府佐、縣正優缺。從之。蓋監軍梅國楨原題未及方策，因上疏自鳴。科臣始爲稍稍表暴，故有此復。"

【校記】

〔1〕原爲不過，疑應爲"原不爲過"。

〔2〕不用其矣，疑應爲"不用其謀矣"。

西征集卷之三

麻城梅國楨著
後學王都俞閱
不肖男之熉訂

書札一 與魏制府往來書

魏確庵來書 五月二十五日始

頃已裁書遣使，馳迓三旌於延鎮境上，此時諒始入台覽。不謂輒辱琅函，先我書而下也，見之感竦。僕駑鈍，不能速滅逆叛，致門下離雲霄而涉遠塞，慚懥云何。向賊挾虜據堅城，極難攻剿。今幸虜聽撫出邊矣，而賊懇求招安。昨廿四日已請原任總兵張傑入城，今日許朝等將出見朱撫院。若一二日事定，僕即疏題宣、大諸兵，似宜暫屯沿途城堡，俟此中消息爲進止也。諸欲請教，以便決策；引領光塵，無任懇切。學曾再頓首，五月廿五日。

又

側聞門下今可弭節延綏鎮城矣，不知何日可抵靈州。此中撫虜處賊，具在五日一報疏中，録以奉覽，思欲借石畫以速訖事，苦不得一日即侍綺談耳。昨書奉白，欲李提督以大兵暫屯延鎮道中，徐爲進止。又伏思之，若相距太遠，萬一欲用，恐緩不及事，莫如徐行而屯延鎮之西境。查得清平、鎮靖、靖邊，皆有積餉，而又與寧鎮鄰。若李提督輕身來與僕計事，而兵分屯三城，從容休養，倘有急則一呼可至，甚便計也。不審門下以爲如何？謹此再白，伏惟裁示。五月廿七日，學曾頓首。

復魏確庵

承教。及讀大疏，知賊平在近，不勝雀躍，切欲疾趨以覩成功，奈大兵不能兼程。俟至定邊，將兵馬分半就糧，具候别用，或以輕騎自隨，或繇鐵柱泉，同李將軍馳謁聽教。要之撫剿機宜，大疏已盡，但須慎密勿洩，功可立成矣。

魏來書

頃者虜聽撫諭，賊求招安，以爲此事數日間平矣。今虜固就撫，而賊請張總兵已入城招安。乃其情態有不妥者，昨已移帖諭之，敢以藁奉覽，似仍須用兵始完，願門下語李提督，令屯舊安邊、定邊、花馬池，更便也。昨僕所以許賊招安者，以秋期甚邇，虜不退則賊不滅，兵聚寧城下不得罷，而虜騎訌秋，天下事不可爲矣，故欲招安徐圖之耳。所幸廟堂主於滅賊而不嫌於撫虜，主於撫虜而不嫌於費財，此策之最得者。以此決事乎，何有塞外諸酋。最東，神木入市者，莊禿賴、明安也，哀求復市，已極頻懇。稍西，鎮城入市，則吉能已經題准許復。彼又數求之，而該鎮皆蹉跎未行。再西，則土明部落，雖懷去歲搗巢之恨，然不眾。再西，則切盡黄婦極恭順。其姪鐵雷雖曾侵犯，今已認罪求欵。再西，則著、打二酋也。過寧夏而西，則賓妻與其疏屬把都等。賓妻甚恭順，見入莊浪市，而疏屬亦且有就吾市賞意。誠使延鎮收三酋，則止遺土明之黨，諒無能爲。賊即延入深秋，我兵不解，彼不死安往哉。此今日大計也，願與門下圖之。東望三旌，曷勝引領。五月廿九日，學曾頓首。

復　魏

前接台教，即欲駐師榆關，候捷至還朝。忽承命前赴，輒又起行。奈賤軀素不耐暑，惠痢旬日，加以眩暈，而馬多疲乏，日行三四十里，計程須新秋可到。爾時平定已久，唯於轅門稱賀，以快夙仰。教云“退虜以制賊，而厚賞以退虜”，此兵家伐交上策。楨在神木，曾以帖諭莊、明等六酋，該道李憲副亦任其可行。獨延綏撫鎮司道堅執以爲不可，已力勸其以莊、明諸部委之神木道，以吉能諸部委之定邊道，即不能必其聽命，亦可令其持兩端，則助賊不力也。失此不圖，恐虜馬漸肥，入犯河東，絶我糧道，則大有可慮。九邊安危，係此一舉，而主上望平安火甚急，楨身在行間，有同舟之義，引領捷書，以日爲歲。草裁布復，無任惓惓。

魏來書

側聞六月一日三旌始次鎮城，雲霓之望不得急遂，奈何。初五日葉龍公已至，議欲數日進兵，乞轉語李提督，促兵速來可也。昨初四日曾上一疏，乃五日一報者謹録奉覽。又董總兵在河西，接得城中人投一密稟，亦録致左右，庶見其城中之情狀云。劻勷不能多談，惟原察幸甚。六月七日，學曾頓首。

復　魏

讀大疏，及得城中密稟，知賊不足平，上紓九重之慮，下定三邊之心，皆我翁之力，不世之勛。鄙意虜雖狡猾，亦須以計緩之，勿使其重怒以致死力。但當多選精兵往援平虜，而仍如前旨與之議撫。彼既不得志於平虜，則其氣日沮，而又貪我撫賞，則其心自懈。虜勢一散，然後併力政賊，期於必克，則必有爲之内應者。楨即欲同李將軍馳赴轅門，快覩成功，奈馬多疲乏不能急行，然亦不敢緩也。昨於神木，差通官諭莊、明二酋，彼即差夷使回稟聽命，願得延鎮通官同諭吉能，可見夷狄可以理諭。已再三與賈西老言之，雖此公意尚猶豫，楨頗動以利害。蓋御虜之策惟以戰爲上，而既不能戰，又不與撫，但聽其入搶，使城堡悉空、邊墻盡壞，恐不可聞於當寧也。想聞此言，亦不得不同心圖之。因使者還，布其區區，諸容面陳，不盡。

魏來書

小伻回，兩奉琅函。仰見門下暢達兵機，善通權變，把玩嘆息者久之。彼飈歷塞上數年者尚不免於隔閡，乃門下開眼洞然，人之才智相越如此哉！莊、明自正月講求復市，吉囊亦間託人講之，夷稟已數至僕處矣。僕亦已數示彼中當事者，而迄今尚在阻格。此無他，蓋徒知媚虜足以爲戒，而不知天下大計固自有圓機，非可以執一論也。今虜既難羈縻，而幸其馬尚憚熱不能深入，欲乘此急平寧賊，賊平而虜可無慮矣。進兵期與其規格附覽，即以請教。士馬果緩，願門下取道花馬池、鐵柱泉，速來計事，誠軍中一大便也，望之望之。六月十有七日，學曾頓首。

復　魏

師次清水，欲單騎奉謁。忽報虜騎無數，俱從邊外西行。想知兵將渡河，故往助賊耳。此時所患，不在賊而在虜。若非大創，則將來戰撫無一可者。楨聞此報，即取道紅山渡河，遵我翁規格督率將士，爲必勝之計。若不乘此鋭氣，恐又費鼓舞矣。肅裁布候，更希指示，以便遵行，懇切懇切。

魏來書

惟門下以雲霄之客，特出監軍，諸所應用官役器具之類，該鎮必已辦備。不謂其全未也，可嘆已。兹撥員役十名列別楮，奉克使令，惟查而收之，不宣。名另有刺。

復　魏

本欲奉謁後方赴寧夏，忽聞虜警，倉卒渡河。攻城三日，砲聲不絶，而賊畧無恐怖，此其意必有所待。聞虜騎屯聚山外，不可不爲之備也。若前貪攻城之利，而後忘暗襲之患，日久心懈，則又墮賊奸鄙。意於西北一帶分兵數千，一以遏虜内衝，一以絶賊外遁。且大兵盡渡之後，河東餉道尤宜以重兵守之。惟高明裁示，俟周覽地形，躬歷營陣，當圖專叩，不一。

魏來書

此中望河西寨，固步武之間耳。而阻我良覿，於邑如何。具有厨傳之需，本欲候從者至而効之，今既阻隔，敢効之武帳中犒下執事，惟原納幸甚。六月廿二日，學曾頓首。

復　魏

承厚惠，敬頒之軍中，使人人飽德，不啻投醪之感已也。時賊求招安，無非緩兵以待虜援。姑陽許之，而急辦攻具，期在必克。早間牌行各營，備見勝筭。待成功之後，即躬賀，並領台教。草草布謝，不盡。

魏來書

連日士卒死傷者已踰三千矣，門下身親督責指授之，而城猶不下，此其故安在？願門下與李提督參詳商之。

麻總兵有畧，劉總兵亦頗有機智，令各陳其筭，門下採而潤澤用之，何如？昨承教，吴顯被創，已給藥資五兩。又聞姜顯謨亦被創，及他千把總、軍士被創者，各分輕重給藥資。餘見買牛將椎犒焉。此固以恤其情而示之勸也，門下以爲是不？昨遵旨申明軍令，已傳示軍中矣。門下試取而一閱，倘有未妥，望見教改之。懇懇。廿六日具。

復　魏

善用兵者，立於不敗之地。諸將奮勇敢死，誠不易得。鄙意欲先爲土山、懸樓、挨牌之類，使砲石不能傷，睥睨無所恃，而後登城若平地矣。諸將無有從者，以致死傷數多，功竟難成。乃所謂兒戲也！見傳示諸條，一一合法。賊黨公然下城拾箭、奪梯、奪牌，無人敢近。前夜燒牌亭，昨朝燒道院，若罔聞之。恐乘夜以數人刼營，則自相踐踏，所傷不少矣。楨見東南風急，欲乘以焚樓，無肯用火者。必待重怒而後聽令，豈實心爲國者哉。李提督與賊議招安，彼欲大兵盡退，止許帶二三十人入城，是又欲張傑我也。軍中鐵匠、木匠甚少，兼缺鐵木，幸命官置辦，非此無以置攻具也。弊端種種，容從容陳之，同心爲國，不敢復避狂躁耳。台亮爲幸。

與　魏

人之所以爲人者，以有此心，人之所以爲心者，以有是非也。若自心無是非，而隨人之口吻以爲是非，是無心人矣。楨生平惟信自心，故往往不合於時，然終不以爲非也。李朐忠實而畏謹，且親立矢石，此豈爲不善者乎？楨非目見，敢犯群議而曲爲庇之？連日所以栖栖行間者，非最曰能獎率三軍，亦欲察諸將才品以備緩急耳。

魏來書

承翰示，仰見門下光明正大，非讒邪者所得而蠱惑也。李晌有功無罪，人誰不知之。祇緣有積怨，善讒者造爲掩敗爲功之説，布散遠邇，欲以阱之，遂波及不肖。竊恐犯護短之嫌，嘿不敢出一語，欲俟自明。今來翰云云，而曰數萬耳，真可盡塗乎？吁，此非大有明察者見不出此，而從此有天日矣，敬服，敬服！攻城似可破矣，此門下與李提督之功也，僕拂紙濡毫，將爲發揮之。犒士牛尚未盡到，酒欲一時得數萬壺，亦難。今日送過牛五十、羊二百、酒數千，將日夜續送。門下分營以次犒之，何如？黄布、鐵匠、鐵即催令速送，務不誤用。軍中有功可賞，願任意賞之，而有罪的可斬者，亦望見示，使得明軍法肅衆心也。望之望之。廿八日早具。

復　魏

賊勢似可破，而尚無必破之策。暫休士待時，得牛酒之犒，氣增十倍矣。生鐵欲制砲，黄布無所用之。鐵匠須得善鑄造者，營陣稍有精彩。俟一一合度，即圖請教。謹復不宣。

與　魏

昨見攻城僅同兒戲，空損軍士，費耗糧餉，諸將不以實告。倘我翁得知，其忿更倍於楨也。早間因人心涣散即欲還朝，國家大事全賴主張。此時所最急者：布袋更得二萬餘條，鉛子與箭已盡，原無傳號金鼓，懇乞早發以濟燃眉。楨欲與諸將誓死報國，但無名耳，惟臺下念之。至懇至懇。

魏復書

承翰示，不覺錯愕。連日報軍士死傷於攻城之下者，約以千計。僕方謂其極能用命，而不意其同兒戲也。既同兒戲，則所稱死傷者皆虚報矣。向人言李昫報不實，今若此，則豈但昫一人爲然耶？人心涣散，號令不從，門下既有旗牌，何不以軍法行之，而欲還朝乎？若官職不便於行法者，乞示名，僕將以賜劍斬之耳。軍中事，僕僭主張，至布袋、金皷之屬，該撫鎮儻肯早辦，有何難者。口袋原有五六千，自昨日與今日造送二萬矣。兹令再造一萬，明午可完，不知能足用否？鉛子火藥，適報有四十餘車，明日可到。金皷購發十面，苦倉卒不多耳。自有賊難，僕已誓以死圖之，豈敢累他人哉。草草附復，惟原諒幸甚。

魏來書

承諭得一賢司道核實，良爲高見。僕意寧城下固河西道屬地也，而蔡憲副又以異才破格起用，則彼中事渠當任之，而頗覺有不然者。今馬河東初至，未諳練，楊固原誠賢，而許賊以萬金購其首，軍士亦素怨之。恐渠有畏禍心，故不如蔡爲便。門下若以爲可，僕當移檄專責成之耳。直指使者聞在涇州，即馳書延之，未知肯就近否。姚欽者，起初即與同志者約圖賊，而事未就，已而甚爲賊用命。今竟投降，似仍可録者。乃軍中匿密帖，致失事機，情最可恨。即已行河西道查其人，將法之也。賊窮必逃，恐不出北門，則麻貴難爲力。業已誡西門、南門極宜防之，仍望門下申飭之爲便也。火藥已令董師查散，此時諒已散之矣。學曾頓首。

復　魏

一應查覈功罪，委之河西道甚當。只如諸將攻城，斷不可克，徒損軍士。須多製堅厚牌栅，先避砲石，而後以土袋急堆齊上，或可破也。今諸將不先爲備，數千人中止有小挨牌十數面。問之，云不必用，及至被傷，又支吾以軍中原少此物。此所以謂之兒戲也。砲石如雨，而軍士不退，皆我翁鼓舞之効矣。自姚欽謀洩，賊有輕我之心，爲固守之計，招安全無實意，勢窮方肯出逃。且緩挑壕，誘其出而擒之，更便。昨周覽地形，築北堤直接唐渠、紅花二渠，城必可灌。計地一千二百丈，用夫五六千人，四日可成。但用此計，且不決水，舉城慌亂，賊逃必矣。我翁苦心如此，容有不相信者？楨連日讀尊教，一字一泣矣。

魏來書

承鼎翰，謂宜先避砲石，而後用土袋緩挑濠，誘其出而擒之。及爲堤，示將決水，以逼賊逃。此皆鑿鑿妙筭也，望決意行之。聞劉總兵挖暗道爲入城計，此最宜速行。但欲引水暗道以滲城令塌，則誤矣。賊出欲襲擊挖道者，而爲我兵所挫，此可爲大快也。適得鎮靖通官姚一元塘報，言吉囊等酋差通事等回門下話，故爲狂肆不決之辭誆賞，並遷延待時，實欲時到内侵，或助賊夾攻我兵。僕以爲虜情如此，必平賊後併力創虜然後可。今姑宜誇示兵威，量加撫賞，以徐決進止耳，如何，如何？讀翰中“見憐苦心”數語，把玩數四，不覺感極而悲。吁，世有光明正大能照人隱伏如此者乎！僕何以得此於門下也。感之嘆之，此其中蓋大有説，門下一留意便可盡得，僕不敢喋喋也。不能悉念。九日，學曾頓首。

復　　魏

吉囊若差夷使來言，即易爲處。連接塘報，降夷稱着力兔等欲來助賊。雖未必實，不可不防之也。兵馬不少，但多備糧草耳。河東一帶極爲可慮，幸急諭延鎮備之。平虜足以自守，恐日久糧盡，宜如何處之？挖地道誠便計，以之滜城則迂也。河西道募得鄉夫八百，即今便應築壩。如賊懼而走，可襲而擒之。即賊不走，闔城慌亂亦不能安，破之必矣。

魏來書

連日情狀，賊中似狼狽矣，而猶守不下。日復一日，今且立秋，令人撫景惕衷，心熱如焚，何以得賊即滅以舒聖明之慮乎？即欲以死圖之，而無妙筭。門下今方召也，何以教我？聞昨賊又請招，止許我一千人入南關，不知有無此語？若果有之，但入兵至數百而勢不可禁矣，何不遂依此行之乎？又聞北城已挖二窟，不知的否？若設法制其火薰，急令人挖之，窟漸大，漸次添人。添至數十百人，向旁邪挖一道上出，臨可上出處，將城磚外鑿長孔，陷一二垛口，我從上出可也，從外梯上亦可也，似必可登城矣。門下依此督之，何如？昨恐姚欽非真降，已密令營中防之。今聞其真也，既真，則彼知城中堅瑕，及賊不畏忌處，問彼必如何而可以速破，似即當依而行之也。隨機而變，見景生情，總於門下是望焉。懇懇。念九日，學曾頓首。

復　　魏

賊若肯以五百人入城，即聽之矣。今止許二十人，所謂千人者，謂駐城外，待旨下方入城耳。其爲詐明甚，徒緩我兵耳。降人不必論其僞，可隨機用之。賊知鑿城，親帶兵出北門衝擊。我軍砲傷一青甲白馬者，疑是許朝之子，未可必也。李提督乘賊出北，親攻南門，各將無一人助之，真可恨也。賊徒出招達虜，副將李寧往捕，得虜首一十七顆，生擒賊二十人，亦足以寒賊膽、絶外援矣，謹並以聞。

西征集卷之四

麻城梅國楨著
後學王都俞閲
不肖男之熉訂

書札二　與魏制府往來書

魏來書　七月初一日始

連日蒙門下德愛，仰見門下涉世處人，忘形骸，照肝膽，僕不自量，私以爲若有合焉。欲借結爲知己之交，可乎？僕罷駑衰病，本不足以當大事，以故致生群議。昨已上章自劾，欲先以罪廢，仍行勘坐以欺罔罪，但得報，即飄然長往矣，恐不得終侍門下教言耳。頃嘗請枉駕靈州，不知高見以爲如何。竊以爲彼中若可處，處之，如不可，不如靈州爲便也。敢再申請，惟尊裁之，不一。七月初一日，學曾頓首。

魏又書

賊既出新北門擊我挖地洞之兵，我若伏兵城西角，待彼出而與我洞口兵戰，伏起而疾馳追之，可以入城矣。惟裁酌，幸甚。名不再具。

復　魏

楨最庸下，獨願得真豪傑之士爲之執鞭，往往見負當時重望者，多有補塞罅漏，而少開朗豁達之意。以此不敢信之，而人皆以楨爲狂，然此心終不可變也。比來始見我翁，願得北面，敢結忘年乎。近日少年喜刻核而忘大體，况主上以西事焦勞，幾廢寢食，翁但一意收拾事尚可爲，若倉率自請，恐上下俱疑，及因而求多大有不便。楨出都時，已密囑本兵與職方不得輕信人言，有所更張，可問而知也。賊出城填塞地道，我將尾之而入，甚便。奈隔壕深濶，且有護城土墻，欲從别道，又慮城上砲石如雨。不然，豈肯坐失機會。昨諸將捕得賊心腹勾虜通官家丁近三十人，亦足以寒其膽矣。楨受主上知己之遇，親見事有可爲。但諸將之心似欲功繇已出，而又不肯實心立功。楨欲就中協和，兼擇其可以激勵之者，幸而相信，則爲之叙功，若心力已竭而人不見信，則徑自還朝，叩閽泣訴，自甘奉命不終之罪。若營中之危，人人知之，恐離此則衆心益懈，故雖處虎口，視若太山耳。承我翁知己之教，不免縷縷，幸恕其狂直。

魏來書

官回，奉有答翰，字字皆肝膈之教也，私甚感服。而官又口道門下欲初二日進兵。夫兵家亦重天時，今得兵禽家所選吉日時一幅奉用，此甚驗，不可以爲泛常者也。李提督得奇功可喜，僕尚未知其詳。若果得勾虜通官等，更可喜也。翰中謂諸將不肯實心立功，殊爲可恨。夫將有力不副心者不足斬，若心不肯爲則直須斬之。僕欲行而恐不的，願門下明言教之也，懇懇。兵馬不少，委宜多備糧草，即行督糧河東二道矣。花馬池等處宜防虜警，竊料亦須再數日後，俟門下用兵何如，當爲圖之。平虜糧缺之慮良是。昨有人來，謂本色糧或不便，願得折色，一二日將以折色並賞銀送麻貴處，令撥兵轉給之耳。箬築以速賊逃，此上策也。惟門下即以責成道將，諒無難者，望之望之。初一夜，學曾頓首。

復　魏

築壩事，業委官行之。士氣方不振，而數數勞之，恐生他患。姑休息數日，如所示兵禽時日行之，未晚也。至期，當請尊命誅不用命者，方可必成功也。撫虜最爲急務。聞吉囊遣夷使來，尚未到，到必有以諭之。即不聽命，可緩其來。我翁苦心如此，所不與共濟者，有如皎日。時賊方求降，若許帶五百人以上進城，當聽之矣。假此寬數萬生命，獲罪不惜也。想高明亦同此心耳。

魏來書

得延鎮賈撫院咨書，言定邊磚井等處報邊外虜聚謀犯，欲撤其被調之兵自顧。僕意今寧城正在垂破之時，兵似不宜遽撤，而彼處又爾爾，殊不可以無處。查得省東臨潼縣有礦徒甚多，情願殺賊。咨行撫道，招二千來攻寧賊，而換定邊等原調兵二千還備虜，於事體如何？願門下有以教之。今日用兵必有權畧，不知可得聞乎。昨奉白伏兵挖地道所，待賊再出則疾馳尾而入之。聞諸將亦有此意，此似可行也，惟裁決是望。初二日，學曾頓首。

復　　魏

定邊一帶虜所必犯，不可不備。但時正熱甚，大舉尚在半月之後。礦徒禦虜非其所長，而攻城則便，須募到方可定也。賊出尾之而入，楨曾有此見。奈隔壕深濶，又有外城，欲繞城馳逐，則砲石難防。如隨道已下城多時，而諸軍對面不能相救，致賊縛之而上，況其他乎。待士卒稍休、攻具盡完，齊心併攻，或可克也。適又生擒土文秀之舅吴繼韜，賊與土正相疑，已免其死，使之行間。幸發下姚欽三人密議之，强於用兵也。

與魏書

連日甚有機可乘。城中每夜哭聲，一也；家丁飽粱肉而軍士無半菽，二也；賊黨漸離，三也；硫黄將盡，四也；恐下水灌城，五也；望虜不至，六也。若以大挨牌避砲石，而用土袋、雲梯四面齊上，必有内應。奈諸將心懈，非方不足，亦有微意。蓋有專功者，又有恐人之專功，故不利成，而甚且有利其敗者，楨察之審矣。不思我翁衡鑑在上，而楨亦不忍喪其良心者，雖微勞必録，況没其大功乎？承示兵禽既得天時，築隄已得地利，我翁不以楨爲狂謬而虚己信之，此人和之極也。待攻具既辦，犒士之後，方敢用之，數日内當有内變。姚欽輩幸善諭之，更發一二人至營中，如無别機，則使之行間也。

魏復書

承示破城有六可乘，而將乃心懈，可恨之甚。今秋氣漸逼，胡馬欲健，萬一虜從東深下而我不得撤兵以應之，則何以免地方之患、解主上之憂乎。輾轉反側，生不如死。若不先斬心懈者，恐此事終難就也。望門下先示僕一人以行法，而即決意爲齊攻計，期在一晝夜完事，有遲誤者必斬之。灌水事亦須乘築壩，一刻不得緩也。僕仍一面招礦兵以撤延兵，一面撫虜使勿動，或者方得濟事。然非仰仗門下一其號令，克期督之，恐必有不完辦、不齊力者，萬望爲國家爲不肖一助力也，至懇至懇。初二日夜間，學曾頓首。

與　　魏

小疏中曾留李晌，奈按院無人往來，未之相聞。昨晚始知差人提之甚急，面語河西道，姑緩數日以待立功。本道今早來言，須得我翁主張。

楨訪知各堡有願効死力者，一呼可得數百人。若諸將肯齊心併攻以分賊勢，而以敢死之士乘機直上，可必克也。城克而昫可免矣。奈心志渙散務爲退脱，日復一日，且有他患。今早塘報可見其槩矣：姚欽輩以忠見疑，張遐齡闔門屠戮，可憫也。若我翁肯以用人之際，諭本道稍緩昫三五日，楨敢不力贊之？誠不忍見其無罪而就死地，若不以功贖，雖都中諸老必有能察其冤者，奈聖怒何。惟翁裁之。

魏來書

昫有功無罪而脩怨者欲阱之，因波及不肖，故僕不敢開一語。幸門下有此大公至正之心，此天心也，敢不令事事如指？赦劉許原咨，已付原押姚欽官王誥密切齎去，或在昫處，門下可索而用之。長木並張遐齡，天明當即發過河也。時序已秋，大功未就，恐重君父之慮，此心真生不如死，昨日舉止已有顛眩處矣。門下肯助僕使得賊平，則社稷之功天必厚之，固不待云，而僕一念感激，如生死而骨肉也，寧有既耶！惟原諒幸甚。七月初三日夜，學曾頓首。

復　魏

李昫一入京，非死刑，則死獄耳。明知其寃而立視其死，如天理何？楨昨疏中已請留用，一以爲公道，一以爲我翁也。聞該鎮欲託軍中左右在楨處從臾，果有此，則楨不敢力主，是自速禍耳。幸嚴諭之，賊果有招安之意，即當從之，其實詐也。昨若肯以五百人入南關，今日事定矣。所幸城中號哭徹夜，如金貴、李剛十數堡盡已收復，所獲賊黨，釋之，使其繞城高叫："我輩本賊黨，今皆不殺，你每何不出降？"以此離散其心。楨又差官執一受降旗，於各堡降賊安民。且募有勇力者以當矢石，即以所赦賊黨爲敢死士，當先上梯，我軍緊尾其後，克之必矣。於要緊之處，楨親督李昫兵以箭砲射打，則其功不小，罪可贖矣。木植不妨多發。遊擊趙寵、原任守備徐應禎，皆可用者，望即遣到。翁幸善保玉體，楨不忍見翁苦心。且受主上知遇重恩，必滅此而後東渡也。

魏又復

張遐齡昨隨朱撫院過河矣。長木三十，即已發行。尚有三十根在，若欲用，當仍見示，令續送也。今日之事，不論用何許計，只在得賊。顧有欲避招賊之名而沮之者，僕誠不知其解也。願門下與李提督力排眾議而行之，但得賊平，則可以釋聖慮，安國家，而我輩臣子之分義盡矣，何不可哉！懇懇。初四日，學曾頓首。

魏來書

昨奉告姚欽非反，蓋得之李眴使者。眴使使來問印，適傳報姚欽已反，而眴使即押姚欽在壕岸，與許朝寫字人看抄咨文者也。咨文已抄完，而哱賊有心腹人不遠欽過壕，將與土文秀人密語。遠望者誤以爲欽反，急挐之，欲以爲功。此其最的者也。欽事頗有次第矣，而忽復如此，豈天不欲我輩成功乎，奈何，奈何！望門下再爲參酌，事倘可就，仍望委曲成之也。懇懇。初五日寅刻，學曾頓首。

與　　魏

賊之所以敢於抗拒者，恃虜東入斷我糧道耳。須一大創，則城不攻自破矣。麻副將人馬精健，火器足備，苗兵一千恐不足用，須以火器手三五助之。山西兵八百亦無火器。趙武所領一千二百，止可圍城，似難破虜。此策關係甚大，乞嚴令挑選精兵火器，務必勝虜以寒賊膽，不可嘗試而漫爲之也。幸召麻副將面議，此將乃鐵中錚錚者也。

魏復書

承示，賊恃虜東斷糧道，此洞見賊情者也，故須大創之始妙。麻貴猛將，兵二千亦皆精。獨山西與趙武兵，似只平平者耳。所幸靈州有各營養馬軍二千，皆堪戰，先已令蕭中軍統出禦賊。若麻副將與之合營，或亦足破賊也。苗兵一千太少，業已白葉龍公令發千五矣。謹復不能悉，學曾頓首。

魏來書

得靖邊道稟帖奉覽，吉莊諸酋畢竟爲賊所勾，欲以大兵深犯内地，今犯者必即其端緒也。我兵非萬數，及大砲四五位，恐未易破虜。望門下與李提督議，以城北迎敵全營及遼晉等兵内再挑一二千益之，並以大砲四五位往，何如？搗莊明之巢，以牽其内顧；許吉莊等以厚賞，以緩其深入，俱可行否？惟裁示，幸甚。學曾頓首。

復　魏

虜騎東犯，一以掠財，二欲斷糧道以助賊。即將尊命傳語李將軍，令其挑兵往剿。迎敵人馬似難盡撤，恐虜見兵動必有西來者，賊出夾攻，大不便也。莊明新奉旨撫賞，必先以大義責之，待其入犯，而後一面截殺，一面搗巢。彼方理屈，若吉莊以厚賞緩之，更便也。

魏來書

荅翰料虜料賊，皆洞見肺肝。似宜委曲支虜，令無爲大患，而於賊則極力圖之。決水未妥，招安亦聞有詐，惟塾路可以得志。僕欲至城下督之，務令一晝夜即得登城，但趨事不亟者即斬之，門下以爲如何？學曾頓首。

復　魏

城堅守固，本不易攻。所幸者軍民絶糧，城中心變，賊黨亦自相疑，草盡馬死，皆機之最難得者。城西南東北及南關之東，皆城土易塌，乘雨濕以大砲擊之，必有崩壞，已傳之諸將矣。灌城最毒計，定可行者，須待隄完，得工萬人，兩日可以濟事。稍下水二三尺，城中必自亂也。如下水而賊猶不出，以數千人守隄，擇精兵繇横城出擣虜巢，則松虜退而套虜亦不敢入矣。營中無駐足處，非翁所宜居，煩趙瑞明督之可也。

與　魏

主上望賊平甚急，此舉當爲焚舟之計，失此更難收拾矣。賊不過以虜脅我，不墮其奸，即不足平矣。莊浪魯光祖、西寧李春光父子、遊擊祁德兄弟，三家可得精兵萬餘。而史繼祖、祁承恩、柴國柱皆驍將也，且欲爲朝廷出力，望速差官調之，幸毋曰緩不及事也。

魏來書

承諭，主上望賊平甚急，僕當爲焚舟之計。此正僕意也，望門下助我爲之，懇懇。所示魯光祖三家可得萬兵，而史繼祖等三人皆驍將，此則僕之所未知者。果有此，則無事礦兵矣。即刻遣人調取，務令速來濟急也。初九日，學曾頓首。

與　　魏

初十夜有最可恨者二。無故而傳攻城，調到各營官兵，忽因雨不攻，又不傳散，使軍士盔甲立雨中。過夜半，楨知而後散之，一可恨也。不知何人擅放大壩，夜半水大幾至入營，賴姚欽開渠洩水而止，二可恨也。賊見水至，闔城驚亂，謂我軍下水，復求招安，則其所畏可知矣。昨見切盡比妓稟帖，各夷尚可撫。撫虜以孤賊，而剿賊以安民，不易之論也。願我翁堅持此意，明早遣夷使過河西岸面諭之，不必至堡中也。臣子之爲朝廷，但當擇其是者，一切嫌怨皆不足避。趙兵部伉爽丈夫也，想其見亦不外此。

又與魏

築隄須二三日方完。虜勢急即下水，惟以二三尺浸城，則城雖不傾，而賊必走矣，且不至傷民也。虜既得志，必攻靈州，使我不得不撤兵以解寧夏之圍，幸急爲守備。築隄已託之劉總兵，既不慮賊，則楨當助翁拒虜也。

魏來書

今事急矣，宜以決水爲主，而隄尚未完，可乘此以了葉龍公之令。願與李提督商之，今日明日若能成功則已，不則於十四日定須決水，再一刻不可緩，緩則必至狼狽。此惟在門下主張，決宜爲之耳。

復　　魏

築隄、攻城，兩無所妨。李提督意明日攻城，已力贊之。十四、十五隄定可完，只候虜勢緩急，即灌水以便撤兵也。葉龍老恐決水害及各堡，絶無是理，但爲城中士民慮，則可耳。

與　　魏

王宜平之報，勢所必至，非妄傳也。楨初入境時，曾有小啓，言及之矣。虜本截糧爲賊以撤我兵，其計不行，則必以重兵困靈州，而分兵以堵渡口，使首尾不能相顧，計之最毒者。惟待隄成下水，使賊不得出，仍照我翁原定規格，各將分守四門，李提督總之，則足以制賊。而於牛秉忠營内調俞尚德兵馬一千，王通營内調吴顯兵馬一千，以守靈州；苗兵五百，以守渡口。但須多備火器，聞花馬池所貯尚多，宜取用之，則東西俱保無事。但將士怯懦，楨當爲翁身督之。訪知河之東西尚不乏糧，若增價收之，足支月餘之用，且不致爲虜所掠也，似不可緩。

與　　魏

劉承嗣築隄，極盡心，極得法。奈諸將無與同心，止有民夫，而營軍無一人往者。昨見我翁督之甚力，劉大畏懼。楨復行牌各營，分定丈尺，限以速完，然非明日所能辦也。若隄不堅厚，恐水到衝決，則力不能堵，爲賊所笑矣。昨夜城中哭聲震地，想畏水之故，須以漸逼之可也。夷使諭畢即遣還，堡民得賑足安其心，似宜稍濟其急，恐待奏太遲緩。堡民且有以糧五十石助軍需者，此風甚可嘉也。

魏來書

再奉鼎翰，仰見門下忠謀宏材，定克濟事，此僕之幸也。堤既未完，決水不得不改於十七日矣。但堤不必高過丈餘而後決水，即僅僅一丈，水即可決。水既下，而築堤之工不已，則堤漸高，水漸深，而築堤之夫即所以守堤，甚便也。此事承門下極力督之，雖爲國家，實助僕之不及者耳，感何以當之！王宜平之報，似虜因興武兵殺，彼邊外部落恐或搗巢，故爲此説以先制之也。連日察虜情形，或欲從螺山尾趨西北，從中衛西界過河，此昔年彼犯螺山退兵之故道也。業已令麻副將偵哨，若果爾，則可伏兵河上，俟半渡擊之。是天欲使我成功也，但不可先泄耳。夷使謹如教，當即賞之令還矣。賑濟事，曾與朱撫公面論，渠謂姑宜以募夫築堤，寓賑濟之意，俟事定，再斟酌之。門下若見其必宜急賑，當再促之令具稾也。此時有輸粟助軍者，殊可嘉尚，其人爲誰，幸見教，將有以處之。十六日，學曾頓首。

復　魏

請賑濟以安民，遣夷使以緩虜，而又遣將半渡以取勝，皆萬全之筭、邊疆之福也。輸粟者，一爲方淮父子，一爲李偉，各輸五十石。楨以銀五兩製一匾獎之，敢附以聞。

與　魏

賊計已窮，勢已逼，問石兵道之弟，即知之矣。但招安一事彼此俱難憑信，是以久而不決也。若果以南關與我，必要大兵先退，彼據大城以待恩旨鐵券。儻主上不允，何以收拾？若曰既得南關則大城可得，必不能也，反受其毒矣。惟有暫撤大兵使出逃，而於中途制之，乃便計也。不意諸將行事乃至於此，不惟不能鼓舞，反欲激怒軍士。楨所以連日禁約不攻，而專待各堡軍下，正爲此也。今日各賊有稟帖，意甚恭順。明早楨親諭，或有機可從，從之；必不可從，更得一二日，鼓士淩城，必有効也。我翁爲國苦心如此，所不竭狗馬之力以自附同心之義者，不復東渡矣。初三日差人往京，廟堂諸公或明翁心事矣。賊已在掌握中，但多延時日，一者城中軍民受害，二恐我軍心渙也，在加意拊循之耳。幸自玉，毋過慮也。趙寵已留營中，石繼善更望發下爲懇。

魏來書

聞今日賊又獻南關矣。我兵一入南關，則即不得決水。遷延數日而大虜逼至，我之百事無成矣。望門下主張，令其無墮賊計。若必欲招安，須獻大城而後可，不則惟有決水耳，要南關何用哉？十七日入夜，學曾頓首。

復　魏

賊見決水，城中洶懼，故以南關空城求緩我師。若諸將既得南關而襲之，亦爲便計。如信爲實，然彼縱實降，必留家丁自衛，必欲分城以居，作何究竟，誰敢奉聞？或奏而不允，何以制之？又或待我方奏之後，而賊心復變與虜合黨，則追之不及。此皆非楨之所敢任也。大抵諸將爲賊玩弄如嬰兒，諭之不省，終成誤國，惟我翁之主張之也。

魏來書

五更初得報，賊講定天明開東門請兵馬入城，不知臨時如何。若入大城，則何事不可做？天下事即定矣。但我兵多在西南，彼不開西門而開東門，或者賺我兵東入，而彼即突出西門奔逃耳，此不可不嚴防之。各將心思或有不及，望門下多筭督誨之，務令萬全始可。李提督入城，門下可即入乎？僕意欲仍回河西寨，或來靈州以待事定，具疏上聞耳。不審高明以爲如何？十八日丑時，學曾頓首。

復　　魏

昨各賊遣人來迎，且一一下城相見。楨面諭今早開東門，延董總戎到任。彼竟支吾云日期不利，權開新北門，請李提督與楨以五百人從北先入。蓋北係夾墻，下皆品坑，上列大砲，馬不得行，其實緩我決水，以待虜至耳。而諸將信以爲然，遽令罷工，楨已面責之。昨夜遣人放水，計二十日方到城下，彼時隄已築完。賊既被水困，但須防其偷決，一意禦虜，可以兩全。翁幸自寬，惟多方運糧，他不必慮也。

魏來書

昨賊已懇求開東門獻城矣，而又不果，其故伊何？彼若反覆難信，今惟有決水而已，望門下堅意主張之。虜南下屢被麻貴擊之，乃盡趨西南螺山之尾，已又向犯西北鳴沙州。似欲繇西北過河，不復來沙湃也。故僕撤苗兵將，令帶神砲伏鳴沙諸處。不意虜犯鳴沙者，偶爲中衛兵以大砲打死者甚多。人自虜中逃出者能言之。以故虜復盡收而趨螺山之尾，不繇西北出矣。今麻貴報虜眾俱東行，或者自定邊出耳。將復遣苗兵赴沙湃、定邊諸處，不知竟能遇否耳。今董一元在定邊，麻貴在塩池，業已令其彼此約會，謀一創虜。而兵馬單寡，不知可能得志否。學曾頓首。

復　　魏

開東門原非賊意，楨命之也。今早又以鷄狗血與諸將約誓，李如樟令李有昇以毒入酒中。許朝飲三大甌，聞已病而不見報死，非藥力不到，則又以藥解矣。今日已開閘，二十日水可到，此定計也。鳴沙州乃要路，既能禦之，餘無足慮。計虜且未即出，董將軍已在定邊，麻副將宜與虜相近，時時擾之，而以苗兵伏沙湃，使之進無所獲退無所歸，當以卑詞請命矣。兵雖寡，若善用，足以制虜。我翁勝筭已定，惟在諸將力行之耳。

魏來書

賊既狡詐，只該决水。將官有遲緩築堤者，可斬也，惟門下斷然行之。昨得大司馬書，欲僕爲李昫上章，請立功贖罪。僕既有偏聽之疑，又可爲此乎？學曾頓首。

復　魏

昨日已放水，今晚可到，隄已完，可守也。昨拘得賊心腹四人，盡知其中急迫之狀，蓋所畏在水也。楨時又以諭帖入，仗翁之力，内變必作矣。李昫本無罪，前疏曾有云“使功使過，宜在此時”，既本兵有此意，宜緩其行，或於小疏覆之，未可知也。事機垂成，各將且不必更調，惟翁主之。

魏來書

賊既以獻城之計緩兵待虜，則决水灌城不爲過矣。水於昨日午時放下，計今日即可到。水到而城中即變，幸也。萬一不然，賊猶據守，而城又急不崩塌，旦夕醜虜出邊，若仍赴寧夏助賊，我輩何以處之？望門下多筭，何以使賊速滅也。僕前遣夷使還，而又以通事持諭帖去，冀猶收拾之令不助賊，不審肯聽之不耳。李提督留住劉倖等，而又擒得黄羔兒，則許賊之計窘矣，恐或拚死突圍而出，不可不嚴防之，於諸將不啻三令五申矣。慮猶玩忽，望門下再申嚴之，有不悛者，乞送李提督處，以賜劒斬之，亦末可奈何耳。懇懇，謹瀆不能悉。十九日，學曾頓首。

復　魏

我翁所慮者，詳盡無遺矣。以楨度之，水到城，即有内變。昨已令各堡軍民數百，赴城下呼其父兄子弟之在内者，令早獻城或出降，免坐而待死。今又以諭帖往，相疑必矣。夷使既往，虜決可撫，在我翁力主，勿爲群議所搖。楨近又有書與廟堂諸公懇切言之，虜必不來助賊，即來亦能禦之。惟賊拚死突圍，楨所甚憂，或只在今晚，遲亦不過明日。已屬郭有光、俞尚德，謹防東門賊必從東突出，其實欲從西南出也，李提督嚴裝待之矣。翁幸自寬，惟促該道多方運糧，事機已有七八矣。李晌不死，亦見天之佑善人也。

魏來書

承門下令軍民呼城内父兄子弟，又有諭帖，則城中必相疑，可決也。但許賊多術，恐猶能制城中不敢動耳。然水若深至五七尺，當以别計破城，決不可令遷延出五日也。虜已回頭，據今日之報，則仍是兩路出邊。苗兵已赴邊堵口，不知竟如何耳。虜出邊後，可撫仍撫之，此誠俊傑之見。第虜入邊時，僕曾行延綏撫鎮，令乘虚搗巢，以牽彼内顧。萬一已行，奈何。惟門下裁示焉。廿日，學曾頓首。

復　魏

初意恐我軍暴露日久，心生怨望。今城中賊皆敗氣，而我軍鋭氣方盛，此必勝之機，我翁鼓舞之力也。賊能制人不敢動，而不能制其不欲動，水到必自有變。虜出邊，負重而馬疲，諸將必有大獲。撫虜乃萬萬定理，無可疑者。延綏果能搗巢，撫之尤易，從此虜來求我矣。幸静以俟之，豫爲我翁稱賀，不既。

魏來書

傳聞許賊昨日中毒，不知有此事否？若果有之，則下毒者爲誰，不可不重賞之也。虜已東行，似將欲出邊矣。而逃歸人口，又言螺山之虜欲從固原深搶至省城。果爾，則須得大兵於螺山擊之，而牽羈寧城下不得動。奈何寧城若破，百事無慮。願門下問姚欽輩，但有可圖，當無憚煩瑣也。懇懇。學曾頓首。

復　魏

前日用毒者，李如樟行之，而提督主之也。惜藥出朱把總之手，不能取効耳。夜來水已到城，又以他渠洩去，則防守者之過也。本當重處，念其曾被賊害，故薄責而遣之，且限以補築，是以未解，想臺下不以爲罪也。虜入此時計已馬乏，負重不便深入，如果無厭，禦之不難。平賊事，十得七八。待水到城下，即可分數千兵往爲翁遏虜。李提督偵知虜帳所在，以精騎搗之，此勝筭也。奈賊未即平，故滅此而後耳。幸翁自寬，毋過慮也。

魏來書

昨聞門下購本紙，苦無堪者。即令吏書檢紙百葉將送之，而答云“自固原取來四百，俱摺成本矣，無可送者。”今思之，門下購紙，不過欲作本耳，既摺成本，何不可者。謹具五十奉用，幸照收之。張華四原宥，此門下好生之德，正不肖所深願也，即奉命矣。適延鎮董總兵報搗巢得功一百三十，與吉酉莊明無干，乃土昧、明安之部落也。土、明向欲報復，無求市意，則此搗之，似與撫吉酉等無相妨也。門下以爲如何？廿日燈下，學曾頓首。

復　魏

承惠本紙正值急闕，深感深感。張華四之宥，仰體我翁德意，知必不重處，以安寧夏之人心也。土、明既被搗巢，則莊明求撫愈急。莊明撫，而土、明、吉囊等盡撫矣。惟姑置着力、宰僧等，待賊平之後，以計剿之，則松套而東，烽火可總。即火落赤在西，亦游鬼餘息耳。楨所深慮者，恐倭因報警，則廟堂不復西顧。今幸種種有緒，皆社稷之福，我翁之功也。

魏來書

聞昨門下與李提督親詣決口塞水，嘆服不能自已。世有不畏禍患、不避勞苦，一意爲王事如門下者乎？計門下身親行間，今且浹月矣，而僕輩高坐靈州，寧不愧死。僕非不欲自造寧城下也，念僕頗有專閫之寄，一趨寧城，則東西南面皆照管不周。況向奉旨，令葉、朱二公過河西殺賊，而令僕靈州。是以每躊躇不能決，然心固時刻靡寧也。且此事若非門下與李提督周旋行間，將何收結。故竊謂倘得成功，不但國家賴門下功勛，而區區受被恩德更萬倍之，當感藏没齒，且令子孫頂戴於無既也。門下能信之不？廿一日，學曾頓首。

與　魏

兵凶戰危，古人所戒。楨頗究心此道，故敢以身犯之。知其必不能害，且性能任勞，非敢輕試而漫爲之也。我翁專閫，豈得與將士爲伍。即葉、朱二公，亦不必强其西渡，恐至驚怖，反大不便。賊中情僞盡得之矣，保爲翁破之。所慮者惟將士甚怠，恐夜出決渠，人不知備。若白日衝營，尚能禦之。今欲計誘哱承恩父子出而擒之，爲力甚易，但恐諸將不肯用命，又成虛設矣。賊平之後，尚欲爲翁制虜，爲久遠計。蓋楨尚無子，有老父在堂，且迂直不合時好，決意乞歸。惟特受上知，此一念未了，故不愛其身，以盡此心耳。軍中所需撓鉤、撞竿、木筏、小舡，已令買辦，更望分布信地，令其自守，誅其怠玩者，則事濟矣。

魏來書

水雖至城下，若不挖城，則不破。挖城不於水底，則賊得而砲射之。今與朱把總議得一法，水手可以匿水中無患。令持竊盜所爲挖墻之具，從水底掏城磚，不一日而城可崩也。今令其呈樣，惟門下裁之。虜初入犯時，僕一行延鎮，今搗巢，一諭麻貴，而貴即欲從清水出搗之。乃葉、朱二公力沮之，謂其不可。今得一降虜，言邊外狀甚悉，令解以投見門下，試問之，若如其説，李提督提精兵一千而出，即着酋可擒也。第寧城之圍太薄，而寧賊又將突出，殊有可慮。門下再斟酌之，僕且不敢以語李提督，俟門下有定畫，然後可以令渠行之也。承教，麻貴距虜八十里，此或傳者之誤。自貴擊虜營帳於石溝西南，而虜遂移去，塩池以南路通矣。貴進兵過塩池，駐惠安堡，南距韋州六十里。而韋州北三十里皆虜，麻貴曾於某墩下欲伏兵擊之，而虜陣嚴密不可動，故竟待虜已東過，然後統兵馳鐵柱泉圖之，不知竟何如耳。貴非怯者，願門下獎率之，使知所奮勵可也。懇懇。學曾頓首。

復　魏

水攻無過挖城，退虜無過搗巢。曾有人獻議，能令人於水底伏一晝夜。初欲用之，聞其人無行，有所求索，將置之法。正思別得一人，今朱把總亦可用也。昨見横城塘報，即約李提督，若能生致着酋，豈特寧夏在掌中，而各邊事大定，此封侯之業也。此公意甚踴躍，如待水到之後，可撤三千人往。令蕭平虜多方偵探，沿途下一二大營，先以五百人嘗虜，而以千人撲之，可大獲也。但須内防虜歸，外防虜覺，則萬全矣。麻副將者，楨曾薦之。近見其人，果能不負所舉。因塘報人來，一一指其所報地名問之，或答以二十里或三十里，最後云八十里。想虜退而追之未及，故相遠若此。恃我翁相信，故敢以實告，乃所以奬率之也。若他人聞此言，必將謂楨甘心於麻矣。

魏來書

計今夜水可浸城，似賊必於今夜突圍而去。雖已行諸將戒嚴，猶不能不望門下之申飭之也。昨於邸報，見僕被論而奉旨下部會議，則僕固五日京兆耳。此於僕誠脱然，第賊猶未平，須門下力督其事令就戡定，以釋主上之憂可也，望之望之。趙兵部述門下欲待水浸城，掉鞅而過靈州。倘及僕未行而至，得一侍顔色、聆咳唾，固中心之至願也。二十二日，學曾頓首。

復　　魏

比來士氣正奮，防守頗嚴，蓋知賊之將敗，而各有成功之心。况賊馬已疲，水中不能馳驟，水到即不敢開門，一開則水大入城矣。非虜來救賊，則賊必不能突圍也。年少喜事之人往往妄談老成以見風采，而不顧大體所係。

廟堂自有定見，豈肯輕信。翁幸一意爲國，毋動去就之念。况此時一去，則數年苦心竟無知者，反增好事者之口也。昨小啓奉瀆嚴諭防虜，望急圖之。更得旬日，大事濟矣。

魏來書

今水已浸城根，而賊猶不動，其意安在？聞虜欲仍過河奪占寧城，此不可不慮也。沿河沿山墩皆亡軍，而金貴、李剛等堡見無兵馬，何以扼虜使不得渡？然此等處置，須得本處總兵任之。況蕭如薰奉旨令城下勦賊，則不可不調之來也。僕欲委吴顯帶家丁，並選兵一百，赴平虜署事，而换如薰來寧城下經畫諸務，門下以爲如何？聞苗兵打死一酋首，不知爲誰。果爾，則苗兵之恤，當更厚矣。昨鼎翰言董一元不救苗兵。伏思沙湃距定邊百有餘里，而一元尚不知到定邊未，其勢有不能者。若能於定邊塞寧等處放虜出邊，而邀擊後散，則善矣。筏在寧河墩者，知虜中消息。欲移筏靈州對直擺渡，而寧河墩且量留小舟數隻往來，不知於事體如何？門下目擊，必自有定見也。廿四日，學曾頓首。

復魏

兵法云“擊其惰歸”，又云“歸師勿遏”，正我翁俟其過半而擊之之謂也。苗兵不聽而致敗，惜哉！賊諸念已絶，惟望虜甚急，此楨之急欲防渡口各堡以杜其來，則賊遂絶望。若縱其得至城下，則事又瓦解矣。移蕭將軍鎮城勦賊，楨正有此意。但平虜爲虜賊往來扼塞，須得如馬孔英、郭有光等任之，使其虜將入則多方遏之，既入則從後擾之。恐吴顯不能也。苗兵若果斃一酋首，則虜從此求撫，不敢復聞砲聲矣。糧運渡河，人情似寧河墩爲便。承問直布，統在尊裁。

與魏

虜負重馬乏，擊其惰歸甚易。今苗兵一千，又無車營拒馬蒺藜品坑之禦，使虜得蹂躪之，十不存一，傷哉！使虜志驕而軍心怯，倘乘勝而西，則事事瓦解矣。宜急以兵五百助蕭如薰防平虜，而以三驍將如王通、李寧、郭有光等，各領一千守李剛、金貴、潘昶等堡，阻其渡河，則一可當十。若待其既渡而禦之，目中諸將無大可任者。且察其心欲禦虜又恐他人破城，欲圍賊又恐他人破虜，欲兼爲之力又不能。惟操一忌心，事事皆壞，而諸將亦以是心灰氣索，翁不可不知也。賊日夜於城上舉火，又多發火箭，正符降夷之言。惟急圖之，且加嚴令，楨不敢以虛言相誤也。

魏復書

苗兵原令放虜過太半然後邀擊，而麻貴促其後，或可得志。此不但僕誡諭之，而葉龍公亦再三叮嚀。不意彼竟犯其戒，可傷已。雖大砲殄虜頗多，而我軍未免喪氣，真可恨耳。以兵助平虜，而又遣將防金貴等堡，誠爲妙筭，業已面諭董帥，恐未必實行，茲當如命再申令之。草草奉復不一二，學曾頓首。

魏來書

昨夜城中不知有何舉動，昨日投顺者竟是奸細否？水已漸逼，正賊將死之際，豈肯坐以待死。凡我將士，宜萬分戒備，防其衝突，始可無虞。幸門下時加申飭之。昨董帥禀帖，言平虜有前兵三百足守，再發兵恐糧餉不敷。李剛堡有李提督内丁二百矣，餘堡無可發者，以城下兵太薄，恐賊突出不便也。惟麻貴兵一回，萬事俱足。計該昨暮回兵，而至今尚無消息，不知何故。聞虜中有使投見門下，似有可撫意，是不？若果可撫，此中尚有虜使三名，當即厚賞遣之也。廿五日，學曾頓首。

復　魏

賊已窘甚，惟時時城上放火箭以招虜耳。今早又請李提督講招安，提督不往，此時已知不能緩攻，但見城中慌亂，假此以安人心耳。報虜入廣武，恐來決壩，須得五百兵防之。若壩一失，不可再爲矣。虜真可撫，奈方大創之後難於爲言，姑羈縻之，待其來求可也。楨已賞過虜使，正欲遣赴轅門，因通使在李提督處，明日方可到。見時稍寬假之，併前三夷遣去。即不能得其心，可以免其助賊，待賊平而圖之未晚也。各堡投到壯丁近百名，精悍可用。聞庫中貯有盔甲，及收到馬四十餘匹，幸發孟參將處給之，即他日各堡保障也。昨來投者，迹甚可疑，須謹防之。蓋賊此時内外不通，不得不爲此舉動也。方具啓後，平虜蕭將軍報來，虜必助賊，急求精兵二百。幸如翁前議，以吴顯助之，不可緩也。此時張傑又請李提督講話，且曰若待明日，則水深彼此不能相見，此足以知賊之急矣。

魏來書

承發夷使來，即如諭遣之。平虜本欲委吴顯，因翰教謂郭有光可，即又改委之矣。兹得李提督文移，似不欲用郭，而欲於麻貴、牛秉忠二人内委一人，門下以爲如何？謹請裁示。廿七日，學曾頓首。

復　　魏

夷使既遣，虜必感恩。平虜委郭有光，可保萬全。或只於金貴、李剛二堡往來更便。麻貴名將，正有别用，但不得自展。牛秉忠夙將，若往平虜，於蕭如薰殊爲不便。我翁布置周悉深遠。豈淺淺者所能窺測。且事體貴定，不宜數易也。承問直布，亮恕爲幸。

魏來書

得昨城中射出帖，欲以招安並反間計，及佯作吊，得達虜狀，誘出殺之。此皆似可用者，門下以爲如何？若可用者，促令諸將作速行之，無再緩也。水今抵城矣，萬一水雖淹城而不得崩，或用朱騰擢令水手從水内挖其城磚致即崩陷，而賊據城不下，當用何術擒之？願有以教我也。懇懇。廿八日，學曾頓首。

復　　魏

前誘賊出城，已墮計中，以忌者沮之而止。問之劉承嗣，可知也。此時水深，賊不能出。即出，我兵不敢退，恐其決隄則水盡洩矣。北城已塌，水來方盛，賊安能存。既有兵守大壩，又有兵助平虜，則虜不能來，惟防其偷決，萬萬無失矣。幸安心俟之，不必慮也。

魏來書

見翰中言，昨賊已誘出城，被忌者沮之。此沮者爲誰，可見教以正軍法乎？且諸將不能和衷，頗相乖忤，此甚可慮也。即如麻將軍一時翹楚，正欲賴以平賊，苦忌之不令展布，豈不壞事。願門下察其病之所在而策之，務使其同心濟事乃可耳。懇懇。廿九日，學曾頓首。

復　　魏

諸將隱情，久當知之，茲不必深究也。賊困已極，所慮者惟恐新隄不堅，已致衝決。此外則虜乘勝而西，我軍怯懦，恐不能禦。除此萬萬無事矣。葉龍老製臨衝，須四五日得完，楨親督攻之。謹並以聞。

魏來書

今七月又盡矣，而賊猶未得，可奈之何。計昨夜水必浸城脚矣，賊寂不動，計將安出？聞昨日賊吊下水舟，家丁披甲而遊戲水上，似必有别意也。即已行諸將戒嚴，願門下再申飭之。連日軍士雨中勞且寒矣，已行各道，令買見成綿襖給[1]。

【校記】

〔1〕襖給，其後疑有闕頁。

西征集卷之五

麻城梅國楨著
後學王都俞閱
不肖男之熉訂

書札三 與魏制府往來書

魏來書 八月初一日始，十七日魏解任

堤壞水走，來參將誠可恨可斬。所幸城塌三處，約百餘丈，則我兵可從此三處進城矣。所慮城壕水深，兵不得過城塌處；賊誠不便於據敵，而甕口兩旁，賊仍得出頭旁用矢石。此二端何以處之？有處，則選驍將精兵從塌處緣上，賊可擒也。來參將既欲免死，須責以身先士卒，不則有軍法耳。惟望門下酌處停當，大驅將士一鼓而擒之。懇懇。初三日，學曾頓首。

復　魏

軍中情狀，難以枚舉。惟默默調停，不得太露，反成形迹。楨所以栖栖河西者，非特爲攻賊，恐致他變耳。翁久當知之，難以明言也。聞諸將有托故他往者，萬望勿聽。儻一人得脱，則人人效尤矣。昨來保所管隄被決，念其舊功，准以攻城贖罪。因人心甚懈，借以激勵。達雲隄岸被賊暗上偷決，鄉綁軍士尚不得知。幸救兵到而賊多溺死，不然，所喪多矣。其罪甚於來保，望我翁先示以必殺，而後聽其以攻城贖之。既有二將致死，而又以勇士助之，一大機也。諸將中欲殺二人甚多，在翁主張之耳。

魏來書

昨夜得葉公札，若謂達雲本有功而反欲殺之以爲疑。故僕即馳書奉白，冀以寬假。而不意其疎虞，至令賊上堤縛軍去而猶不知也，可恨可斬。第保與雲若處有異同，恐疑竟不免，况戰將不無可惜。承示云云，真恩威曲盡之術也。即已行李提督，令如來教行之。二將若果奮不顧身以求自贖，或可得登城之濟耳。僕遠，不能目擊曲折操縱生殺，不能不望門下斟酌之也。初四日，學曾頓首。

復　魏

達雲之罪甚於來保，小啓已畧言之。諸將怠玩至極，假此可以激勵。昨已懇我翁先示以必殺，而後許以立功，使其急而有致死之心，方可破賊也。兵事非一端，不得不委曲行之耳。讀台教，見翁虚心至極，不覺泣下。既在宇下，而不以公心自効者，豈人也哉。連日賊小舡不時衝突，我軍望影而逃。又在來保信地，本官曾保靈州，意甚重之。何一旦不振若此，豈非命乎。姑寬之耳。諸將中頗有欲攻城者，當以厚賞督之，果肯奮力，又出望外。遲則賊於土墻上修完守具，用力更倍矣。俚言三首呈覽，知我翁焦勞之極，以發一笑。

魏　復

昨麻將軍於望軍臺殺四賊，擒一賊，而我將佔據其臺，畧足以挫彼驕狂之氣矣。此皆門下驅策振作之所致也，心甚感服。常思古豪傑於兵戈間賦詩作歌，傳之千古，而僕自討賊以來，倥偬至不能作書，每自愧絀。昨承佳章，清新雄渾，讀之不覺感嘆。以戎馬間有此，安在爲古今人不相及也。謹此奉謝。原送答應員役内二名告假，玆謹補送，幸驗收之。初七日，學曾頓首。

魏來書

虜有降者，報吉囊與着打二酋欲從平虜對直過河，攻圍平虜城。雖未必的確，而不可不備。業已行蕭將軍轉行郭有光戒嚴，不知能勝其任不耳。浙兵三千，楊參將統之來，傳牌已到此矣。僕不知此兵之能留之攻賊乎，發之延鎮禦虜乎？見今賈撫公索撤延兵，不可無以應之也，惟門下裁教。向差通官申佑伴送切盡娘子，夷使至鎮靖，具稟帖來，敢附奉覽。若如其説，似亦微足以創虜矣。初六日，學曾頓首。

與　魏

虜果損兵三百，必悔禍求撫矣。浙兵原以討賊而來，若調之别往，未免失望。且無以厭遣兵者之心，賊平則以爲忌其分功，不平則以爲不用之過。以楨度之，虜且不犯延鎮，繇横城截大渡犯靈州者十之六七，繇平虜助賊十之二三耳。蓋虜來必因糧於我，今各堡已空。且知賊被水困，重兵在外，即來不過張虚聲以塞賊之請，必不深入且久居也。不若以南兵攻賊，而多發火藥糧料往助平虜。沿邊沿河添設堡軍烽堠，可以萬全。諸將既不能攻城，更望嚴督劉承嗣候補決隄，以水困賊，一以絶其通虜，二可盡壞其城也。

魏來書

聞初六日東面營軍有劉九者，直入水撲殺反賊，逐之奔退，奪得鉛鐵子、盔甲若干，不知的否。若的，則其勇敢可嘉，僕當有以厚賞之矣。又前李提督堤上戰，麻副將水中戰，亦有此勇敢者乎？有則當均賞之。間者虜大舉而麻副將襲擊之也，雖未能成大功，而亦頗能支持牽絆之。

其戰傷官兵王國柱等，初欲置之不問，今不能過意，似宜仍一恤之，門下以爲如何？招安事今如何矣，萬一得諧，不但可以滅賊，而一城生靈猶可救什之五六也，幸門下調度主張之。懇懇。初八日，學曾頓首。

復　　魏

初八日城上密帖云，土文秀於初四日中風，許朝初九日辰時萋妻。約至期獻南關，我軍將至城下，即於城上招手，又將箭一捆丢下，雖有砲石，皆不傷人。必待許朝親丁到，而後着實射打。可見獻關非僞，而土賊之病亦真。奈我兵又不能上而止，可勝悔恨，顧大勢已在目中矣。劉九入水殺賊，驍勇用命，極宜厚賞。其餘雖有數人，無可與比。麻副將禦虜，雖首功數少，而殺虜頗多，降夷能言之矣。家丁有傷極重者，正望恤之。城中出戰軍餘，以敗韡皮爲食，則民又可知。各賊招安，必欲勑書、鐵券。即如言與之，又必擁兵自衛，非諸將之所能圖也。待與議定，方敢奉聞。

魏來書

早間得門下《諭城中散糧告示》，心私嘆服。此中作用妙不可言，而不知者殊不然之。僕與之言而不悟，渠且云有書與門下争論其事。僕願門下置之度外，勿以介意。蓋我輩義在急君，彼云云者亦聽之而已。學曾頓首。

復　　魏

接台教，不但虚衷採納，亦且委曲保持。楨何幸得長者相信如此，願益竭肝膽，不敢負知己也。

魏來書

連日與賊既講招安矣，而昨忽攻城，此其故何也？既攻城矣，許賊輒又講招安，益不可解。門下察之必真，願見示焉。此賊若必欲破城取之，恐城中生靈俱盡，不如仍以計取之，猶得救生靈什之五六耳。昨得鎮靖通官報，諸虜酋俱已罷兵歸巢，惟着、宰二酋欲犯横城、靈州，以絶糧運助賊，語意又若欲求撫然。故特遣習于撫虜徐龍住横城，與令李提督撥兵令統之，一以防其侵，一以招之撫。今令投見，願門下面教誡之。昨見賈撫公報捷疏，欲罷和主戰，似與我輩意見稍異。故僕於會疏中削云未用，門下以爲何如？昨於邸報見李昫免拏解，殺賊贖罪。此門下大公至正之所賜也，諸將當皆知奮矣。初十日，學曾頓首。

復　魏

虜來求撫，斷其非僞。且此時邊備未完，聽之爲便。賈西老曾兩議罷撫，問其戰又不能，守又不能，但云“無可奈何”。楨當復之云：“此或公故相戲耳，若以爲實，豈可使他人聞之！”蓋楨曾以欵事爲非，形之章奏皆以必戰爲主者。奈時事不同，兵機貴活，難以執一耳。若只畏議論爲自免之計，如國事何？時楨有通官在榆林尚未回，又以書囑賈西老，乞付使者達之。事機所在，望我翁力主，毋惑浮言。至懇至懇。

魏來書

賊難以力攻，而可以計取，門下必與僕同心也。顧諸公意，恐未必相合。若我輩不令之知，則必以爲怪；與之商確，則又恐見沮。宜如何而可，願有以教之。不一二。十二日，學曾頓首。

復　　魏

承教以計取賊，真社稷之福也。特遣中軍李如樟密禀，幸寬心待之。我翁用心如此，不日定可成功。諸將不必盡使之知，亦不可不使之知。此時萬分秘之，至期自有處也。

魏來書

僕鄙人也，幸逢門下以當世雄俊誤施同心之遇，交誼甚洽。顧以事有所急，諸凡内交之儀一切罷廢，意欲俟事平後圖之。而僕今行矣，情不容已，聊以薄將進，殊不自宣，惟鑒納幸甚。八月十六日，學曾頓首。

與　　魏

楨所以經月尚未奉謁者，非自絶長者。知我翁必急平賊，欲勉効馳驅，以不負發縱，慰焦勞耳。待事定而後北面函丈，以自附門墻之末。昨風聞有裴公緑野之命，斷爲謬妄，豈廟堂愛翁之身，重於愛國乎？今乃知果有是事。豈天之假助逆賊，不令早就擒戮耶。大抵此時之事，即廟堂亦不得自主。楨上有老父，下無弱息。初意欲仗翁之力早平逆賊，以完事君一念，即爲山林之計。今前念已灰，惟以病請。我翁有書往京，幸借一言，使得早還，真生死而肉骨也。楨非面諛，翁且不能容，況么麽小竪子乎？翁今垂橐歸矣，何至以重貺相加遺。即不爲子孫計，獨不念與故人共飲耶？謹付使璧還，明辰追送以求面教。若前旌已發，不敢攀留，至前途更便也。

魏來書 此十月確庵既蒙欽釋後來札

不才奇禍已成，竟得恩宥，什九皆門下之力，苦未得一謝。瀕行之先日既承枉顧，因避客未敢出見。乃復寒夜遠出，賜餞於橋。情愛若此，世寧有過之者乎？別後感念何以得此，獨以其中有契合者耳。而不知者云云，可嘆已。諸役還，草此附謝，引筆不能什一。廿四日，學曾頓首。

王都俞曰：既有督臣，又有監軍矣，甘州之撫臣何必又駐靈州。意在求代乎，意在分功乎？幾令逆賊不平，老成不保，知己之心事不白。非先生萬分過人，恐未必沮之而計終行、殺之而冤得理、離之而心終相照也。孔子曰："鄙夫可與事君也與哉？"

西征集卷之六

麻城梅國楨著
後學王都俞閲
不肖男之熉訂

書札四　與葉巡撫往來書。葉係甘州巡撫，自駐靈州

葉龍潭來書　六月初七日始

叛賊招虜，日益驕悍，城中防守愈固，似未易破。不肖初一入界，虜充斥於道，六日始抵靈州。坐待大砲，十五始到。苗兵前後至者二千有奇，制府因師老，急欲進兵，不肖以節鉞將至，按兵以俟刻期在十九日。惟尊駕兼程以定大事，謹差官奉迎，無任延佇之至。六月七日，夢熊頓首。

復葉龍潭

聞旌節已駐靈州，知賊徒授首在即。人言賊虜併力以圖平虜，宜力援之，使虜不能得意，則助賊之心自懈，而後以計散之，城不足破也。楨行次清平，奈馬乏不能速進。若聞捷在十日之外，當以大兵留屯各鎮，單騎奉詣以慶成功。若二三日内即得捷音，則楨便還朝，不必往邁數百餘里矣。此楨受命時，具題如此也。七年契濶，恨不即覩，臨書馳戀。

葉來書

十九日進兵，廿日清晨始泊城下圍攻。再得翁臺大兵至，則士氣益

奮，可刻期破賊矣。千萬早臨兵直趍横城徑渡，翁臺與大將軍尚到靈州一會，以決機宜，幸甚。

復　葉

初意欲於花馬池暫歇士馬以養氣力，既奉台命不得復緩，已將大兵徑赴横城，楨同李將軍親詣靈州，計二十三四可到也。倘能旌節渡河，幸再遣一信，當繇横城徑渡矣。

再復葉

將至清水，接台示。稍解鞍息馬，即馳赴請教。大都虜雖東行以防我兵，若大兵渡河，則俱集城下矣。今日即至靈州已在夜半，不敢以煩閽者，容明辰專謁。不備。

葉來書

伏枕再三思之，惟有填布袋一事當急幹。先找鷹架高城五尺，要長濶上排椽填土，可放滅虜砲二門，用槍砲及火箭亂放，人不能近，任我填土矣。望急爲之。至囑至囑。狗馬之疾，不能奉陪，罪罪，惟矜亮幸甚。

復　葉

攻城無如土袋。可恨者，自二十六日已行諸將築土山懸樓，先拒女墻，然後以布袋堆集，則一湧直上，賊不能禦矣，而不肯用命。間有築山而不先找鷹架，使軍士立砲石之下。如在營張詩者，反欲激怒軍士，此何心也。知有貴恙，奈事機不可復緩，須彊起爲之。至禱至禱。

與　葉

賊昨日又以招安緩師。楨見東南風急，激怒龔子敬以火箭焚樓。皆臺下之功也，敬附以聞。

書札五　與葉巡撫往來書

葉來書　七月初一日始

生自北平一會，至今服門下爲海内人品。如不肖之踈狂時，辱存注而噓植之，即欲報之而無從也。西夏之役，初以易心視之，復以難心緩之，遷延及此。生到，稍更弦轍，而令多粗牾。自翁丈渡河，營陣改觀，將領始知有朝廷矣，連日冒矢石而殞，不敢有退心。翁丈之令已行矣，願少休息，以養其鋭可也。節鉞西來，未曾與制府一面，於形迹似倨。此翁近被論列，心大不安，翁丈不少爲委曲，恐未見長厚之道也。恃愛饒舌請道駕一過，一二日生即奉陪而西也，唯尊裁幸甚。夢熊頓首。

復　葉

承示，具見相愛至意。奈軍中事機時刻不同，遠一分則訛傳一分，是以不敢避難，俟密言之耳。制府實心爲國，容有不相信者？僕乃今方知之。更苦心數日，與制府同完此事，於事體俱便。賊求招安，果開南關，李提督以兵入城，當軍勞民困之時，借此休息，亦便計也。奈不足信耳。

葉來書

虜入似大舉，不可不防内地。故撤苗兵沙湃截之，以宣大兵隨所向而逐，可大創。幸爲仰城公一言之，何如？攻城可歇手，以攻具未便也。聞老丈築土以水灌，其法作用，幸相聞，至望至望。熊生頓首。

與　葉

虜既入邊，無論大舉，須大創之，則虜自畏而賊可平矣。今見龔子敬領苗兵壹千，别無接應，又無火器，恐難獨用。已有書與制府，調三五百火器手助之，庶可成功。須翁力贊之也。攻城久已歇手，昨見地勢，城必可灌。止築出水一渠，則城在穽中矣。顧此亦不得已之計，未便行也。

葉來書

與勍敵而攻具不備，將領不照原約，此非必勝之策也。攻一二日而傷者甚衆，更漫然而進，又不知傷者幾多。即宜變局，請翁丈到河西寨一議。虎豹之威在山，不在平地，雷霆以不測爲威，非與人習見也。願翁丈裁之，勿謂書生怯也。夢熊頓首。

復葉龍潭召回靈州

初受命時，即小疏出不加銜、進不居功，蓋知事勢大壞，不忍負國耳。連日所見，賊本不難平，而終無平理。僕數日間欲從此還朝，承教深荷相愛，明日暫還河西，不敢復軍事矣。草復并謝。

葉來書

昨得本兵字云云，或老丈水灌之説乎？一向有決大壩灌城議，是全城棄之也，後必有悔，不如只坐窘之。虜入查亦不多，天熱亦不能久。以精兵襲之決可成功，創虜與誅叛等耳，翁丈以爲如何？日夜想之，此城之破必仗大砲，大砲得據高而下擊之，則無敵矣，雖鐵城亦破也。初發兵時，即與朱和老議欲築臺、找鷹架二事，魏確老云“臺不能待”。自今視之，終不出築臺一策，庶大砲可上也。翁丈再與和老商之，不肖明早亦來。外薄酒三瓶奉上，本兵字覽畢擲下。夢熊頓首。

復　葉

決水則全城盡棄，非決水則賊不知畏，而人心不變。在斟酌行之耳，但不可泄此機也。我翁深於兵者，亦以爲信然乎？築臺、鷹架，與諸將言之屢矣，而皆不肯聽。令其稍遠則彼必欲近，令其用遮牌則彼必不用。明欲軍士被傷，以歸怨於築臺者。只得聽之，僕不能相强，在翁力主之耳，得親過激勵之甚妙。佳釀留以待從者，不悉。

葉來書

前示軍中機宜，時刻不同。翁丈不避難親臨之，至勇至忠也。但我輩往來其間，正須珍重。昨隨僉憲跳城而下，賊即追之，隨從容整暇綁縛而上，無一將一兵赴救，尚可謂有將有兵乎？使其欲聚全力擒一文武大將，亦似不難。中軍營帳未見嚴整，對勍敵如處堂室，將何所恃？今惟恃李提督公一人主張，餘皆非所望，不肖亦盡委心焉。軍中口不煩言，手不煩指，蓋有大將主之。僕過河所幹何事？兀坐寨中，與靈州等耳。且此賊恨僕獨深。自四五月講招，至今僕來，一切絶之。故奸細供報有刺客伺僕，不得不防之也。今日有墊土上城一節，經題請而行，諸將若不從，僕亦置之而去矣。所云提督兵入南關，其餘兵何往，兵勞借此休息，究竟如何結果，惟翁丈命之。弟熊頓首。

復葉龍潭召回靈州

各將之所以可恨者，以其不待命而空傷士卒，幸而不死耳。所謂大將者不知爲誰，翁或未之細察，他日當思鄙言也。事機不宜過旬日之内，師久則當退，一退不可復整。惟翁細察之。僕非好勞，蓋不忍見國家事至此耳。幸彊起渡河爲望。

葉來書

虜大入，今又報一萬從定邊來，意在阻絶餉道。此事已急，老丈何以爲計，目前應急之策何出？兵分勢不能破賊，惟有先驅虜耳。必勞提督公來，用親信家丁乃可勝。此亦此公素志也。至於事急不得已，決壩一節似可爲，望翁丈裁之。幸甚。

葉又書

今日事急矣。

國家安危在此一舉，惟有決策填布袋上城可急爲。有棚車十八輛，相接運布袋，不患矢石，擺大砲護之，使城中人馬不敢出；又列敵樓、鷹架兩座於濠邊，以鎗砲自上而下，可保全勝。路成，即以宣、大、遼東家丁先衝上，而苗兵繼之。此係老丈與李提督公之功爲首，而弟附之者也，亦千載一時之會也，不可失也。若遲數日，虜大集，事事不成，不得已至於決壩放水，益不爲功，且有後悔矣。瀝血爲老丈言之，千萬從此定約，背者神明鑒在。又有一計：彼以我撤兵禦虜，不能攻，頗有易心。昨與劉天倖約，將一千两銀賞苗兵五百名隨他方便偷上城，而遼東家丁并力先登，亦此時背水一陣也。翁裁之，急矣，急矣！家丁亦領銀一千。七月九日，夢熊頓首。

葉來書

弟已起而視事，不敢苟安，然亦止於驅使將領耳。呼苗兵把總戴君寵等到靈州定約，彼亦有成筭。望翁丈休息他數日，攻具一便，即報臺下，然後約諸將兵一齊攻，決可得手。尊駕暫過河一議，尤望尤望。

復葉龍潭召回靈州

不佞所以栖栖營中者，特以休息士卒耳。各將收有犒賞銀兩，而不肯給散，其心謂何？苗兵果有成筭，宜速辦攻具，填土袋上城。計無出此者，須先防砲石以便填壕耳。軍無紀律，虜大將如縛鷄，承教足見骨肉至愛，敢不啣戢。

葉來書

昨遣中軍官後，又不知軍士心何如，勉强恐難行也。填布袋一節，用路車則矢石不及，又覺平穩，在翁丈再裁之。用兵非一定法，非一人見也，翁以爲何如？更乞與提督公商之。十三曉，熊生頓首。

復　葉

非土袋不能上城，非路車不能運土。車又須得二三十輛，以見在車爲之，止加屋其上，非難爲者。而無人可託，徒坐失事機。適有浙人獻敵樓安砲打城，言亦有理，惜無材料可爲，木匠亦不足用。東城有土臺，西有土塔寺，皆離城不及一里，皆可用砲。奈無好教師，砲多不中，所以將士聞此往往失笑。乃人之過，非砲之過也。李提督比來焦勞極矣，今早墊土又以傷人而止，賊守愈固而我之攻愈懈。此時有能出一言、効一力者，當拜而師之，敢執一法乎！

葉來書

攻城既傷人，只一面築堤放水，亦無可奈何矣。初欲與老丈誓滅此賊，而天意人事不齊，惟有負罪含羞耳。軍士分布防守，苗兵用小舡巡水，其餘器具收拾高埠，種種皆宜諭諸將。豫爲老丈先過河，面請禦虜方畧，至望至望。熊生頓首。

復　葉

賊之不滅，失在人事，非天意也。此時惟有乘其窘急而多方用間，及重賞購死士偷城而已。決水只以困城，非以攻城。蓋生命甚多，但使其不得與虜通足矣。須賊不得出，方敢渡河。禦虜之法，當以虛勢綴其老營，而以精鋭擒散卒。今諸將全師與老營相對，是反爲彼所綴矣，宜虜之得志也。賊若受困，宜以萬人分班守之，更以數千禦虜，爲兩得之計耳。

葉來書

告示稿呈上，不知中機宜否，乞教之，幸甚。夢熊頓首。

復葉龍潭

適見所發告示，悉中機宜。須得一委官督視，使諸將不以虛文塞責耳。劉東陽住北樓，初畏大砲，用厚板遮護。近見不攻，又復去板。見有翁所見教土臺極便攻打，地遠不傷我軍。楨欲於明晨親往督帥打之，但各營皆稱鐵子不足。昨有生鐵千斤發回靈州鑄造，幸催大鐵子數百應用。事之可爲者尚多，奈將心涣散，急之反惑亂人心矣。

葉來書

不肖拙且迂，奉命而來，日夜憂恐。聞翁節鉞到，喜有所依，得因人成事。故始終止出一令，填土上城，以鷹架大砲護，末後又改車以避矢石。而將官視爲兒戲，掩耳不聽。不肖之不足與有爲，大畧見矣。將不中制，聽其自繇。不意人事之失，莫非天意使之然也。翁丈與李大將軍號令風霆，何城不克，乃不得已爲決水之計，亦未爲失策。若稍緩，則賊之巧術又百出矣。虜聚鳴沙洲，意在渡河。已調沙湃苗兵，合麻大帥營乘其半渡擊之，不知如願否。禦虜方畧已聞命矣，謹此謝。夢熊頓首。

與　　葉

我兵不能攻城，惟有坐困，而困之非水不可，我翁見之真矣。已令朱把總造臨衝二十架，至期用之必有效也。各處報虜將入犯，更不得不急防之。諸將告火藥甚闕，幸多發爲望。

葉來書

官軍以招安爲第一策，加手於額，稱天爺佛爺，宜其於填土鷹架之攢眉掩口也。付之長嘆。雲鳥、支遁、扶胥、天潢等件，皆古人借此以驚敵人，顧人用之何如，此智愚勇怯之大較也。放水關係視攻城尤大，翁自有成筭。然計其水至，必盡力一衝而逃。不逃即挖壩，又或拚死一決戰，不然又求招，更不出此。如果招，必獻哱賊父子而後可。翁以爲何如？夢熊頓首。

葉又書

虜勢甚大且衆，此萬分難支，老丈何以爲計？途間糧俱燒盡，自石溝至塩池，帳房二三十里，絶此咽喉，賊計已得上策。當事者方寸亦亂，將如之何？弟以愚見，只宜先偷城一節，城破則虜自解。偷城非拚死不能得，必遼東與苗兵爲之。鷹架有幾座成矣，拆開取幾扇抬去，挨城，則一起可上十人許。二千金，更加之亦願爲。望老丈與提督公一決。至望至望。雨中極好上城，必西面近北角人稍踈，幸裁之。夢熊頓首。

復　葉

虜之東犯，久言之矣，不足異也。賊以截糧退我師，今見師不退，必將困靈州，使我不得不撤兵反救，此不可不豫爲守具也。守具無過火器，是在我翁主張之耳。偷城事屢試之而賊即覺，李提督定議明日墊道上城，奈挨牌不足用。昨督之蔡經歷，止有二大牌發去。俟困賊稍有次苐，須精兵從横城出搗巢，方可退虜也。

葉來書

一向見人心不肯填土，故令不行，遲延至此。今奉台翰，李提督公定議墊道，喜之不勝。昨差中軍專爲有一臺可施大砲，故懇之翁丈，欲乘大砲之威上城。次又有一圖請教，用路車填可避矢石，或即從近臺去處填可也。天留此臺非偶然，願翁丈裁之，至幸至幸。挨牌，生自甘州帶來許多，又造許多，又在靈州庫内查許多。各營私自藏下，可恨可恨，翁一查之即得。蔡經歷不知何人委，此何足督也。破城後方可圖虜，此必然之理，不然兩失之也，何如？熊生頓首。

與　葉

我翁既知事急，當力爲主張，若蔡經歷者何足與謀議也。翁屢委之造攻具，今何如哉。僕已知後悔之所在矣，但不在灌城耳。苗兵有立功之心，議尚未定。夜來許以千金之賞，聽其自便，不可强也。

葉復書

不肖身在河東，何敢有一刻不急哉。胸中止有填土上城一策，此外皆非所知。而將士號令不行，幾回欲上疏辭歸，又復隱忍。造梯百輛，皆發兵時始就，以前何常有也。鷹架以護上土，未發兵時言之，又發銀充賞犒，竟不應，將奈之何。弟一出門，便防李師道故事，翁丈當原之也。蔡經歷不知何人委，只當時管人造梯，亦不知何人令弟與老丈共事。有一舉動不敢不請正，非故爲煩瀆也，惟鑒亮之：放水事詢之衆論，謂放之無法，則各屯堡星布者盡爲魚鱉，似又不可不慮，翁以爲何如？制府又急催放水，亦迫於虜也。熊生頓首。

葉來書

事事勞老丈神思，生不能奉陪左右爲罪。水浸半城，必使城塌。用古人攻城圍邑有臨衝，蓋臨而衝之也。今以木筏三丈者，如楚越木簰樣，中懸臨衝，頃刻可破。已造式樣，令朱騰躍往請之，老丈以爲然否？夢熊頓首。

與　　葉

城已崩數丈，水勢正盛，待有再崩者，楨親督攻之，兵不再舉矣。所以作將士之氣、嚴退縮之誅，則在翁與制府朱和老主張之耳。

葉來書

誦老丈“兵不再舉”之教，壯羨欣慰，僕病瘧不覺躍然而起，一二日當渡河以從節鉞。水浸城崩，賊必逃。尚有二千必死之人，所向必衝突。萬一逸去，城破人民死，而賊又不得，何以復主上？即破，即不逃，而二千人拒戰，我兵何以戰？宜先計之也。須先選衝鋒人數，入城對敵者若干，外面防衝逃路若干，庶有責成。其木筏渡人，尤宜多備。連日造火箭頗多，衝鋒之必勝器也，先有便已奉達李大將軍矣。老丈幸裁之，不盡。夢熊頓首。

復　　葉

尊體違和，失於問候，有罪有罪。朱騰擢所製臨衝，須三四日始完，完即可用，皆我翁之教也。望綱鐵堅炭甚急，幸催發之。水大如洞庭、彭蠡，東西北俱不能出，惟南門稍近、水淺，謹防衝突。城即破，人民未必死。賊雖有死黨二千人，若於將破之先明白出榜安撫，不拘已未從賊，但不拒敵者一切免死，其拒敵者全家誅戮。彼見賊勢既敗，各有身家之志，必有大半投兵而望活者。惟入城人最難得，全憑重賞激之耳。火箭造完，發與蕭將軍收之。此公昨始相見，真可與言兵也。

葉來書

決水事，獨勞翁丈心力躬親督責，生不能時時隨侍左右，爲愧爲罪。苗兵守沙湃，軍門又調之歸靈州，趨麻將軍合營。及聞虜已移帳歸，又催之復往沙湃。連日夜共走六百里，無一飽之時，即馬亦斃，况人乎？倉皇與虜相值，未及布置，以千人敵三萬虜，無一人應役，非兵之罪，生與軍門不善用之也。龔遊擊忠勇以身殉國，翁丈力爲贊成，使破格贈廕，白骨知恩矣。麻將軍兵宜分，如翁丈頒佈，誠上策也。横城防以護渡口，石溝防以護大道，皆不可無兵。但分之則寡，將奈之何。業有疏再請添兵矣。

與　　葉

虜久掠出境，正兵法擊惰之時。顧止苗兵千人，又無車營拒馬之固，諸將兵不爲少，遠望莫救，又致全師殲焉，傷哉！賊中時時舉火，正符降夷之言，虜必乘勝而西渡。諸將中無可禦者，惟急以兵三四千阻其來路，如李剛、金貴、潘昶等堡，多設瞭哨擊其半渡。待水浸城而以臨衝攻之，則事可萬全。如令其入境，則内外不能相顧，九仞之功虧於一簣，悔無及矣。惟翁圖之。

西征集卷之七

麻城梅國楨著
後學王都俞閱
不肖男之熉訂

書札六　與葉巡撫往來書。八月十七葉代魏稱制府

葉來書　八月初二日始

據達雲報，初一日夜三更，有反賊乘船十隻、筏一隻，來挖堤。達雲督官軍皮朝臣等對敵，射傷軍三十五名，射死四名。後將大砲打翻賊船三隻，獲首級十六顆，生擒一名。此可以爲功也，忽聞老丈罪之，不肖不知其故，或有他故也。向自永昌帶來，謂其平日驍虜，不知其反取罪，特專使奉請，幸教之。

復　葉

賊以船筏十一隻偷決隄岸，已縛我軍數人，而將領無一知者。後李提督親到，賊方退去，尚縛二人上城，二人落水。賊於黑夜争舟覆水，於達雲何功？即其不敢欺楨，而止以奉報，其虛可知矣，應殺無疑。但知爲我翁愛將，已密囑制府許其立功，幸且勿洩。使其急而後有致死之心，奮勇破賊，即我翁之功也。

葉來書

達雲之罪，生不知其所犯輕重之條。惟老丈寛之，即至仁也，謹此

謝。城塌矣，宜於何日進兵，乞指示，不知諸將有成筭否。頃之當趨侍左右。鉛彈鐵彈，皆生運自甘蘭者，將士皆不知愛惜，或藏匿之，其所帶馬腿三眼鎗多不放者。見賊將塌城重砌，亦坐視之。將奈何！火藥昨發十五扛，今又稱乏，真難繼也。不盡，夢熊頓首。

與　葉

達雲之罪在於失守，被賊綁縛軍士、偷決信地而尚不知。今以翁故寬之，使肯自効，尚當論功。城塌攻之頗易，諸將有何成筭？連日用火藥不多，而又告乏，何也？適獲奸細云，虜將西來，以三萬精兵助賊，尤不可不多備火藥也。營中非翁所宜居，賊不時衝突，又報虜來，視前更爲危機矣。大丈夫相與，期於共濟，不必拘形迹也。

葉來書

昨無故信賊愚弄攻城，又傷許多人，可嘆可嘆。賊約虜二十五六到，故以招安詒我，其狡悍百出，奈何信之。

國家全仗老丈一人主張，精神聚於補堤，則刻期一二日補完，專以困城爲主。切不可多岐以分人心，以懈兵志。至懇至懇。

復　葉

賊何難平之有，果得一人主張，豈待今日。誤事者在一二人，隄之不完，職此之繇。各處已報虜動，誠不知所究竟矣。前日攻城實有内應，非愚弄也，奈兵不能上，可恨可恨。我翁見之既定，復何所疑。待事事都完，楨力督之，不得狥情矣。

葉來書

賊勾虜已有定期，彼姑托招以緩我，我奈何落其計中。凡人皆自以爲智，不知賊之智又有過人者。今日國家大事必須與同事一議，即使至愚極陋亦當以人視之可也，奈何日爲棄物也。適有傳老丈告示，讀至“先令飢民赴河西寨支領”，倘賊狡詐，放千餘人出領糧，與之乎，不與之乎？不與則信不行於反側子，與之則運糧入城以救賊饑。彼有餅粟且搜括殆盡，肯以所領者救飢民哉。從此作堤者懈，水無時可到，虜一至，益難措手。首惡未得，招之終無下落。或者謂得入城，何患首惡不得？僕意城未必得入，即入首惡不易得，請丈再熟思之。許朝亦世罕見之猾賊也，彼方以術愚我，恐我之術未必能愚彼也。昔王濬造樓船可容二千人，今造數百筏，千人亦可渡。待水滿城又塌，即以塌之時刻爲號，夜塌夜上，日塌日上，必使彼不得防禦、不得脩補乃妙。聚精神幹此，同心斟酌，以成公家事，非私事也。狂妄惟丈裁察，幸甚。

再復葉

賊之深謀，遠出諸將之上。僕曾有是言，今翁亦見及此，所謂知己知彼，從此可勝矣。賊之招安，非特待虜，見人心甚亂，假此安之。而諸將反助成其計，以致人不肯動。故僕出此示以收人心，限三日内開門放人出城，斷其不從則人將感此而恨彼，其亂必矣。此乃就招安之說以愚衆人，惟各賊識之，諸將不識也。想高明自默俞之，何至反以爲疑乎？此番攻城，須事事具備，爲破釜焚舟之計，不可如前草草。如火藥、木植、麻繩之類，望催發。懇懇。

葉來書

昨燈下草率得罪，然爲公家事，不得不率真也。若果肯出城來，即如煑粥救饑一樣，置煑粥廠三兩處，令彼就食，切不可許之糧也。近得大木筏數十，是天授之。昨行各將全營合力，以一二日完堤。查前布袋三萬，散各軍不過借一日之勞耳。然非老丈與李大將軍威力不能行，不肖亦徒言而已。

復　　葉

因賊詭求招安以惑人心，故發告示以小計破之。自念可以瞞諸將，而又不可以欺我翁，昨得來教，果爲所覺，前言戲之耳。新隄尚未完，尊票多撥軍夫，竟不之聽，其意云何？此時已遣旗牌同翁委官嚴督之矣。

葉來書

攻城宜在虜未至之前，然泥濘如何馳逐，城滑如何攀援，纍石如何當之，須與軍士計之。毋如向日亂攻傷兵，竟成兒戲也。此必有以倡之，方能作氣。遼東、宣大、延綏素爲各兵所推服，宜當前鋒上城，則無有不隨之者矣。石東老近寄有奸細書並招一篇，不知書可射入否？可令一人傳此招，謂“哱承恩得罪朝廷，與爾眾無干”，以此動許朝亦可。老丈與李提督公商之，至望至望。

復　　葉

攻城屢失事機，惟有歎恨。各賊心志甚堅，尚未可間。石東老書付李提督相機用之耳。土文秀中風，賊失一臂矣。聞翁欲西渡，甚望。營中無居止之處，待有事機奉報，方可命駕也。

葉來書

賊城已破損而意氣閒暇，恃内有家丁敢死，期於必戰。我兵須先挑出有敢死者若干，乃可敵之。嚮日攻城，恨不得其尺寸之破，今已東西數丈矣。乘水乾可上城，老丈千萬主張之，仍須用長門梯乃可。中夜想筏上安梯，有一妙法，即欲親來製，並請教。因制府回籍報至，故少待之。又報虜欲過寧夏，宜何如爲計，惟恃老丈在也，不盡。火藥已發，木植麻繩即催之。

與　　葉

虜報甚急，而攻具未完，殊可歎恨。筏上用梯，須照飛橋摺疊爲之，想翁便有妙製，乞早發式與朱勝擢造之。適李提督欲決塘渠放水以阻虜騎，此隄一決不可復塞。且無水困城，虜從外來，賊繇内突，患方大耳，業已阻之。制府回籍，有的報到否？須報到，方敢往候也。

葉來書

不肖雖旅，猶在内地，老丈則河外孤旅，尤難爲情。時當肅氣，雨濕侵人，謹以雞酒進。酒係明流不熱，惟俯納幸甚。

復　　葉

本欲製鷹架土山臨衝者，爲破城上女墻防矢石耳。今女墻懸樓已去，其中心土城，賊上下如馬道，可不用梯索。我軍遠望，莫敢誰何，反聽賊數千人公然砌墻，此何説也。昨王通云，攻之則以水隔，以砲打則賊用挨牌。何我兵挨牌無用，而賊之挨牌我不敢打？既以水隔，昨晚賊船又至我岸，是水偏能容賊，不能容我兵？賊之挨牌、鎗砲俱有用，而我之挨牌、鎗砲皆虚設也？以此推之，即土城盡塌，亦無敢入城者。不但無平賊之期，且爲賊所窺而突出蹂躪，未可知矣。方在憤惋，得所惠酒澆之，深感深感。蕭將軍頗有識，但恐不得自繇耳。不盡。

葉來書 八月二十三日大將軍破虜，故有此書

向聞大將軍戰功而未親見，今乃知名下無虚士也。昨夜一夜不能寢，直至天明始得實報。詢之，大將軍身入陣中，與其令弟同力死戰，皆世所難得者，尤仗老丈心授之妙，一至如此。承教，僕之愧愈甚。茲以連兩捷並進，以慰主上殷憂。不知老丈有疏否，疏則兩捷一時事也。謹此謝。浙兵即至，僕安頓他休息兩日，並賞過，方過河。亦少待船筏齊，僕即趨左右。不盡。二十四日，夢熊頓首。

葉來書 九月初一日始，此時有疏論監軍矣

本兵昨有書來，切切囑不肖與老丈同心，速完此大事。謂廟堂意專望吾兩人及李大將軍也。丈夫重然諾，一諾即可死，奈何汶汶爲負國負友之人哉。請與老丈誓心天日，務在數日間決一計，如老丈所謂兵不再舉之策。待浙兵到，賞過即來。惟老丈先令各將用臨衝，多置筏，不肖船隻源源繼也。

上帝臨爾，無二爾心，願與老丈共此。夢熊頓首。

復葉 此時有侵越之旨，故云

賊勢已急，士氣正盛，專候我翁一臨，唾手可得。前者兵不再舉之言，正謂今日。小子何知，能佐末議。況近日以來救過不暇，即欲獎率

諸將，誰則聽之。所以隱忍不去者，惟欲候知已成功，藉以復命耳。忽承尊命，凡職所當自盡者，不敢不勉也。

葉來書 因大將生致三人，葉欲索去爲功，故云

前所擒三人者，今作何發落？此驍雄之賊，能信而不疑否？望老丈熟計，特着官密請。

復　　葉

黄羔兒等三人聞我翁呼之，驚疑哭泣。幸明示以不殺之意，以安其心，乃所以安衆人之心也。裁示幸甚。

葉來書

召此三人，正要他出力報効，原無他意。幸老丈善諭之，彼原無罪，既歸我，我安得不憐之。然杻決不可放，待功城事完始釋之，何如，何如？夢熊頓首。

葉又書

昨所云者，機心一動，鷗鳥先飛。望老丈托李將軍收之，静静無形迹乃妙。此力士也，收時非數人不能得，慎之慎之。幾時到堡，當親候。

葉又書

老丈使惡人疑我，則禍在旦夕，可早擒之。上起肘即安在老丈處，此數人敵不過，若放之，誰復能禁。望老丈安彼亦安不肖也。密之密之。

夢熊頓首。

復　　葉

三人者，即付來官帶去矣。近日邸報有到者否？欲一見之，便中寄示爲望。

葉來書

退虜大捷，皆出老丈指畫所致，不肖坐享其成，因人成事耳，其受賜不亦宏哉。謹撿行篋，得粗幣，少見塞上寒暄之意。惟丈垂納，幸甚。夢熊頓首。

復　　葉

抱病以來終日憒憒，不復關營務矣。惟冀早臨破賊，使楨得返初服，受賜多矣，何至以二幣相加遺。惟出自知己，即製爲方袍使進退服之，以毋忘長者之惠。

葉來書

虜又入境徑趨環慶矣，時事如此，將奈何。老丈與李將軍及不肖皆主上特用者，成則俱成，壞則俱壞，同功一體者也。今日騎虎之勢亦難中止，惟大家一心以共成其事。此先國家之急，乃其重且大也，其餘一切是非，固其細耳。願老丈虛心照破，極力幹旋，刻期在此數日，浙兵一到，乘其旺氣可以登城也。惟尊裁何如？薄酒二尊，燕窩、羊肚二件，幸與大將軍共之。夢熊頓首。

復　葉

昨聞虜入，既有我翁調遣，不止目前之捷已也，豫賀豫賀。水勢已甚，諸將專望指授。承佳釀、南菜之惠，病中稍有起色矣。

與　葉

水勢已深，諸將專候新令，楨惟引領以覩大功，幸早臨指授。張詩、陳守義雖有失事之罪，念用人之際，望翁稍寬之，許以功贖。且失軍者頗多，難以盡法也。石東老意亦如此，楨何敢與，在翁主張之耳。

葉　復

承教，原二將斯仁給三軍矣，感感。浙兵今日可到，賞完即當趨侍節鉞。謹此謝。壩多漏水，何法可用，乞老丈指諸將以妙計。望望。

葉又書

報城塌，乃滅賊之期也，已責成大將軍與楊參將共圖之。浙兵即日過河，望翁指示。成功在眼前，老丈復誰讓誰諉也。諸將有後者，有賜劍在。願老丈同心報國，至懇至懇。重九佳辰，隔河悵望，不得親奉一觴，歉當何如。謹以薄具申敬，惟鑒在幸甚。

復　葉

他鄉令節，不勝牛山之感，忽枉佳貺，不知身之在客也，陶令白衣遡乎下矣。城被水塌，乃賊就擒之機，浙兵意甚踴躍，殊快人意。諸將不見協心，須我翁或朱和老親臨，方可必成功也。肅裁布謝，容面悉，不盡。

葉來書 此正欲借招用間，而葉又異同

魏確老行時，止遺五萬銀與不肖，今立盡矣。昨忙忙歸求姚文軒及兩按君隨便借給，而布政司如石沉水，此豈同心共事人哉。老丈勞心，盡此數日完事，而自始至終皆首功也。在老丈不以此在念，而不肖非木石，其能忘之？獻首惡之説，畢竟延緩爲修備計。惟刻期攻之，此定策也，千乞與大將軍決之。夢熊頓首。

復　　葉

自我翁昨日渡河，且有重賞，而人心大奮矣。今水又到城，宜以臨衝四面擾之。即不能攻，亦分其勢。賊以家丁之在南關者家口，縛之城樓以受箭砲，我翁似宜取劉東陽等親屬，寘之於我軍之前填土上城，看彼如何。事勢似在不日，惟翁圖之。

葉來書

吾丈爲國之心可格鬼神，而人未必能亮之。不肖近日益中心愧服，此大功之成，必仗老丈也。望堅志以圖之，幸甚。劉東陽家屬監在涇州，遠，一時不得到。三萬布袋抛去，爲力似易。老丈何法以立就也？謹復。

葉來書 此用間入關入城，給免死執照，葉又異同

今日必得哱氏父子，乃爲完事。失此一着，後悔無及也。望翁丈決斷，已行令將官爲矣。至囑至囑。

復　　葉

首惡既獲，則餘黨可赦。恐牽連者衆，人人自危，須我翁嚴禁之。哱拜已殺，哱承恩或斬或解京，宜早行之，則人心自安矣。賤體病甚，欲拜賀後即行。倘台駕不渡河，容楨往候耳。

與　　葉

某受命之時，已自誓事敗則死、事成則歸，今日何敢與聞時事。聞翁敘功疏稿已成，缘翁遠在靈州，一切傳報未免參差，官軍有功未敘者似多怨望。此事關係匪細，乞翁更加詳慎。

葉　　復

官軍怨望何事？僕所凴據者，止有塘報，除此外又將何凴？一撫臺一總兵，皆耳而目之者，僕捨此二人，又何處訪？故爲不肖者亦難矣。所望者惟老丈任國事，奈何當機而爲此言也。

葉又書

朔方平定，秋毫皆翁丈苦心殫力所致。不肖熊一念微意，謹以宴中所得上之臺下，見區區不自安之心，亦所以仰酬也。伏望麾納，使有顔色，至幸至幸。菊月廿六日，熊生頓首。

復　　葉

我翁大功，不肖忻逢其盛。得與喜宴，不勝大幸，若以朝廷公典推以見惠，是重其愧也。附使完上，萬乞體亮，至懇至懇。

王都俞曰：葉龍潭有三個伎倆，填土也，鷹架也，臨衝也。無奈彼操生殺誅賞之權，怯於臨陣，遠隔靈州，而臨陣者止一屢禁侵越之監軍。且犯法者，龍潭又曲加庇護。是以將士莫肯用命，一切攻具自難施用。先生不得不以決水困之，以佯招間之，以免死降之。而龍老之伎倆無所用矣，龍老不幾木偶人乎？當日來靈州何心，肯落人後乎？其忿嫉先生宜也，於是百端阻撓，百端齮齕。卒借謀來制府之賜劍，殺降冒功；據無根之塘報，欺上邀賞。但梅先生者，矛頭淅米劍頭炊，險矣；採得百花成蜜後，傷矣！

西征集卷之八

麻城梅國楨著
後學王都俞閲
不肖男之熉訂

書札七　出京至寧夏及還朝與閣部院督撫鎮道將佐書

與賈西池撫臺　六月初旬始

種種高情，無非同心爲國，非楨私感已也。行至懷遠，而所差通官持莊、明二酋稟帖至。且云一見諭帖即收斂不敢入搶，又誓不往助賊。可見夷狄可以理諭，可以恩結。

今事已停妥，權在臺下，機會之際，望即留心。或專委之神木道與張副將，必可成也。更以迤西諸虜委之靖邊道，尤爲意外之望。蓋因賊黨甚盛，邊事甚危，所以寬主上西顧之憂，貽三邊安静之福，非臺下無可望也。虜使又云，望即開小市，更得臺下差一通官同往諭吉能等酋，即望俯從。此中事體如此，若失機會，恐魏確老怨有所歸也。此後虜使往來，更乞沿途導之爲望。

與張助所憲副

弟未出京時，所憂者寧夏耳。及渡河，而知寧夏不過肢體之患耳。實心謀國者當爲彊本治内之説，即平賊稍緩而經久可行。若曰急治標而緩治本，將兩失之。非年丈深於邊計，弟不敢爲此言。相見在近，願聞至計，先因使者布其區區。如以弟言爲迂，幸開其愚，毋使空抱杞人之憂也。懇切懇切。

與神木道李雙溪

別後至懷遠，而通官持莊、明稟帖至矣。且云一見諭帖即收斂人馬不敢入犯，又誓不助賊。可見夷狄可以理諭，可以恩感。此正事機之際，望力主之，或與開小市，則各酋必有聞風效順者，使賊黨日孤，則討賊之功，當以門下爲首。昨魏確老書來，有“延鎮蹉跎”等語。此事一成，不惟釋確老之疑，而三邊從此安枕矣。若門下苦心已深知之，必不敢負也，惟留心。至望至望。

與沈繼山開府

初出都時，即知西事所見定與所聞不同。及六月二十二日渡河親歷營陣，益知賊久不破有繇然也。一切攻打盡如兒戲，諸將彼此相忌，攻具百無一備，鉛彈弓箭遍尋不獲，且無紀律。不至大敗，幸矣，況望其勝耶？今寧夏已失，非大更張，不可復得。而腹心之患又在河東，前大疏已露其概，幸力爲之圖。豪傑所爲，無與他人同也。

柬石東泉本兵

楨逆知邊事必壞，故屢効狂直。今果敗壞不可收拾，儻倭酋復有警報，則西陲必置度外，如全陜何？莊、明、切盡等酋受楨諭帖，明有可撫，但撫之不得其道。必得如鄭範老、吴環老者一人主之，無不如意。捨此無有他策。蓋民已擄盡，墩堡無人，有城無軍無糧，雖有名將，無如之何，況中才以下乎？楨決意乞歸，不復敢與時事。但心不能已者，不敢不具陳之。以翁之任甚重，且徇知己之私也。

與趙瑞明兵部

亟欲過靈武與翁丈傾倒，奈賊未受困，恐一行則人心遂懈，反棄前功。三五日間，或有次第也。接邸報，見防倭、禦虜各持一説，不知當事者何所適從。劉臣等四人皆可用之材，翁丈試驅使之，必有効也。制府早間以二策見教，皆攻城退虜勝算，幸力贊之，毋中止也。諸容面。

與户部趙明宇年兄

前聞年兄回京，恨不飛渡，吐露心曲。近知虜騎充斥，暫留靈武，則弟又得稍緩以待困賊。大抵寧夏之事，賊不足平，而將不可用。初到尚肯同心，及見有欲專功者，而衆心遂散，不可收拾矣。四面齊攻而不許之攻，南兵上城而不許之上。昨以詐誘賊出而擒之，已中吾計，而極力阻之。前者非弟在營，則城中又質一總兵矣。敗事若此，誰執其咎乎？此可與年兄道耳。聞制府調李提督禦虜，果有此，賊計日平矣。幸力贊之，何日定行，示知以便面别。都中諸公，則不暇作書也。不悉。

與楊冲所職方

平賊本有機，而諸將氣餒心散，且有沮撓之者，可恨可嘆。即其塘報與弟所復之書，足知其概矣。各堡之人被賊戕害，恨不生食其肉。且恐大兵一退，則賊必雪忿，無復噍類。情願攻城，弟一呼可得數百敢死之士，許以重賞。又赦賊黨，使之當先以抵砲石，我軍尾之而上，可以必克。須諸將齊攻以分其力，而多助箭砲始可行也。如此計不就，更以降人行間。又不可，惟有撤兵各堡以養氣力。但民食已盡，而賊黨可支一年。最可慮者，虜雖不助賊，勢必東搶，我軍反隔在外，道阻糧絶，衆必驚潰。在事諸公皆不以此爲慮，恐悔之晚矣。

與馬鳳麓大參

不佞初入境時，即有數字達制府，欲防虜截糧，及守渡口。今見絶糧不能退師，必分兵，一困靈州，一堵渡口。事在不遠，屢達制府脩守具矣，未審見信否。虜來若風雨，非倉卒所能辦也。訪知各堡尚有糧，若增價收之，必有應者。此時又達制府調兵二千守靈州；苗兵五百，佐以孟孝臣運糧之兵，以防渡口。王宜平者，亦驍將，以兵數百從後援之，虜豈能久乎？知老公祖留心之極，敢私布之。

寧遠李寅城

屢辱惠書，銘感無已。賊本可平，奈諸將無肯同心，將奈之何！仰老極爲盡心，四令郎老成有見，許、劉二賊下城，欲就而擒之。若其計得行，事定久矣。他日必爲名將，不佞心甚服之。不知都中諸老議論若何，便中示知，尤感。

復蕭總戎

連日正憂虜來，屢懇制府以兵三百助平虜，更以千人分守金貴、李剛、潘昶等堡，或擊其半渡，或伏於茂林，則一可當百。制府雖以爲然，而不見舉行。必待麻將軍兵到，恐緩不及事。時接尊示，已再促之矣。如再遲延，不佞當自分佈之耳。

與董少山總戎

虜以數萬之衆深入内地，浹旬而不返，數百里之内人畜爲空。明公駐師定邊扼其歸路，使之求歸不得，盡還所獲，莫大之功也。聞出師搗巢，誠攻其必救。但其中順逆不同，若所搗者在莊明土吉鐵雷合落赤則可，在切盡娘子與賽漢住則不可。彼方求撫，恐啓釁端。是在明公嚴諸將分别行之耳。因趙遊擊人便，聊布鄙私，傾耳捷音，以解憤切。

柬石東泉大司馬

西事詳見疏中，連日備見制府苦心。從前之事，繇諸將競爲欺罔，難與分析。以楨身在營中，尚欲相蒙，况耳目之所不及乎！賊中見楨築隄灌水，人心洶懼，哭聲震地。若得同心者因其瑕而攻之，不破則走耳。此時將不患不廣，而患不同心，兵不患不多，而患無紀律。其中更有難言者，須以至誠默化之耳。若大可慮者，又不在河西而在河東，不可不急圖之也。

與楊冲所職方

西事詳見疏中。此時賊已洶懼，满城哭聲，蓋知弟築隄將以水攻也。儻有同心者因其懼而脅之，不破即走耳。軍中大患，種種不一。有畏難求脱者，有欲他人致死而己攘以功者，有恐人之攘功而反幸其敗者，有旅進旅退苟且塞責者。弟以身察之而後知其然，尚且以塘報相欺蔽，况耳目之所不及乎！弟不惜西事，而惜國家之兵制廢弛若此也。至於延綏一帶，冗中不能悉言，宜萬分急圖之耳。制府苦心，今始知之。李昫因弟以言激之，真欲効死，姑且緩之。降人在軍中，正用間之時。弟所以汲汲者，以師久翱翔，恐生他患耳。初二日隨龍淮自跳下城，無人往救，又被賊縛上扭鎖，傷哉！恐齎本遲緩，先付急足以聞，知丈望報甚急故也。

與河西道蔡見庵

正欲聽教，以病不能出。所募鄉夫已到否？幸議定丈尺工食，委官督工，從教場邊出水渠，立標興工，城内自亂矣。虜報甚急，滅此而後朝食可也。昨見條議有拒馬五百，不知見在何處，可移置近地防虜也。

復平虜蕭將軍

大鎮已失而孤城獨完，將軍忠義貫日月，謀畧驚鬼神，當爲國朝名將第一。使以將軍防虜，而更得一人破賊，何至老師匱財如今日哉。賞不酬功，私心實切不平。昨見特旨擢用，真聖天子明見萬里之外也。不佞在榆林時，已有書與制府，急發糧餉並精兵往援平虜。鄙意更欲先取金貴、李剛二堡相爲犄角，以内遏賊而外禦虜。此時因攻城百物不備，兼無紀律，心甚焦勞，終不肯使將軍孤立也。

國事方殷，努力自愛，不悉。

與趙瑞明兵部

昨夜過半，夢與翁丈相見，喜劇不爲禮。更有客六人，内有奇姓者，大意謂奇會也。弟倚案作書，翁丈急欲與弟談，掣其臂令罷。弟曰："方作書與兄，正有兩言得意處。"因朗吟曰："我尚不識我，而欲望眾人識我，難哉！"因自解説："此如我自看我，混混沌沌、兀兀突突，不知我是何如人，眾人怎得知。即如兄亦不知兄爲何如人。弟在家時，看千人萬人俱是一般。今見兄，乃知有千人之人、萬人之人，可見乾坤之大也。"相與大笑。翁丈痛飲，披襟嘔吐，乃我兩人披肝膽吐心腹之徵，一何神耶。此時虜截糧道，本爲賊退師。既不可退，必困靈州，使我不得不返救之。望力與制府言，急修守具，且謹防渡口船隻毋令燒燬也。因便聊布，不盡願言。

復各鎮

承示，攻城不克，徒損我軍，不佞所親見者。連日休息止修攻具，意正在此。但目今軍士暴露已久，食皆烘炒，飲皆泥漿，恐生怨望。又兼久旱必雨，難以駐劄，秋高虜入，不西來助賊，必東扼我後，患在不遠，寢食不安。所賴將軍各出方畧，早爲平定，上以寬主上之憂，下以全軍民之命。若但彼此推諉，不恤軍士，不明紀律，奸細出入而不知，賊徒下城而坐視，隨道出而不能救，内變作而不能應，不但城不可下，虜不可禦，恐賊出刼營自相踐踏，軍久心散，不可復馭，非不佞所敢知也。彼此爲國，不嫌直布。幸各賜密示相何機宜，用何妙策，不佞敢不贊成？若止躭延時日虚文塞責，不佞從此奉辭，不敢留此成悮國之罪也。激切奉白，萬乞體亮，立候回示以便行止。

與劉子玄兵部

見邸報，知轉兵部，行將有推轂之遣矣。不爲故人喜，爲宗社喜也。邊事敗壞乃至於此，詳見小疏，猶爲隱乎爾，不敢一字虚也。近用水攻固出下策，然將不可用而用夫，所幸築隄僅千丈，而四面視城如釜底。又兼以閘放，水可淺可深，開閘一分可灌城五尺，開五六分則没城矣。生靈十萬餘，何忍没之。惟以水困之，使不得與虜通，以俟其内變可也。人便，幸有以教之。

與楊冲所職方

弟無所短長，獨於兵家之事，時有千慮一得。行時小疏若有相信，早遣寧遠，則西事定久矣。奈一時皆以爲狂，不敢復言。今敗壞至此，惟恃社稷之福。止據人事，則萬無勝理。魏確老乃天下第一流人物，處之邊疆，非其任矣。顧下此惟蔡聞吾副憲而已。弟無論事之成否，決意乞歸。翁丈方任國家之重，不敢不以直告也。

與余境源、于泰寰二年兄臺長

年丈遂忘不肖弟耶？弟疏在何時，而四月杪方遣，所請何將，而所遣何人？以至事壞，則弟不敢任其咎。弟耳之所聞皆捷，而目之所見皆敗，故小疏不敢不以實聞。不知都中之所聞者如何耳。既不得自繇，得早罷爲幸。十七日各賊出城見弟，遂有欲以五百人進城者。非弟阻之，又一張傑矣。便中不吝教言爲望。

與李仰城提督

反賊之意明白，欲緩我師以待虜至。只宜一二日間決之，若更遲緩，虜騎一入，諸將皆有推諉。不佞已有所聞，不敢不告。若二日以内隄不完，攻具不備，不敢赴城下矣。關係甚重，幸急圖之。至懇至懇。

與趙瑞明兵部

聞駕欲還朝，想傳者妄耳。西賊未平，東虜正急，方賴戡定，何得遽行。水至城下已將傾圮，賊中心腹多有投密帖自愬者，許朝又求招安，若因而圖之，亦便計也，幸寬以俟之。弟數日間或得東渡，以快夙仰。賊於城之平中竪一高樓，爲自免之計。許朝而外，皆沉於酒色，蓋自知朝不及夕，以此爲生前之樂也。愚亦至此乎！附聞，以發一笑。

與賈西池中丞

鄉在榆林，小簡與楊職方云："虜入秋必東犯，截我糧道。虜顧居内，我顧居外，雖得寧夏，如石田矣。"我翁見賞，以爲知言。今寧夏未得，而虜果在内，竟無能禦之者。雖將出境，而各堡殘害極矣。聞董將軍師駐定邊，果能大創之，奪回人口、牲畜，可以杜其復來。不能，則豺狼無厭之性，視慶、固如外府耳。楨在行間，始知諸將用兵皆不必紀律，而塘報皆夢中語也，宜邊事之壞，一至此矣。遊擊趙寵家在寧夏，楨故以寧夏用之。其謀議遠出諸將，聞我翁曾刮目視之，可見一經冰鑑則材品自别也。因便，聊布契濶。不吝德音，以慰馳注。

柬石東泉大司馬

諸將畏賊，於女墻懸樓施放鎗砲，不敢攻城。楨不得已，度地築堤，用水攻之。今四面城崩壞各數十丈，懸樓女墻已空數處，乃又不能近，藉口水隔。各賊小舟往來無所顧忌，登岸擄我軍如縛鷄。何賊可以來，而我獨不可往也？獲得奸細，云城中窘迫之甚，百姓餓死者堆積街市。若賊心腹若高才輩，皆以密帖自托。使得名將奮力攻之，一鼓可克。今彼此推諉，且有欲托病辭歸者。更一月之後，闔城軍民盡死。而各賊之糧尚支半年，非虜來助賊，則我軍自變矣，最可恨可畏也。若河東一帶如延綏而西、花馬而南，人畜盡被虜掠。苗兵一千，存者不過數十，所報六百五十三名，據有屍可驗者耳。餘或踐爲泥土，兼被擄去矣。騎兵死者一百八十餘名，傷者數百。以非楨所宜與，故皆不以相聞。楨孤身在營，無一司道可寄耳目。獨以所損人馬俱繇營中調去，不得不以實奏。恐激聖怒，姑遲數日，然亦不敢盡言，恐至參差也。制府苦心極矣，奈事勢至此，非倉卒所能挽也。素知此翁重望，今益見其詳，學而未能，尚賴我翁保持之。俚言三首，奉發一笑。

與都中諸公

西事大概見疏中，言言皆目所見，不敢虚僞。虜果東入，殘害至極。欲坐困賊城則時已乏糧，欲移兵就食則前功盡棄，只得以水困賊而後分兵遏虜。所可恨者，將無恩威，軍無紀律，上下離心，安能望其致死。懇乞大賜張主，撫虜以孤賊黨，選將以振軍威。若更遲緩則事不可爲，且恐倭囚報警益不暇爲西謀矣。楨行時曾以舉將幾成大嫌，若虜則真有可撫者。使西陲得一如蕭如邢者，事定久矣。魏制府有是心而不得要領，其他則徒知顧忌，恐人之議其後矣。時事至此，非可以常理拘也，無任迫切企望之至。

與李寧遠寅城

昨聞有言令郎行師遲緩者。以盛暑之時，日行七八十里，方怪其速，反謂爲遲乎？大都此時言者多不度理勢，不足爲意。賊勢極窘，平之不難，恨力不能驅使將士，惟有坐困。但恐擒賊之時人民已盡，得不償失，復何顔面敢以捷聞？魏制府實心任事，人心相安，他皆不及，且恐有損。幸加意保全，毋爲人言所搖，則三邊之福也。懇切懇切。

復蔡聞吾憲副

數日即得糧五千，何難萬石哉。昨放水止許一二分，若如七八分之説，則事又敗矣。大抵寧夏從來之事，皆此類也。賊時已將困，所慮者虜既得志於苗兵，必乘勝而來。屢與制府言之，欲其分兵謹防各堡，未見即行，不知何故。承示，足見所慮之同。草復並請教，不盡。

柬石東泉大司馬

賊自水困之後，勢益窘急，又有内應，奈我兵太怯，不能進攻。楨初意所慮者二，其一從内衝突，其二虜來助之。今者賊馬將盡，兩出被傷，必不敢衝。昨制府聞有報虜欲西者，囑楨慎防之。楨復之云："虜之入犯，必因糧於我，見利而後動。自楨收復各堡，虜來無所掠，又與城内隔絶，不能得賊之利，其不來明甚。不過圖横城截大渡口，東犯靈州耳。"制府頗相信，而以鄧鳳調防横城，可無失也。時虜已散歸各帳，必來求撫。望翁主張之，其妙用在剛柔緩急之間，令不驕其志而又不失其心，則宣、大而西永永無事矣。楨屢與夷使面言之，其是非頗明，真可理諭也。制府實心任事，一時在鎮，鮮有其比。聞群議藉藉，恐聖意摇動。楨不敢以虜犯其題者，意蓋爲此。惟我翁極力保持，非爲此公，乃爲三邊。恐倉卒更易，且有他慮，不特如目前之事而已。若賊已在必平，獨兵力不能早攻，致軍民餓死者多，爲可恨耳。時已責成一二將領，數日間爲必取之計矣。

復劉承嗣總戎

灌城將陷，皆督率之力也，敢忘所自哉。沙土易衝，且地窪水猛，尚賴多方備之。如閘板、樁橛、捲帚、草囤之類，一一早辦。如錢糧不足，不妨明言也。

柬石東泉司馬

曾有小啟，付李有昇轉呈。虜真可撫，奈不得其道，則事終不就。昨各酋見，楨責之以理，心服而且悦。處置得宜，費不過二萬金。楨病不能復與事，惟我翁留意耳。恐不久河凍，則寧夏與虜共之，賊乘機復出，且有大患。試問之李毓華，即知彼中地勢矣。張詩、陳守義原無必殺之意，已懇制府寬之，不知肯垂聽否。楨本不宜多言，終有不能自已者，都中從此聞見更雜，是非愈亂，幸高明詳審。諸將人人自危，正爲此也。楨平生不敢妄語，茲亦不敢望翁見信，久當自明耳。蔡憲副聞吾乃翁同鄉，常在營中，知之極真，但時時愁歎而不以奉聞，非同心之義矣，幸密問之。

柬李漸庵都堂

討賊事情，賴制府魏老先生虛心區畫，十已八九。賊甚窘急，内絶糧草，外無援兵，此必克之勢也，諸將已踴躍成功矣，奈魏公一行，又復瓦解。楨本庸劣，謬膺上命，任事過激，於人多忤。加以旨内有“侵越”之語，愈難淹留。即欲還駐靈州，奈諸將苦留，皆謂無所倚仗。今病日沉痼，勢非久生，伏乞垂閔，早得罷歸，即再生之惠也。

密　　啓

魏確老任事，毋論苦心，即令弟來省，不能以三两爲路費，去之日行李蕭然。有所居衙舍，費綵段百餘疋爲幔地糊壁之用，而猶嫌其陋惡者，則確老清苦亦可憫矣。既已代其任而又欲置之死，屢云其罪在劉東陽之上。蓋因人傳招安鐵牌已到靈州，各賊信爲實，求之甚懇。確老欲就其計而擒之，遣官二員，稱有牌到，此權宜之計。葉公亦有百人往伺其隙以分其功，賊將開門，因葉公發一告示，又以兵百人破壞其事。賊將告示送出，事遂不成。有城中射出密帖可據。既已壞其事，而又欲致其罪，何其心之忍乎！確老尚未聞此言也，昨小疏微露其事，恐其有言，以爲後日張本，台臺不可不知也。外具小疏，爲魏確老中辯，俟前疏旨下，然後呈覽奏聞。此公與楨相約同心，今背之不祥。更完此一事，披髪入山。望台臺哀而許之，無任懇切之至。

與楊冲所職方

八月二十二日，各堡報達虜陸續渡河。弟欲求葉制府遣將發兵，恐緩不及事，不得已，權令標下中軍李如樟以所部兵往李剛堡，暗伏擊其半渡。弟既不敢專擅調遣，惟約會諸將有願往者，得李寧、麻貴各帥所部，以弟親兵付之。至夜，李提督思係大舉，恐致有失，自提兵千人往援。至二十三日早與虜遇，彼衆我寡，李提督身先士卒，射死數多，手刃者一，身中三箭，手中二箭，幸而未傷。將士奮勇，方在鏖戰，如樟聞兄被圍，帥兵衝突，虜衆大敗，斬獲及生擒一百一十餘名顆，得夷馬數百，追奔六十餘里。問之擒者，乃着力兔、打正、把都兒三家合兵欲據寧夏。檢出夷書，内有黄台吉娘子石荅大劉一元各書與賊，大略謂“朝廷遣有梅巡按、李侯伯，甚是利害，比前時人馬不同，你可小心。梅巡按教我不要救你，我恐城中不便，你可出邊外道路寬”等語。大舉對殺，前此所無，虜既奪魄，賊更失望。守城各賊不覺嘆息，口稱“怎了”。此皆上賴主上大福，石老先生與老丈苦心爲國，故有此捷。若弟碌碌無爲，動與時迕，下同士卒尚謂侵越，已具疏乞休。惟老丈念其孤立，借重鼎言，俾得俞允，即不朽之賜也。知望之甚切，先此奉聞，容詳報，不盡。

與朱和陽督撫

創虜大捷，皆我翁與制府指授，諸將用命，大將軍以身先之。楨何與焉，致以溷大疏，雖感翁至情，而自視赧顔矣。魏確老何至於此，楨前二疏不知曾見之否，何以觸堅怒累此翁也。塋中報未到，奉旨云何，乞示知，至望。

與許少薇掌科

西事詳見小疏。從來未有圍城中民已餓死，外無援兵且有内變，而不能平者。賊勢已在掌中，則魏確老虚心任人，功不可誣也。今諸將惟聽督撫指授，聞二公意欲渡河親征，果調度得宜，則天幸也。屢讀大疏，悉中機宜。今弟已病，不能與事矣，國家之事匪異人任，惟萬分加意。邊報無一足信。以督撫近隔百里如在夢中，況京師數千里乎。其最著，如哱雲死於北門，而云在平虜；原無一人進城，而曰高蓋等三人。諸將與軍士能言之，此獨可與翁丈知耳。虜又入定邊，搶環慶一帶。不久河凍，其憂更大耳。

與楊冲所職方

初意欲與老丈同心剪除兇逆，今病不能矣，有負盛心，惶愧惶愧。弟之所以獨處營中，備諸艱險，以勢有不容已者。而見者疑其貪功，至創爲侵權之説。此何異誣許由以竊冠，而嚇鵷鶵以腐鼠哉。時事人情真可痛哭。賊甚危急，兼有内變，着酋被創，倅難復來。以數千人善調之，呼吸可平。聞套虜又入定邊，其衆不滿萬人。以弟度之，似不能禦。三軍耳目自有公論，久當知之，毋謂弟不先言也。抱病轉篤，乞借鼎言於貴堂翁，早放生還，真再造之賜也。從此枕泉漱石，皆感恩之日矣。

柬石東泉大司馬

前承台教，獎借過實，銘感銘感。虜真可撫，賊真可平，自楨視之，皆有不能，付之歎息。蓋莊、明既入搶，以釋明安之恨，求撫乃實心也。彼求而我許之，何不可之有？若着、打二酋既被大創，此從來未遭之毒，若有妙用，使鄧鳳、徐龍輩責其自取，因而撫之，其尊常在我，其感常在彼。使我得專意討賊，尤便計也。若賊則内絶糧、外絶援，此唾手可得之時，奈其中甚有難言者。楨救過不暇，何敢復與他事。我翁昨以撫虜相委，實重其禍也。既以狂直獲罪，而又以此言進，亦以國家之事，終不能忘情，且辱翁知己之遇，又不敢隱，信夫三緘之戒，古人所難也。

重陽日會將佐帖

他鄉令節，異姓同心，覩兹風景之殊，必動河山之感。聊一尊而席地，當九日以登高。無論尊卑，共相酬勸，即投醪其可飲，雖落帽亦何妨。絲竹雜陳，觥籌交错。惟願因時入蔡，度兵鵞鴨之池；乘勝平胡，圖像麒麟之閣。早獻俘於明主，實所望於群公。

柬石東泉大司馬

自修隄灌城，北關塌壞，大有内應。畢邪氣等已約謀擒賊首，囑南關王林等獻關，定於重九前後舉事。許朝又向南關搶括糧食，民間遂傳諸賊欲要盡殺軍民。至初八日晚，王林遂不待畢邪氣等事定，遣十一人下城招兵。原任副將李寧先上，再無繼者。楨不得已，自赴城下催督諸軍，如俞尚德等。而董正誼、伯効誠、李如樟敢於自請，牛秉忠老年先到，皆極快人意。李如松親上堵賊來路，麻貴亦上。楨先傳旗，禁止殺人搶財。恐其不聽，只得親上。幸而全活者數百人，闔城居民焚香燒楮錢稱佛。被綁縛者百數十人，一切釋之。再三巡察，頗覺嚴肅。止於暗處被人偷割一首，楨傳語云："明早將頭來獻功者，當重治之。"乃苗兵聞此言，暗往靈州軍門獻功，幸葉龍潭許其賞而未與。若一有妄殺，則闔城遂空，而大城之守愈固矣。雖事權與楨無干，而特以此報聖主、酬知己，足以長往山林，無所復恨矣。病體日甚，不知前疏得允否，俟命下再力請耳。人便，聊布以慰，臨楮無任馳戀之至。

柬石東泉大司馬

逆賊平定，皆賴主上之福、我翁之教也。自兵入南關，秋毫無犯。關城與大城相去僅五六十步，楨即以獻關何廷章、王林等往招守城賊黨，云："我每俱有陞賞，各丁一一不殺你，何不早降？獻大城，功勞更大。"彼問"某某俱殺死否"，皆賊之僞把總等項，平日罪惡最著者也。答云："俱被楨釋放。"楨聞此言，即令各人上城與之相見，且以各人如前招之。賊摇手令勿言，且以手自指其心。楨又約朱撫臺，以花紅迎送獻關爲首者二十七人，騎馬繞城，各執銀定，使賊見之。自張傑下城，日與許朝講話，意欲舉事，而憚哱氏之强。楨訪能説哱氏者，而標下百户耿憲、武生陳汝松，引鳴沙州人李登來見，云："登亦獻南關之數，未蒙賞賜，欲幹大功以洩不平。將妻寄母家，子托其弟，云若能成功必有官賞，如其不成必被賊殺，善撫吾子。"楨察其誠，與之諭帖，差監生俞方策、中軍李如樟，用小船渡送至城。初放鎗砲，知有諭帖，吊拽上城，乃九月十三日起更時也。至十四日晚不城，持有禀帖。且云："哱拜一見諭帖，跪爲大哭，承恩亦拜。即與畢邪氣等約定，但要印信執照。"是夜，李如松飛馬赴葉軍門討兵部印給劄付填寫，又討朱巡撫、如松與楨各與印信執照。十五夜，李登仍前上城。本夜，劉、許、哱三人同殺土文秀。十六日早，畢邪氣殺劉東陽，哱承恩殺許朝、許萬忠，至南門報知。楨差温浩，李如松差小白兒，上城看驗是實。承恩等在城叩頭，請進城安民。李如松、如樟、楊文同上，以後各將亦上。至十七日，大開南門，哱承恩出南關見撫院與楨，且請進城。時牛秉忠寓哱拜家，同劉承嗣、王通等與哱拜午飯。承恩尚在楨寓，禀稱城中殺掠，乞討禁約。楨如意與之。適葉軍門傳令："今日不殺哱氏父子，定以賜劒行法。"承恩方出楨門，即被浙兵擒縛。自此被殺者千餘，今尚未止，此其大畧也。楨若直言，又恐異同；欲詭隨混奏，恐城中數十萬耳目、城外數十萬兵將終不能掩，反涉欺罔。不若挨延，候前告病疏允，即可少此一本。如其不允，婉轉言之，因便先以奉聞，其中難言者久當知之，不敢復以狂直取罪矣。

柬三相公諸公

逆賊蕩平，賴社稷之福、台臺之教，而制府魏確老之功不可泯也。賊困已急而後聽我之間，其所以困、所以間者，皆確老密計已久，而今皆如其言耳。楨病日增劇，萬無復入之理。惟於確老有知己之感，不忍使其獨枉，必待湔雪而後爲身謀。不然，不得不赴闕以身争之，即同陷於罪，亦甘之矣。若聖怒已霽，即於中途繳勑印符驗，惟台慈憐而釋之，則生死之感也。無任懇切瞻望之至。

與寧遠李寅城

伏庇逆賊蕩平，人言可息，仰老大爲衆人所忌，萬望韜晦謹言。不佞決志乞歸，因在通家，不敢不直告也，幸亮恕。

與傅約齊臺長、許少薇掌科捷書既奏，魏確老或得昭雪矣。楨歸志已決，惟待確老命下，即拂衣行矣。蓋極承此公同心之愛，罪則俱罪，必不使其獨累也。平賊事一一實奏，道路之人皆可問而知。其中有不可言者，久當知之耳。冗中不盡願言，惟台亮。不備。

報蕭制府邢崑田中丞

逆賊就平，皆賴我翁同心爲國，使虜不得西。賊知援絶，而後得而間之也，敢忘所自哉！初意欲假道聽教，因賤軀多病，決志歸田，故繇潼關入汴，以便還鄉。套虜實意求撫，邊事一大機會也。過此恐倭夷報警，不暇復爲邊計。但賈西老新上罷款之疏，或不肯自背其言。雖各有分地，而戎將生心，未免以爲口實。楨已無意人間事，而猶喋喋如此，所謂嫠婦不恤其緯，而憂宗周之將及也。聊因還役布其區區，惟爲國自玉，無任瞻企之至。

復董少山總戎

逆賊蕩平，賴主上洪福、諸將協謀，而麾下搗巢以牽制套虜，功不可泯也。初意欲繇舊路還京，再得聽教，今已從潼關行矣。惟奉旨勘搗巢堵虜功次，須了此一事，庶可爲魏制府白冤。已托之靖邊道，幸同心早完，得以復命，受惠多矣。草復不盡。

復靖邊李龍峯憲副

春初得接高論，至今無日不往來於心也。靖邊當兩鎮之交，虜所出没，得明公在事，真一方長城矣。逆賊伏庇就平，但殺降太多，恐非聖主意也。賤軀多病，已具疏乞休，決於廿二日行矣，不得面教。山林中得聞套虜歸命，當西向釃酒，爲故人稱賀也。使還草復，不盡願言。

與神木李雙溪大參

不佞已於廿六日行矣。虜來求撫，乃邊事一大機也。但今何時也，又敢越俎而代庖乎？廟堂之倚賴於臺下者甚重，不可不力任之耳。因家丁還，草裁布候，不盡願言。

王都俞曰：因西事而知任事之難，因任事而知爲梅先生者千難萬難也。行者偷掩耳之鈴，言者抓隔靴之癢，風聞皆吠聲之犬，聽斷如病魘之人，於斯有一好漢説真話、做實事，亦夜鳴求旦之鳥也。哱賊叛逆，滿朝視爲泛常，督撫將領且以捷聞。先生無故而發大難之端，則建議難。衆口交謫之李寧遠，一旦欲委以兵權，與科臣予盾而持之愈力，則知人難。請假以權，不蒙俞允，畢竟以監軍往，則責重身輕難。哱賊所恃在虜，而某處當撫，某處當戰而後撫，某堡可守，某堡可戰，某時宜堵某口，某將宜陣某處，則着着先手難。鉛彈弓箭、挨牌拒馬、火藥木植、糧餉牛酒，無一同心應副者，則無米之炊難。砲傷馬足而不恐，許朝拔刃直犯而笑以降之，則有膽有識難。相度地勢知城可灌，卒以困賊，則明於地利難。受降納叛以收人心，借賊以激民，借民以招賊，凡幾度機關皆古來用間者所不及，兵不血刃至於底定，則伐謀攻心難。督臣老成而中輟，撫臣嫉妒而共事，百種掣肘，卒能於憂讒畏忌中，成就受君愛國之心，則委蛇含忍難。西事已完，而撫虜一節，不啻叮嚀以告衆人，則局外關情難。功成不賞，畧無憤懣，惟於魏確老之寃，以死生去就争之，則真誠處友難。驕虜爲之稽首，叛賊爲之泣下，則信格異類難。究竟與初上兩疏一字不爽，而聖主眷顧日加隆厚，則忠結主恩難。如先生者，幾人哉！

西征集卷之九

麻城梅國楨著
後學王都俞閱
不肖男之熉訂

諭帖告示條約榜文

諭莊禿等酋

傳諭各虜酋長：即今寧憂逆賊劉東陽等，擅殺撫鎮，據城叛亂，天地神人共憤。爾等受朝廷厚恩，當爲國家出力，共擒逆賊，既得重賞又有好名。訪得有等酋長貪逆賊小利，忘朝廷大恩，或往西助賊，或運送糧草，或絶我糧道，或進邊搶掠，或屯聚邊外，或虚張聲勢，或詐降内應，只顧目前，不思久遠、舉朝卿相科道，俱要先勦爾等。賴聖主寬仁，恐賢愚不等，玉石俱焚，心有不忍，特差本院同遼東總兵都督李，遇路查勘。爾等有原不助賊不曾入搶者，分爲一等，具名奏請加與獎賞。有先雖作反，今知改過者，亦加獎賞，許其自新。若能擒獻逆賊，另有重賞加封，各賊家財盡數給與。其有甘心助逆，定行勦殺。况寧夏賊物皆朝廷養軍，及爾等市賞之費，今已將盡，爾等空有助賊惡名，又無厚利，速宜思省，各守本帳。未往者不可再往，已往者速令掣回。

朝廷恩信決不負爾，毋爲賊誘，自貽後悔。差官傳諭，立待回報。

諭莊禿賴、明愛二酋帖

聞你見我諭帖，即時收歛人馬，不許入搶，又不往寧夏助賊。可見你每原是忠順好人，多因邊上將官處得你差了，以致你每作歹，朝廷怎麽得知？今既講明，我即便差人傳與各地方官，叫他開你市賞。我與你上本，你每宜體朝廷厚恩，一一要依我説，再不可暗使部落犯邊，佯推不知。其别頭目有往寧夏的，你每可叫他回。我兵到河西，查得有何人助賊，定不饒他。寧夏逆賊財物已盡，空自負了朝廷，你可與各頭目説知。若依得你説，我也與他撫賞，他也感激你。

朝廷聞知，越見你每好處，定重賞你。特此諭知，宜體我意。

諭着力兔、打正諸酋

諭着力兔、打正等各項頭目知之：目今天兵來討叛賊，朝廷恐濫殺無辜，特差我來分别首從。今見你每人馬俱在寧夏地方，指稱哱拜是你一家，助他爲逆。先時他做朝廷好官，你受朝廷撫賞，合該認爲一家，尊奉朝廷。今他做了逆賊，便真是一家，也不該認了，恐玷辱你宗祖。况本不是一家，只貪圖小利不顧大恩。今人人都不忿你，我體朝廷寬大之恩，特遣人與你説知，你可作速出邊，守你本分，朝廷還有厚賞。哱拜若不是賊首，我自然招安，他若拒敵天兵，我自然勦殺他。都不與你相干，都是你管不得的。你若不聽我説，要與他死在一處，空自你吃了虧，又失了年年市賞，又受了萬世醜名。你可細思，毋貽後悔。實言告你，立待回報。

諭賽漢住娘子

一向聞得黄台吉娘子賢良，不肯負了朝廷，今見娘子禀帖，方纔知娘子也與黄台吉娘子一般賢良，曉得道理。他每於今作反，也只搶得些疲牛瘦羊，都是你每有的，怎能勾得些好物件？若肯安分，我與他上本，開他市賞，受用好段疋吃食，比搶的破衣破裳强似多少？寧夏反賊將朝廷庫内錢糧金銀蟒段，盡數與了着力兔。賊已窮了，只在民家搶些金銀與吉囊各頭目，每人只得他金子十兩，銀子三五百兩。别人得了好的，你每與也用力却不惶恐，空自壞了名頭。可急急與他每説知，叫他安分，不要被人哄了。他若不聽你説便罷，他將來後悔。他若聽你説時，可差人來，我與他每上本，朝廷决不虧他。你的好處我已盡知，只待衆人歸順，一起好上本。寄茶一篦，收用。

諭切盡比姑等

從來人説黄台吉娘子賢良，體得他夫主的忠義，今見稟帖，果是好人。説將官不該殺明安，我昨日問將官，説因他掏墻，又砍傷通官，軍士不忿，一時動手致將明安殺了。吉囊從腹裏地方西行作歹，各處勸他不聽，致將他頭畜搶奪，也是他自討的。於今我既奉旨來分别你每好歹，你這情節我都上本與你説知。你當叫他每安分，朝廷不肯虧人。寧夏逆賊，你每心下也都惱他，明白知他是該殺的。只貪他些小財物，助他爲惡，有甚好處？他的好物件已是别人得了，他城中已空了，你每得他不過幾百兩銀子、幾十兩金子。别人得財，因力量小不能助他，哄你每替他出力，豈不是痴？於今賊城已打破了，城中軍民餓死大半，馬已死絶。只因我念一城性命，不肯下毒手攻他，許他投降。他若不信我，只在旦夕間捉他，你每助他，有何好處？你可仔細思想，誰輕誰重，誰的長遠，誰的是好名兒。作速調人馬回，我不失信。你即差人來看，我與你上本，即與撫賞。生事的將官，朝廷自有處置。從此比前更有好處，方信我的言語，若不依我言，他每搶得多少？若被大兵殺敗，悔時遲了。思之思之。你的來使，我厚賞他，不知你每如何待我通官？

諭虜酋

我本好意差通官諭你，你如何又搶我地方？見你稟帖，也有説的是的。你説銀子摻了銅，段疋扯做兩截，這是邊上小官人做的事，朝廷若知，怎肯饒他。你只該明白與我説，自然處置他。你若學好，自然與你好物件。你於今搶了這番，怎能勾得些好蟒衣段疋三梭吃食？你的人馬也吃了大虧，怎比得市賞，又自在不費力，又有好名頭，又得好物件？你可仔細思量，你若不搶時，我多時與你上本討市賞了。你不可拗强說大話，你不知朝廷的世界有多少大。你要説撫賞，即時就是錢糧，你要説戰，即時就有百萬人馬。怎説你一二萬部落，切不可負心。比如哱拜等欺了心，於今怎了？聽得有人勸，你不要生事，這就是享福的人，你可聽他？有話到神木稟來。我將要回京，不得遲悮。

牌示各營

爲奉命勦逆事：本院親詣營陣，督率攻戰，稽察功罪，所有不時傳報，須有符契可以憑驗。爲此牌仰各營各差的當夜不收二名，仍備本營號箭二枝，上記暗號送院。遇不時差遣，到營比對字號然後放進，毋得踈玩以洩軍機。

攻城榜文

爲勦逆安民事：本院奉命討賊，原係宣佈朝廷恩威，分別首從，撫惜軍民。不以克城爲功，不以多殺冒賞。恐大兵入城，玉石不分，爲此示諭寧夏鎮城將吏軍民人等，照依後開條欵一一遵守。本院叨蒙特遣，務以信義示人，決不一毫虚謬以失國體。須至示者：

一、出降者，不拘已未從賊，俱給免死執照。

一、大兵進城，凡閉門静坐即係良民，免死。有執持兵器往來窺望，即以賊論。

一、劉東陽、許朝、哱承恩、土文秀等，果有寃抑別情，許赴本院陳訴，即與分理。必不乘機擒殺，以褻國體。如不相信，可遣親信人代稟，毋自執迷以貽後悔。

一、擒殺賊首者，自有欽定事例，封伯世襲，仍賞銀壹萬兩。

一、獻城門者，賞銀一千兩。

一、殺賊守城門一人者，賞銀二百兩。

一、殺守城垛口一名者，賞銀一百兩。

一、殺賊一級者，賞銀五十兩。

一、獻賊家口一名者，與殺賊一級同賞。

一、放火燒毀賊人糧草火藥及賊首房舍家口者，賞銀五百兩。

一、得賊密情來報者，先給免死執照，事平之日，與殺賊同賞。

一、虜酋擒賊首，自有欽定賞例。若聽諭歸巢，亦與獎賞開市。如執迷助賊者，先行勦殺。

一、賊首有能擒獻虜酋者，准以功贖罪。

一、克城之日，將領軍士敢有擅入人家殺戮人口、搶掠財物、欺騙婦女者，即時梟首。

一、克城之日，有在城軍民乘機搶擄者，即時梟首。

示諭城中

示諭城中軍民及劉東陽等，新舊家丁人等：城中糧草已盡，破在旦夕，宜早求生路。有出降者，給與執照，全家免死。有獻城、獻門者，賞銀一千兩。能擒殺賊首者，賞銀一萬兩，封伯世襲。作速射出密帖，以便接應。如三日内無人出，方四面攻城，悔之無及。特此示知。

諭城中

本院在京時，聞得寧夏上本人説，起謀全是哱承恩。其父哱拜穿大紅，在火神廟前分付殺人。只虧了劉東陽、許朝禁約軍士，安撫百姓。劉、許二人原不與哱氏同謀，只有哱雲、土文秀是哱氏一家。

朝廷因此言赦了劉、許，不赦哱氏。今本院奉命來此，分別首從。初出京時，寧夏鄉官李毓華力辯哱拜一生忠義，必不肯反。及本院到此，查得哱拜原不與事，其妻又甚賢良，罵哱承恩不該負了國恩。只因趕了頭畜，哱拜方調達子。哱承詔亦不與事。土文秀原在中衛，不與同謀。此情節，朝廷隔遠，盡不得知。你每若肯信我，作速求箇生路。若做得好時，連官爵也有你的。只在你心下明白，大丈夫不肯欺人，決不哄你。你每若不聽信，反被人賣了，把乾净身子與别人頂罪，悔之無及。你於今所恃，只説大兵不能久住。本院既奉特旨，豈肯空回，就住一年半載也要平定。你若想達子來助你，他已不來了。他就往東邊搶掠，也不怕他。你説你城堅，我知糧草已盡，只你家丁有糧。滿城軍民盡皆飢餓，事急生變，你如何能制得他？你説放水灌城，你有船筏上城樓居住。百姓到急處也争上來，扯你下去。你只靠各堡運糧草助你，今各堡民都來歸順，已與他免死執照，給與賑濟，放水與他，種菜都有官軍防守。你每已是籠中之鳥、網中之魚，若早降一個，早免一家。若肯把一人爲首出獻，大家都有官賞。比如姚欽與你同謀，于今與他做了指揮，又與他上本討恩典。你可細思，如何再有生路，何日再得出頭？你若口説招安，挨延日子，你當時假此備辦守城器具，你今已守堅固，我兵又不攻城，你不必挨延了。且莫説大兵圍城，就得兵退了時，你不過出城挖壕打草，何處討糧？本院實話説與你每，你可與高才、畢邪氣等，從長商量，各求生路，不可執迷，爲小失大。到至急處，他人不和你一心，只顧他家父母妻子，不顧你了。汪雲谷家小在監，本院已令人保出在外，此皆體朝廷寬大之恩。你若依本院之言，不惟免死罪，還許你别處立功，如宋江討方臘之事。你若信得此言，作速回報，或面來稟説。若再遲疑，只可惜軍民多受幾日辛苦。思之思之。

諭哱承恩

朝廷聖旨，只要劉東陽一人。説他做總兵，調達子、搶各堡都是他的印信牌票。今南關衆人説你有心拿他獻功，果有此心，我保你一家富貴。只要劉東陽一人，其餘一個不可妄殺。

朝廷聖旨原不許殺一人，昨日南關也不敢殺。他衆人信你，是你造化，不可遲疑。許朝昨日使張總兵來説，要殺你立功。我想你父與朝廷立了許多功，你母又忠義，我如何肯把你家與他討富貴。今特使李登諭你，你可依我幹這場大事，富貴都在我身上。你若不信時，於今達子敗了，不來顧你，城又渰了，各處兵馬糧草又到，你是死路。可細思之。

諭城中許朝等

本院體朝廷好生之德，以至誠待人。只説你實意歸順，親到城下，若肯即開東門請總兵進城，於今已與你上本，滿城官民人等盡賀太平。你每不信良言，只行詭詐，又説南關，又説北門。若不住大城，如何討赦？你每些小智術，只好哄前面將官，本院在此，如何錯用此心？若本院早到十日，張總兵怎得進城？於今事勢，你豈不知？汪雲谷、高才等一味哄你，星象他豈不見，謡言他豈不知。城中黑氣，各家妖怪，你每自家禍事，目已夢兆，豈不明白。如何還要執迷，等待何時？達子決意不來，莫説八十兩金子，縱是八千兩也顧不得你了。你每各人只依各人心止行，再不可遲疑。毒藥與家丁事，皆不必行。雖有好心，知你一時不好動手，只各自獻城，便是大功，不但赦罪，還有陞賞。若先出城投降，赦了罪，只得本身官。若被人擒縛，全家處斬，又有萬世駡名。縱有好心，難以分别，只在一二日内。若再遲疑，連你也顧不得。本院之心不比諸將，諸將多殺一箇，多一分功；本院只要赦得一箇，存一分陰隲。今要差戴朝相等與你説知，他每怕你不放他下城，不肯來，只黄羔兒肯來。戴朝相又説他平日不學好，方纔在監中放出，怕錯鍇説了話，誤了你每的事。故又以此帖諭你。戴朝相等都有爲你的心，不可難爲他家兄弟妻子。你每殺人太多了，你每夢中發驚、心中恍惚，都是寃魂索命，不可再殺，一命還他一命。城樓上住不得，達子在城日久，没有吃食。事急各自怕死，都亂起來，獵户與土煞之言，當得信他。各人生命只在自己心下決斷，再不可與衆人商量。血酒吃多没用了，特開你生路。

造船不中用，偷隄事越也行不得，莫枉費了心力。馬神廟西可以密議。思之思之，毋貽後悔。

再諭許朝等

水已到渠，恐傷滿城官民軍丁人等，心有不忍，特諭爾等作速投降。兵進大城，決不妄殺一人。恐爾等不信我心。遣王以仁進城，以盡我一念爲民之心。如再執迷，雖下毒手出於無奈，數萬性命皆是爾等害他，天地鬼神自有鑒察。思之思之，禍在目前，悔之無及。立待回報，無得遲延。

諭汪雲谷

我知你平日有大志，連日不見你一字，心甚怪之。昨見云云，方知有兩次帖，不知何人收得未與我見。或使的人不的當，誤了事。如此處置，足見作用，甚喜甚喜。我原知他久有好心，姚欽曾對我說，他若幹得成時，即時封伯，子孫世襲，何但兩個廕襲。劉東陽、許朝是朝廷赦過的，拿他也不濟事，只得做指揮。不如只拿哱家父子，得一個就完了大事，赦得滿城性命。趁他晝夜大醉，正好下手。可急行之，恐事久則變。凡事只與張四知之，高才、施懷都與你一般的話，且不可問他，待他來尋你。慎之慎之。

諭高才

你的心事，我盡知之。榜上不得不寫你名，恐賊生疑，反悞大事。你當日寫文書，不肯寫各官邀功生事一句，我也盡知。今如此做時，甚合我意，從前的事，都不消提起。他的好心，姚欽也對我說，只是不好下手。今趁再吃血酒時下手極好。昨夜拿了鐘普等，達子已不來了。劉東陽、許朝是赦過的，了不得大事，只哱家父子拿得一個就好。他既晝夜大醉，正好下手，必封伯爵，何止有兩個應襲。你也有大恩與汪雲谷，好生看顧他，莫等人害他，有話與他商量。急急行之，恐致洩露。此帖有兩個，可密查之，或在施懷家，恐別人收了，報與賊知。

諭城中

昨中禀已到，既有三十五人同心，事決可成。但人多恐易得洩露，宜早早行事。昨寫出二命，丁巳的甲申日干受克，又行丁未敗運，命中有九刑，是天不蓋、地不載之命。丁未命將行好運，庚子日干正旺，二命正又相克。萬全無疑。聞午人亦有此心，看他昨日的話，明白是安小哱的心。他若動手，易如反掌。卯金無用之人，且放在一邊，留與諸將收功。明日戊子，正丁巳生人命絶之日，我親過東陽城接應。血酒也要吃，正事也要幹，不可失悮。

諭許朝

事勢至此，何不早決。我知你所恃只有三件：一件，望達子來救，於今他已不來了；二件，挨我人馬退回，於今只見加添，決不退了；三件你説挨一日且活一日，終是不免一死。除此三件，再無别説。你看這景象，多不過一月，少不過半月，一定城破被擒。你活這一月半月，有何好處。我於今許你長遠生路，何不聽我，只要尋死？我知你自知做得罪過多了，怕始終免不得殺你。我明白與你説知，當初殺官，你二人原不在家，後來調達子，也不是你。只在城中殺了人，搶了財物，擄了婦女，拒了天兵，我豈不知。你自計算，你每家丁殺人搶財拒兵的，何止一二千人。我若一一追究，怎殺得許多，可又不激變了？彼此牽連，何時是了。我入城之後，先出榜文，一切不究，不許告擾。有告狀的，燒毁不看。再告的，決打逐不容，以安人心。於今各堡從你每的人，我盡饒了。况你出降獻城，全得一城性命，即是大功，明白可以贖罪。我豈不能保你一二人？特此明白諭你。此時你已没走處，我哄你何用。再莫遲疑，自貽後悔。

諭城中

闔城軍民人等：

前日招安許朝等，原只爲一城生靈。於今各賊一味延展，口説開門，又不見開。明白爲他有糧，只餓死你每；他有船，只淹死你每。似此兇逆，罪惡滔天，你每可自求生路。城外立有一白旗，上寫“受降”二字，你每赴旗下，不拘已從賊未從賊，雖是各賊親信家丁，俱與全家免死執照。從前做過罪惡，一切不究。有告狀者，即燒燬不看。若許朝等真心歸順，叫他開門送出總兵印信，都饒他死，與他上本。事勢甚急，不可再遲，特諭。

再諭城中

諭城中軍民人等：

本院此來只爲安撫爾等，今知各賊心腹止有某某幾十幾人，其餘俱係無干，一切免罪，不必懼怕。若某某等早投降，俱准免死；若能獻城殺賊，照例封爵陞賞。大兵進城，即時將水洩去，以救滿城性命。決不失信，特此諭知。

入城條約

一、在城宗室士夫被賊欺凌，困辱極矣，題請崇獎。

一、城内士民軍丁人等，或被賊殺傷，或被搶擄，或被拘禁，分別輕重優恤安撫，決不擾害。

一、各賊親信用事官丁、高才、畢邪氣等二十餘人，其中亦有知事者，均係迫脅，出於無奈，俱准免死。其從前所行罪惡，一切免究，以省牽連禁累，纏擾不已。

一、哱拜壯年爲國出力，屢立戰功，今雖老邁，還有好心。其妻施氏苦口勸阻，忠義可嘉。除施氏奏請褒獎外，哱拜父子並應寬議。

一、土文秀原在中衙，不與逆謀。且屢欲歸順，但恐謀事不成，持疑未決。情有可原，亦應寬議。

一、劉東陽本以家丁被許朝插標在首，强立名色，希圖替伊頂罪，本不足責。但公然據城抗拒天兵，罪在不赦。

一、許朝因子許萬忠犯罪在監，計哄官丁，倡亂拒兵。全憑巧言血酒，愚弄哱承恩、土文秀等爲伊出力。口説投降，暗藏奸計，不顧滿城性命，殺人數多，罪在不赦。

以上數條，待入城之後，應崇獎者即與題奏，應優恤者即行賑濟，應赦宥者各閉門静坐。不許官兵妄殺一人，亦不許擅入人家，違者治以軍法。其劉東陽、許朝二人雖在不赦，若三日内開門出降以救滿城性命，仍准贖罪。如再執迷，將哱雲屍首碎割爲例，以洩士民之憤。

入城榜文禁約

一、各賊親屬及心腹用事官員、家人、家丁等，各有身家父母妻子，原非得已。破城之後，許閉門静坐。丢棄兵仗，俱准免死，仍給執照。凡從前殺人搶擄事情，一切不究，以安人心。

一、各家丁軍餘人等，願在城者在城，願歸堡者歸堡。其有願立功者，許赴本院投報，即行收用，他人不得擾害。

一、軍民人等曾被家丁人等殘害者，本院自行優恤，不必挾仇報害，以亂人心。

一、官軍入城，除持兵拒敵外，不許擅入人家，妄殺一人，違者償命。

王都俞曰：暢我之旨，得彼之情，宣佈君恩，振作士氣，於諭帖榜文中，知先生之才之畧。證以殺降一事，又足以剖先生之心。

西征集卷之十

麻城梅國楨著
後學王都俞閲
不肖男之煩訂

詩

沙泉道中

五月提兵下朔方，岡巒屈曲陣雲長。自尋泉脈穿軍井，首犯炎蒸選戰場。拊髀忍看憂聖主，請纓直欲繫名王。休言斗大黄金印，一脱戎衣即故鄉。

圍寧夏城二首

其　一

鼙鼓轟雷羽檄飛，涼秋揮汗濕征衣。隔河虜騎猶酣戰，冒雨王師又合圍。獨把吴鉤開虎帳，幾思楚竹坐魚磯。夜來驚醒高堂夢，未報君恩不敢歸。

其　二

黑氣如雲壓女墻，繞城羽旆盡飛揚。一生報國心偏赤，幾度憂時鬢已蒼。屠狗自憐終是俠，非熊誰信不爲狂。西師未捷東夷亂，聞道朝鮮已出亡。

自靈州回河西口號四首

其　一

賀蘭八月靈飛殘，滿地氍毹夜不寒。依舊歸來秋色裏，摩挲長劒對愁看。

其　二

秋浄黄河澹不流，隔河飛輓盡淹留。忽聞健卒催船去，明日中丞載酒遊。

其　三

鴛鴦相並浴菰蒲，宿雁將飛也自呼。不省鳴梟緣底事，只將腐鼠嚇鵷雛。

其　四

爲欲酧恩不顧身，眼看白髮鏡中新。不知自把年華悮，却怪年華解悮人。

秋社後見巢燕

雪滿天山儔侣稀，短簷孤壘日相依。烏衣不是忘歸路，應戀深恩不忍歸。

平寧夏即事，懷魏尚書確庵，時余亦請告矣

卸甲投戈滿路傍，家家門外跪焚香。軍門忽下坑降令，官市翻爲刼

奪場。計就平吴王濬老，心酬返晉介推藏。山中黄石休相笑，已乞仙人辟穀方。

沙井道中

平沙歷亂捲蓬根，秋色偏傷旅客魂。旗外斷雲迷遠戍，馬前斜日度高原。淡煙淺草胡兒路，敗堞荒臺漢將屯。督府新承龍劒賜，不知何以答君恩。

出寧夏别送者

鐵騎如雲鼓吹喧，乍收龍劒向中原。風鳴空谷軍聲壯，霜落長途客思繁。馬首遮留憐父老，尊前惜别媿王孫。此行莫問封侯事，歸去青山静掩門。

讀孫侍御壁間詩，有“竹被煙侵”之句

庭竹挺孤節，時時作鳳吟。縱教煙火妬，不改歲寒心。

王都俞曰：先生文人也，戎馬間筆墨無武夫氣，牢騷中意味無怒駡氣。可以觀，可以興，可以群，可以怨，其先生乎！

後語

劉子明宦楚時，時時過余。一日見邸報，東西二邊並來報警，余謂子明：“二俱報警，孰爲稍急？”子明曰：“東事似急。”蓋習聞向者倭奴海上横行之毒也。余謂：“東事尚緩，西正急耳。朝廷設以公任西事，當若何？”子明徐徐言曰：“招而撫之，是已。”余時嘿然。子明曰：“於子若何？”余即曰：“勦除之，無俾遺種也。”子明時亦嘿然，遂散去。

蓋天下之平久矣，今者非但所用非所養，所養非所用已也。自嘉、隆以來，余目擊留都之變矣，繼又聞有閩海之變，繼又聞有錢塘兵民之變，以及鄖陽之變矣。當局者草草了事，招而撫之，非謂招撫之外無別智畧可以制彼也。彼桀驁者遂欲以招撫狃我，謂我於招撫之外，的無別智畧可爲彼制，不亦謬乎！今者若循故習，不大誅殺，竊恐傚尤者眾，聞風興起，非但西夏足憂也。且西夏密邇戎虜，尤爲關中要區，第未審此意當待何日乃可向人言之耳。已而西事日急，朝廷日徵四方之兵，樞密大臣選鋒遣將，似若無足以當其選者。於時梅侍御客生獨薦李成梁，又不合當事者意，復成道傍之築矣。事在燃眉，可堪議論之多耶！嗣後警報愈急，閱時愈久，客生不得已，乃復疏而上之：“此賊當蚤撲滅。失今不圖，遲至秋，執必滋蔓，滋蔓則愈費力矣。若徒以不信李成梁故，臣請監其軍以往。”於是上遂許之。余時聞此，喜見眉睫，走告子明曰：“西方無事矣！客生以侍御監軍往矣！”子明時又嘿然。蓋子明雖知余言之可信，寔未審客生之爲何如也。意者彼我相期，或類今世人士之互爲標榜者耳。吁！此何事也，而可以牝牡索駿，坐斷成事於數千里之外耶？時有如子明輩者頻頻相見，亦皆以西事爲憂。余皆告之曰：“軍中既有梅監軍在，公等皆可不必憂矣！”諸公亦又嘿然。蓋諸公非但不知客生，且不知余，而又安能信余之言也？

未幾而西夏之報至矣，事果大定，獻俘於闕下，報捷於京師，論功稱賞，亦可謂周遍咸矣。褒崇之典，封爵之券，垂綸廣蔭，同載並舉。而客生回朝半歲，曾不聞有恩陰之及，猶然一侍御，何也？余寔訝之而未得其故，後於他所獲讀所爲西征奏議者，乃不覺拊几嘆曰："余初妄意謂客生西事我能爲之，縱功成而不自居，我亦能之。不知其犯衆忌，處疑謗，日夕孤危，置身於城下以與將佐等伍，而卒能成奇功者也！"余是始愧恨，以謂千不如客生，萬不如客生，再不敢復言世事矣。因密語相信者曰："西夏之事不難於成功，而難於以監軍成功。何也？監軍者，無權者也，自古未有不專殺生之權而可以與人鬭者也。又不難於以監軍成功，而難乎任訕謗於圍城之日，嘿無言於獻捷之後也。"

嗚呼！客生既能爲人之所不能爲矣，而世人猶然不知也。方客生之蒙犯矢石於堅城之下也，兵糧不給，虜騎來奔，設奇運謀，賊反以城自獻矣，而世人猶然不見也；况乎監軍之命初下，西征之檄始飛，而我乃呶呶然斷成事於數千里之外，而欲其必信我，不亦惑歟！雖然，天下之事固有在朝不知，而天下之人能知之；亦有一時之天下不能知，至後世乃有知者。但得西方無事，國家晏然，則男兒志願畢矣，知與不知，何預吾事！余是以密書此語於《西征奏議》之後，以俟後世之欲任事者知所取則焉。丁酉長至日，七十二歲李卓吾老子書於金臺之極樂院。

書梅客生少司馬《西征集》後

萬曆三大征，梅客生監軍寧夏爲最。客生久客長安，熟游巖塞，數年作令。甫入臺班，力保世指爲叛逆之李寧遠，人言紛呶，即身請監其軍。上不能信李氏，而信客生，始以李仰城爲大將，客生監之，終集大勳，彪古炳今。人人能言之，然言其廓落奇偉耳。先侍御其同年生也，余交其家君惠連亦二十年，近始得讀其《西征集》，喟然曰："有以哉！萬曆末，東奴事棘，世所推而將者亦楚才也，終以角口舌致兩敗，貽害天下至於今日。當西事時，客生初劾魏確庵，繼而傾心相許，至以性命白其冤。繼與葉龍潭抵捂，龍潭見於尺牘者幾於漫罵，而公平氣相酬，不屈不掎；龍潭見於章疏者明相糾駁，而公静付無言，不以一字相答。此其所以成功歟？均才也，或成或毁，不獨觀者疑也，己亦憮然自失。試取江夏奏牘參看，不俟其言之畢矣。姑舍是心紛於角口，安得一意於籌敵？况氣不固者謀不深，即籌之無當也。江夏何不幸不早生二十年，執掃除於麻城，庶幾一洗其瑕乎！江夏何足言，天下安危繫之矣。"年家子茅元儀止生題。

燕臺集

《燕臺集》序

丈夫止辦得一副磊落肝腸，焕爲日星，激爲風雨，導爲江河，靡有定質。韻語其境，與事相逼，而出之一籟也。

司馬他作，恨無從購，僅從長公搜廢帙，得燕臺詩一編。如題詠贈擬，切景肖象，極才人之致。至若《感懷》七首、《七夕》諸篇，每從月下呼白，狂嘯長吟，未嘗不颯颯風生，作斫地擊壺之狀。又如面對司馬，搔首問天，起舞駡座。令曹蜍、李志輩目讋心動，駭悸欲死，而莫知豪舉之所從也。得非司馬真精神勃勃逼人乎。

論者謂司馬孝廉時似俠，宦達時似巧，里居時似不恭，此何足以語司馬？夫胸中原無欲吞不可吞之物，其能效窮愁悲歌乎？平居原無經營四方之具，包舉一世之概，其能效談笑折衝、對弈睹墅之所爲乎？心地原非可以上對皇天后土，下混田院乞兒，其能鏟形骸而塵市井乎？司馬惟不可一世，故可以經世，可以入世出世！而當其精神無所舒泄，或混酒徒，或附墨客，或昵兒女子。及其所之，既惓而寧比於數米衡薪之輩。總之，隨所寄託，皆有司馬真身在焉！不此之求，而彼之議何啻千里？

司馬之詩曰："有身堪借客，無地可爲家。"嗚呼，豪傑之不偶於世也。惟不默察其精神而相之皮毛，又出之以猜忌之衷，而濟之以雕刻之口，致令鄉國非之，天下疑之。而第懸此英爽不可磨滅之靈，以俟知己於百世之下也。誠有如司馬哉？萬曆壬子七夕里人陳以聞題。

【箋】

序作於萬曆四十年（1612）壬子。

陳以聞，字寄生，號石泓。麻城人。萬曆丁未（1607 年）進士，授吴縣。遷禮曹，晋尚寶司丞。以與楊漣、高攀龍善，忤魏黨削籍。崇禎初起官，累少司寇，被論歸，卒。乾隆《麻城縣志》上卷十六。

梅之焕，字彬父，號長公，别號信天居士，梅國楨三弟梅國森之子。萬曆三十二年（1604）進士，選翰林院庶起士，改吏科給事中，尋出爲廣東按察司副使。天啟元年，擢都察院右僉都御使，巡撫南贛。以楊漣黨被論削籍遣戍，崇禎初起故官，巡撫甘肅。《明史》有傳。

《世説新語·品藻》："庾道季云：'廉頗、藺相如雖千載上死人，懔懔恒如有生氣；曹蜍、李志雖見在，厭厭如九泉下人。'"

五言古詩

初至江夏諸子過訪

風吹布帆裂，倒捲大江流。沿回青山磯，忽見黄鶴樓。諸子寒相慰，一尊夜未休。且勿言名姓，吾今倦應酬。

【箋】

嘉靖四十年辛酉（1561 年），初赴江夏鄉試作。

贈李華君實子光遠元暉

李生負奇氣，揖我風塵中。相顧兩不言，寸心得無同？隨行好男兒，磊落有父風。丈夫重勳業，壯士薄雕蟲！近聞關塞外，和議漸不終。況兼賊盜起，憂思勞九重。鄙夫戀偷安，上下常相蒙。我意攬太行，擲之東海東。彼此各努力，人生會相逢！

【箋】

約作於萬曆十九年（1591 年）辛卯秋，將赴浙江道御史任。《明神宗實録》卷二三八："萬曆十九年七月甲戌，十一日。以河南道試御史梅國楨復除浙江道御史。"

"李華"，當脱一"日"字。李日華，字君實，號九疑，又號竹懶，嘉興人，萬曆二十年壬辰（1592 年）進士，除九江府推官，謫汝州判官，轉西華知縣，徵遷南京禮部主事，任至太僕寺少卿。能書畫，善鑒賞。有《恬致堂集》。據譚貞默《明中議大夫太僕寺少卿李九疑先生行狀》："萬曆十九年辛卯，先生年二十七，舉於浙……越春壬辰，成進士。"但李日華只有一子，名李肇亨，字會嘉，號珂雪。參閱《四庫禁燬書叢刊》集部第六十四册，李日華《恬致堂集》。又有一明代戲曲、散曲作家李日華，字實甫，江蘇吴縣人。生卒年及生平事蹟無考。約生活於正德、嘉靖前後，以劇作《南西廂記》聞名。茅元儀《暇老齋雜記》卷二十五："近世李日華太僕爲司李江右，其監司爲索《西廂記》，蓋認以爲改《南西廂》之李日華，不知改《西廂》者乃嘉靖間山人也。"《續修四庫全書》第1133册待考。

戴安甫汪汝任訪予江上

憂時謝人事，偏舟遵漢渚。二仲平生歡，寒宵慰羈旅。鑿冰出河魴，衝泥走芳醑。談笑見肺肝，丰神各軒舉。江月澹逾親，哀鴻饑自語。從來意氣人，寸心得相許。

【箋】

後有《冬夜信甫煉之兩王孫、姚晋甫集戴安甫宅，得"孤"字》詩，且有"十年方此會，莫惜醉教扶"句，當與本詩同作於萬曆四年（1575年），在武昌。

七言古詩

匕首篇

趙生俠氣天下奇，腰懸匕首光陸離。自言無限不平事，卻問梅生心憾誰？丈夫奔走遍四海，瞋目不語君自知。且飲美酒啖彘肩，解君匕首置我前。飛鳥見之不敢度，唯聞啾啾鬼母悲秋煙。浮大白，歃匕首，我若負爾有如此酒。仰面一擲浮雲空，馬上割飛安足數？便須南取倭，北擊虜，功成不受印如斗。人生當年不快意，七尺之軀亦何有？方今萬國奉至尊，謝虜無勞閉玉門。我亦不報仇，我亦不報恩。杯吞滄海，芥納昆侖。乾坤有盡，此心獨存。眼中之人亦已矣，匕首唯爾可與論。流傳無乃徐夫人，我聞爾亦蒼龍精。曾將慷慨渡易水，風雨蕭蕭日夜鳴。惜哉於期首，督亢圖，舞陽小兒誰與俱。荆卿未講擊劍術，燕市空然混酒徒。何不左手把其袖，右手揕其胸。死報太子，生得祖龍。何物負劍，能當爾鋒？至今斗上精靈氣，猶照秦關百二重！

【箋】

作於隆慶五年（1571 年）至萬曆十一年（1583 年）三月，中進士前。

壽穆侯

西風萬里海天秋，弦洲仙子御風游。青蛇原自豐城劍，黄鶴飛來江漢樓。樓頭玉笛正悠揚，劍氣淩空五色光。坐令白日星河近，不獨中宵魍魎藏。朗然吹罷月華高，今古乾坤一羽毛。澤叟浪聞三洗髓，曼倩空傳千歲桃。芙蓉十二常似春，鳥媚花嬌處處新。丹成好向九天上，散作春光滿八垠。

【箋】

約隆慶三年己巳（1569 年）至隆慶六年壬申（1572 年），在麻城。

穆侯，麻城縣令穆煒。見卷二《文集・賀穆侯膺獎序》箋。

挽熊烈女

楨也神遊廣漠野，眼中有淚不易灑。誰家有女節獨苦，驚看不覺淚如雨。百年恩愛在結盟，結盟爲重恩愛輕。一朝夫婿不可活，我身可許股可割。割股事夫即以身，肯令夫死從别人[1]？以口齧土土欲摧，天地[2]爲我收塵埃。以頭觸棺棺欲裂，棺上殷殷頭上血。血污麻繩還自縊，其餘親戚紛[3]相衛。便生只是灰中燼，可憐對面不相信。曉來含淚若爲妝，起向阿姑與爺娘[4]。我今從爾勿復憂，但令獨處守即休。回身合户聲吼吼，天地反復山川走。又如雷電訇砰風雨駛，破門已作觸柱死。自古豈無臣之忠，高牙大纛金門通。又豈無婦之節，合歡雙帶同心結。豈如女未入夫門，生死尋常由一言。首陽之薇空復青，汨羅千載流濁涇。倏忽綱常標闔閾，頓令山水生顔色。男兒棄此七尺軀，龍逄比干俱丈夫。仰天血淚墮肝膽，一滴能教滄海枯。

【箋】

萬曆元年癸酉（1573 年），在麻城。康熙《麻城縣志》卷八“烈女”：“熊烈女，初，父母許聘劉康。康病劇，女割左股遺康食之。女聞訃，誓以死從。因父母力救，乃言：‘不令我哭於劉，終不生！’於是攜之往哭，慟欲絶。姑泣曰：‘女未適吾兒，可無死！’女曰：‘吾以股食之，即以身事之矣！不死何歸？’卒死之。御史舒鰲給銀合葬，都御史趙賢上其事於朝。詔旌表，仍復其家。”據《神宗實録》卷三、三十八，趙賢於隆慶六年壬申（1572 年）七月至萬曆三年乙亥（1575 年）五月任都察院右僉都御史，巡撫湖廣兼理軍務。又《熊氏族譜》卷三有熊吉《劉聘熊烈女傳》，文中自言“行年八十有二”，據《麻城縣志》《熊氏族譜》，熊吉卒於萬曆七年，壽八十八歲，知熊烈女事在萬曆元年。

送邱謙之守保寧

一夕涼風生，吹斷都門柳。送君不能别，惆悵對尊酒。記得讀書城西邊，我正垂髫君少年。奇毛健翮俱神俊，可以萬里同翩翩。豈意風雲隔榆枋，我爲斥鷃君鳳凰。浮沉遠近隨所向[5]，一别千里永相望。我來上書不得意，君亦遠自潮陽至。燕市同爲慷慨歌，巴江又攬澄清轡。濃陰滿覆巴江路，是君手種甘棠樹。父老來看舊使君，重聽兒童歌五袴。人生事業須及時，四十專城亦不遲。功名到手好自愛，予髮種種何能爲。

【箋】

萬曆六年戊寅（1578 年），在北京。

據乾隆《麻城縣志》卷十八。載，邱謙之即邱齊雲，字嶽泰，號謙之，麻城人。嘉靖乙丑（1565年）中進士，時年方二十四歲，致政時三十八歲。則其生年與國楨同爲嘉靖二十一年壬寅（1542年），本年三十七歲。萬曆七年己卯（1579年），邱致政。查光緒《潮州府志》卷三十一《職官表上》：丘齊雲，萬曆四年任，萬曆六年由張敷潛接任。《中國方誌叢書》，成文出版社1967年影印。又據林海權《李贄年譜考略》“萬曆十三年乙酉（1585年）條”，其任潮州知府的時間爲萬曆四年。汪道涵《太函集》卷五十六《明二千石麻城丘謙之墓志銘》載其“家食八年”，并稱“明年謙之訃至，春秋四十有八”，知其卒于萬曆十七年己丑（1589年）。《太函集》，黄山書社2004年版。

贈馬生兼憶李山人

楨也合傍青山老，入眼繁華殊草草。到處投交旖旎人，一旦雙收蕃與藻。藻生俠氣眾中無，座上談詩雄萬夫。雪中寄得江梅雨，日復看成明月珠。狂夫飲盡一斗酒，禿筆如飛不停手。回頭大叫問同行，從古名流還似否。蕃生向我作山水，小堂何得雲煙起。瀑布迸流雲母屏，懸崖倒壓烏皮几。指點菁葱擬卜居，恍恍猶聞真宰悲。細將老眼摩挲看，方信丹青能爾爲。相别相逢春復秋，閑雲野鶴自悠悠。幾回空抱齊王瑟，十載驚衣季子裘。世事茫茫難重陳，眼前須共酒杯親。輞川才藝應無比，卻得琵琶始進身。

【箋】

從首句“楨也合傍青山老”看，當作於萬曆二十五年丁酉（1597年），時有辭歸意。

馬生，不詳。

李山人，疑爲李蕃，字價人，上海人。工山水人物，惜墨如金，不肯輕作。參閱嘉慶《松江府志》卷六十一。亦或與後詩《送李山人還四首》之李山人爲同一人。

賦得銀河篇壽劉仲修六十

君不見銀河水，浩淼彌天千萬里。人間秋至覺分明，天下年年只如此。飛沫散作黃河流，烏鵲橋邊渡女牛。使君幾向浮槎上，拾取支機下帝州。十五二十才絶倫，看花踏遍長安春。紛紛待望公車下，筆下看君獨有神。手持碧玉杖，身跨蒼麒麟。錦袍蹙繡白獅豸，朝辭北極暮西秦。一朝不得意，歸卜柴桑鄰。無弦偏得琴中趣，釃酒時拈頭上巾。酒徒詞客常滿席，傾肝吐膽無所惜。魯連不受諸侯封，賈生還抱單于策。心知時事口不言，修竹深深結小園。芝蘭玉樹庭階下，飛菟有子子有孫。使君今年年六十，秋雲開處青鸞集。偷桃小兒窗下窺，吹笙侍女筵前立。太液池頭花正開，璿空新月照樓臺。主人起舞客爲壽，競取銀河入酒杯。

【箋】

萬曆九年辛巳（1581 年）在北京作。劉仲修（1522—1589），即劉效祖，字仲修，濱州人。嘉靖二十九年進士，除衛輝推官，累官副使，備兵固原。坐内計罷歸，以詩自豪。篇什流傳禁中，穆宗嘗遣中官出索其詩。

贈沈封公 公喜造紙

阮公好蠟屐，對客猶未已。豈無經世才，避名聊復爾。丈夫雄心未可消，又見沈翁隱於紙。我聞翁少年，多方慚惠子。著書不憾老執戟，草聖人稱顛長史。有時臨池自學書，墨花受盡吴江水。吴江江頭花滿煙，黃鸝紫燕何翩翩。曉霧乍開見明月，碧波不動浮青天。朝共山僧話，暮上漁人船。酒酣即詠《滄浪》篇，明月中流聞扣舷。有子彬彬稱世賢，威鳳雙飛入紫天。封章忽自九重傳，高冠彩服何巍然。兄令尹、弟工部，五子森森繞前後。沈翁臨組不肯練，富貴何如一杯酒。但願篋中有紙十萬幅，如椽之筆常在手。舉觴一盡三百斗，風雲颯颯蛟龍走，眼前萬事亦何有！

【箋】

王世貞《弇州續稿》卷六《沈封公七十壽言》："父書既讀盡，遂讀天下書。兩兒佩庭訓，比翼升公車。大者汝南君，小者承明廬……能令紙價貴，又使俗情疏……"兩沈封公應爲同一人。

輓張氏茗竹園

張公結廬當龍井，一片晴湖摇灝影。閑來竹下煮新茶，自汲清泉縈素綆。紫竹叢深誰是主？今有張公前陸羽。五花還沐聖朝恩，七旬不識城中路。只今孤塚鄰青竹，春雨新茶滿空谷。料得家人薦茗時，年年欲向孫枝哭。

壽東湖先生七十

華堂晝燭映朱履，銀河不動凉颸起。酒酣笑指秋雲高，似記當年射蓬矢。蓬矢飄飄仰射天，泠然四顧開風煙。至今明月懸青嶂，相對芳尊七十年。從來七十羨長齡，況復君今雙鬢青。自堪邱壑稱天隱，何必金門識歲星。曾隨賓從一稱觴，書劍那教滯異鄉。他時三徑還相訪，爲問延年不老方。

【箋】

劉子照，字東湖，麻城庠生。麻城《河東劉氏宗譜》卷六。

賦得燕山雲，送丁右武司理漳州，兼懷湯以義

白雲欻起燕山中，浮空直上秋濛濛。清涵沆露入僊掌，光懸漢月摇雙龍。我呼白雲醉斗酒，憐君意氣把君手。掀髯一笑足平生，眼底麼麼復何有。一朝攬轡清漳道，秋色長安爲誰好。漲海由來煙露深，君到應知浄如掃。我有故人臨川湯，酒酣摇筆淩穹蒼。倘過故鄉勞問信，何日

雲邊見楚狂。

【箋】

作於萬曆五年丁丑（1577 年），在北京。

丁此吕，字右武，新建人。萬曆五年進士，授漳州推官。《明史》卷二二九有傳。

“湯以義”應爲“湯義仍”之誤，即湯顯祖。

贈龍游徐丈 天民

浮雲捲盡燕山霧，蟋蟀繞床聲半苦。滄洲蘋白秋色深，更將短髮深秋路。杖頭尚餘沽酒錢，擊筑留君且莫還。驪駒一聲聽未了，嶺猿霜雁來尊前。莫言相會能幾時，人生所貴心相知。莫言別後幾千里，御溝亦接銀河水。丈夫肝膽不可測，抗手相看自歎息。千古萬古還此身，抉雲笑指遥天色。

【箋】

約作於萬曆三年乙亥（1575），在北京。

徐天民，字邦中，號水南，龍遊人。“萬曆二年，以貢入京師。”《龍遊縣志》有傳。民國余紹宋纂《龍遊縣志》卷十八，成文出版社 1970 年版，據民國 14 年鉛印本影印。

見沈叔成畫梅戲作短歌索之

手種羅浮冰雪枝，年年幽壑回春姿。清影平欺紙衾薄，繁花半壓竹窗敧。三年奔走風塵裏，踏雪空穿東郭履。春光處處隔朱門，惟見飛花送流水。流水聲中聽不住，行逢飛花幾回顧。𥙷來陶侃小胡奴，笑指生綃春滿樹。開械颯颯飛燕雪，衣上淄塵隨手滅。便欲因之問石橋，蹇驢亂蹴冰花裂。南枝嫋嫋如垂手，北枝如歌猶掩口。幾年不到姑射山，山上仙人今白首。更呼斗酒坐其下，一飲十千不論價。今日花間不醉歸。

忍使風吹花易謝。小僮顧謂看摩挲，豈有寒花能燦爛。不聞沈君忠孝裔，手弄造化歸柔翰。我聞此言重歎息，家有素絹鵝溪織。將因再拜持向君，請君還我羅浮色。

【箋】

約萬曆初，在北京作。

沈襄，字叔成，號小霞。紹興人，會畫梅。清徐沁《明畫録》。

壽何丈

南溪老翁七十餘，燈下能抄細字書。篋中自有神仙籙，門外時多長者車。此翁在世忘世慮，越山燕山隨所至。青牛紫氣爲誰來，願受真言五千字。

送康子秀 有序

趙生摺簡報予：關中有康生者，奇士，可方足下。予答之云：秦，楚妃也，安得無一二豪傑得楚之似者哉？我聞德涵太史琵琶擊客一事，心甚快之，不識康生還有此風否？後見子秀真與趙生言合。不意數年，乃得此生，因作長歌送子秀，復綴數語。昔人有言稱：“人必本其父兄，厚之至也。”予於此歌亦云。

我聞太史康得涵，皎如秋月臨寒潭。一旦校書天禄閣，籍籍聲名覆寥廓。高才容易中睚眥，還向關門歌五噫。英雄不遇奈天何，晚有郎中衍其派。郎君奏賦謁承明，春風執手長安城。青眼相看兩無語，匣中風雨雙龍鳴。可憐廣顙仍大口，求名求官俱不偶。去住同爲失路人，肯向尊前易分手。去去休悲道路長，讀書好繼先人芳。澠池奮翼應有日，神物從來不久藏。我滯燕山今四載，青鏡朝看雙鬢改。幾日探囊無一錢，炯炯惟有丹心在。丹心照人六月寒，年來累得丈人丸。長安權貴紛無數，不得梅生半面歡。垂楊風急花如雪，花裏送君腸萬結。平生有淚不輕彈，爲君剜取心頭血。淚血蕭蕭灑暮雲，生死隨君君不聞。古今難得侯嬴首，便可臨風刎向君。

【箋】

萬曆三年乙亥（1575 年），在北京。詩中有“我滯燕山今四載”句，梅國楨於隆慶五年（1571 年）“挈家居長安”（《梅譜》卷首葉向高《梅公神道碑》）。

康梣（1534—?），字子秀，号小山。康海次子，隆庆贡生，萬曆四年舉人，曾任山西聞喜、河北靈壽知縣，著《小山集》。《續武功縣誌》卷四《人物誌第七》：梣，康海次子，字子秀，號小山。喜任俠，詩文有父風。萬曆舉人，聞喜靈壽知縣。

康海，字德涵，號對山。陝西武功人。明孝宗弘治十五年（1502 年）進士第一，授翰林院修撰。《明史》有傳，稱其爲救李夢陽而謁權閹劉瑾。正德五年（1510 年），劉瑾事敗伏誅，康海坐其黨而被免職。從此歸里，與王九思等以山水聲伎爲娛，以寄憂憤。然居家仍能保持氣節，不失尊嚴。其“琵琶擊客”一事傳爲美談。康海是明代“前七子”之一，擅長散曲，於詩文不甚講究。有《對山集》四十六卷。

送南子興　有序

余平生不喜開元以後語，乃趙山人讀予歌行，輒曰：“李賀！李賀！”蓋山人雅好此生，故以相從臾也。予與山人處有年矣，安可使人謂山人不知予言者，今予識康南兩生，實由山人故。予於南生行，戲效李賀體送之，以信山人繆評。然非其所好，終不能似也。

驕春寶馬猩紅纓，垂鞭路入千花明。胡姬十歲解人意，半捲紅綃彈錦箏。春酒千鐘傾琥珀，興來裼袒遠登席。腰間露出雙吴鉤，手撚紫須蝟毛磔。纖腰垂手蹴花茵，翻然飛馬獵平津。雲裏貫雕不足喜，赤手搏得雙麒麟。康趙握手風塵下，復有南生知我者。移山倒海我不辭，捲盡銀河向君寫。楊花三月最鬬人，我自燕臺君向秦。燕臺當日黄金色，細雨年年草自春。爲君楚歌復楚舞，世上英雄元有主。從來不測是風雲，欲龍須龍虎須虎。相逢已是百年期，莫向尊前怨别離。斗間若見虹霓氣，知是梅生醉舞時。

【箋】

在北京，約作於萬曆初。

南師仲，字子興，萬曆二十三年進士，官至南京禮部尚書。

送余明復司理常州，兼懷穆使君德輝

我家與君接鄉縣，一片雲山不相見。此心炯炯十年餘，同向春風賦子虛。君方得意我棄擲，猶能呼酒長安陌。蘇門崔生數見我，往往羨君文章伯。於今更覺肝膽殊，不獨文章雄萬夫。一生便欲向君盡，肯似人間空囁嚅。君今攬轡江南路，江水年來不東住。波勢遥吞郭外山，濤聲直撼城頭樹。濤聲波勢太妨農，況是東南賦所供。謝安久切蒼生望，早使愁顔轉笑容。常州太守我舊知，處處甘棠繫去思。救荒應自有奇策，相見先須一問之。

【箋】

萬曆九年辛巳（1581 年），在北京。

余繼登，字明復，固始人。萬曆八年庚辰（1580 年）進士，萬曆九年任常州府推官，十九年陞工部郎中。清順治《固始縣志》卷六，《日本藏中國罕見地方誌叢刊》，書目文獻出版社 1992 年版；清康熙《常州府志》卷十三，《中國地方誌集成》，江蘇古籍出版社 1991 年版。

穆煒，字德輝，號龍峯。曾於隆慶三年至六年任麻城令。萬曆五年，任常州知府。十年，昇大名兵備副使。參閲本書卷二文集《賀穆侯膺獎序》；清康熙《常州府志》卷十三，《中國地方誌集成》，江蘇古籍出版社 1991 年版。

壽盛母

玉律何人吹黍穀，從此陽春移地軸。已經寒路尚開蓮，未見重陽先見菊。君家花底彩衣新，採菊先遺白髮親。登堂無數賢豪士，半是當年孟氏鄰。

【箋】

詩當作於萬曆初，在北京。

盛母當爲盛泰甫之母。盛泰甫，山人。王祖嫡《師竹堂集》卷十一《贈盛泰甫序》稱其爲“吴人”。趙世顯《芝園稿》卷十五有《送盛泰甫奉母還梁溪》詩，明末清初李英有《送盛泰甫還無錫》詩，梁溪在無錫，則其爲無錫人無疑。

送費給事僉憲蜀中

三月風吹温室樹，春色留君君且住。朝廷衮職未應殊，前旌誰遣巴江路。巴江兩岸高插天，山鬼窺人笑暮煙。眼前行路君盡見，對此應知卻灑然。

【箋】

作於萬曆九年辛巳（1581 年），在北京。

費給事，即費尚伊，字國聘，號似鶴，沔陽人。萬曆五年進士，選翰林庶起士，改兵科給事中。張居正曾令其彈劾趙錦“講學談禪，妄議朝政”。萬曆中任四川按察司僉事，官至陝西按察司僉事。年甫三十，遽拂衣歸。日與故人酣飲唱酬，至老不衰。《欽定四庫全書》史部《四川通志》卷三十；清光緒二十年《沔陽州志》卷九“人物志·文苑”，《中國地方誌集成·湖北府縣志輯》第 47 册。所著《市隱園集》卷十五《哭甘應溥大參八首》詩前小引曰：“應溥與余同年同觀，最稱莫逆。辛巳，以臺省郎同補外臬。”則國楨此詩作於此年無疑。

贈管建初

姑蘇管生清且奇，能書能畫兼能詩。吴山楚水遠相憶，十載於今始見之。與君賦詩燕臺側，驪珠往往君見得。閒情合與煙霞親，姓名誰料朝廷識。朝廷無事泰階平，海上年來罷請纓。玄草不疲楊執戟，白眼還容阮步兵。以君名姓召君見，見時卻在文華殿。殿中絹素冰雪光，許君盤礴經營遍。須臾秀出山幾重，遠近對擢雙青松。只疑岩際宿高鳥，又道飛泉挂玉龍。中使傳宣賜冠服，水衡與錢倉與穀。人生一命即風雲，多少書生老空谷。殿中深邃人不傳，問誰常在聖人前？如君有畫時宣進，進到《豳風》第幾篇？

【箋】

管建初，蘇州人，字里不詳。明代山人，精繪事。明孫繼皋《宗伯集》卷十有《懷管建初山人》，然其《題紫宸軒對册贈管建初舍人》詩、明費尚伊《市隱園集》卷三《秋夜飲管建初中舍宅》詩，皆言其爲太子屬官。

七　夕

去年七夕城西曲，對酒聽歌猶未足。今年七夕北窗前，露冷螢稀黯自憐。人生蹤跡未可料，莫使尋常廢歡笑。有酒欲飲須盡卮，有花欲折須盡枝。安知牛郎織女年年渡，不有參差未遇時？梧桐辭條，蟋蟀入帷。芙蓉爛熳，零落秋池。昨日看青鬢，今朝漸欲絲，即今富貴亦已遲。不如燒卻床上書，交結長安遊俠兒。朝馳駿馬，暮擁妖姬。妖姬能歌復能舞，四面笙簫催羯鼓。羯鼓周遭錦作屏，但能識面不識名。垂鞭忽亂千花明，數筋射獐莎草平，弓弦拓作餓鴟聲。鼻頭火出，耳後風生。饑食其肉渴飲血，此樂能教萬事輕。安能終日仡仡守筆硯，抑塞風流萬古情！

白水草堂

我聞唐王之孫爾最賢，眼雖未見心凜然。讀書直欲破萬卷，高論可以傾四筵。草堂新開臨白水，鵁州鳧渚相連延。簾幕沉沉散曉霧，圖書漠漠飛秋煙。酒徒詞客常滿坐，雕龍炙輠欲談天。相如受簡不敢賦，王孫秘思如湧泉。擔簦便欲從此往，其奈傾囊無一錢。不然逕賣隆中田，與爾相期白水邊。期白水，歌叢桂，曳長裾，以終歲！

【箋】

唐王之孫即朱碩熿，字孔炎。唐定王桱五世孫。封鎮國中尉。有《南陽集》。朱彝尊稱其"南陽公子，博雅工文。所爲詩，頗饒錢、劉風致"。朱彝尊《静志居詩話》卷一，人民文學出版社 1980 年版。李言恭《青蓮閣集》卷六有《題朱子厚白水草堂》詩。黄虞稷《千頃堂書目》卷二十八："朱器封，字子厚，碩熿子。"

臨淮李侯留守南京

石頭城壓春江水，千帆亂落春煙裏。繞城楊柳細如絲，夾岸桃花紅勝綺。君侯杖節鎮江干，虎踞龍蟠大將壇。宏開羽獵雷霆動，高擁牙旗日月寒。三山爽氣摇虚牖，六代遺風入杯酒。時清無復問烽煙，令肅何須聽刁斗。刁斗聲中夜轉幽，楚天晴色照吴鉤。席上清歡常散秩，花前緩步只輕裘。江湘釣碣燕臺客，幾度青袍排棨戟。一日樓船飛渡江，遥望江天空月白。江天望月不勝情，南北山河自帝京。幕中參佐多時彦，誰共南樓坐月明？

【箋】

萬曆二年甲戌（1574）在北京。

李言恭，字惟寅。岐陽武靖王李文忠裔孫。萬曆二年（1574）襲封臨淮侯，環衛侍直，留守陪京，加太保。《明史》卷 126。

李汝蕃赴金陵

男兒四十無所成，年年寄食長安道。長安道上多貴人，空有肝腸向誰好。君家奕世爵通侯，軒冕翻從韋布遊。無端感激眼前事，一諾誰將身命酬。身命未可輕，所重在知己。君不見仙人承露盤，月華只照金莖裏。金莖月色並成秋，君心我心亦如此。兩人非一身，兩心非一人。紛紛輕薄那足道，一度相看一度真。君今飛蓋江南路，朔雪寒飆莽回互。城頭斗酒爲誰傾，盡醉留君君且住。君亦竟不住，亦醉竟不醒。但將魂夢送君去，繞遍淮南桂樹青。淮南桂，隋堤柳，君到應知重回首。燕昭台下雪花乾，吴王宫畔江聲吼。江聲直撼鳳凰台，楨也曾經釃酒杯。相思一夜春潮起，短棹輕帆歸去來。

【箋】

萬曆九年辛巳（1581），本年國楨四十歲，在北京。

李汝藩，李言恭之子。名宗城，字汝藩。

賦得荆山玉送瞿睿夫

荆山白石何離離，有玉不數瑜璠姿。山中無人光不滅，獨照孤臣眼中血。血淚灑向空山裏，空山幾處莓苔死。一朝卻入章華宫，便作人間傳國璽。至寶由來不易識，呵護應多鬼神力。黄金不鑄陵陽侯，路傍燕石生顔色。丈夫刺促亦如此，瞿生瞿生寧獨爾。爾當十五二十時，聲名已播時人耳。手持片紙笑湘纍，腹貯五車羞左史。醉來大叫秋雲空，蒼茫倒捲銀河水。銀河捲入胸懷中，白眼那能與世同。夜郎自弔李供奉，貰死難逢郭令公。長孺之灰寧復然，封章四上九重天。不是主恩深似海，枯鱗那得撇波還。乾坤曠蕩真如許，好逐金雞向南去。況是他鄉秋色多，西風處處吹砧杵。砧杵偏令孤客愁，指點前程易水流。暗中拂拭蒼龍劍，不敢逢人説遠遊。遠遊還向荆山雲，深林猿鶴且爲羣。他時剖破山中石，世上悠悠方識君。

【箋】

約萬曆九年辛巳（1581），在北京。

瞿九思，字睿夫，黄梅人。"舉萬曆元年鄉試。居二年，縣令張維翰違制苛派，民聚毆之，維翰坐九思倡亂。……九思遂長流塞下。……而居正故才九思，用獲釋歸。”《明史》卷二八八。

易侍御學圃亭

高城半壁臨江滸，卻向城隅開小圃。簷際青摇江上山，籬邊寒落城頭雨。主人治圃當春日，抱甕穿渠入復出。恐妨蒼蘚盡移花，慣釀新醪又種秫。修篁引筍正青春，三徑時時會衆賓。地交叢薄堪稱隱，饌有佳蔬未是貧。看君何肯卑微休，繡斧曾經出帝州。人生奮翅應有日，莫向青門羨故侯。

【箋】

易侍御當爲易登瀛，字君選。隆慶庚午年（1571）舉人，萬曆五年（1577）丁丑科進士。歷任工部虞衡清吏司主事，山東兗州知府，河南布政使，都察院右副都御史，巡撫湖廣。參閲乾隆《肅寧縣志》卷八“選舉”。

送胡文父歸匡山

春風忽送君，離心照尊酒。酒闌君去奈春何，腸斷都門萬楊柳。都門三月柳未青，浮雲不動天冥冥。問君别我復何適，南指匡山開翠屏。匡山此去四千里，春潮隔斷潯陽城。鳥道斜縣萬樹間，猿聲寒落千岩裏。千岩萬樹已成秋，君但歸兮君莫憂。豈有雙眸炯如電，如此骨相非公侯。飲君酒，繫君馬，此别幾何莫易捨。不信梅生短布袍，卻是人間有心者。短袍踏遍長安道，道旁四見生春草。燕山酒家非舊徙，青眼逢君苦不早。莫言身命與時左，我能知君君知我。天生我輩豈徒然，爲龍爲蛇無不可。願君守其雌，我知其雄，毛骨雖異肝膽同。丈夫一相許，嘘氣成長虹。可以絶四海，摎鴻濛，補綴造化天無功，君見即相知，君歸能不悲？遥知夜夜匡山上，夢見都門離别時。

【箋】

萬曆五年丁丑（1577）在北京會試落第後。

胡文父，即胡文甫，名汝焕，又字孟弢。洪都人，本年亦會試下第。（參看朱孟震《玉笥詩談》卷下、沈榜《宛署雜記》卷二十“志遺四”、謝廷諒《薄遊草》卷二十二）

趙生善墜馬歌以紀之

趙郎一生無所長，自言騎馬不可當。千錢買得駑駘足，錦韉映出真乘黄。長安大道平如席，兩岸輕風裊緑楊。趙郎此時心膽惡，雙眸炯炯秋螢光。平明上馬獨意氣，白羅短袴青絲裳。舉鞭欲下忽自笑，倩人雙鞚紫遊韁。欲行不行坐未穩，白日黯黯心徬徨。抱鞍大叫手自醉，失勢一落委道傍。脱巾遺舄塵滿面，行人觀者如堵牆。奚奴慘澹憐瘦影，扶之欲起還復僵。日斜招得魂魄返，不敢仰視天茫茫。向人但道無所苦，偷裂衣裳暗裹瘡。古今豪傑多挫折，此事年來能備嘗。更思顧盼示矍鑠，舉足無力羞胡床。何物梅生不解事，倒騎生馬如軀羊。揚鞭瞥過風滿耳，終須不及我馬良。記得壯年有竹馬，三日周回十里强。眼前安得更致此，爲君韜箭望天狼。於戲！趙郎之勇有如此，人間八駿徒爲爾！

【箋】

趙生，不詳，或即前《匕首篇》詩中之趙生。

送寇巨源從戎

前年到今年，匈奴寇遼水。居民不得把犁鋤，往往田中拾鋒矢。矢多於雨難復苗，平向城邊落早雕。城中鐵騎二十萬，個個腰間帶大刀。且如今年春，未解防秋卒。才説賣欃槍，又報旄頭出。捷書羽檄多異同，蟣虱長在兜牟中。軍中之人其苦也有如此，爾亦何能報天子。男鬼既已請長纓，鳴鞭直壓單于壘。單于秋色隔中原，去住能銷兩地魂。憐才不是今時事，莫以疎狂好直言。

【箋】

萬曆二十五年（1597），泰寧部炒花糾土蠻，攻入瀋陽，殺掠八日而去。二十六年，土蠻攻遼東，總兵官李如松陣亡，其弟如梅代爲總兵官。二十七年，土蠻攻錦、義，縱掠。總兵官李如梅擁兵畏敵，被劾罷職。努爾哈赤滅哈達，命額爾德尼、噶蓋等用蒙古字製“國書”。詩當寫于本年。

寇學海，字巨源，廣濟人。工詩。少負奇，削髮入盤山，楗户究詩。詩成家，然後蓄髮入世。與一時知名士沔陽陳文燭、京山李維楨，及東南文士相與馳騁。蘄邸樊山王尤爲推許，交遊遍天下……明社既遷，學海亦老死於客。參閱清乾隆十六年《廣濟縣志》卷十三“儒林”、清光緒十年刻本《黄州府志》、《章氏遺書》卷三十、《湖北通志未成稿》。

送朱子得守懷慶，兼寄南别駕子尚劉節推介卿

五馬西南來，長鳴御河柳。莫拂簷車塵，且盡離亭酒。君今幾何年，腰結黄金綬。古來諸侯尊，乃是今太守。丈夫誠已榮，主恩良亦厚。聞君向黄河，得非覃懷不。覃懷連歲歲無秋，君到先須露冕遊。南生劉生我所識，料得同心爲國謀。

【箋】

作於萬曆九年（1581）辛巳，在北京。

明王廷《懷慶府通判鍾源南君墓表》：“南君諱學仲，字子尚，别號鍾源子。仕爲懷慶府通判，以三年考，赴吏部，卒於京師，是爲萬曆甲申正月十九日也。”王廷《松門稿》卷三，《四庫存目叢書》第167册。

朱期至，字子得，號玉槎，蘄水人。萬曆二年進士，授户部主事。歷員外、郎中，萬曆九年任懷慶知府，約卒於萬曆十一年（1583）。有《王屋山人集》。《蘄水縣志》卷九有傳。《慶府志》卷十三“職官”。

劉如寵，字介卿，蘄州人。萬曆八年進士，官至按察司副使。參閱明張同德《昭甫集》卷十九、康熙《蘄州志》卷七。

贈李生

李生身長八尺强，明星化作雙瞳光。自言學畫得妙理，一旦乘風來帝傍。朝回帝在南薰殿，中使宣教衣褐見。殿中四面挂秋雲，剡溪之藤鵝溪絹。李生此時手不停，筆端颯颯驅風霆。左右錯愕至尊喜，從此公侯眼倍青。幾向人家見屏障，虬鬚秃鬢森相向。怒鶻翻鞲決紫雲，駭鯨出海排銀浪。我昔住在三山顛，酒酣笑拍洪崖肩。只今小憩人間世，不記來時路幾千。披圖卻在三山裏，意態丰神儼相似。爲貌橋邊失履人，黄石老翁赤松子。

送茅平仲歸壽其母

自爲燕市客，五見荷花新。賤士世所諱，肝膽向何人。茅生晚相得，往往顔色真。一朝就我别，高堂有老親。老親年七十，春酒及秋旻。茅生但去勿復愁，休言無以奉晨羞。人生善養無厚薄，不倚門閭心即樂。

【箋】

萬曆四年丙子（1576），在北京。國楨自隆慶五年（1571）落第後，即客居京師，故曰“自爲燕市客，五見荷花新”。

茅溱，字平仲，一字平甫，南直隸鎮江人。著有《韻譜本義》，編有《四友齋集》。

賀李汝藩新婚

君家舊日雙鳳凰，鳳雛乃是岐陽王。初到滁陽謁天子，外甥見舅如見娘。内定羣雄外擊虜，帶礪山河享茅土。從來復始是公侯，欲文即文武即武。聖世於今只右文，君家父子才出羣。如君今年年十幾，已是聲名海内聞。眼見君方列丈夫，烏鵲橋邊牛女俱。紫簫競奏將雛曲，他日重看千里駒。

【箋】

李汝藩，李言恭之子。名宗城，字汝藩。

五言律詩

中秋雨中游孫園二首

雙鬢風塵色，閑來亦勝遊。名園依上苑，微雨入中秋。山翠全移石，池清别引流。忽聞松徑外，簫鼓按梁洲。

怪石移孤嶂，方池引薜蘿。地穿苔逕遠，秋到草亭多。釃酒看魚躍，停箏聽鳥歌。莫教風雨至，吾欲坐明河。

閏八月十五日雨後見月

又是秋中節，兼逢雨後天。幾回籠桂魄，兩度出嬋娟。已覺金閨冷，還臨玉笛縣。六街卓馬色，應憶玩潮還。

【箋】

萬曆五年丁丑（1577），在北京。《明實録》卷五十二："萬曆五年閏八月……辛亥，刑科都給事中周良寅劾刑部尚書劉應節不考察恤刑。"知是年閏八月。

秋夜感懷六首

病骨寒先覺，愁懷夢易驚。山空家萬里，月闕夜三更。積雪摇燈影，回風雜漏聲。偶然思往事，淒切不勝情。

浮世知誰是，吾今信轉蓬。夢回千里外，貧劇十年中。照幕故鄉月，吹窗何處風。眼看雙鬢短，那得百愁空。

偃蹇甘吾拙，羈棲逼歲寒[6]。攬衣孤月在，攲枕一燈殘。白髮生何易，青山到亦難。貧來惟有劍，不肯向人彈。

客裏寒威重，愁中夜色微。雁聲霜共落，鵲影月同飛。雪壓半開菊，風凋初授衣。坐看意無限[7]，不是爲思歸。

永夜愁難寐，寒燈首重搔。雪痕留破履，霜氣戀綈袍。混俗無新態，開顔有濁醪。此身何所用，應是愧鉛刀。

朔氣雕荷芰，胡爲此浪遊。已經邊塞雪，猶是故園秋。天意高難問，吾生老未休。悠悠雲際雁，愧爾稻粱謀。

劉子大惠吴酒

滿貯吴江色，開尊手自斟。多君明月下，慰我朔雲深。半醉減鄉夢，停杯見客心。依然狂態在，不受二毛侵。

【箋】

萬曆初在北京。

劉子大，即劉守有，號思雲。麻城人。襲祖劉天和蔭錦衣衛千户，時領緹騎。

同劉子大秦汝立諸君過廣應寺

摇落無新態，看山亦自豪。捫巖嘗石髓，就岸摘含桃。寺傍松杉轉，亭懸薜荔高。同遊多野意，隨處破香醪。

【箋】

萬曆初在北京。

劉子大，即劉守有。見前詩箋。廣應寺，據載：“原卧佛寺西南里許爲廣應寺，寺有白松箕踞其下。”《欽定日下舊聞考》卷一〇二“郊坰”，《四庫全書》第四九八册。

秦柱（1536—1585），字汝立，無錫人。以薦授中書舍人。參閲吴中行《賜餘堂集》卷十二“墓志銘”。乾隆《無錫縣志》卷三十三稱其“字中立”，誤。

碧雲寺流泉

峭壁雲俱濕，閑亭日自流。乍來愁急雨，久坐得高秋。洗藥過僧院，隨花落御溝。平生濠濮想，對此亦悠悠。

【箋】

萬曆十一年癸未（1583）中進士前，在北京。

碧雲寺，在北京西郊香山。蔣一葵《長安客話》：“自洪光折而東，取道松杉中二里許，從槐徑入，一溪横之，跨以石梁，爲碧雲寺。壯麗雖遜萬壽，而金碧妍，宛一天界。大抵西山蘭若，碧雲、香山相伯仲。碧雲鮮，香山古。碧雲精潔，香山魁恢。”卷三。

登金山亭子望玉泉

何處堪乘興，孤亭石徑縣。不因金布地，那得玉爲泉？波湧三千界，光摇尺五天。更憐明鏡裏，一一長青蓮。

【箋】

萬曆十一年癸未（1583）中進士前，在北京。

金山亭子，蔣一葵《長安客話》有記：“華嚴右半里爲金山寺，山有玉龍洞……洞出泉，昔人甃石爲暗渠，引水伏流，約五里許入西湖，名曰龍泉。上建有望湖亭。”卷三《郊坰雜記》。

玉泉山爲西山支脈，山以泉名。

卧佛寺　寺有西域娑羅樹，進内牡丹

古殿金銀色，人傳自李唐。樹含西域雨，花帶内園香。莫以禪非幻，須交定亦忘。翛然清夢裏，應自悔津梁。

【箋】

萬曆十一年癸未（1583）中進士前，在北京。

卧佛寺，在京西北香山以東壽安山腳下。蔣一葵《長安客話》："寺内有婆羅大樹二株，可數圍，其子如橡栗……卧佛寺多牡丹，蓋中官所植，取以上供者。開時爛熳特甚，貴遊把玩至不忍去。"卷三《郊坰雜記》。

見鬚鬢白戲成四首

鏡裏青霜色，蕭然見客愁。鬚髯空似戟。蒲柳易驚秋。世態看人改，浮生不自謀。未須婚嫁畢，擬作尚平遊。

不盡風塵思，誰令鬢髮知。三年猿鶴夢，兩地鶺鴒詩。偃蹇稱先輩，蹉跎歎後時。此身方自厭，何況世人疑。

馬卿非病渴，阮籍豈窮愁。欲識年來意，君看鏡裏秋。三朝曾抱璞，五月尚披裘。好向滄波上，餘生付白鷗。

少年非動意，那信逐飄蓬。忽覺韶光易，難容酒盞空。閑中高士傳，夢裏大王風。何日還鄉井，争看白髮翁。

客有笑予貧太甚者作此解嘲

勿論貧非病，吾今且未貧。開簾黄鳥近，對酒緑楊新。不減相如璧，非無元亮巾。春光隨意足，所恨少紅塵。

哭周六四首

去我復何適，經年信不通。雲寒千里外，春過百花中。促席言堪憶，連床事已空。湯生初問訊，大哭向人叢。

記得吴門外，含悽一送君。馬從秋色度，人向酒杯分。後會猶堪指，當時意已勤。那知容易别，無復更相聞。

别後愁無賴，期君慰我思。眼中非舊日，腸斷已多時。似夢還堪怪，傳訛亦可疑。自憐塵世裏，能得幾相知。

與子幽明隔，燕山況幾程。如何來夢裏，尤自慰平生。一笑風流在，相看意氣横。不知分手處，愁絶曉鐘聲。

【箋】

此詩作於萬曆五年丁丑（1577）。

詩中“湯生初問訊，大哭向人叢”句，“湯生”即湯顯祖。《湯顯祖集》卷三有《哭友人亭州周二弘祁八首》，其四言“金門辭白下”，“空爲柏實秋”，與本詩“記得吴門外，含悽一送君。馬從秋色度，人向酒杯分”合，則本詩“周六”即湯詩“周二”。周二，即周弘祁，麻城人，隆慶四年舉人。稱“周六”者，係從族兄弟排行。《哭友人亭州周二弘祁八首》，《湯顯祖集》上海人民出版社1973年版。係於萬曆五年丁丑（1577）。

讀　　書

獨坐延清漏，殘書黯自編。幾回傷往事，何處不流年。始信騷多些，休嘲白尚元。浮生非此日，無語一燈前。

【箋】

中進士前，在北京作。

遊顯靈宮[8]

步履[9]隨花轉，仙源處處[10]通。鬢沾[11]松影緑，酒近[12]藥欄紅。野意[13]行邊遠，羈愁觸處空[14]。故園春草色，回首[15]自無窮。

【箋】

顯靈宫，在北京宫城西，祀王靈官。蔣一葵《長安客話》卷二：“王靈官祠前有二古柏甚奇，其幹葉上拂雲霄，下掃階砌，遊人手約垂枝，乃得入觀。列坐其中，如坐疏幕。雖當炎夏，了無暑氣，日光不穿，影繁色淡，有類月夜。”

朝天宫牡丹

不分清幽地，花枝故故妍。簾垂紅袖薄，欄倚靚妝偏。丹灶初添火，金爐半綴煙。未須愁日夕，嬌影總堪憐。

【箋】

朝天宫，在皇城西北，阜城門内，白塔寺西。蔣一葵《長安客話》卷二：“國家正旦冬至聖節，凡大朝會，百官先期習儀二日。國初或在慶壽寺，或在靈濟宫。宣德間，建朝天宫於阜城門内，始爲定所。”《日下舊聞考》卷五十二：“朝天宫本元代舊址，盛於明嘉靖時，齋醮之及無虚日。”朱國楨《湧幢小品》卷十九《朝天宫》：“兩京皆有朝天宫，事天禮神，並爲習儀之所。……北則宣宗八年始卜築於阜城門之内，宫成，有景星之瑞，其規制宏暢勝於南，而雅秀則不及。嘉靖中，陶真人請重修，輝映益加於前矣。”

劉子大抱甕軒

幸際休明日，金門足隱居。退朝穿徑草，對客摘園蔬。雨過分畦後，風清倚仗初。桔槔縣急響，不到漢陰廬。

【箋】

劉子大，即劉守有。見《劉子大惠吴酒》詩箋。《袁宏道集箋校》卷十七《抱甕亭記》："伯修寓近西長安門，有小亭曰'抱甕'，伯修所自名也。"但一爲亭，一爲軒。

旅　夜

客緒日蕭蕭，鄉心夜轉遥。花深三楚樹，天隔九江潮。月冷悲烏鵲，春殘戀黑貂。小瓶紅芍藥，秀色爲誰嬌？

【箋】

中進士前，在北京。

同李文甫晚步阜城門三首

誰謂帝京遠，開門見故鄉。隴春岐麥秀，隄煖野花香。曲岸迴雲影，孤村散夕陽。如聞鄰舍叟，相對話農桑。

久客自忘機，行歌踏夕暉。柳堤煙窅窕，松塢雨霏微。才豈棲遲拙，春從醉夢歸。誰家雙燕子，貼水故飛飛。

落日意有適，一杯花下持。燕泥思舊壘，鶯語上新枝。地僻逢人少，林深到客遲。醉眠俱莫惜，青鬢欲絲絲。

【箋】

阜成門，北京内城九門之一。蔣一葵《長安客話》卷一"皇都雜記·北平"："都城九門……西之北曰西直，南曰阜成。今京師人呼……阜成門曰平則門，皆元之舊名，相沿數百年，竟不能改。"詩當作於在京赴試期間。

李文甫，據葉爲銘《廣印人傳》卷十一載，萬曆中有李石英，字文甫，金陵人。善治牙印，文彭（1498—1573）所作牙章，往往出自李手。

又善雕箑邊，所鐫花卉皆玲瓏有致。

夏日過夏太學園亭

城裏開幽逕，逶迤轉薜蘿。到門塵鞅遠，倚檻晚涼多。坐處清油幕，行邊白苧歌。勝情君自見，應許數相過。

【箋】

句有“坐處清油幕，行邊白苧歌”，當作於萬曆二十二年（1594）任大同巡撫後。

逢静上人

小品談初地，君疑支遁林。共知無住法，不問未來心。天籟閒中寂，曇花定後深。啝然發清嘯，一一海潮音。

夜泛呈同游諸君子二首

落日臨前浦，悠然遠俗紛。清尊開野色，歌吹遏行雲。樹影千重出，秋聲兩岸聞。莫辭終夜醉，容易又離羣。

城郭終何事，風塵鬢漸多。便尋青雀舫，來泛白鷗波。列宿摇燈影，空林響棹歌。干時無長策，行矣混漁簑。

送李温甫下第

客裏難爲别，征軺且暫停。君才宜鳳覽，吾意欲鴻冥。野樹連雲暗，遥天映草青。知心燕市酒，不醉爲誰醒？

【箋】

李温甫，不詳。何出光《中環集》卷一有《和李温甫雨後邀遊池亭》，卷三有《秋月行走筆柬李温甫》。何出光與梅國楨爲同年進士，故此詩當作於會試後。

感懷十首與康權趙徽士南師仲

薄俗不可問，吾將還舊廬。誰知肝膽在，但覺鬢毛疏。野老從争席，王門莫曳裾。由來彈鋏意，不是歎無魚。

故國花開後，天涯柳放初。可憐千里客，不見八行書。莫倚遭龍睡，還須混狗屠。當年班定遠，投筆意何如？

久客拂青萍，相看眼自明。一從然諾後，便覺死生輕。細雨迷山苑，浮雲擁帝京。何來二三子，差足慰平生。

誰信羈棲日，還如行路難。看花翻作恨，對酒强爲歡。鄰舍無分燭，兒童有逐丸。何如山逕裏，偃蹇竹皮冠。

一望江天色，蘼蕪幾度新。吟來終憶越，裘敝莫干秦。短髪愁中世，浮蹤夢裏身。此生難自料，何況眼前人！

歸去亦不惡，關門愁合繻。壯心空自賞，骨相未應殊。歲月淹詞客，風塵泥酒徒。不知廊廟上，曾有起江湖。

長安春色好，一度一長嗟。翻厭人間世，休論夢里花。有身堪借客，無地可爲家。因憶蒙園吏，吾生信有涯。

傲骨難諧俗，人情已自知。久居鄰裏熟，三逐故交疑。摇落悲花片，攀留倩柳絲。升沉今莫問，未及蓋棺時。

故國草萋萋，王孫路欲迷。花從他院發，鳥過隔林啼。待詔非金馬，全神或木雞。老妻能共隱，便與覓丹梯。

楊花風自急，未比客愁多。世事看如此，吾生將若何？刖來疑白璧，歸去愧青蘿。莫是荆高侣，相逢得和歌。

【箋】

康權，據本書附録南師仲《梅少司馬傳》，當作“康楞”。嘉慶《續武功縣志》卷四《人物志第七》：“楞，康海次子，字子秀，號小山。喜任俠，詩文有父風。萬曆舉人，聞喜靈壽知縣。”《平陽府志》卷十九：“職官”：“舉人，萬曆十一年任聞喜知縣。”

趙徽士當趙士禎。趙士禎（約 1553—1611），字常吉，號後湖，明代軍事發明家、火器研製專家，温州樂清人。早歲爲太學生，游於京師。著有《神器譜》《神器雜説》《神器譜或問》《防虜車銃議》。

南師仲，字子興。陝西渭南人。南軒之子，室名玄象山房。萬曆二十三年（1595 年）三甲進士，官至南京禮部尚書。據稱此人奇瘦，腰不滿圍，隔着肚皮能見其腑髒；精力過人，工作常至通宵達旦；又能賞玩古物。著有《玄麓堂集》。

集朱汝修得“天”字

詞客奇相問，蕭蕭古寺邊。羽觴寒醉月，抵掌夜談天。白髪悲霜信，青山隔暮煙。坐深堪慰藉，珠門照龍泉。

【箋】

朱宗吉，字汝修，壽州人。

同歐楨伯、沈叔成、盛泰父、董體仁、朱汝修、李襲美、李汝蕃，邀余君房、袁景從、馬用昭、張元易集顯靈宫，得“低”字[16]

名理延清晝，玄都禁苑西。千門垂柳[17]暗，一徑入花迷[18]。自可[19]招松鶴，何須問碧雞[20]。鶯啼知客意[21]，故逐按歌低[22]。

【箋】

約萬曆五年丁丑（1577）在北京。

歐楨伯，歐大任，字楨伯，廣東順德縣人。以歲貢選江都訓導，遷廣州學正。萬曆三年（1575 年），陞國國子監助教，遷大理寺評事，終南京工部郎中。博涉經史，有文譽。《明史》卷二八七，朱彝尊《静志居詩話》卷十四有傳。“廣州學正”，當誤。錢謙益《列朝詩集》丁集第六作“光州學正”。

沈襄，字叔成，紹興人。見前詩《見沈叔成畫梅戲作短歌索之》箋。

董體仁，字公近，上海人。參閲明莫如忠《崇蘭館集》卷二十。

李襲美，據朱孟震《玉笥詩談》卷上：“李襲美，一字于美。南陽内鄉人。所著有《李陽谷詩》《吏隱軒詩話》。”又沈榜《宛署雜記》卷三“職官”：“李蔭，河南内鄉人，舉人，萬曆三年任，萬曆八年陞刑部廣東司主事。”卷二十“志遺六”：“李蔭，字襲微，河南内鄉人……萬曆丁丑令宛平……”。則李襲美當即李蔭，“襲微”誤。同卷“志遺四”有朱孟震《遊西山諸刹記》，稱李襲美“宛平李明府於美”。

盛泰父，即盛泰甫。見前詩《壽盛母》。

朱汝修，見前詩箋。

李汝蕃，見《李汝蕃赴金陵》箋。

余寅，字君房，一字僧杲，鄞縣人。萬曆八年進士，除工部主事，轉禮部員外，歷郎中，出爲陝西提學副使，遷山東參政，入爲太常少卿。有《農丈人集》。朱彝尊《静志居詩話》有傳。

袁表，字景從，閩縣人，嘉靖三十七年鄉貢。歷官中書舍人，黎平知縣。參閲清郭柏蒼《竹間十日話》卷五；清乾隆十六年《廣濟縣志》卷十三“儒林·寇學海”。

馬熒，字用昭，懷安人。尚書森子，欻之兄也。萬曆中，官南京左府經歷。萬曆三年，表、熒選輯《洪永十子》詩。參閲清郭柏蒼《竹間十日話》卷五；明姜寶《姜鳳阿文集》卷三十三。

張循占，字元易，蒲州人。官光禄署正，有《嘉樹齋稿》。參閲明黄虞稷《千頃堂書目》卷二十三；朱彝尊《明詩綜》卷五十三。

歐楨伯過會心堂看所藏諸帖

不信幽棲地，能回長者車。晚風疏徑竹，細雨出園蔬。自是憐同好，非關得意書[23]。韓山猶有石，與語定何如?

【箋】

歐大任，字楨伯，見前詩箋。

簡徐文長

燕趙悲歌地，千年今有君。乾坤遺駿骨，湖海自星文。不鬻黃金賦，還書白練裙。小庭松杪月，肯與坐宵分。

【箋】

萬曆五年丁丑（1577），在北京。

徐渭，字文長（初字文清），别號田水月、天池山人、青藤道士等，山陰人。據《徐文長逸稿·畸譜》，萬曆五年，徐渭從春季至京，仲秋南還。

雨中候文長不至二首

結客行將倦，還思數見君。才真高北斗，名不附青雲。空有家雞好，終慚野鶴羣。客居無咫尺，猶是大江分。

有約愁風雨，開尊待夕春。自宜甘寂寞，天亦妒過逢。若到應題鳳，相看果是龍。居常持小品，猶可候談宗。

【箋】

萬曆五年丁丑（1577），在北京。

雨　中

故國青山色，三年未得歸。客愁將急雨，並向楚雲飛。密柳成疏翠，新花[24]落故衣。那能明鏡裏，不與壯心違。

【箋】

萬曆二年甲戌（1574），在北京。

送李山人還四首

聞説天涯路，艱難不易行。爾來零落盡，何處訪柴荆。戍斷荒煙合，城孤野燒明。去留俱不可，相對淚縱横。

自爾來京國，於今復幾年。客裘何日敝，鄉信得誰傳。驛路深秋色，歸心急莫煙。從今高卧穩，況有買山錢。

苦憶吾家弟，秋風幾索居。魂銷南去雁，淚盡北來書。世業憑渠在，人情似我疏。行藏君盡見，一爲訪茆廬。

燕市同爲客，君歸我未歸。荒蕪松菊徑，憔悴芰荷衣。黄葉愁中盡，寒雲馬上飛。春風憑寄語，先長故山薇。

【箋】

萬曆十年壬午（1582）前，在北京。

李山人，即李生寅，字賓父，鄞縣人。有《李山人集》，《四庫全書總目提要》評其“詩皆短章，音節頗諧，而乏深警之思，亦頗窘於邊幅，蓋思清而才弱者也……其品在當時山人上，宜其詩之不俗也。前有萬曆壬午鄞縣知縣楊芳序”。卷一八〇，集部三十三。萬曆壬午爲萬曆十年（1582），則詩作於此前。

送胡伯良

年少知君久，相看意自殊。遠尋湖海士，高論帝王都。雨過山疑近，春寒月轉孤。詞壇誰狎主，先取繡鞶弧。

送周生 生楚人，好譚禄命而近亦能詩，余以是重之。時同朱子德往懷慶

往往稱佳句，名家未易過。始知周士貴，信是楚材多。捧腹因誰笑，

持頤聽爾歌。以茲陪太守，擊楫下黄河。

【箋】

周生，不詳。

朱期至，字子得，號玉槎，蘄水人。萬曆二年（1574）進士，歷任户部主事、員外郎、郎中，終懷慶知府。有《王屋山人集》。見前詩《送朱子得守懷慶，兼寄南别駕子尚劉節推介卿》箋。

寄林户部德基

如爾關何事，艱難亦罷官。終須吾道是，轉覺世情難。孤棹還誰問，新詩只自看。未能相送得，深意托飛翰。

閉關問沈叔成畫梅

何況天南北，相望信不通。官應有期會，吾亦困樊籠。草色年年雨，楊花院院風。不知梅上月，幾照酒杯中。

【箋】

沈襄，字叔成。見前《見沈叔成畫梅戲作短歌索之》詩箋。

聞邱謙之到，雖夢中亦喜。今實到矣，數日不得見。一老措大羈絏於訓詁，仰視天宇，不可以屈伸，拘閡圜牆之中。夜半亡聊，紓憤遶乎篝燈

夢裏聞君到，羈魂亦笑顔。如何來幾日，猶是阻千山？高柳春從去，虚簷月未還。自傷衰謝色，燈火閉重關。

【箋】

邱齊雲，字若泰，號謙之，麻城人。見前《送邱謙之守保寧》詩箋。

四月七日諸子邀遊西山諸寺

幽意諸生識，佳辰命酒徒。高談傾碣石，捲幔入平湖。白馬寺何處，青精飯有無？未能看佛浴，欲去更踟躕。

病中同劉公孫登廣濟寺閣贈慧上人

帝里新秋色，雙林結駟過。高僧今惠遠，病客舊維摩。俯檻看城闕，聽鐘到薜蘿。更憐多秀句，堪和郢人歌。

【箋】

廣濟寺，在北京西城區阜成門内大街。舊爲西劉村寺，金時劉望雲建。明天順初，僧普慧因其址重容葺之，賜額曰弘慈廣濟寺。萬曆癸未，彭城伯張守忠、惠安伯張元善重修。參閲於敏中等《日下舊聞考》卷五十一。

五月四日朱君邀飲　朱，會稽人

曲徑交蒼竹，幽亭轉百花。徵歌鶯對囀，罷舞日將斜。時序還荆楚，風光自若耶。從來憐俠客，只數漢朱家。

諸丈約訪謙之未赴分得“人”字

不到高陽會，空傳笑語頻。尊前同調客，望裏故鄉人。雨色城堙隔，鶯聲柳岸新。時時飛動意，愁殺白綸巾。

【箋】

邱齊雲，字嶽泰，號謙之。見前《送邱謙之守保寧》詩箋。

雨中天甯寺訪朱藩參秉器　秉器前在潼關，來索余詩。後在山西，又以書來，自稱神交也，今始見之

湖海思君久，尊開古寺幽。交從千里合，情以片言投。秋落風鈴急，虹明宿雨收。重城聞擊柝，清話尚淹留。

【箋】

朱孟震，字秉器，新淦人。隆慶二年進士，除南京刑部主事，歷郎中，出知重慶府，陞河南按察副使，累官通政使，以右副都御史巡撫山西。有《鬱木生全集》。朱彝尊《静志居詩話》卷十五有傳。

天甯寺，位於今北京天寧寺橋以西。始建於北魏孝文帝時，名光林寺。隋改稱弘業寺，唐改名天王寺，金稱大萬安寺。明宣德年間改天寧寺，正統中又改稱萬壽戒壇。

送吕中父赴衡藩

卒卒匆言别，相看非故園。清霜飛祖席，白髮向王門。落葉尊前樹，疏砧客裏村。悲秋兼送遠，何處不銷魂?

【箋】

吕時臣，字中父。鄞縣人。朱彝尊《静志居詩話》:“中甫以避仇客歷下，與李中麓、楊夢山切劘酬和。既轉客青州衡莊王邸，起高樓東向眺遠，樓成，王於望後四日，置酒召客。”卷十四。

送汪子建南歸攜家人入京

霜菊猶堪採，遲留君未還。驚鴻醒旅夢，疲馬怯秋山。生事浮沉外，羈愁去住間。春風將愛子，嬉笑入燕關。

【箋】

汪子建，山人。李言恭《青蓮閣集》卷六，有《送汪子建山人》詩。

李襲美還南陽省親

揮手御溝傍，依依別思長。一官無長物，千里赴高堂。天闊雲常捲，塵昏柳半黄。隆中曾卧處，花月待飛觴。

【箋】

李蔭，字襲美，一字于美。見前《同歐楨伯、沈叔成、盛泰父、董體仁、朱汝修、李襲美、李汝蕃，邀余君房、袁景從、馬用昭、張元易集顯靈宫得"低"字》詩箋。

懋成宗侯握蘭社

文章經世業，乃自楚王孫。入室蘭堪佩，留賓醴滿尊。泉分揚子水，竹引辟疆園。自笑侯巴癖，探奇屢扣門。

【箋】

懋成宗侯，即朱懋成。張鳳翼《處實堂續集》卷五有《寄題懋成王孫握蘭社》。

辟疆園，晋顧辟疆的名園，唐時尚存。園址在今江蘇省吴縣。

仲和宗侯中冷館

中冷曾飲處，夢寐是金山。何意朱門裏，還如紫翠間。挈瓶消午醉，倚檻照衰顔。索向蘇耽笑，從予煉大還。

【箋】

仲和宗侯，汪道昆《太函集》卷八十有《楚恭順王子鎮國將軍仲和小像贊》，知仲和爲朱英㷆子。

中冷館，王世貞《弇州續稿》卷五十一《中冷館集小敘》稱其在武昌。

飲劉將軍園亭

何處延冬日，幽齋深淺杯。壁蘿青不改，盆菊凍仍開。舞怯妝疑墮，歌嬌意似衰。紫雲還未識，紅粉莫教回。

冬夜信甫、煉之兩王孫，姚晋甫集戴安甫宅，得“孤”字

小築傍城隅，良宵命酒徒。輕霜臨座散，新月向人孤。燭刻詩先就，尊寒盧謾呼。十年方此會，莫惜醉教扶。

【箋】

信甫、煉之、戴安甫，均不詳。

姚晋甫，有姚德重，字敬甫，濰縣人。或即其人。參閱明簫彦《掖垣人鑒》。

夜飲化之王孫白雲樓

高樓青嶂擁，寶鼎異香焚。釃酒招黄鶴，談詩坐白雲。鉤簾容月上，刻燭記宵分。父子稱詞伯，何人得似君。

信甫、煉之二王孫邀游洪山，同戴安甫、姚晋父、郭仰甫賦得“枝”字

古寺煙蘿裏，重來十載期。湖光吹霧散，山靄度雲遲。酒泛王孫共，名從釋子疑。梅花知客到，開遍最繁枝。

无　　題

侍從金貂貴，逍遥雲水情。秘窺淮苑枕，樓寄楚江城。賜醴恩方渥，

懸壺計已成。雙舄吾舊物，攜爾訪蓬瀛。

【箋】

此詩無題，録於高曰化《宮省賢聲録》卷三。

七言律詩

寄邱謙之

幾經謫宦意如何？我亦天涯阻笑歌。但有緼袍償酒債，絶勝朱紱照鳴珂。夢回細雨青山遠，門掩斜陽白髮多。欲向五湖垂釣去，不知何處少風波。

【箋】

詩中言“幾經謫宦”，當作於邱謙之任保甯知府後，萬曆七年致政前。

邱謙之，見前《送邱謙之守保寧》詩箋。

管建初胡子立以詩畫見寄

槐陰雨過草堂閒，二妙緘書一解顏。重向郢中聽白雪，忽驚燕市起青山。高才豈合風塵下，仙侶相期杳靄間。只恐夜深靈物去，更邀明月護柴關。

送黎惟敬歸嶺南

清朝一疏謝腰章，祖帳遥連御苑傍。不是青山須有主，何妨白首尚爲郎？停車大庾梅應發，載酒河橋柳正長。莫唱驪歌添別恨，座中羈客已沾裳。

【箋】

黎民表。字惟敬，從化人。嘉靖十三年甲午（1534）舉人。選授內閣中書舍人，出爲南京兵部員外郎，終布政司參議。有《瑶石集》。朱彝尊《静志居詩話》卷十四有傳。

寄友人

蕭蕭驪馬又黄州，太史何如惜壯遊。孤鶴再横赤壁槳，昔人重到竹居樓。風吹古道征衫薄，雲捲長空月影流。别後相思立江渚，白蘋紅蓼滿汀洲。

送文明府　蜀人

星軺去去度秋風，楚水巴江道路通。自是南行須召伯，故從西蜀借文翁。春回白雪鳴琴裏，雨過青山拄笏中。父老只今看擊壤，不妨遊子獨飄蓬。

【箋】

萬曆十一年癸未（1583），在麻城。

文明府，即文德，號舜階。麻城縣令。見卷三《文牘·與文明府書》箋。據麻城《周氏族譜》卷十《柳塘遺語》："侯以古道自敦，凡所擘畫，一切脱俗吏垣格之外。歷五載如一日，罔有二心。"而其後任鄧應祈萬曆十四年到任，則其至遲於萬曆九年已任麻城令。此詩當作於國楨赴固安任前。

周元孚至京

經年消息隔雲林，千里相看意轉深。爾自官同潘令拙，余今病是越人吟。青山應笑浮沉夢，明月堪憐去住心。莫問别來何意緒，恐添憔悴兩難禁。

【箋】

萬曆十四年丙戌（1586），在固安。

周弘禴，字元孚，號二魯。麻城人，萬曆二年進士。據《明神宗實録》卷一五七，萬曆十三年正月，順天通判周弘禴以論兵部尚書張學顔、太僕寺少卿李植、吏科給事中齊世臣降三級，調邊方用，後謫代州判官。即詩中所謂“爾自官同潘令拙”。又據“終年消息隔雲林”句，知作於謫代州第二年。

游洪恩寺

化城今在小池傍，佳氣遥連禁御長。首座誰曾留半偈，前身我亦是空王。緑蘿垂影雙林晚，紅藕生香六月凉。總是恒河沙界内，蒯緱何必怨他鄉。

洪恩寺懷舊遊諸子

曾寄青驄古寺邊，當時意氣各翩翩。到來芳草猶堪籍，何處垂楊不可憐。仙梵尚餘深院磬，雨花今長半池蓮。去留蹤跡俱無賴，一度經過一惘然。

送人之金陵

碧樹驚飛一葉秋，琴書遥指大江流。三山爽氣供支笏，六代遺風對倚樓。舊苑草荒麋鹿下，高臺雲斂鳳凰遊。少年記得相逢處，卻到離筵已白頭。

戲贈王金吾新納麗人得“盧”字

金吾先夫人蜀人，思念之至又得同姓者

風流誰似漢金吾，買得雙鬟白雪膚。帳底春雲流翡翠，枕邊新月映珊瑚。長卿從此休思蜀，少婦於今又姓盧。最喜尊前弦管沸，一聲聲是凰將雛。

中秋感懷

御溝秋半水含煙，旅思逢秋倍黯然。關塞欲寒鴻自急，樓臺未晚月高懸。潮回海上今千里，桂落山中又一年。此際朱門多勝事，錦筝瑶瑟自相憐。

中秋戲簡劉子大司隸

西風元不到青樓，日暮歡聲徹曉籌。花裏亦能留上客，尊前别自有中秋。雙雙蟬鬢行相逐，處處鸞笙醉未休。爲問朝回千萬騎，如何此夕踏歌遊?

【箋】

萬曆初在北京。

劉子大，即劉守有，號思雲。劉天和之孫，襲祖蔭爲錦衣衛官。沈德符《萬曆野獲編》卷十七“梅客生司馬”條：“梅客生國楨。大司馬，少登公車，高才任俠。其中表劉思雲，守有。亦大司馬天和。之孫，時領緹騎。”

送劉子敦之南陽

高天不斷塞鴻鳴，潞水橋南送友生。驛路西風吹客鬢，帝城秋色照離情。地當碣石來鄒衍，雪滿梁園待馬卿。此處同聲應不少，中原詞賦舊知名。

【箋】

劉子敦，汪森《粵西叢載》卷十九："劉子敦令保昌，與楊令接壤，甚歡。"則其曾爲保昌令。

秋夜朱秉器、李襲美、袁景從、趙夢白見過，得"花"字

城頭暝色欲棲鴉，委巷驚看白鼻騧。五夜聚星占太史，一時乘月到貧家。庭前露冷疏槐葉，座上香清落桂花。不是高情兼吏隱，幾人談笑帶煙霞。

【箋】

朱孟震，字秉器，新淦人。見前詩《雨中天甯寺訪朱藩参秉器》箋。

李蔭，字襲美，一字于美。見前《李襲美還南陽省親》詩箋。

趙南星，字夢白，高邑人。萬曆二年進士。任吏部考功郎中時，爲執政所恨，奉嚴譴削籍，里居三十年。天啟初拜吏部尚書，坐忤魏忠賢，遣戍大同，卒於戍所。

送謝仲毓還吴

御溝新水照樓臺，送爾臨流一舉杯。楊柳曉沾衣袂濕，桃花晴傍馬頭開。風流江右[25]原推謝，市卒[26]吴門舊姓梅。爲問洞庭垂釣處，於今幾度長莓苔。

【箋】

謝仲毓，山人。屠隆《白榆集》卷三有《贈謝仲毓山人》詩。

同蔣少翼夜酌

湖海年秉白髮侵，一尊花下對豪吟。短袍自涇羈人淚，雄劍堪知國士心。大漠飛蓬秋正暮，嚴城吹角夜初沉。眼中不是高陽侶，那得相逢意氣深。

【箋】

蔣少翼，杭州人。王世貞《弇州四部稿》卷三十有《杭州詩人蔣少翼馆於中涓所薄游不偶将归故乡赋此送之》。

送劉子繼還，得“山”字

朝看紫氣出燕關，千里江城疋馬還。久客逢秋生白髮，故鄉因爾夢青山。離亭酒罷西風起，驛路花開夕照閑。莫遣舊時行樂處，獨將歌舞憶紅顔。

又送子繼

天涯意氣好相呼，那向西風出帝都。爾去自稱林下逸，予留真戀酒家葫。鄉心舊繞三江水，客計新懸五嶽圖。不是壯懷銷未得，相期著論准潛夫。

秦秘書授王官歸

西風吹雁雁行疏，誰信王門可曳裾。燕市未須論駿骨，秋江原自足鱸魚。逕當黄菊時攜酒，家在青山好著書。寂寞釣磯湘水上，卻因君去憶吾廬。

同徐文長諸子長安街夜坐，得“長”字[27]

六月燕山生晚涼，移尊相就漢宮旁[28]。煙籠[29]禁樹迷烏鵲，雲斂[30]樓臺起鳳凰。孤月似浮[31]仙掌動，銀河不厭酒人狂。朱門深處應相問，那得[32]歌聲夢裏長？

【箋】

萬曆五年丁丑（1577），在北京。

燈下看菊四首 予大有菊數十種，然燭其間，爛漫之甚，戲作詠物體

良宵高閣敞清歡，移得黄花對酒看。晝燭影中秋色早，落英叢裏夜光寒。風回繡幕流螢火，月麗霓裳傍彩鸞。我已婆娑□不寐，隔簾更漏莫教殘。

秋風吹客滯天涯，一笑燈前鞠有華。珠鶴亂翔回海日，燭龍争舞逗朝霞。香浮沆露仙人掌，月滿柴桑處士家。卻憶故園三徑裏，枝枝清影隔籬斜。

長安秋似晝堂稀，留客清尊攬夕暉。花近高天星宿亂，燈移芳圃彩雲圍。絲絲翠羽摇妝鏡，顆顆明璫照舞衣。信是衰顔還可駐，將因醉卧莫言歸。

西風此夕見春華，黄菊高登處處遮。簾外霜寒秋未老，坐中霞起月初斜。三千上客圍珠履，半面新妝倚絳紗。記得元宵行樂夜，滿城火樹合銀花。

任伯甫、郭仰甫、朱懋成攜尊過訪，得“頻”字

孤雲寒月度城堙，尊酒相過意自親。不是美人青玉案，誰憐野老白

綸巾？樓頭鶴舞知留客，檻外梅含欲放春。無奈故園歸夢切，尺書江上莫辭頻。

【箋】

郭仰甫，當即后詩之郭仰父。李言恭《青蓮閣集》卷六《贈郭仰父》詩："結廬雲夢雨，支枕洞庭秋。"似爲湖廣德安府人。

戴安甫、姚晋甫、郭仰父、仲和王孫飲丁道父宅，得"如"字。道父饒於財而好談詩，故戲之

小徑紆回水竹居，綺窗朱檻盡憑虚。煙消巖杏春疑早，暖入江梅影漸疏。芳草但知尋仲蔚，臨邛那許識相如。酒船自昔風流在，不是窮愁莫著書。

初至值蔡伯華渡江

尊酒逢君御苑傍，十年音問兩茫茫。自懷布帽投江夏，卻望仙帆指漢陽。月隱高樓黄鶴返，天清洲渚白雲長。春城不少梅花發，驛使無由遠寄將。

【箋】

萬曆四年丙子（1576），在武昌。隆慶元年鄉試至萬曆四年剛好十年。

蔡文范，字伯華，瑞州新昌人。隆慶二年進士，歷官廣東布政司參議。有《縉雲齋集》《甘露堂集》。朱彝尊《静志居詩話》有傳。

送董山人還山陰

西風吹雨下城陰，岐路偏傷去住心。越女溪邊空有石，燕王臺上久無金。高天鳴雁行相引，遠嶠飛雲望轉深。若到蘭亭尋故事，如今修竹

幾成林。

贈李侯惟寅

君侯名姓重雞林，轉向簪纓識素心。梁楚客來求一諾，咸陽書就賭千金。剖符百世山河在，扈蹕三朝雨露深。信是龍駒須渥水，郎君又變永嘉音。

【箋】

李言恭，字惟寅。見前詩《臨淮李侯留守南京》箋。

送袁景從册封周藩

詞臣銜詔下螭頭，擁傳中原愜壯遊。兔苑抽毫迎帝子，馬前負弩走諸侯。雲連玄嶽吟邊繞，天瀉黄河掌上流。芸閣迴看霄漢裏，周南雖好莫淹留。

莫廷韓南還

馮淩彩筆向金門，忽指吴松是故園。懸榻幾人留孺子，藏書何處付王孫？賦成鸚鵡才應忌，歲在龍蛇道獨尊。客裏同心相送盡，紅亭雨色倍銷魂。

【箋】

莫是龍，字雲卿，以字行，更字廷韓。松江華亭人。以諸生久次，貢入國學。有《莫廷韓遺稿》。

將發揚州別諸子

南北支離迥自愁，扁舟風雨滯揚州。楊柳夾堤渾似瘴，蒹葭五月已驚秋。潮回溢浦家還隔，路繞邗溝客倦遊。賴有平原高義在，肯將十日惜淹留。

與李世延登慈壽寺塔

浮圖縹緲白毫光，雲影斜連復道長。勝地喜逢今雨集，旃檀時作逆風香。自招河鼓臨天路，俯聽霜鐘出上方。誰謂南溟千里隔，一杯掌上見微茫。

【箋】

約萬曆五年丁丑（1577），在北京。

劉侗《帝京景物略》卷五《慈壽寺》："萬曆丙子（1576），慈聖皇太后爲穆考薦冥址，神宗祈胤嗣，卜地阜成門外八里，建寺焉。寺成，賜名慈壽，敕大學士張居正撰碑。……有永安壽塔，塔十三級，崔巍雲中。"

李世延，生平不詳。

賦得風臺得"臺"字

枌榆樹色隱崔嵬，一劍曾驅萬乘來。高會中原瞻王氣，放歌千古見雄才。煙消函谷秦宮暮，天入新豐漢峙開。風起高雲飛不去，至今猶似護荒臺。

寄題黄州汪别駕涵虚亭

美人爲政自風流，停舍孤亭選地幽。簾捲鶯聲樊口樹，窗摇漁火漢江舟。馮虚指點星河近，多暇招邀韋布遊。此興慚余還不淺，何時同醉庾公樓！

【箋】

汪别駕，據《黄州府志》卷十一"職官志"，萬曆間只汪廷元任過黄州通判，餘不詳。

圍寧夏城二首

鼙鼓轟雷羽檄飛，涼秋揮汗濕征衣。隔河寇騎猶酣戰，冒雨王師又合圍。獨把吴鉤開虎帳，幾思楚竹坐魚磯。夜來驚醒高堂夢，未報君恩不敢歸！

黑氣如雲壓女牆，繞城羽旆盡飛揚。一生報國心偏赤，幾度憂時鬢已蒼。屠狗自憐終是俠，非熊誰信不爲狂。西師未捷東陲亂，聞道朝鮮已出亡。

【箋】

萬曆二十年壬辰（1592）六月，在寧夏。五月，日本豐臣秀吉侵入朝鮮，陷王京漢城。朝鮮國王李昖棄城奔平壤。據《明通鑒》卷六十九。

平寧夏即事懷魏尚書確庵，時余亦請告矣

卸甲〔33〕投戈滿路旁，家家門外跪焚香。軍門忽下坑降令，官市翻爲劫奪場。計就平吴王濬老，心酬〔34〕返晋介推藏。山中黄石休相笑〔35〕，已乞仙人辟穀方。

【箋】

萬曆二十年壬辰（1592）九月，在寧夏。

魏學曾，字惟貫，號確庵。涇陽人。嘉靖三十二年進士，累遷至吏部右侍郎。忤張居正罷歸，居正没，起南京户部右侍郎。以尚書致仕。火落赤、真相犯洮河，起兵部尚書，總督陜西延甯甘肅軍務，以功加太子太保。哱拜反，學曾連戰失利，人劾其玩寇，逮至京，奪職爲民。未逾月賊破滅，仍敘功，以原官致仕。

出寧夏别送者

鐵騎如雲鼓吹喧，乍收龍劍向中原。風鳴空谷軍聲壯，霜落長途客思繁。馬首遮留憐父老，尊前惜别愧王孫。此行莫問封侯事，歸去青山静掩門。

【箋】

萬曆二十年壬辰（1592）九月。

沙井道中

平沙歷亂捲蓬根，秋色偏傷旅客魂。旗外斷雲迷遠戍，馬前斜日度高原。淡煙淺草胡兒路，敗堞荒臺漢將屯。督府新承龍劍賜，不知何以答君恩。

【箋】

萬曆二十年壬辰（1592）九月，從寧夏回京途中。

沙泉道中

五月提兵下朔方，岡巒屈曲陣雲長。自尋泉脈穿君井，首犯炎蒸選戰場。拊髀忍看憂聖主，請纓直欲繫胡王。休言斗大黄金印，一脱戎衣即故鄉。

【箋】

萬曆二十年壬辰（1592）九月，從寧夏回京途中。

五言絶句

讀孫侍御壁間詩，有竹被煙侵之句

庭竹挺孤節，時時作鳳吟。縱教煙火妬，不改歲寒心。

七言絶句

邱謙之園亭

小苑斜連驛道傍，酒旗歌吹繞重陽。科頭盡日無迎送，醉踏飛花溪水長。

【箋】

邱齊雲，字嶽泰，號謙之。見前詩《送邱謙之守保寧》箋。

送郭仰甫游金陵

黄鶴樓頭玉笛聲，樓前酤酒送君前。布帆自挂春風裏，一路看花到冶城。

送侯仲敬游金陵

君去秦淮及早春，林花初破燕來新。倚欄多少青樓女，拾得明璫暗贈人。

自靈州回河西口號四首

賀蘭八月雪飛殘，滿地氍毹夜不寒。依舊歸來秋色裏，摩挲長劍對愁看。

秋浄黄河不澹流，隔河飛輓盡淹留。急聞健卒催船去，明日中秋載酒遊。

鴛鴦相並浴菰蒲，宿雁將飛也自呼。不省鴟梟緣底事，只將腐鼠嚇鵷雛！

爲欲酬恩不顧身，眼看白髮鏡中新。不知自把年華誤，卻怪年華解誤人。

【箋】

萬曆二十年壬辰（1592）九月，在寧夏。

秋社後見巢燕

雪滿天山儔侶稀，短簷孤壘日見依。烏衣不是忘歸路，應戀深恩不忍歸。

邱謙之逗雲湖

平楚煙消片月孤，畫船簫鼓出菰蒲。君家自有千秋觀，不問君王覓鏡湖。

【箋】

邱齊雲，字嶽泰，號謙之。見前詩《送邱謙之守保寧》箋。

讀跋生西征諸詩，可以見寧夏之梗概矣。方哱、許之乘機構亂也，據城殺將，仰抗王師，然事起倉卒，中外人心洶洶。客生建議征剿，疏上，賴九廟神靈，主上英斷，遂命客生往監諸軍。客生冒暑歷險，馳赴城下。先是諸將人自爲心，莫肯戮力。客生感以至誠，導以大義，遂能還涣爲萃，轉弱成强。不旬日，收復諸堡。賊方倚寇，以爲聲援。客生與魏司馬計畫，乃至不遺一矢，坐令諸部解散，請受約束，移牧遠邊，我兵遂得一意制賊。賊又勾套寇，絶我餉道。客生買各堡米豆，六日聚糧萬餘，反側立定。逮至水灌城圍，賊連松寇，薄我城下，冀爲解圍豕突之計。客生令諸將乘夜出寇後，伺半渡擊之。次早，李大將軍適與寇會，前兵回擊，裨將趙夢麟免胄馳騎，直貫寇陣，寇懼，不敢鬥，斬馘數百。著部僅以身免，慟哭出邊，自是凶威益促。許朝懇求招安，猶然陳兵而出，露刃直詣客生。客生笑而諭之，賊叩頭乞命，莫敢仰視。客生知賊勢窮，夜遣壯士李登，諭以禍福，明日殺劉、許二賊。出降計連下二城，僅殺僞官六人。方之淮蔡，實有光矣。制府報捷疏上，内稱未知哱氏父子生死。緣靈州距寧夏二百里，制府急於上聞，以寬主上西顧之憂，未悉客生已生致逆賊。蓋出於耳聞目擊之不同，原其心實未嘗異同也。不佞因書客生詩，付之剞劂氏。俾後之覽者，不惟得見客生戎馬之間、矢石之下，尚能含毫吟詠，且足以觀世云。壬辰冬日東嘉趙士禎識。

【箋】

此文作於萬曆二十年（1592）十一月。

清王弘撰《山志》：“東嘉趙士楨，字常吉，居燕市，喜任俠，能詩工書，以才藝爲文華殿中書。”初集卷六。

【校記】

〔1〕從别人，康熙、乾隆《麻城縣志》均作“别從人”。

〔2〕天地，康熙、乾隆《麻城縣志》均作“大地”。

〔3〕紛，康熙《麻城縣志》作“粉”，誤。

〔4〕阿姑，康熙《麻城縣志》作“問姑”。

〔5〕康熙《麻城縣志》作“隔所向”，因形近致訛。

〔6〕羈棲逼歲寒，乾隆《麻城縣志》作“羈身逼歲寒”。

〔7〕坐看意無限，乾隆《麻城縣志》作“坐看無限意”，依詩律當取此句。

〔8〕顯靈宫，《帝京景物略》卷四作“靈濟宫”。

〔9〕步履，《帝京景物略》卷四作“步步”。

〔10〕處處，《帝京景物略》卷四作“此處”。

〔11〕沾，《帝京景物略》卷四作“兼”。

〔12〕近，《帝京景物略》卷四作“與”。

〔13〕意，《帝京景物略》卷四作“致”。

〔14〕觸處空，《帝京景物略》卷四作“醉夢空”。

〔15〕回首，《帝京景物略》卷四作“低首”。

〔16〕《帝京景物略》卷四題作《再遊靈濟宫》。

〔17〕垂柳，《帝京景物略》卷四作“一柳”。

〔18〕一徑入花迷，《帝京景物略》卷四作“岐徑雜花迷”。

〔19〕自可，《帝京景物略》卷四作“地可”。

〔20〕何須問碧雞，《帝京景物略》卷四作“鄉難問碧雞”。

〔21〕鶯啼知客意，《帝京景物略》卷四作“啼鶯同客意”。

〔22〕故逐按歌低，《帝京景物略》卷四作“歌板逐高低”。

〔23〕非關得意書，乾隆《麻城縣志》作“非美得異書”。

〔24〕新花，康熙《麻城縣志》作“新荷”。

〔25〕江右，乾隆《麻城縣志》作“江左”。

〔26〕市率，乾隆《麻城縣志》作“市卒”。

〔27〕《帝京景物略》卷四題作《同徐文長諸子靈濟宫夜坐》。

〔28〕移尊相就漢宫旁，《帝京景物略》卷四作“一尊移就法宫傍”。

〔29〕煙籠，《帝京景物略》卷四作“煙歸”。

〔30〕雲斂，《帝京景物略》卷四作“雲徹”。

〔31〕似浮，《帝京景物略》卷四作“似摇”。

〔32〕那得，《帝京景物略》卷四作“何許”。

〔33〕卸甲，沈德符《萬曆野獲編》卷十七“兵部”作“棄甲旁”。

〔34〕心酬，沈德符《萬曆野獲編》卷十七“兵部”作“謀成”。

〔35〕相笑，沈德符《萬曆野獲編》卷十七“兵部”作“相問”。

司馬公遺文

賀穆侯膺獎序

龍峰穆君涖麻之明年，布德和令，剗弊舉廢，民情克諧。諸司喜尚旌賢之典，交于達路。斗塘羅君，時監兑湖省，稔知賢侯[1]，亦知優異。邑之士民，謀以賀侯。

客有款予扉者，屬予以文。予曰："羅君之獎，而諸君之賀之也，願聞其由。"客曰："慈父之子，必冀其親之壽也；良令之民，必願其官之達也。今其由曰，臺諫之器，遠大之才，民願愜矣，是可以賀。"予曰："精明之器，公輔之望也；振肅之才，調燮之選也。白簡排閽，黄扉效直，侯之餘耳，未足以賀。"客曰："侯之未來，鄉落之間，夜視其扃，罔帖于席。侯來歲餘，民無夜警，外户不閉。今其由曰，盜賊殄除，編户寧謐，民聊生矣，是可以賀。"予曰："刈莠以植苗也，鋤奸以佑良也。固能吏之所難，而侯之末事耳，未足以賀。"客曰："豪猾爲奸，影射國税，連阡陌者盡入其私藏，無擔石者歲追其逋負，弊也久矣。今其由曰：分理田丘，革祛飛詭，積弊滌矣，是可以賀。"予曰："世世之利，莫大之惠也。人知均糧之爲便，而恒慮其難，豈非以地勢不齊而人心叵測乎？自侯之法行也，委用以才，度地以法，諮詢以公，定賦以平，克期竣事。民無所用其奸，地不得漏其籍，著之版圖，以爲不刊之典。夫被縠拖青[2]，榮止其身，未及其子；積金累玉，及其子矣，未延於後；均糧法行，而邑人之子若孫皆得享含嘻之樂[3]，延於無窮。田賦平則民志定，民志定則風俗美，風俗美則盜賊息。侯以是道，理天下裕如也。則臺諫固侯之餘也已。"客曰："善！"遂録其言而歸。蓋非特以賀侯，且以爲一邑之士民賀。

【箋】

隆慶四年庚午（1570），在麻城。

穆侯，麻城縣令穆煒。據乾隆《麻城縣志》上卷十四"政略"："穆煒，號龍峰，江西新建進士。"其任麻城縣令的時間，據《麻城縣志》上卷十一《職官表》，隆慶間麻城共三任知縣，第三任爲穆煒。而萬曆元年任知縣者爲富順進士錢節用。又下卷二黄卷《穆侯遺思序》："蓋侯愛民之心本於天性……歷四年如一日也。"知穆煒任麻城令爲隆慶三年至六年。

募修五腦山牆垣序

土主，邑福神。相傳以滅火災得道，五腦山蓋其飛昇所云。邑人即其地祠之，民有水火、疾病、盜賊之警，輒呼神求福，神輒隨所呼應之。或邑人寓他郡邑，及他郡邑人有水火、盜賊、疾病之警，亦輒呼求，福神亦輒應。由是天下之人，皆知邑有土主神最靈也。

嘉靖辛酉間，廟漸圮，人争捐金新之。楹簷榱桷，悉易以磚石，避蟻患能久遠也。萬曆癸酉，道士某來告曰："祠故無牆，今新矣，尚仍之。非所以妥神靈示壯麗也。"予曰："過哉，夫牆所以備不虞，衛蓋藏也。祠盍備盍衛哉?"某曰："公之言，所謂知其一者也，羽旄干戚，其鋒不足以禦非常，而王者之出入資焉，以壯觀耳。簾陛等級，何補于王居？而高必數仞，以秩分示尊也。祠不牆則殿寢像貌可望，而窺神之靈，不亦褻乎？特慮牆之無貲也。"予曰："神之福人也，有不昭然於人耳目者乎？人之獲福於神也，有不思所以報之者乎？賢者知其功，圖以報之。愚者欲假之以徼福，輸財輸力者接踵至矣，無慮資也。且余嘗謂神之禁民也，甚於法。法顯而易知，易知，民得趨而避焉。神幽而難測，難測，民將疑而畏焉。世之倖免於其身，而尤慮莫逃於其後者，以有神在也。況土主之神，尤其彰彰者乎？茲宜報功矣，子惟慎出納，毋以纖毫入私帑。亡論人頌子功，即神且福子矣。子亦慎之當務耳，無慮貲也。"

【箋】

萬曆元年癸酉（1573），在麻城。

"五腦山，在縣西北八里，即張紫微飛昇處。四峰環拱，中峰獨峙，神祠據焉。"乾隆《麻城縣志》上卷四。

《文貞詩》序

嗟夫！余讀毛夫人《文貞詩》，而傷世道之衰也。

夫人爲侍御聚峰公女，適劉大司馬莊襄公塚孫。初未學詩，惟柔謹專静，以奉姑而事夫。夫病且困，則誓以身殉。夫曰：“母老，我死母必傷，猶有汝在。無汝，將重傷母。且我無子，其將爲若敖氏之鬼乎！殉夫，不若存姑。死節，不若立孤。”夫人陽許之而志不易。

夫死，夫人絶飲食。家人譬解之，不可得。姑泣，諭之曰：“而忘而夫將死之言乎？而死，我且先絶。骨月盡矣，一老婦何爲？”夫人始强活奉姑，取夫弟之子予之，以承夫祀。

坐卧一小樓，痛定，稍取經史讀之。旁及子集以至古今詩文，無所不窺。肆筆爲文，又爲詩。輒合作者，以静極而神靈通也。稿成，輒緘之樓中，不欲人知。時嘉靖之際，人心尚知重節，以其事聞於兩台。督學使者以夫人齒尚少，例不得請。則縉紳大夫相與按諡法號之曰“文貞”，貴賤長少皆稱“文貞”云。

今夫人年七十，高矣。例得請，以無復。以其節聞者，或曰“夫人不欲以節自炫也”，或曰“嘉靖時侍御公在，今則墓木拱矣”。此皆于世道何如哉？其所居樓又弗戒於火，書盡散失。邱生長孺乃收得其詩若干，梓而傳之。嗟夫，夫人之大節，其枝葉爲詩，今其大者泯泯焉。而詩乃得傳，愈非夫人之心矣。顧長孺之力，僅足以傳此而已。若讀其詩，以考其人，而因以表其節，則在有世道之責者。余因爲之敘，以俟觀風者采焉。

【箋】

録自麻城《熊氏族譜》卷三。約作於萬曆初。

《静志居詩話》：“毛鈺龍，麻城人。雲南按察僉事鳳韶之女，嫁少保劉天和孫守蒙。夫死，誓不踰閾，鄉人稱曰‘文貞夫人’。節婦奉姑樓居，不廢吟詠，年七十九，目無見，猶使孫輩讀之。句如‘桃花暮雨煙中閣，燕子春風月下樓’，‘詩句怕題新節序，淚痕多染舊衣裳’，讀之哀動頑豔。《詠鏡》詩云：‘様出秦宫制，團團寶月回。虚空開物象，心跡遠塵埃。影復香羅帕，光生碧玉臺。繡囊鴛鳥並，珍重嫁時裁。’”卷二十三“毛鈺龍”。

康熙《麻城縣志》：“毛氏，侍御聚峰毛公女。適劉文，文蚤死，氏年二十有五。矢志柏舟，潛心内典，工筆硯。壽八旬餘，旌表，私謚‘文貞’。刻有《毛文貞集》。所傳‘桃花暮雨煙中閣，燕子春風月下樓’句，詩率類此。袁玉蟠太史序之。奉旨旌表，坊在西關外，今存。”卷八“人才志下”。

麻城《劉氏宗譜》：“劉守蒙，字文阿，廪生。”卷十五。

告城隍文

楨奉天子命宰是邑，惟是民之奸宄、善良、歡忻、疾苦，楨實主之。維神奉上帝統主是邑，惟是雨暘、寒燠、疾厲、災祥，神實主之。楨識淺材疏，心徒勞而力不足，以致廢墜未修，弊孔未窒，蟊賊未遠，流亡未集。楨之不職，且自知之，何況於神？

顧入夏以來，雨澤愆期，禾苗焦搓，將失有秋。此非楨之所能爲，繄誰執其咎？夫神之降殃，必當其罪，楨實不職，民則何辜？其或苞苴未絶，冤抑未伸；棄善保奸，避强擊弱；愛民不如愛子，治官不如治家；以苛刻表風裁，以催科著勞績；以私情骫法，以偏聽傷公。獵虚譽而少誠心，急趨承而忘矜恤。有一於此，神鑒昭然，宜罰及厥躬，加之災眚，以謝天子，爲居官不職者之戒。今楨業已無益於民，而神又舍楨之身而民是殃，是重瘠吾民也。

今與神約：“三日不雨，期五日。五日不雨，期十日。十日不雨，是神之失職，與楨等耳。即不能有所加於神，神亦何辭以復上帝？且偃然廟食，四境士民順時而祀哉！激切陳詞，惟神裁察。”

【箋】

萬曆十二年甲申（1584），在固安縣令任上。據《明通鑒》卷六十八，萬曆十三年二月“庚午（廿九日）大雩。以京師自去年八月不雨，至於是月。禮部奏：舊制，大雩之祭，遣官攝行。如雨澤愆期，則皇上躬行禱祀，從之。”

禱雨告文

某年月日，知縣梅國楨，敢昭告於本縣城隍之神：

自秋七月不雨，至於春三月。二麥失望，民無所依。楨實不德，以貽民憂。故事禱雨則遷神南郊，禁民屠酤，朝夕拜禱，以父老子弟從。夫居己私室而使神暴露於外，不順洋洋擁輿衛，而父老子弟僕僕道路。私饜酒肉，而欲以口腹繩民。非所謂以身率人也！請出就館舍，躬默思過，爲吾民請命於神。其身有隱慝穢行，是糾是殛，毋以殃吾民。所不以其罪罪楨，而殃及吾民者，豈惟楨之罪？惟神亦有頗焉。然後與神爲吾民請命於上帝，神即暴露於外，其何説之辭？惟神裁之！

【箋】

萬曆十三年乙酉（1585），在固安縣令任上。據《明通鑒》卷六十八，是年五月丙戌（十六日）始雨。

告河文

萬曆十四年秋七月，順天府固安縣知縣梅國楨，敢昭告於渾河之神：

楨奉天子命，以令長茲土也。維是一二小民，朝夕力作，以供租税，而衣食其餘，以相生養於太平之年。屢歲大祲，民將阽於逃亡。荷天之庥，幸及有秋。而河水又從而齮齕之。楨聞四瀆百川，各有主者。將使之宣洩元氣，以潤物利民也。往年陰沴爲惡，浸淫泛溢；漂没我室廬，蕩摇我城郭，我是以有堤防之役，則是神之不利我民也。今又不循故道，衝齧我壤土，潰頽我堤岸，使父兄子弟，畚鍤從事，日夜不得休息；沃壤化爲潢淤，禾黍雜於荇蒂。嗷嗷之民，餔及口而奪之。是天方福之，而神顧禍之。將非神之所以祗承上帝之意也！

兹用拜伏河滸，以俟神命。神其卒循故道，還我土膏，豈惟楨一人之賴？一邑父兄子弟是賴！若仍憑恃威靈，恣意妄行而莫之省改，是告之而神莫聞也；或聞之而莫從也。告而莫聞爲不明，聞而莫從爲不仁！上帝簡百神以爲川瀆主，豈其以不明不仁之主而肆其淫溢，以貽生人之害？必不然矣。惟神裁之！

【箋】

萬曆十四年丙戌（1586），在固安縣令任上。

跋無念卷

宴坐間，常珍上人以此卷示余。余讀之再過，其中有可喜、有可疑、有可論。

王士琦者，余快友。九年别矣，不知坐進此道也，一可喜；有念師出吾里中，二可喜；卓吾《告近溪先生文》，如哭如笑，若飛若舞。敘其平生出處，襟度如畫，三可喜。中有書云："周元孚人品甚高，但似於詞章、勳業、氣節着脚，意頗少之。"於詞章、勳業、氣節着脚即不可，舍詞章、勳業、氣節，飲食、男女之外，更於何處覓佛耶？此可疑。卓師《告近溪文》，謂其無與傳衣缽者爲惜死。夫近溪誠宜惜死，特不宜爲無傳衣缽者惜耳。衣缽之不傳，豈盡人過？孔子及門之士三千人，最當意者莫如顔子，其次曾子。顔子死，曰："天喪予！"伯牛亡，但曰："命矣夫！"諸弟子不以爲偏。一旦獨呼曾子之名，而授之以道，餘皆不與焉，諸弟子不以爲私。見一互鄉童子，任一闕党童子，人有後言矣。籍令以互鄉之恭謙、闕党之殷勤，而侈其得人，列之高足。子路必目攝之，顔、曾且不敢自信矣。蓋孔子胸次最虚，目力極高，擇人甚精，而教之甚當其材。當時能游大人，以重其師者，莫如子貢與季孫；暱而彌子親者，莫如冉有、季路。方皇皇焉[4]，得君以仕。而視三子者，曾不若簞食瓢飲，與夫衣不敝肘之寒士？是以士亦傾心向之，而卒得其力。近溪先生以法本平等，教不擇人〔5〕，故其弊至此。不知擇人所以爲平等也。猶幸其出於無意，不至拂人之性。故其弊亦止此而已。卓師他日有言："不肖者入會，則賢者必不來。"雖近溪亦未免此累。文末須以此足之，近溪將爽然自失，肯惜死耶？此其可論者！考原本微有脱誤處，今按《復問》補正。毓春識。

【箋】

萬曆十八年庚寅（1590），居家服母喪。

書卓吾和尚塔

塔在龍潭湖之陽。卓吾先生自創以爲藏蜕地也〔6〕。屋成，托余婿劉承棨以署書屬余。卓吾本知余不善書，乃漫屬之，而余亦以漫應之，意各有在也夫。卓吾姓李，名載贄，字宏甫。官姚安太守。今名其藏，不以姓氏，不以官閥，而稱和尚，從佛名也。即百歲後，當廣封樹，稱姚安守。而止以塔屋，從佛教也。屋之上爲寺，前塑佛像，甃以磚石，加堊焉。卓吾之愛其身可謂至矣！余竊怪世人之愛其身者，必享富厚之樂，有妻子之奉，以快意生前，而後爲生後計。卓吾捐家室，守枯寂，厭甘毳，就惡□，且精潔其藏，而又不比于牛眠馬鬣之習尚也。卓吾可以尋常比擬乎？余亦不知所爲書矣！

【箋】

萬曆二十一年癸巳（1593），在麻城。

李氏書序〔7〕

自古豪傑之士，其識趣議論，與世人多不相入〔8〕。故其人惟艱難危急之時用焉，當治平無事，往往無以自見。其磊塊不平之氣，不得已而筆之於書。書又不相入，而藏之名山，以俟千百世之下。又安知千百世之人不猶今之人乎？豪傑之士，不宜於人也如此。余友李禿翁先生，豪傑之士也。當其時，士方持文墨，繩趨矩步[9]，談性命之糟粕。獨一禿翁，其識趣議論[10]，誰從而信之？故官至二千石，輒自劾免。取漢以來至金元君臣名士，撮其行事，分類定品，一切斷以己意，不必合於儒者相沿之是非。知其與世不相入，而曰："吾姑書之而姑藏之，以俟夫千百世之下有知我者而已。"余不及禿翁遠甚，而與世不相入則甚似之。其書之藏而傳也，藏而不傳也，抑亦不藏而傳也，皆不可知。惟其不得已而筆之於書，又不得已而藏之，禿翁之苦心，則余所深知也。故爲之序而並藏之，以俟千百世之下之知禿翁者。

【箋】

李贄《藏書》刻於萬曆二十七年己亥（1599），書前的《焦序》、焦竑。《劉序》、劉東星。《祝序》祝本禄。均作於此年，則《梅序》亦應作於己亥年。但此前萬曆二十五年。李贄到大同梅國楨處小住，且將《藏書》手稿交國楨抄録後寄焦竑付梓。故《梅序》也可能即作於萬曆二十五年丁酉（1597）。

《孫子參同》敘

兵猶禪也，極其用，海墨書而不盡；究其精，即一言不可得。古今兵法，亡慮數十百家，世所尊爲經者七，而首《孫子》。《孫子》之言曰："奇正之變，不可勝窮也。"又曰："微乎微乎，至於無形；神乎神乎，至於無聲。"合而言之，思過半矣。

余友禿翁先生，深于禪者也。於兵法獨取《孫子》，於注《孫子》者獨取魏武帝，而以餘六經附於各篇之後。注所未盡，悉以其意明之，可謂集兵家之大成，得《孫子》之神解。余在雲中始得讀之。雲中於兵，猶齊魯之于文學，其天性也。故爲廣其傳，使人知古今兵法盡於七經，而七經盡於《孫子》。若善讀之，則十三篇皆糟粕也，況其他乎？

余家居，與禿翁未數見，見亦未與深談，且不知有禪，亡論兵。及余在行間無與語者，思可共事無如禿翁。時禿翁寓楚，楚諸大夫正憂賊。

禿翁曰："毋憂，梅生往矣，是必能辦賊者。"夫余兩人者，未相與譚，而心相信，此其故。即使余兩人者，言之亦不可得也。

禿翁者，李贄，號卓吾子。

【箋】

録自張建業主編《李贄文集》第七卷，社會科學文獻出版社 2000 年版。

萬曆二十五年丁酉（1597），在大同。

又洪承疇撰《古今平定略》，前有梅國楨序，亦即此篇，文字全同，只無"禿翁者，李贄，號卓吾子"一句。《原國立北平圖書館甲庫善本叢書》第四八八册，國家圖書館出版社 2013 年版。

薦　父

性惟剛直，心實仁柔。箕裘值家運之中衰，備嘗艱苦；奕葉衍書香之舊緒，曲盡義方。篤厚本根，情懸葛累。堅持氣概，節梃松喬。止孝繼以止慈，無驕兼以無諂。幼日依依膝下，兒女九人；長來落落星辰，河山萬里。長安射策，久暌落魄之年；宦海分符，幾動陟岵之詠。不覺桑榆易邁，漸看蒲柳經秋。北闕請纓，只似王尊叱馭；西堂戲采，何如萊子班衣。塞外瞻雲，杳杳空勞北望；署中愛日，匆匆又促南歸。淚灑桑乾，心飛梓里。玉門關外重回首，猶恨生離；緱嶺山前竟不歸，可憐永訣！星移物换，只驚風木之悲；萱謝椿凋，轉增蓼莪之痛。幾度乞歸而不得，再思奉養以何期？夜月邊笳切切，高堂夢斷；晚風牧馬淒淒，朔幕魂消。生平强半浮萍，在日已疏定省。報答未將寸草，訣時猶隔關河。歸心逐征雁同飛，血淚與杜鵑共斷。途人傳語，將信將疑；楚些招魂，若無若有。病中念遊子，懸知寸斷猿腸；悲裹憶衰顔，猶似低垂鶴髮。雲迷霧斂，地老天荒。八十赴蓬萊，樂處不知愁處苦；百年爲父子，他年未卜此生休！

【箋】

萬曆二十八年庚子（1600）末，在大同聞訃後。

薦　　父 見抄本

堂前父去已及一年，天外兒歸動經千里。顧長驅於戎馬，遂失哺於慈烏。況隔十年，只見鬢毛成雪；即封萬户，徒懷父母終天。陟屺陟岵，瞻太行於日下；望朝望暮，憶遊子於雲中。雖來官邸其幾何，尚居敝廬其强半。記别時之光景，斜陽瀲瀲疏林；寫今日之丹青，病態蕭蕭短髮。方且期於百歲，迎養有時；詎意阻於八旬，再逢無日！空懸穗帳而六子成單，欲舞班衣而雙親何在？空餘五鼎，風木興悲。忍换三公，蓼莪廢讀。徘徊思往事，燈前明月成孤；惆悵動新愁，頭上青天獨老。更嗟來朋寥落，非復當年；所幸弟妹相依，猶然昔日。眷惟三錫湛恩，或徹於重泉；言念三春報德，奚補於寸草？恃資經懺，廣托沙門。從今海中漚發，廣濟慈航；自此火裏蓮生，永開覺路！

【箋】

萬曆二十九年辛丑（1601）底，在麻城。據《梅氏族譜》卷十九："（梅汝觀）卒於萬曆二十八年庚子十一月二十八日酉時，壽七十九歲。萬曆二十九年辛丑敕賜祭葬。"

送邑侯劉翼白入覲序

麻邑介光黄之間，民生無貴賤。自從塾師習章句，上之爲博士弟子，取科第及明經選，或以訓詁糊其口于四方。次則爲府吏功曹，不成則力田。無商賈灌輸之利，亦無百工淫巧之技。士民奉官司惟勤，令即行，禁即止，有醇古之風焉。而往往曰爲難治，不佞竊歎冤哉！此可結繩治爾，奈何被此名也？

不佞久於外，戊子歸而漸異矣，辛丑歸而大異矣。髫齔之童，皆能操權詐以侮人。以淩駕爲節概，以詆毁爲才辯，相見煦若春風，而中多荆棘。附耳刺刺布情素，而無一由衷語。輸賦不歸官帑而歸猾胥，詞訟不以情實而托之大辟。即得其情，猶訟不已，至於再三或十餘訟，斷髮刎頸以示急迫。兩台司府，訟無不遍。甚至持官司短長，莫敢誰何。不佞又歎異哉！俗何以至此極也！豈魏徵鬼魅之説耶？

乃劉公爲令不數月，則語不佞："麻固易治爾！向者乃以爲難，冤哉麻也！"蓋公初舉進士選，得麻。諸與公昵者，皆曰："麻黠頑之俗爾，若奈何當之？"公時亦不能無疑。即至而考風俗，核積弊，定章程。待士以禮而士不敢以私干；示民以誠而民不敢以詐售。緩不急之徵，而徵其所當急者。且革包攬、禁影射，即逋賦爭輸，兩造具備，各得其情，而徵誣罔，薄贖鍰，即善訟自息，不惟無可持其短長，而頌聲沸起矣。夫向本易治而人難之，今難矣，而公易之，是遵何德哉？不佞嘗竊窺公精明捷給，世不恒有。一人寓目則始終識其姓名，一事經心則始終悉其源委。猶然不自足，而凜凜乎朽索之。馭六馬未嘗輕視一人，易視一事，此以虎視石之心也，有不一發没羽者哉？

自古惟處難而後真才見，有渤海諸郡之難，而後龔黄諸公至今稱也。諸公由渤海諸郡顯其治，渤海諸郡亦賴諸公而號易治也。是人與地相得也。

明年，聖天子大計吏，公以入覲往受計。有如上問："何以治麻使難者易也？"想公必逡巡謝曰："主臣，臣固何能易麻？賴陛下之靈，麻固自易治爾！"不賢于王生長者之言乎？

【箋】

萬曆二十九年辛丑（1601），在麻城。

乾隆《麻城縣志》上卷十四"政略"："劉文琦，四川南充進士。清里甲，慎訟獄，懲叛僕。"

黄蘗紀略

余自戊子得見念師，越十五年壬寅，始得朝夕平生。礙膺之物，一旦消釋，是師大有造于余也。

師所居黄蘗山，乃商城張太學地。僻險而瘠磽，豺虎之所盤據，人跡所不到。師與徒衆，披荆榛，創廬舍，擇可耕者耕之。張亦樂師之居是也，與之約曰："歲輸官租五金。山中所有，盡以屬僧。"緇素麕至，堂廡日增，巋然一大叢林矣。師每言："爲道心切，無過鄧定宇，三十年如一日也。"今海内志道者多，而江西爲盛，故其意常在江西。兹赴請往，余老且病，不能從，期以明春歸。如期而不歸，余即老病，當扁舟促之還，結夏黄蘗也。萬曆癸卯年八月六日梅國楨書。

【箋】

録自《黄蘗復問》。

萬曆三十一年癸卯（1603），居家。文中"礙膺之物，一旦消釋"，當指無念棄李贄而出走黄蘗山之事。

恭薦李長者疏

悼薦卓吾和尚！

心事青天白日，行藏野鶴孤雲。早現宰官身，遊戲文章太守；晚棄人間世，歸依上乘如來。清畏人知，宦邸都無長物；塵隨緣斷，天涯獨寄萍踪。氣薄層霄，眼空四海。落筆千軍辟易；下幃萬卷兼收。潛心罄孔壁之藏，精孚意契；尚論執董孤之簡，鬼哭神號。抱用世之才，兼能出世；無成名之技，固自難名。持已太高，故當意者少；望人過重，致負心者多。涇渭分明，乏藏垢納污之量；斗山卓絶，懷調高和寡之悲。剛方未免激昂，真實間成執着。善善惡惡，務必極其本懷；是是非非，略不狥諸時好。以致招嫌觸忌，遂而賈怨益仇。誰明公冶之非，孰辯臧倉之愬。冤霜六月，偏凋幽谷芳蘭；曉日晴雲，不照覆盆棘木。鳳衰麟苑，玉碎珠沉。在天道豈曰無知？非往因斷不至此。百年何好，醜到頭總是黄粱；人世幾冤，親覿面已成烏有。太虚弱無物，任他把义烧空；羣小流言，何異彎弓射影。

試憶丁亥後種種悲歡得喪，豈復留踪；即如藏書中代代勝敗興亡竟歸，何處且生。即有死何必饒言，況施靡不還衹成，反中若猶含冤恨。又或較短爭長，起心便是輪廻；片念轉生障礙。諒生平之學力，斷不至斯；恐毫髮之差池，未免墮此。特修懺法，聊功津梁。敬仗慈悲，俯垂憐憫。指真空之覺性，示不二之法門。苦海既雜，愛河隨斷。冤冤霧釋，更無執對之愆；業業冰消，永謝閻浮之路。

【箋】

録自康熙《麻城縣志》卷九“藝文志上”。

萬曆二十九年辛丑（1601）。

去年底，梅國楨的父親梅汝觀死，國楨於今年初回麻城居喪後作。

據康熙《麻城縣志》卷九“藝文志上”，該文置於梅之焕文中，然其文有“試憶丁亥後種種悲歡得喪”句，丁亥爲萬曆十五年，其時梅之焕才十三歲，故此文當爲梅國楨所作。

與文明府書

某聞造就之恩，等於生成；知己之感，深於骨肉。寒家數年以來，門祚衰否。家父匏繫於丘園，某也蓬轉於天涯，諸弟株守於佔畢，百歲祖母，甘旨不充，而齮齕之事，且時時有之。自明公下車，始得安枕矣。而弟樓、弟森，俱蒙國士之遇。國楹、國棨、小婿劉承緒皆與進入學，今樓、森得溷賢書，何一非造就所及？天高地厚之恩，將何爲報？即欲銜結，末由而已。

敝邑士風漸不如前，一假詞色，則家族家人便得憑藉。恣睢冒犯，殆不可言。寒族人雖知守法，而人衆難齊，家人又易隨風而靡。惟望一以法繩之，使寒家父子、兄弟，不至獲罪名教，不致取怨鄉人，則明公之賜，不但生成已也。

【箋】

萬曆十年壬午（1582），在北京。

書中言“弟樓、弟森，俱蒙國士之遇”，據乾隆《麻城縣志》，國樓、國森均爲萬曆十年舉人，而國樓次年即與國楨同中進士。

文明府即文德，號舜階，四川涪州進士，任麻城縣令至萬曆十三年。乾隆《麻城縣志》上卷十一《職官表》。又據麻城《周氏族譜》卷十周思久《文舜階君侯被召别言》："文舜階君侯宰吾麻六年所矣。"《柳塘遺語》。則文德應於萬曆八年就任麻城令。

與某糧儲書[11]

敝邑連歲大祲，去年尤甚。十室九空，道殣相望。奔走百里外，採蕨爲食，食多輒病且死。麻屑豆餅，平時以養豬畜者，得之不啻芻豢。間有擔石之儲，則羣起而奪之，有相殺者。豈不畏王法？迫不得已也！私家之藏既盡，官廩所積不多。轉輸失策，告糴無門。人心洶洶，非轉徙四方，則聚而爲盜耳。幸賴兩臺老公祖題准，十五年南糧改折，十六年漕糧免十分之三。行文到縣，一時聞者，莫不鼓舞稱慶，庶幾再生。此米見在水次[12]，未經起解[13]。但恐糧里無知，乘時射利，妄將前米花用販賣。則上意成虚，下民失望。如入口之食，忽成畫餅，嗷嗷之民，若擠之壑，雖欲賑之將無及矣！乞嚴加禁諭，有照例納完折色者，即以本色給領。計二次可得米六千余石，兼以積穀發賑，不三月即接麥秋。民知利而不害，皆懷樂土，重犯法。不惟達主恩，明職守，而數百萬生齒之命，皆仁臺之所造也。

伏乞留神，地方幸甚，世道幸甚！

【箋】

萬曆十七年己丑（1589），居家服母喪。據乾隆《麻城縣志》上卷二《古大事紀》："神宗萬曆十七年己丑。大旱疫，麥禾兩盡，人民受災傷者無算。"

與周柳塘書

前在黄安，聞楚侗先生瞑眩之論，真有味乎？其言以爲人生大造，最宜大省悟、大憒悱，方大長進。若不肖者，行多跅弛，譽乏長厚，亦既迭宕而憒悱矣。而世情俗見，割斷未能。近日以來，動違清議。夫木無不罅隙之蠹，人無不間隙之尤。諸所加於不肖者，皆實實有之。而又側大會發高論，不肖之顏厚矣。自今以往，閉門自訟。如前所云瞑眩之藥，更新其耳目，重易肺腸，以求信於朋友。若復優遊歲月，以人言爲不足惜，是竊儒名以文叵奸，結善類以延虛譽。徒以未識者而堅僞行，反以阻向善之心。不肖曾以此爲恥，而躬自蹈之，可勝痛哉？可勝痛哉？惟門下察於衆口之外，論其虛實，而時賜藥石焉。斯回生之力也。若下愚終不可移，清議終不可逭，不肖非朝市之鄙夫，而山澤之癯耳。寧復與有道者相接哉？言語激切，幸其亮察。

【箋】

此信當寫於萬曆十八年庚寅（1590）春季。梅國楨於萬曆十六年秋丁母憂歸里，至萬曆十九年七月起復。又據《耿天臺先生全書》卷八《觀生紀》，耿定向於萬曆十八年“歸至黄城，借寓至三月初抵里。”而到四月八日，周思久柳塘。病，四月二十日死。

秦舜峰開府救荒書

季冬寓會城，初不敢以賤名姓唐突閽人。乃臺下以屬吏之舊，隆禮先之。言及地方旱傷，真若痌瘝在身，虛懷下問。彼時以臺下持在大體，不宜以瑣屑聞也。

及返敝廬，時值元日。墟里無煙，行路稀少。自是以來，城市之間，道殣相望，附郭之近，公行剽劫，則僻遠之地，又不待言。不圖全盛之時，見此蕭條之狀。自古救荒，唯蠲與賑。今經費有定數，帑藏無積貯。緩且不可，誰能議蠲？若賑則欲取之本縣，而倉庫空矣；欲申請轉發，而司府空矣；欲勸借富室，而閭閻空矣。更兩月始接麥秋，枵腹之人，朝不及夕，其何能待？耕牛盡歸屠肆，穀種望之遠方。而春來無雨，池堰俱涸，即力能辦者，亦不敢議及牛種，恐如往年以重價棄之無用之地也。

將來之事，又不可知。爲今之計，必不能出一奇以利民，惟去其所以害之者，使自爲計而已。如通道路以便灌輸，安商賈以通泉貨，截渠魁以息盜賊，寬協從以省騷擾。皆去其害民者，而民自利矣。本地既無儲蓄，則轉輸全賴他方，而道路之間，劫奪爲患。雖粟如邱山，不敢望也。捕盜員役，有能設保甲，嚴緝捕，而不時以身察之，則道路通而糧自集矣。然糧雖集而無所取價也，勢必貸之當鋪。而時事之爲當鋪害者，非一事也。讌會則取什物，饋送則取金幣。即酬其值不過十之二三，而付之不理者固多也。每獲盜賊，則駕言起贓，應捕人役，混將他人當票一概混取，則淩轢騙害，無所不至，利小害大，彼何樂而爲此乎？唯禁所以害當鋪者，則泉貨通，而小民有賴矣。至於凶荒之時，盜賊易起，或以爲迫於饑寒，曲爲寬縱；或以爲漸不可長，一概誅戮。是二者，皆過也。縱一真盜則害及善良[14]，聽其牽連則濫及無辜。故真盜議死，甚者梟示，則法嚴而人不敢犯；餘黨不問，俟其再犯，則情通而人不見擾。凡此數者，皆老生常談，人所厭聞。然謀及老成，詢之父老，皆以爲救時之急，無要於此矣。或以爲此有司之事，不宜聞之上臺。然各有分地，則兼制之爲難；未奉明文，則專擅之爲慮。臺下酌其可否，明布教令，則虛文塞責之弊可祛矣。

向承虛問，敢布其愚。唯特賜省覽[15]，而不罪其狂。無任惶恐瞻望之至！

【箋】

萬曆十八年庚寅（1590 年），居家服母喪。

秦耀，字舜峰，無錫人。以辛未隆慶五年，1571 年。庶常出爲瑣垣，驟遷右僉都御史，撫南贛。萬曆十七年六月，再遷右副都御史，巡撫湖廣。《明神宗實録》卷二一二。

寄里中喻儀書

吾鄉民貧賦重，其最苦累莫如南兑。不肖家居時，目擊其苦，而計無所之。

幸仗大力，不惜傾資，多方申訴，改三之二。闔邑受惠不淺，但較之黄安諸縣，尚未免不均之歎。雖官許再處，似屬虚文。不若早改一日，則早受一日之益。奈不肖言輕，且在遠徼，不能爲力。凡可贊助，不敢不盡。且豪傑之士，居官則天下蒙其福，居鄉則一方享其利。不肖居官，無以及民，而吾丈惠及三鄉如此，重有愧矣。草裁爲闔邑布謝不盡。

【箋】

録自《喻氏家乘》。萬曆二十四年丙申（1596 年），在大同巡撫任上。

與萬兆書

里中人來傳云，家父有書與足下。會逢足下之不若，而裂其書抵之地，且與使人手相格也。以理度之，必無此事。而足下包藏盛意，則知之久矣。

足下之所欲者，吾土地也。土地小故而寒家又懦弱可狎視者，何足以煩爪牙之利而試毒螫之威哉？況人各有所寶，以貽子孫，不相悖也。鴟得腐鼠，見鵷雛而赫之，則甚惑矣。寒家日孳孳以禮義忠信貽其子孫，而惟恐其不足；足下日孳孳以土田宫室財賄貽其子孫，亦惟恐其不足。今足下金帛足以饗士，堂可建三丈旗，而息壤千畝，則古者一成之賦也。足下所不足者，非土地亦明矣。奈何一觸於目，輒張吻而向之？本田雖寒家故業，所當世守者。然足下以得地爲寶，寒家以退讓爲寶，各得其寶，以聽天命，而貽子孫，豈不兩全？而足下必爲是悻悻者，必如何而後快哉。人謂足下見邑侯有所督過於寒家，故因而爲此。使寒家不敢言，而足下又因以取媚，而倖免於三尺之外，是足下之智不若葵矣。何也？邑侯之於寒家，不過以其不能將順，故薄示懲創耳。足下于平旦幾希之時，試一反思。其所以日積月累，以成此大名者。雖足下能一一自數之乎？其不能自數，而汗出毛竦，不病而惛，未寒而栗者，皆在人耳目，而上之人所稔聞者也。彼邑侯者，固吾道中之君子，而易事難悦者。一旦别其薰蕕，而謂足下之藉此以行險僥倖也。吾恐爲幕上燕矣。

今爲足下計，宜亟反心易慮，將數十年秘謀，毫髮不挂於心，而少知人世之有所謂理法者。雖杯水車薪，勢不相敵，而齋戒沐浴，以事上帝。庶幾有矜而免之者，而又親師友以教其子弟，使知大易用譽之義。若纍十二棋而履春冰，所謂逆取而順守之，即足下之土田宫室財賄或有能保之者。若恃一時之詐力，既得人之故業，而又重傷其孝子慈孫之心，自古及今，或有能善其終者，特區區寡昧未之見。且聞耳語曰：爲善尚未蒙福，爲惡將欲何求？政謂今日在足下勉之而已。

近見西方大士，視一切皆爲泡影，獨於墮惡道者，尤有濟拔之心焉。故不敢以何擇爲解，而忘其藥石。幸足下範我馳驅，毋使他日歎曰："悔不用梅君之言！"則足下家門之福也。

【箋】

萬曆二十八年庚子（1600年），在總督任上。本年梅家可能與縣衙發生衝突。

與某公書

世上最艱苦事，都任在自已擔當，無一毫退悔心，是大豪傑；世上最便宜事，盡讓與别人受用，無一毫羡慕心，是大豪傑。人忌害我，不與計較，常人能之；我有恩於人，而人忌害，我不與計較，非有大識見者不能也。人之好趨承者，但識趣落在一邊，亦是一種才。無是才而效其所爲，徒自取愧悔也。一生抬頭不起矣！即如先輩中，有居官居鄉，俱負重望，只因容易作事，爲人所輕謾，聲望大損。其心本是從厚，但欠慎重耳。可見凡事不可不慎也！

【箋】

此信内容似因與萬兆家土地糾紛而發，參看《與萬兆書》。當寫於萬曆二十八年庚子（1600），在總督任上。

答李卓吾書

"佛高一尺，魔高一丈。"昔人此言，只要人知有佛即有魔，如形之有影，聲之於響[16]，必然不能相離者[17]。知其必然，便不因而生恐怖心，生退悔心矣。世但有魔而不佛者，未有佛而不魔者。人患不佛耳，毋患魔也。不佛而魔，宜佛以消之；佛而魔，愈見其佛也。佛左右有四天王八金剛，各執刀劍寶杵擁護，無非爲魔。終不若山鬼伎倆有限，老僧不答無窮也。自古英雄豪傑，欲建一功，立一節，尚且屈恥忍辱以就其事，況欲成此一段大事耶？

【箋】

録自李贄《焚書》萬曆二十八年庚子（1600），在總督任上。

又

邱長孺書[18]，云翁有老態，令人茫然。楨之於翁，雖心向之而未交一言，何可老也。及問家人，殊不爾。又讀翁扇頭細書，乃知復轉精健耳。目病一月，未大愈，急索《焚書》讀之，笑語人曰："如此老者，若與之有隙，只宜捧之蓮花座上，朝夕率大衆禮拜以消折其福；不宜妄意挫折，反增其聲價也！"

【箋】

萬曆十八年庚寅（1590），居家服母喪。

與僧念公書

承教，身是苦本，亦云極樂。若離苦求樂，譬如舍礦求金；若即苦是樂，又是認礦作金。不即不離，乃從來相傳捷徑。感服，感服！但以金礦喻苦樂，鄙意未免有疑。有樂必有苦，有苦必有樂；樂自是樂，苦自是苦；苦樂在人，猶善之與惡，好之與醜。非若金之不外於礦，礦之即可爲金也。非苦方爲樂，不樂方爲苦。苦樂兩忘，方爲不苦不樂，方可打透疾痛一關，方有出身之路。鄙見如此，再望開示。

【箋】

録自《黄檗復問》。

約萬曆二十九年辛丑（1601）至萬曆三十二年甲辰（1604），丁憂家居期間。

與劉邑侯書

不孝不欲令一人擅入衙門，通邑所知。昨因吴可通事，細訪乃知有李夢麟、梅可托不知嫡名。並可通三人，常常假借本家名目。可通恐其不信，又假具一詞以實之。事雖實而人則非。不孝素不以一字入公門，即有詞，豈不令家人親去而使他人代也。蓋不孝自叨鄉書，至今三十六年[19]矣。院道公祖，屢疏通問，况敢有一字一人，有所干謁鄉里？平民以此相信相許[20]。今老矣，肯毫忽苟爲舉生平負盡乎？聞可通悖傲異常，須枷號始足示警。此輩刁頑，撲責非所懼也。因遣家僮完納鞭銀，並白鄙心。種種之懷，容遲日面悉。

【箋】

萬曆三十年壬寅（1602），居家丁父憂。

［附］

復梅衡湘書　僧無念

數年在江西，每聞鄧老與僧道及總督公經濟之才，並是詩稿、疏稿，便歡喜無量。云當今真難得此人也！又云國家幸有此長城之寄，再復何慮？我輩林下人，得以一意安心學道，此大快事也。及某回來，又聞總督公以出世自任，將此大法，便欲一肩擔荷。山僧甚不然。豈可將盡世間第一等便宜，都要占盡了也？留下此一着，與我山林崖穴中野人過日罷！何得攙行奪市？昔龐公亦是楚人，公豈龐公復出乎？龐公一家數口，洞明大法，來去自在。公今果有此大手段、大力量否？何不以所得處，見教一二，何吝法之甚耶？今令愛，靈照也，今大法已明，公信得及否？若信得及，不妨與之商量，彼決不負乃翁也！

【箋】

録自《黄檗復問》。

萬曆二十八年庚子（1600）。

萬曆二十八年梅澹然死。《景德傳燈録·襄州居士龐藴》載："居士龐藴，洞達禪宗。將入滅，令女靈照出視日早晚，及午以報。女遽報曰：'日已中矣，而有蝕也。'居士出户觀次，靈照即登父座，合掌坐亡。居士笑曰：'我女鋒捷矣！'"

【校記】

〔1〕稔知賢侯，康熙《麻城縣志》作"稔知侯賢"。卷九。

〔2〕被縠掩青，康熙《麻城縣志》作"被縠掩肅"。卷九。

〔3〕含嘻之樂，康熙《麻城縣志》作"會嘻之樂"。卷九。

〔4〕方皇皇焉，康熙《麻城縣志》作"彼方皇皇焉"。

〔5〕教不擇人，康熙《麻城縣志》作"不擇人"。

〔6〕以爲藏蜕地也，康熙《麻城縣志》作"以爲他日藏蜕地也"。

〔7〕康熙《麻城縣志》卷九題爲《李氏藏書敘》。張建業主編《李贄文集》第二卷題爲《梅序》，且文末署"衡湘梅國楨撰"。

〔8〕多不相入，張建業主編《李贄文集》第二卷作"定不相入"。

〔9〕繩趨矩步，康熙《麻城縣志》、張建業主編《李贄文集》均作"矩步繩趨"。

〔10〕識趣議論，康熙《麻城縣志》、張建業主編《李贄文集》均作"識趣論議"。

〔11〕與某糧儲書，康熙《麻城縣志》作"與某糧儲"。

〔12〕此米見在水次，底本爲"此米在水次"，無"見"字，據康熙《麻城縣志》補。

〔13〕未經起解，底本爲“未起解”，無“經”字，據康熙《麻城縣志》補。

〔14〕善良，康熙《麻城縣志》作“良善”。

〔15〕特賜省覽，康熙《麻城縣志》作“特則省覽”。

〔16〕聲之於響，李贄《焚書》卷二作“聲之有響”。

〔17〕必然不能相離者，李贄《焚書》卷二作“必然不相離者”。

〔18〕書，李贄《焚書》卷二作“來書”。

〔19〕三十六年，底本作“二十六年”，據康熙《麻城縣志》改。從隆慶元年中舉至萬曆三十年，實三十六年。

〔20〕相信相許，底本作“相通相許”，據康熙《麻城縣志》改。

補　　遺

請復戰馬疏

准翼北道右布政使白希繡等會呈：蒙職憲牌，照得本院蒞任以來，詢訪邊政，咸稱馬數太少。值今虜王諸酋，因延鎮出兵，套虜被創。狐兔相憐，率徙帳山后。蓄謀叵測，萬一寒盟，緩急何賴？牌仰各道會查，各營馬匹，明確具由通詳，以憑施行，各道遵依。

會看得大同一鎮，内障神京，外直虜穴。其衝且重，不與諸邊等。尺垣之外，氊幕環集，而又無名山峻谷之險以限之，虜有變輒易入，入輒易深，非徒步之卒能禦也。虜之雄酋巨部，飛鞚鳴鏑之羣，聚如林莽，突如風雨，非單弱之騎所能近也。故所恃以壯軍威、遏虜鋒者，非多馬固不可。

曩當未款之先。本鎮戰馬蓋三萬八千有奇，猶不足備衝擊之用。款貢以後，至萬曆十八年，輒裁駑馬四千匹，以料草抵充主餉。十九年，該閱視少卿曾乾亨，覆議裁戰馬四千匹，以料草抵充市本，僅以三萬匹爲額。遂至壘多步伍，士無兼騎。甚有一条遊而馬不滿三百者，一守操而馬不滿十數者。

夫本鎮與宣府並稱重地，其邊之延長同，其所當虜之强盛同，其軍士皆八萬又同，而宣鎮馬不下四萬，本鎮乃才二萬餘。宣鎮東征之馬，盡數買補。本鎮未補者，尚該三千三百有奇。比鄰之境，虛弱實迴絶，實足以啟玩而召侮。況邇者虜懲延綏之役，日枕戈援轡，震駭於沙漠之外，倘一旦渝盟，以我二萬餘騎，星散於數百里之間，當數十萬濤奔蟻聚之勢，其何以振威而決勝也哉？

所有前項裁汰，徵調馬匹，俱當亟爲議補，呈乞俯賜會題該臣，會同巡撫大同都御史房守士，議照大同孤懸重鎮，直當虜王巢穴，一應防禦機宜，視諸邊獨稱孔棘。查得先年原設額軍一十三萬五千有奇，馬五萬一千有奇。嘉靖間，偶因一二歲邊事稍寧，遂議銷兵節餉，軍僅以八萬八千爲額，馬僅以三萬八千爲額。從此武備單弱，虜勢猖獗，往往乘虚弱躪入，攻城陷堡，惨不可言。如石州失守、朔州殘毁，足爲殷鑒。迄今譚邊者，尚扼腕於銷滅之議，大爲失策。迨隆慶初，把漢投降，俺答乞款。自是二十餘年，雖封疆晏然無事，正宜外示羈縻，内修戰守，固不宜苟旦夕之安，忘久遠之慮，遂輕議減兵省餉爲也。奈何萬曆十八年，奉議停汰鴑馬四千匹，所省料草改充主餉。十九年閲視少卿曾乾亨又議裁戰馬四千匹，所省料草改充市本，所存額馬止於三萬。當時在事督撫諸臣，心知其不可，然以彼時内廷議論崇尚節省，欲争之不得。次年東倭發難，一切增兵增餉皆耑意於東，本鎮益緘口不敢言復額馬事。且調去征倭馬七千九百八十七匹，中間又有倒死變賣、買補不全之數。據今實在馬才二萬餘匹，三云邊備單弱至此極矣。伏乞勑下户、兵二部，再加查議，合無將本鎮戰馬，姑准以三萬四千匹爲額，其餘四千匹，待後另行議復，應用馬價，就於二十七年客兵年例内移動四萬兩，仍查刷樁貝臧朋合等銀二萬，通融買補。應支料草，即於軍門標兵節省行糧料草銀内動支，其未補征倭馬三千三百一十七匹，俯准於寄養馬内照數兑給，或照宣府事例，准發太僕馬價五萬三千七十二兩買補，事完造册繳查。爲此具本謹題。

【箋】

萬曆二十七年己亥（1599）春，在總督任上。萬曆二十六年十月，官軍復松山，虜徙帳而北。談遷《國榷》卷二八。《明神宗實録》："户部復宣大總督梅國楨議，大同戰馬以三萬四千匹爲額，馬價糧料於二十七年客兵年例及標兵節省行糧動支，從之。"卷三三四，"萬曆二十七年閏四月"。

白希繡，字維錦。陝西膚施人，萬曆五年進士。萬曆二十六年八月，以山東按察使爲山西右布政使。《明神宗實録》卷三二五。

加包邊堡疏

該臣看得草垛山，建在絶徼，與虜止隔一牆，而界内趙家口、滅胡口、驢皮窯諸處，皆係極衝要路。未款之先，虜人内訌，必由是入。近日雖經建堡設兵，扼其險要，第土脈沙城，似難固守。而汲水之泉，距堡三里，不加保護，必爲敵資。又如水泉營，挺出邊外，距虜不盈一舍。而紅門隘口，又爲華夷互市之場。舊堡建立平曠，逼近土山，常有棄險之患。近添附堡，據其上游。雖足拒守，第舊堡與新堡既合一城，舊係磚包，新皆土築，勢有堅瑕之異。是二堡俱應磚石包徹，方爲一勞永逸。

據今該道所議二堡工程，除合用軍壯于該界原額之内撥發，無庸别議外。惟食米鹽菜銀兩，在草垛山並護水磚甃，合用銀三千一百八十兩四錢五分。除該道自理紙贖四百兩外，欲將平陽等處民壯，免班二百餘名，徵其工食以充是用。臣以爲平陽今歲荒旱，徵銀亦難。查得布政司見有收貯臣衙門賞功銀兩，於内可動二千兩。再於臣衙門紙贖内除解抵年例外支剩者，續發五百兩。連該道前銀共足二千九百兩，止少銀二百八十兩四錢五分。爲數不多，聽該道臨時設處。在水泉附堡合用銀兩，已有職節發西路修墩支剩酒課等銀，足可支用。人力既不借於别界，錢糧又不煩於内帑，安邊設險，委不容緩者矣。

【箋】

約萬曆二十六年戊戌（1598），在總督任上。

請罷榷税疏

准巡撫宣府都御史王象乾會稿，據山西布、按二司，守巡口北道左布政使孫維城、副使張國璽會呈。查得本鎮所屬張家口堡，設在絶徼，極目荒凉，諸物不産。自隆慶五年，北虜款貢以來，始立市場，每年互市。叚布買自江南，皮張易之湖廣。彼時督撫以各部夷人衆多，互市錢糧有限。乃爲廣招四方商販，使之自相貿易，是爲市民之始。間有商税，即以充在市文武將吏一切廪餼軍丁犒賞之費。至萬曆十九年，該閲科給事中鐘羽正，清查市本，題准每年於市税内，湊支二千兩，一切廪糧悉從減削，亦已無遺利矣。

今百户劉思忠，復奏抽税，以助大工。其本鎮原立課税若令停止，則市本他無所出；若照舊抽取，則商税難以重徵。況今虜王聞陜西大捷，頗懷疑畏。傳示東西部落，拔帳北徙。節于上西路膳房新開新河，及大同天城、殺胡、助馬、山西偏頭關等堡之所傳報者，歷歷可據，情形正在叵測。倘榷税之使，一或委用匪人，秉性顓蒙，毫釐必較，萬一激成他變，關係匪輕，相應亟請停止。

呈到，職謹會議得宣鎮市場，惟是張家口一處，華夷封疆，界在咫尺，黄沙白草，滿目蕭條。蓋向來商賈舟車，足跡所罕到之地。款市之後，當事諸臣以市本有限，金繒所可羈縻者，諸部酋首耳。引弓之民，種類繁多，欲使安於無事，必使人遂所求。乃復廣召商販，令與諸夷自相交易，除鋼鐵、羽毛、違禁貨物無敢奸闌，其餘一切段布、菽粟、馬尾、雜貨，聽其有無貿遷。間有税銀，即充在市將吏廩糧、防護軍丁犒賞之費。自十九年，科臣清查錢糧，括及市税，並將廩犒減削，以補市本之不足，在市商人固已喋喋訴其不支矣。今劉思忠復請特遣課使抽税以佐大工。夫供御之課，既欲加添；市本之課，別無補湊，必且重抽于市商矣。商不支，必且加派於各城堡之居民矣。宣鎮軍多民少，市口絶無居民，必且加派於屯住防護之貧軍矣。此臣等所大懼也，其何能以無言？臣等竊惟市商，段布、狐皮一切雜貨來自蘇杭、湖廣，由臨清以至天津、蘆溝、通灣，其税不知凡幾，及至市口，又重税之。彼富商大賈者，操其厚貲，孰肯遠出塞上，寄跡窮荒？惟是機利雁民、市井無聊之輩，乃始稱貸出息，跋涉山川，蒙犯霜露，擔負重繭，以與胡兒争杪忽之利，以爲蔽體糊口之資。權其貲債，子母僦質聚糧之費，與夫涉歷關津閱課之徵，所餘幾何？今一貨一人，税而又税，朘膏咋髓，一羊十皮，熙熙而來者，無所牟其利，抑且有其害，是重困商也。彼登龍射利之夫，孰肯復逾關北出一步？夫商人者，非他，即皇上中原供賦税徭役之赤子也，思忠獨奈何其欲重困之也？

宣鎮極邊，百物不産，今已入夏，麥未出土。才及八月，便已隕霜，布帛菽粟，無一不仰給于四方。商不至則用乏，物價騰踴，何所資藉？夫士也，荷戈覘障，衝鋒冒矢，以身爲殉，歲餉不過六七金而止耳。八口之家，咸資贍養。樂歲豐年，猶然不免於啼饑號寒之患。即課使憐念貧軍，毫不加派，一旦物價騰踴，無所資藉，其不至逃亡不止也。上谷自居庸抵懷安，由市口及廣昌，延袤不出四百里之外，彈丸黑子，毫無所供於御府。國家歲畜十萬之士馬，捐百萬之經費。一歲給之布花，三歲給之胖襖，真夷通丁給之肉菜，豈其重惜此砂磧之地哉？無亦養此一方窮民，保此一方亭障，爲陵京屏扆焉耳。

馬雖出自虜中，胡兒生長馬上，以爲代足。愛惜馬力，甚於其身，何肯以名馬入市？臣等非敢臆説也。客歲兀慎朝台吉，宗種貴落也。乘馬被盜，重購索之，不愛百金。既獲摩撫其馬，涕泗横流，曰："若見吾父也。"臣等怪其已甚，夷使曰："急難是寄，猶之其生之也。"夷人惜馬若是，焉可得其名馬？思忠既進獻名馬爲詞，夷馬入市，呵訾詆欺，減估勒值，何所不至？夷性狡悍，喜則人面，怒則獸心。夫豈堪此？其勢必至露刃相向，何論名馬？雖駑駘下乘，孰肯驅而南市哉？吴楚之禍，始于卑梁。思忠獨奈何以三十年款市之虜，與争細利，而生其心也？

臣等莊誦明旨，不許擾害地方。聖意非不諄切，第無知弁類，逐逐耽耽，顯以藉口大工，陰以滿志谿壑，其視地方之擾害，奚啻秦越之瘠肥？邊庭何地，關市何市，利害安危，介在呼吸，是可容其横徵苛斂，以魚肉華夷列肆之人哉？伏望我皇上軫軍國之大計，慎宗社之遠圖；思裔夷之釁端必不可冒開，憐磽埆之窮民必不可復擾。可收回成命，姑免筦榷，庶夷情相安，而塞下敉寧矣！

【箋】

萬曆二十七年己亥（1599），在總督任上。據《明通鑒》，萬曆二十六年冬，總督三邊李汶襲河套於松山，大破之，寇遠遁，復其地。是爲"陜西大捷"。卷七二。

談遷《國榷》：萬曆二十七年"三月庚辰朔，内監王忠徵税密云，張燁徵税蘆溝橋。以百户柳勝秋、劉思忠之言。"卷七八。

王象乾，字子廓，一字霽宇，號繼津。新城人。隆慶五年進士，萬曆二十二年以山西右布政使爲右僉都御使，巡撫宣府。二十五年升右副都御史。

孫維城，字宗甫，山東丘縣人，隆慶五年進士。萬曆二十五年五月任山西右布政使。據《明神宗實録》卷三二二，萬曆二十六年五月升寧化龍爲山西右布政使，則此時孫維城已任左布政使。

張國璽，字君佀，一字藍田。直隸任丘人，萬曆五年進士。

再請罷榷税疏

准巡撫大同右副都御史房守士會稿：近准户部諮，爲比例徵收税銀等事，該錦衣衛上後所百户劉思忠具題等因，奉聖旨："這所奏蘆溝橋等處往來旱路貨物，及名馬税課，有裨國用，就着通灣督店禦馬監右監丞張燁，不妨店務，帶官督率原奏官民前去彼處，會同撫按等官，照例徵收銀兩及馬匹解進，不許擾害地方。寫勑與他。"

備諮到，臣一聞之，不勝憂惶，謹會同巡撫大同都御史房守士議照，國家榷税通商，原有定制，在各省直四通八達之衢，商販輻輳之地，則設有部臣監督各鈔關税務，在各府則設有税課司徵收税銀，法至詳備。原無滲漏不徵之地。二項所徵税銀，係鈔關者則盡數解部濟邊；係腹裏府分，大都以十之二三留充本地公用，其餘十之七八，皆解部濟邊；係邊方府分，則徑留濟邊公用，免行解部。總之，税銀多爲濟邊而設，即在腹裏者，尚且解部轉發，其在邊郡者，又焉有不留邊用，而可以徵收内解者？此國家徵税定制，二百年來未有改也。

今查大同設在極邊，原有税課司一處，一官一吏，徵收歲銀。歲約計少者五六千兩，多者六七千兩，已該前任巡撫朱笈於嘉靖三十六年十一月内，巡撫賈應元於萬曆九年六月内，題奉欽依聽充賞功操練等項支用。萬曆十九年，户部奉旨清查餘課，又該前任巡撫邢玠、巡按連標復將前項公用款目造册，繳税銀准留本鎮公用。節奉明旨，炳如日星，繳册在部，可覆而按也。其各公用，大約如賞功歲用銀二千餘兩，操賞歲用銀一千餘兩，鼓舞將士勇敢用銀三百餘兩，優犒歸降哨役用銀一百餘兩，總督撫按及司道等衙門，心紅供億用銀二千六七百兩，各道旗幟、家活、書辦、工食、蔬菜，用銀五百餘兩，官承廪糧用銀二百餘兩，獎勵文武官員花幣用銀一百四十餘兩，互市文武官員犒賞用銀三百余兩，解工部羊皮折價銀一百三十二兩，舉監生員會試科舉盤纏，用銀一百九十五兩，將官守操、月紙、月炭等項用銀四百一十九兩二錢，貧宗米布用銀四百四兩五錢，知府、同知、通判、推官，各州、縣、所首領等官俸糧、家活等項，用銀一千八十一兩九錢八分，年終犒賞通丁用銀二百兩，孤老口糧用銀三十六兩，總計不下六七十款。歲用大約萬兩有奇，皆可屈指臚列，毫釐不容假捏者也。每年收入常不敷所出，則又東挪西借，甚如先年請發兵部馬價以佐功賞。今若將此稅銀解助大工，前項公用，皆係必不可缺之數，將分派極邊之窮民乎？抑復請諸內帑乎？臣等計不知所出矣。

且九邊之地，無不稱窮苦，而至窮至苦，則大同爲第一。地濱窮荒，土脈沙瘠，而風氣寒冰異常，穡事歲僅一熟。稍遇荒旱，即一熟不可得。自穀荳稷黍之外，百物不産。如虜款以來，一應互市貨物，縑帛布疋則取諸吴越，狐皮水獺等物則取諸蘄黄。逐年給以帑銀，董以專官，皆跋涉數千里外，經年而後可至。原奏官乃謂本地出産狐裘布疋，此二物者，本地何嘗産一哉？鎮城軍餘人等不下數萬，率皆荷戈防胡，不習耕桑之業。諸日用蔬菜布疋器具，悉仰給内地。而内地經商，攘攘爲利，亦皆荷擔負囊，登山涉水，不憚險遠而來，與邊氓競刀錐，稍求什一之息。故窮邊軍士，藉此存活，以捍衛邊圉。今抽税之令一下，商賈聞風驚遁，不敢赴邊，而貧軍衣食何從置辦？無乃斷絶其生理，驅而之逃，以空行伍，棄邊疆以資敵乎？

又其所稱得勝等市口，查得本鎮有市口三處。其一得勝，與虜王大部相直；其一新平，與五路毁奈等酋相值；其一守口，與兀慎擺腰等酋相直。此三市口，一牆之外，俱爲虜巢。其地比鎮城益苦寒、益險惡。貢夷出入之衝，互市之所，每年開大市一次，每月小市一次，每市不過三二日。虜人擐甲市口之外，官兵擐甲市口之内，兩相戒防，無異對壘。

各夷或以羊皮，或以馬尾，或以板木穀米之數，與口内軍餘互相貿易，原無奇貨異産，每年所收税銀，少不過二三百兩，多不過四五百兩，俱佐前開賞功等項支用。此涓滴之水，何濟於用哉？

至其所稱名馬，更爲可異。本鎮歲易夷馬，數有萬余，全屬駑弱，不堪騎征。在我賞價不過數兩，蓋中國原籍欵貢，以示羈縻，彼安得有名馬入塞？我若深求，彼且狂悖，勢必激而寒盟。其所關係，良非細故。間有番僧持馬來售，中有堪任騎征者，方用官價易買，以給軍士。夫賣馬者番僧，向來無向夷狄取税之例。買馬者貧軍，軍買一馬，且有蕩産鬻子以陪累者，焉得重税而困之？原奏官稱選名馬解進，臣等不知其解也。

臣等叨任拊揗安攘是寄，設坐視不言，他日中使至鎮，前税既係濟邊，名馬無從選取，而狐裘尾馬之類，又非本地所産。于時原奏官計無所之，勢必畏罪懷奸，慫恿中使事外滋端，横行徵斂，用實所奏之言，翼免謬妄之罰。其害不在軍民，則在商賈。地方受困，人心動摇。皇上不許害擾明旨，竟至悖違。況强宗悍卒，雜處鎮城。驕虜中行，睥睨四疆。而虜王自延鎮用兵之後，營帳北徙，蓄謀叵測。目下人情驚惶，處處戒嚴，草青馬壯，又不知作何景象。倘内激悍卒，外挑强虜，釀成大禍，或草澤不逞之徒伺隙而動，海内攜貳之民聞風而應，豈獨一鎮封疆之利害？其所關於宗社之安危，尚忍言哉？至此恐邊税未必入内帑，而將不免請内帑以濟軍興，噬臍之悔何嗟及矣。

昨見遼東開礦右監丞高淮爲榷税事，奉有明旨“遼東係邊方衝鎮，還照勅諭，一切事務，公同會議而行，勿得偏執私見，各分彼此，致啟弊端，争瀆煩擾。”臣等莊誦皇上德音，知邊地關係虜情，令中使與撫按計議而行，真明見萬里。彼遼東猶在關門之外，大同咫尺陵京，其所關係之重，奚啻遼東？故臣等不避斧鉞，敢以邊地榷税之利害，爲皇上陳之。伏望將中使亟賜停遣，封疆幸甚，宗社幸甚。

【箋】

萬曆二十七年己亥（1599），在總督任上。萬曆二十七年三月，派尚膳監太監高淮赴遼東採礦徵稅。談遷《國榷》卷七八。

房守士，字升甫，一字備吾。山東齊河人，萬曆五年進士。二十六年五月以右副都御使巡撫大同，贊理軍務。談遷《國榷》卷七八。

辨撦酋不助套虜疏

題爲西虜合謀大舉，勢已阽危，乞勅當事諸臣並力一心，共圖勘定，以保疆圉萬全事。

頃接邸報，兵科給事中張輔之等一本題前事，大意謂套虜入犯延綏，彼中揭報撦酋助兵三萬五千，宣大諸臣墮其掩耳盜鈴之計。臣讀之不勝惶恐，不勝駭異。事之始末，不敢瑣屑以瀆聖聽，但關係邊計者，不得不略陳之。今年正月内，撦酋遣使來謝，云："吉能等賴前督蕭大亨、王世揚與臣之力，和款已定，馬匹已進。"臣諭之："既許款貢，當盡心報答朝廷，不可復生異心。"至二月，又報："不知延綏何故搗巢，原有部落宰牙氣等，何在彼處住牧，一併剿殺?"乞臣講處。臣諭之："套虜一面求款，一面要争松山，反覆不常，以致延鎮殺他。若求助兵，決不可聽，你的部落帳房，與套虜相近，兵馬一出，各要争功，誰與分辨?"夷使復來稟云："王子決不助他。但延鎮惹下事來，屢誣我助兵，我既不助，更將今年貢馬早於往年，以明心跡。"臣許之而去。後又報小佛僧欲往西番落番，臣遣通官駱勇等以書諭之，撦酋復書，謂："佛僧堅執要去，若不聽他，恐草地不安，只從邊外遠行，不近中國。去時仍差好人發誓，求通官同行，以見無助兵之事。"其後，土骨赤、武天祥等來領欽賞，臣責以"佛僧西行，我差通官諭止，是爲你的大事。於今人正説你助兵，若人馬送佛僧往西，正中其言，我必革賞問罪"。土骨赤等傳到臣言，復來稟云："三娘子聞臣之言，甚説王子不是，今已甚悔，不令佛僧西去，只望不要怪他。"此人所共見共聞，夷稟見存。臣曾將"虜不助兵、佛僧不往"達之本兵，本兵亦復書過譽。後見督臣李汶疏云"趙總兵有人見臣面諭夷使，不許助賊。夷使不聽，昂然而出"等語，諸將爲臣不平，云“夷使在守備之前，尚然畏懼。豈有軍門諭之不聽，昂然而去之理？”意欲臣辨，臣解之云：“彼中既啟此釁，知其必報，力不能禦，不得不預爲之地。諉罪于人，方可保功於己。我輩當各盡其道，不可發人陰私。惟嚴行各路，密加偵探。如撦酋有一人一騎渡河，星火報知。一面上聞，一面革賞行勦，不許隱匿，自幹欺罔。”蓋臣之遣通官諭撦酋，止爲佛僧西行一次，其不助兵，則出彼本心，非臣止之。至於撫鎮等官，在山西例該八月防秋，撫臣魏允貞以其逼近延綏，知必有變，五月即赴代州，多方督察。大同撫臣房守士，地鄰撦酋，屢屢差官禁約申飭各邊。宣府撫臣王象乾相去稍遠，秣馬厲兵，以備變動。鎮道將領，繕守遣探，絡繹揭報，不敢贅陳。今套虜自七月十六日分路入犯，至八月初七日出境。二旬之間，撦酋無一騎渡河，佛僧亦無西行。宰牙氣等之原住近彼者，亦時在水泉市易，安静如故。套虜逐日驅送所虜男女、牲畜、貨物回巢，撦酋無絲毫之得，虚弱實甚明，人所共見，豈有知套虜進兵而不知撦酋渡河？知被虜人畜若干，而不知虜衆之三萬五千乎？是夷狄盜鈴，尚知掩耳，中國固有不掩耳公然盜鈴者也。

臣雖不才，平生思以功業報答聖明。寧夏之叛，自請爲陛下之將，葉夢熊等强臣同住靈州，竟不之聽。孤身行間，冒犯矢石。總督魏學曾疏云：“臣非監軍，乃用兵也。”臣豈偷安畏戰之人哉？止因人情險薄，欺罔成風，是非倒置，功罪混淆，故數年以來，忍默避禍，不敢發一言任一事，而一念耿耿朴忠，付之仰屋竊歎，誰復知臣心乎？

若撦酋果陽順陰逆，諭之不聽，自當明正其罪，先革市賞，以爲鼓士之費。即不能堂堂正正聲罪致討，而乘虚弱擣巢，亦可如别鎮之功，其視誘而殺之，尤爲有名。虜即報復，亦不過毁邊牆，破窨寨，踐禾稼，盡虜人口財畜而已。雖各邊知之，陛下何從知之乎？今報功者其榮如此，制虜者其辱如此，臣非不知而不爲者，其故有三：九邊處處騷動，惟宣大、山西仗陛下威德，稍安堵耳。一或啟釁，則羽檄交馳，重煩宵旰，其不可一也。宣大密邇京陵，非他鎮比。欵貢以來，軍民樂業，時和年豐，宗禄糧差，多出本土。一被虜患，軍雖得賞，民不得耕，必請發内帑，百費雜出，將何取辦？其不可二也。撦酋雖夷狄，而受朝廷封爵，即臣子也。臣子有過，然後加罪，今指其助兵則不助，指送佛僧則不送。且吉能借兵，以言激之，本酋責以大義，甯與爲仇。夷狄如此，所宜嘉獎，以勸忠順，忍誣之爲罪乎？其不可三也。

情激於中，不識忌諱，不顧利害，無任悚懼待罪之至。

【箋】

萬曆二十七年己亥（1599），在總督任上。據《明神宗實録》卷三三〇“萬曆二十七年正月”載：“（辛丑）兵部復科臣張輔之奏言：‘頃者甘肅巡撫田樂所陳松山善後事宜。業奉明旨，以及時修守責成當事。第恐河東之議未定，致河西之議難行。萬一松虜窺畔重來，拓疆之功或同畫餅。乞申飭彼中，亟將分畫河東事宜查照部復，一面酌舉，一面具奏。勿各持空論，至稽全績。’上然之。”談遷《國榷》：萬曆二十七年六月，“初，順義王撦力克歸自西海，奉貢市惟謹。後延綏、寧夏兵搗巢，疑畏，徙帳而北。邊臣諭止。俄調諸台吉西送佛僧，巡撫大同右副都御使房守士遣諭勿西行。因以聞”。卷七八。

請恤疏

欽差總督宣大山西等處地方軍務、兼理餉、兵部右侍郎兼都察院右僉都御史，今丁憂臣梅國楨謹奏，爲懇乞天恩，俯賜恤典，以光泉壤事。

伏念臣行能淺薄，自叨仕籍將二十年，無尺寸效。仰荷聖恩，不次超拔，躐轉卿貳，兼制三鎮。誓竭狗馬，以效驅馳。不意臣父于去年十一月二十八日在家病故，臣相隔三千餘里，藥不及嘗，殮不及視，聞訃痛絶，抱恨終天。爲子如此，何用生爲？所幸清朝恤典，載在令甲，得徼寵靈，以慰罔極。

伏睹《會典》條例一款：“三品文官，並父母曾授本等封者，俱照例祭葬。”臣父汝觀，三荷恩綸，後封通議大夫，兵部右侍郎兼都察院右僉都御史。與例相合。

又一款："四品以上官，其父母先後病故，祭得因後並及其先。"臣母陳氏，累贈淑人，當其故時，臣初試御史，臣弟國樓方爲給事中。值歲饑荒，不能治葬，權殯私室。今臣兄弟回籍守制，奉母合葬，思得成禮，以彰恩寵，又與例合。及查得萬曆二十年，總督薊、遼、定等處右都御史蹇達奏，母加封夫人王氏。比照兵部右侍郎楊俊民，母封一品太夫人段氏事例，賜給祭葬，仍加祭壇。該禮部議復："奉聖旨是准，加祭一壇，欽此。"臣與蹇達均爲總督，在蹇達所引亦三品，並得祭葬之例。況達既可比照俊民之母，則臣亦可比照蹇達之母。

伏乞敕下該部查議復請，俯將臣父汝觀照例賜給祭葬，並及臣母，仍少加祭壇，則恩出望外。非臣敢必，若謂臣叨冒已過，無功可録，止照例祭葬，亦有餘榮矣。

【箋】

録自《梅氏族譜》卷首一《恤典》。

萬曆二十九年辛丑（1601）春作。

附　　録

梅國楨傳　張廷玉

國楨，字克生，麻城人。少雄傑自喜，善騎射。舉萬曆十一年進士。除固安知縣。中官詣國楨請收責於民，國楨僞令民鬻妻以償。民夫婦哀慟，中官爲毁券。擢御史，會拜反，學曾師久無功。時甯遠伯李成梁方被論，廷議欲遣爲大將，未敢決，國楨獨疏保之。乃遣成梁子如松爲提督，將遼東、宣、大、山西諸鎮兵以往。而國楨監其軍，遂與如松至寧夏。

初，學曾欲招東暘、朝，令殺拜父子贖罪，遣卒葉得新往。四人方約同死，折得新脛，置之獄。巡撫朱正色以賊詭請降，而張傑嘗總寧夏兵，故與拜善，遣傑入城招之。朝乃舁得新見傑，得新大罵賊，被殺，傑亦縶，不遣。而學曾以賊求撫爲之請，帝切責。及是，城中百户姚欽、武生張遐齡射書城外，約内應，夜半舉火。外兵不至，賊殺其黨五十人，欽縋城出，來奔。當是時，賊外以求撫緩兵，而陰結寇爲助，然糧盡，勢且困。七月，學曾與夢熊、國楨定計，決黄河大壩水灌之，水抵城下。時套寇卜失兔、莊秃賴以三萬騎犯定邊、小鹽池，用土昧鐵雷爲前鋒，而别遣宰僧以萬騎從花馬池西沙湃口入，爲拜聲援。麻貴擊之右溝，寇稍挫，分趨下馬關及鳴沙洲。學曾令遊擊龔子敬扼沙湃口，而檄延綏總兵官董一元搗土昧鐵雷巢，斬首百三十餘級，寇大驚引去。遇子敬，圍之十重，子敬死，寇亦去，賊援遂絶。學曾益決大壩水。八月，河決堤壞，復繕治之，城外水深八九尺，東西城崩百餘丈。著力兔、宰僧復入李剛堡。如松、貴等擊敗之，追奔至賀蘭山。賊益懼求款，未決，會學曾得罪罷。朝命以夢熊代，夢熊遂成功。

初，學曾之遣人招東暘、朝也，留固原十餘日以俟之，帝責其玩寇；李昫渡河又稍遲，松山、河套寇先入，官軍用是再失利。學曾嘗上疏令監軍無與兵事，帝爲飭國楨如其言，國楨頗憾之。及至軍，劾諸將觀望，而頗以玩寇爲學曾罪。給事中許子偉亦劾學曾惑於招撫，誤國事。國楨又言僉事隨府從城上躍下，賊令四人下取，我軍咫尺不敢前，又北寇數萬斷我糧道，殺戮無算，匿不以奏。帝遂大怒，逮學曾至京。然學曾逮未逾月，城壞而大軍入，賊竟以破滅。

夢熊既代學曾，亦賜尚方劍。時調度靈州，獨國楨監軍寧夏。賊被圍久，食盡無援，而城受水浸，益大崩。國楨挾諸將趨南關。秉忠先登，國楨大呼，諸將畢登。賊退據大城，攻數日不下。國楨使間紿東暘、朝、承恩互相殺，以降貰其罪。三人内猜疑，東暘、朝遂先誘殺承恩、党文秀。承恩亦與其党周國柱誘東暘、朝殺之；盡懸東暘、朝、文秀首城上，開門降。如松率兵圍拜家。拜倉皇縊，闔室自焚死。夢熊自靈州馳至，下令盡誅拜黨及降人二千，慰問宗室士庶。寧夏平。夢熊、正色、國楨各上捷奏，而俘承恩獻京師。帝御門受賀，詔磔承恩於市，夢熊、正色、國楨各廕世官，如松功第一，如薰、貴、秉忠等加恩有差。學曾初奪職爲民，敘功，以原官致仕。

學曾任事勞勩。灌城招降之策，本其所建。及宣捷，帝召見大學士趙志皋、張位，志皋、位力爲學曾解，尚書星以下多白學曾無罪。國楨亦上疏言："學曾應變稍緩，臣請責諸將以振士氣，而逮學曾之命，發自臣疏，竊自悔恨。學曾不早雪，臣將受萬世譏。"如松亦言："學曾被逮時，三軍雨泣。"夢熊亦推功學曾。帝初不聽，既而復其官。居家數年卒。夢熊以功進右都御史。

初，卜失兔爲都督，其部長切盡台吉最用事。切盡台吉死，卜失兔不能制諸部。經略鄭洛專事羈縻。學曾以洮河之變惡諸部爲逆，襲殺明安。會拜反，著力兔、宰僧遂聲言與拜爲一家，而卜失兔、莊禿賴亦引兵助之。及拜誅，切盡台吉之比吉率著力兔、宰僧、莊禿賴等頓首花馬池塞下，悔罪求款。夢熊爲奏請。帝以夢熊初主學曾，責其前後異議，令要諸部縛叛贖罪。著力兔等求款益堅，夢熊乃與巡撫田樂奏上四鎮款戰機宜，俟朝議。中外相仗莫敢決，卜失兔遂率諸部大入定邊。總兵官麻貴等擊卻之，夢熊以功加太子少保。未幾，切盡台吉從子青把都兒犯甘肅，總兵官楊濬、副總兵何崇德禦之，斬首六百餘級。夢熊復加太子太保、兵部尚書。尋入爲南京工部尚書，而以都御史李汶代。自洮河變後，寇頗輕中國。招撫議既絶，諸部數入犯，四鎮遂頻歲用兵云。夢熊雖功多，其品望遠出學曾下。卒官。

國楨既招降承恩，以夢熊貪功殺降劾其罪。夢熊奏辨，言：“拜所畜家人皆死士，緩一二日東暘、朝黨復集，必再亂。臣寧負殺降名，以絶禍本。”帝爲下詔和解之。論功，擢國楨太僕少卿。逾年，遷右僉都御史，巡撫大同。久之，遷兵部右侍郎，總督宣、大、山西軍務。在鎮三年，節省市賞銀十五萬兩有奇。父喪歸，未起而卒。贈右都御史。

（據《明史》卷二百二十八）

平哱拜　谷應泰

神宗萬曆二十年，寧夏哱拜亂。

拜，故韃靼種也。嘉靖中，拜得罪其酋長，父兄皆見殺。拜伏水草中得免，來投守備鄭印，隸麾下，驍勇屢立戰功，歷陞都指揮。拜妻施氏孕將産，拜夢空中大響，天裂出火焰，一妖物如虎，入施脅下不見，拜急手劍之。驚覺，遂産子，狼貌梟啼，名曰承恩。萬曆十七年，拜加副總兵致仕，子承恩襲。十九年，洮河告警，上遣科臣巡九邊。尚寶丞周弘禴以御史往寧夏，舉承恩及指揮土文秀，並拜義子哱雲等。拜雖請老，居恒多蓄蒼頭軍，聲稱報國。會經略鄭洛檄夏鎮調發，巡撫黨馨奉檄遣文秀率千騎西援，拜驚曰：“文秀雖經戰陣，恐不能獨將。”乃詣洛轅門，願以所部三千人與子承恩從征。洛壯而許之。馨惡其自薦，馬羸者不與易，有餘馬亦不給拜，拜怏怏去。至金城，見諸鎮兵皆出其下，賊平馳還，取徑塞外，戎騎辟易不敢逼，遂有輕中外心，恣睢驕横。黨馨每裁抑之，且欲覈拜冒糧罪。而承恩以强娶民女爲妾，箠之二十。哱雲、文秀又以陞授事怨馨。

會鎮戍請冬衣布、花月糧，久勿給。坐營江廷輔請給前銀，以安衆心。馨曰：“此有挾而求，漸不可長，彼不畏族乎？”軍鋒劉東暘拔撫署前鹿角，作忿狀。拜嗾之曰："若等任爲之!"遂羣哄不可制。東暘者，靖虜衛人，素梟桀有異志。於是糾黨晨入帥府白事，總兵張維忠素鮮威望，爲眾所輕，見眾驚懾，不能彈壓。眾露刃執副使石繼芳，擁入軍門。党馨急匿水洞，索得，劫至書院，同繼芳戮之。時二月十八日事也。遂縱火焚公署，收符印，釋囚，掠城中，劫張維忠以侵糧激變報。時河東僉事隨府、通政穆來輔適抵鎮，賊並劫之，請招安以緩師。二十日，總督尚書魏學曾行部花馬池聞變，遣標下張雲、部寵諭降。二十三日，哱雲、土文秀統兵五百，自中衛互市歸，合叛卒殺遊擊梁琦、守備馬承光。二十五日，索敕印，維忠與之，自縊死。東暘遂自稱總兵，聽拜主謀，據城刑牲而盟。授承恩、許朝左右副總兵，土文秀、哱雲左右參將，挾慶王代請貰罪。承恩乃勒兵分遣王虎、何安等據城堡。會張雲等至，東暘曰："必欲我降，依我所自署，授官世守寧夏。不者，與套騎馳潼關也。"承恩徇玉泉營，遊擊傅垣拒守。千户陳繼武執垣降。徇中衛，徇廣武，參將熊國臣棄城匿。河西望風靡。惟土文秀徇平虜，參將蕭如薰堅守不下。如薰妻楊氏，總督尚書兆之女也，謂如薰曰："若爲忠臣，妾何難爲忠臣婦。"盡出簪珥勞軍士妻，帥之守城。賊攻圍數月，竟不能克。賊又率兵過河，欲取靈州，齎金帛誘套部著力兔等，許以花馬池一帶聽其駐牧，勢大猖獗，全陝震動。

三月四日，副總兵李昫奉總督魏學曾檄，攝總兵進勦。統遊擊吴顯趨靈州，别遣遊擊趙武趨鳴沙州。張奇兵沿河扼賊南渡，轉戰獲賊于正等八人，舟十八艘，賊鋒少挫。總督駐下馬關徵調。時靈州裨將吴世顯黨逆，約是月九日與賊應。參將來保誓死守。賊齎書詐門，拒卻之。昫聞急，與吴顯兼程馳赴，逆謀始折。翼日，調延綏、蘭靖兵稍集，昫乃分遣渡河，收復營堡。廣武僞遊擊張天紀、大壩僞守備高天爵俱遁。十五日，復棗園堡。靖虜參將吴繼祖搗中衛，擒賊黨王虎石。空寺堡亦下，獲僞守備何安。二十日，套部千騎薄邵剛堡，千總汪汝漢發三矢殺三人，乃解去。進復玉泉營。凡先後收還營、堡四十七。河西唯鎮城爲賊據。後三日，總督移師小鹽池。拜聞套部且至，屬土文秀、許朝分馳迎之。

二十五日，著力兔、打正等引控弦三千騎，馳金貴堡。二十七日，移鎮河堡入屯演武場。賊益掠城中子女媚之，奉河東西地圖。套人聲言已與哱王子爲一家，拜、文秀並易服，合兵攻玉泉急。二十九日，哱雲引著力兔攻平虜堡，參將蕭如薰伏兵南關，佯敗，誘之入伏，射雲死，並傷驍賊吳敖霸。套部遁出塞，因掠糧道，聲犯花馬池諸處。趙武駐玉泉被困急，李昫馳赴之，圍亦解。昫會原任總兵牛秉忠督六路兵，翼日抵鎮城下。時總兵已擢董一奎，李蕡副之。官兵抵城下，賊東北二門各出精騎二千搏戰，步卒列火車爲營。

四月五日，我師衝鋒，奪火車百餘輛，追奔入河，溺死賊無算。延綏副總兵王通戰尤力，其家丁高益等三人，乘勝先登，殺入北門，招榆林諸帥兵爲後繼，不至，被殺，通亦傷額，榆林遊擊俞尚德戰死。翼日，許朝、土文秀脅慶王至東城上樓，乞暫罷兵，願縛首惡獻。劉川、白金等謾語支吾，顧投誥敕城下，示無所畏。拜妻施氏，時諫不聽，又翟珮而立，謂拜曰："此何來，悖德不祥，奈何自取奇禍！"承恩推跌去之。登南城，遥謂都司李鯤曰："吾父出萬死，爲國捍邊，蒙恩至上將。撫臣朘削激變，自取滅亡。吾父子勒部曲待命，當事不察，反以爲罪。今首惡具在，乃不罪倡亂，罪戢亂者。吾寧保此完城，結塞北自全耳。"會官軍糗糧乏，遂假此休士近堡。總督日夜促芻餉，調延綏、莊浪兵。乃以二十一日進攻，復抵城下，塹濠豎雲梯夾攻。賊迎敵多殺傷，承恩與東暘勒精騎潛伏，從延渠掠奪糧餉二百餘車。先是，衆議以李蕡非衝邊才，乃調麻貴自戍所代之。貴素以勇聞，且多蒼頭軍。至是，軍亦至。二十九日夜，貴等乘風縱火，復以雲梯攻城。賊豫治滾木礧石待，擲火燃燒我兵千數。賊日恣淫虐，城中婦女寶貨，已經搜括，尚根索不已，死者甚衆。至迫脅慶府甚急，妃方氏懼辱，拔劍將自刎，保母抱持，並世子匿土窖中，以被服置井上環哭。賊見，信爲溺，盡取金帛及他宫人去。比發窖，妃已死矣。總督凡用兵兩月無成功，憂之。或謂："招劉、許，陰授意殺哱拜父子，立功贖罪，無不應者。"督府然其謀，遣家丁葉得新往見。時四人方約共死生，不可間，暴其謀，執得新，折脛下獄。

命李如松總寧夏兵，浙江道御史梅國楨監其軍。時言者謂李氏握重兵，不宜拒虎進狼，而國楨力保如松忠勇可任，故有是命。巡撫寧夏已推朱正色，甘肅都御史葉夢熊上書願討賊，詔協力赴之。

五月，巡撫朱正色渡河督戰，以上命頒將士賞，一軍踴躍，賊聞，詭請降。以張傑嘗總寧夏兵，與拜交善，遣入城招安。傑單騎往切責之，許朝乃述葉得新用間謀殺語。傑未信，即舁至，使吐實。得新大罵曰："死狗賊，計不得行，命也。天旦夕磔汝，何喋喋爲!"朝怒，攢刀殺之，傑亦被繫。時頓兵數月，未能即下，乃重懸賞格，購哱拜等。上特賜總督魏學曾劍，違者立斬。

六月，都御史葉夢熊至靈州，從甘肅攜神炮火器四百車至，更約法，益征苗兵。會浙江巡撫常居敬募浙江千人，糗糧自辦，詔嘉其忠，調赴寧夏。於是分爲五軍：董一奎攻其南，牛秉忠攻其東，李昫攻其西，劉承嗣攻其北，而麻貴率遊兵策應。二十日，並逼城下。哱拜自北門出戰，意欲自往勾套部。麻貴率參將馬孔英先登赴敵，逐拜入城，擒斬百十七人。先是，拜與套部深相結，日夜從著力兔帳中，便調度。至是，入城不得出，套部不得拜，亦不敢復渡河深入。二十二日，御史梅國楨、提督李如松統遼東、宣、大、山西兵麕集，軍聲大振。賊嬰城自守，國楨樹受降旗於城南，賊因索面陳歸順，許之。東暘、許朝等梯城而下，劍戟鱗次，刃芒耀目，城上皆控弦注矢以待。國楨策騎直前，朝大驚，不覺膝之屈也。然賊實紿我，無降意，自此盡力攻城矣。二十五日，官兵用布袋三萬，盛土填集登城，爲炮石擊卻。都司李如樟，夜半以雲梯上南城。翼日，遊擊龔子敬提苗兵攻南關，如松乘勢欲擁入城，皆爲炮箭擊卻。官兵會食，賊即縋下奪梯牌，益縱火焚攻具。是夜，指揮趙承光、葛臣、戚欽，武生張遐齡，百户姚欽約爲內間。夜半，四面並舉烽火，地下兵趨上。而譙樓火蚤發，南火弗起。城中果鼓噪，大呼殺賊。欽使遐齡縋城召外兵，行未中道，欽復亟跳城下呼救。而賊早覺，已盡縛趙承光、戚欽等殲之。許朝因欲開小南門逸，以外兵整不敢出。自是城中糧且盡，鋭氣益喪矣。

七月，給事中許子偉劾總督尚書魏學曾惑於招撫，罷秩。命葉夢熊代之，賜劍如故。七月二日，許朝等至南關，請總兵董一奎款語。僉事隨府乘間同家人抱關防，從城躍下，傷肱不能起。賊復縋執繫獄。翼日，定議水攻。寧夏城西北卑下，且與金波、三塔諸湖之水相近；東南逼觀音湖、新渠、紅花渠，形如釜底。遂繞城築堤，十七日堤成，長千七百丈，決水以灌。先是，哱拜遣養子克力蓋往著力兔求援。松詗知狀，命裨將李甯追斬之，並其從騎二十九級，獲符合箭。居有頃，套部莊禿賴與卜失兔合部落三萬，先使土昧、弭糾雷等犯定邊小監池，而打正以萬騎從花馬池西沙湃入。總督檄麻貴偵擊，以牽打正，别遣董一元乘虚出塞，搗其穴。麻貴進戰石溝旁，敵稍卻，分趨下馬關及鳴沙州。總督遣遊擊龔子敬提苗兵八百堵沙湃口，東趨定邊，與董一元合。亡何，一元報搗土昧巢，斬獲三千餘級，套部驚引去。而打正還至沙湃，苗兵直前扼之，眾寡不敵，被圍十餘匝，子敬力戰死，然套部竟以搗巢解散。賊援絶，我師益決大壩水，八月朔，城外水深八九尺。是夜，賊小舟挖堤泄水，官兵擒斬十六級。生得一人，爲言城中乏穀，士盡食馬，馬餘五百匹，民食樹皮，死亡相屬。翼日，城東西崩百餘丈，都司吴世顯、參將來保所治堤，亦各崩二十丈，水頓減。總督斬吴世顯以徇，來保用靈州功免，仍悉力補堤。賊數出兵來擾，多被斬獲。城中饑民擁賊求招安。十二日，御史梅國楨檄賊，以饑民故，爲治錢穀。檄到三日，開關迎大兵入賑。賊不報。時套部數闌入堡來救。二十一日，著力兔以八百騎入鎮北堡，又擁眾餘余入李剛堡，分部渡河。總兵李如松遣裨將李甯等馳赴黄硤口擊之，以勁卒千餘，身往策應。行至張亮堡，遇敵搏戰，自卯至巳，敵鋭甚，如松劍斬縮朒二人。會麻貴、李如樟等亦至，張左右翼夾擊。李寧手殪二人，敵遂卻，追奔至賀蘭山，盡走出塞。官兵捕斬百二十餘級，獲駝馬無算。乃移級示賊，賊爲之奪氣。

九月三日，參將楊文提浙兵至。已，苗兵莊浪兵俱至，大治臨衝船筏，刻日攻城。總督葉夢熊佈告軍中，有能先登以城下者，予萬金。後五日，水浸北關，城崩。南關薛永壽等約内應，我師陽調舟筏擊北關，承恩、許朝果趨北關鏖戰。李如松、蕭如薰潛以鋭卒掩南關，總兵牛秉忠年七十，賈勇先登。梅國楨呼諸將曰："老將軍登城矣，餘何怯也!"遂畢登。夢熊入城，勞苦百姓。承恩等見南關下，則盡氣奪，乃急縋張傑下城，懇貸死。夢熊陽許諾，益治攻具，先遣王機密以蠟書行間。時承恩雖求撫，墐門斷塹，守益固。有賣油李登者，跛而眇，負罌木歌於市曰："癰之不決，而狃於痏；危巢不復，而令梟止。"監軍梅國楨聞之曰："是可使也。"召登授三劄，縛木渡東門，見承恩曰："監軍以哱氏有安塞功，今與鼠輩駢首並誅，深用惜之。軍中非乏所使，以登殘民不駭視。有密記授將軍，將軍幸有意聽登，則殺劉、許自贖；即不聽，願死麾下，毋留登。"承恩猶豫許之。登趨而出，間道詣東暘、朝，亦各致劄曰："將軍故漢臣，而首亂在哱氏，何横身與人嬰禍？鎮卒幾何，能當都督軍？此無異驅孔雀而鬥羣鶻。所恃不過套援，將軍不記演武臺上，彼親土、哱，目中豈有將軍哉！所爲貴智者，以能度時審勢，轉禍爲福也。"東暘、朝亦心動。自是互相猜疑。十六日，圍愈迫，東暘頓足歎曰："遂至此耶！"佯爲風疾，殺土文秀，曰："好頭頸，毋令他人砍之。"先是，鎮民郭坤有妾美，坤死，賊党周國柱以繭帨一雙聘焉。許朝亦往議，妾曰："受周家聘矣。"朝以問，柱曰："誠有之。"朝怒其不相讓，銜之。會承恩聞李登之説，方惶惑，召所親石棟問計。棟曰："周國柱見事審而決，雖東暘臣，然與朝有隙，盍呼之。"國柱至，承恩與謀，欲召東暘、朝飲，醉誅之。國柱曰："兩家前後皆戈鉞之士，以一制二，恐非萬全。將軍當計誅朝城南，柱乘間取東暘也。"承恩然之。遲明，承恩過呼朝，時朝正坐考訊，承恩急呼曰："將軍何暇問此？有密事登城樓議之。"麾衆下曰："將軍知國柱有異心乎？吾將與將軍斷其首。"語未竟，承恩家卒世富、大宣遽曰："外營炮向樓，無宜久駐此。"承恩疾下，朝跛後從，大宣掖之。梯半，世富抽佩劍砍之，首隕梯下，因縛其從騎，盡斬之。國柱見塵還起，有兵劍聲，知事濟，乃披鎧登樓，佯謂東暘曰："官軍已入南城矣。"東暘驚起憑軒望，國柱自後斬之，不死，走入側房支户，國柱引足破户，梟其首出。衆嘩曰："國柱奈何殺將軍？"柱叱曰：

"若不避死走，官軍盡斬汝。誅一逆賊，何嘩也!"衆盡散。承恩既殺東暘、朝及文秀，懸首城上，於是李如松、楊文先登，蕭如薰、麻貴、劉承嗣繼之，大城悉定。北樓火起，李如樟馳往，搜獲寧夏巡撫關防，並征西將軍印各一。時哱氏尚擁蒼頭軍，總督葉夢熊在靈州聞之，亟令詰旦不滅哱氏者，服尚方。十七日晨，承恩方馳南門，謁監軍，梅國楨出，參將楊文執之。李如松急提兵圍哱拜家。拜方與牛秉忠飯，聞承恩擒，秉忠趨出，衆欲拒敵。如松給箭令卸甲，拜倉皇縊，闔室自焚。李如樟部卒何世恩從火中斬拜首，生得拜中子承寵，養子哱洪大、土文德、何應時、陳雷、白鸞、陳繼武等。總督葉夢熊、巡撫朱正色、御史梅國楨隨入城，問慰宗室士庶，寧夏平。捷奏，上御門受賀，已箯輿致承恩獻俘。

十一月，詔磔哱承恩、哱承寵、哱洪大、土文德等，俱駢斬長安市，頒示天下及四裔君長。下詔慰慶王，復寧夏田租。王妃方氏不屈死，特賜褒異。大賞寧夏功臣，葉夢熊、朱正色、梅國楨各蔭世官。武臣李如松功第一，加宫保，蕭如薰次之，麻貴、劉承嗣、李如樟、楊文、牛秉忠等加恩有差。如薰妻楊氏，守平虜有功，制敕旌賞。贈死事龔子敬都督僉事。給事中曹大咸劾穆來輔，隨府依違，緹騎逮治，遣戍邊。魏學曾以原官致仕。

谷應泰曰：哱拜以嘉靖中亡抵朔方，屢立戰功。萬曆中，備位副將，其子承恩襲爵。乃拜雖請老，而多蓄蒼頭軍，聲言報國，蓋不無異志焉。方其矍鑠請纓，挾其子，從三千人而西也，毋亦觀諸鎮之虚實，結套部爲腹心，潛伏陰謀，待時而動，豈真有廉頗之壯志，文淵之據鞍哉！乃以不給壯馬，侵剋月糧，爲黨馨罪。此特哱氏之權譎，借爲兵端者耳。以故劉東暘之變，則拜嗾之；哱雲、文秀之怨，則拜陰中之。揣拜之意，不過恃套爲長城，緩則倚之爲外援，急則引之爲内助。夫是以立於有勝而無敗，敢於倡亂而輕於爲叛逆也。若然，則善剿者不當剿拜而當剿套，不在挫套、拜之鋒鋭而在隔套、拜之聲援。套絶，則拜者孤雛腐鼠，取之如寄者耳。

相其初，拜、套聲言，聯爲一家，即可驗其情狀，而東暘之恐喝，則曰：“與套馳潼關。”著力兔之入寇，則曰：“畀以花馬池。”克力蓋之求援，則能遠致莊克賴。如是即拜之恃套相倚爲命者也。善乎葉夢熊爲帥，而五路分兵，扼守寧夏，拜不得出城，套不敢渡河，而哱氏之計窮蹙極矣。迨至打正驚奔，賀蘭遠遁，拜雖遊魂，可坐而縛也。

尤有幸者，文秀見殺於東暘，東暘蒙誅於國柱，許朝隕命於承恩。始則虎狼之殘，物以類聚，繼而昆蟲之齧，還相爲攻，倘所謂天道，是耶？非耶？比神宗受賀，承恩俘馘，雖師武諸臣協謀有力，而葉夢熊聲請討賊，自辦糗糧，梅國楨仗劍從軍，力保李氏，蕭如薰之妻楊氏，簪珥犒軍，羣婦墨守，則尤犖犖者也。

（據《明史紀事本末》卷之六十三）

通議大夫兵部右侍郎兼都察院右僉都御史贈右都御史梅公神道碑

神宗皇帝在位二十年，文武恬熙，北寇貢市邊塞，人不知兵。

壬辰春二月，寧夏鎮將哱拜、子承恩、劉東暘等殺巡撫黨馨，據城以叛，攻下四十餘堡。許朝、土文秀辮髮改服，分道勾寇。寇數犯玉泉、花馬間。約五六月，大舉應賊。

中朝大震，議緩師招撫，以苟不用兵爲貴。梅公爲監察御史，昌言於朝以謂：“賊勢已成，畜謀已久。遷延一日，則禍深一日。外勾大寇，内引叛人；聲勢愈大，風聞愈遠；脅從愈眾，人心愈疑。爲今之計，非力剿無以定禍亂，非詔赦無以攜黨與，非特遣無以重事權，非破格無以庸豪傑[1]，非便宜無以中事機，非重賞無以作士氣。甯遠伯李成梁父子威名素著，諸子家丁驍勇慣戰，哱賊降人雜類，出入邊徼，心輕中國，獨憚李氏耳。請以西事委成梁，擇文臣知兵者監其軍。天威既臨，不敢四出；魚遊釜中，勢必自亂。附近營路恃以無恐，他方觀望憚而自戢。失此不圖，臣不知其所終也。”神廟深以爲然。朝議方憚兵，又憂李氏跋扈，不宜假以兵柄。衆懼恂恂，給事中王德完惶遽自列曰："臣所請收録豪傑，非謂李氏也。異時有變，幾得無連坐？"公歎曰："人臣謀國不忠，一至於此乎？"復抗疏極論："中朝果疑李氏，當在遼東握兵之時，不在廢閑罷鎮之日。李氏即有異志，亦在危疑不安之時，不在明主洞察之後。伏望陛下斷自宸衷，可疑即别爲調遣，可信即立加委任。臣願與成梁馳赴寧夏同心討賊，賊知歸命，則臣爲陛下之使，奉揚恩赦以安反側；負固不服，則臣爲陛下之將，披堅執鋭爲士卒先。事平之日，臣即日還朝，止求自明，不敢言功。若其不捷，軍法具在，不敢以臣之罪貽累他人也。"上以成梁老，姑徐行，命公監其子如松軍以往。

公初謂總督魏學曾遲頓玩寇，意殊薄之。由紅山渡河，不與相見。久之，乃知其忠誠爲國，傾心相信，誓以共死。

甘肅巡撫葉夢熊自請討賊，駐師靈州，思掩學曾功代其位，而忌其倚公以辦賊也。飛謀鈞謗，間阻百出。公既受事，而西事益難言矣。六月，公自領精騎二百，與如松分兩軍壓城而陣。公跨馬督戰，炮碎公從騎，弗爲動。諸將咸顧望不力，焚南樓取火箭弗應，城中射帖約内應，匿弗報，賊磔之城上。公憤盈[2]上疏自劾，言："諸將用兵不及兒戲，從前報功，盡屬欺罔。臣身先士卒，激使僇力同心以報陛下，不能協和而反致疑忌。事至此，臣不得不言；臣有言，人不得不恨。請下臣於理[3]，若秋冬間，西事不大壞，即斬臣都市，以爲欺罔之戒。"

上已先入夢熊蜚語，得公疏震怒，逮問學曾，遂以夢熊代。非公疏指也。夢熊既得代，忌公滋甚。監軍權輕，無賜劍，又奉屢旨，申誡侵越。公以忠赤諷勵將士，以敢死率先行陣，以老謀指授方略，以誠心感動攜貳，以機權籠駕狙詐。諸將始而狎，中而畏，既而感激，踴躍願爲公死。夢熊見公豁達推置，亦少安之，旋而受緣鏇於公。公所畫制賊之策三，曰絶勾寇，曰攜脅從，曰用水攻，至是而其局大定。鎮城三面阻水，壅其北而決之。賊將安往？賊不能突出，寇不能闌入，是我以堤爲長圍也。七月堤成，凡千七百餘丈。決水灌城，城東西崩各百餘丈，賊守陴者皆哭，佯乞降，堅守以待寇。寇數萬騎從李剛堡渡河，去鎮城三十里。公夜舉火趣李如樟邀擊，如松尾之，遲明兩軍夾擊，寇大敗，繞賀蘭山遁去。用木筏沖城，竿寇首以示之，曰："此而所勾着力兔也！"賊絶望寇。至梯城而下，願見梅監軍，面陳歸順。拜、承恩、東暘及濠，望拜而去，許朝躍刃逾濠，如將及公。壯士張進諫欲前，公瞬止之，披襟而與之語，朝逡巡納刃屈腳下拜，城上下炮石焰天，鼓角殷地，公神觀安閒，進止自如。咸咋指歎曰："梅監軍真天人也！"

八月八日夜二鼓，三人縋城來，告賊以重陽入大城，置酒南城可得也。諸將莫敢信，公曰："往，我任之。"及城，諸將讓登，總兵牛秉忠年七十，賈勇而上，公緣梯大呼："老將軍先登矣！"乃畢登。降人殺守者，血流活活有聲，公踞坐血嚳中，籍記功次，傳呼止殺。男女然燈，夾拜歡呼再生。南城下，賊據大城以守。諜知賊黨攜貳，遣南關民李登往間哱氏，殺劉、許自贖，會劉東暘先疑土文秀，僞病誘殺之。承恩殺許朝，畢邪氣並殺東暘。城中解甲焚香，以迎王師。十六日，整師而入，不僇一人。或説公盡殺降人以應封率，公曰："事定矣，妄殺何爲？馘劉、許、哱拜、承恩以獻闕下，括賊幣以補軍興，籍降丁以實營伍。此吾所以藏西事而報天子也！"夢熊聞之，乃自靈州馳至，封賜劍，下令盡誅降者，承恩方從公出獵，遂就縛，拜闔室自焚。軍士大掠，骸骨撐拄，金帛狼籍道路。公即日襆被就道，題詩驛亭，長謡歎息而已。東暘、朝首級皆毁。夢熊將函他首以獻，使人示意於公。公曰："有一首可代。"其人喜而問，公笑指其頸曰："此是也！"遂不敢言。

公入朝據實奏報，曰："諸將可以欺臣，臣不可以欺陛下也。"朝右皆右夢熊，以首功論。公陞太僕寺少卿，遇邊撫推用，蔭一子錦衣百户，而諸將士從公效死力者多不得敘。嗟乎，西夏之事難言也！

督師駐二百里外，置酒高會，遥制成敗；監軍身在城下，腰刀袴褶，親受矢石。成則督師總其功，敗則監軍專其罪。無闖外之事權，有朝右之謡諑。左枝右梧，前顧後視；不察睨眴，不動聲氣；陽就其籠挫，陰嚓其機牙。王誅以成，國體以至斯爲難之難矣。明旨戒侵越也，公奏疏曰："人之侵權，必有所爲，或爲貪功，或爲尊大，或爲受享。以臣爲貪功，事定之日，首敘督撫，次及大將，次及行間之人。監軍之官，即自居其功，欲何爲耶？以臣爲尊大，臣與士卒爲伍，倉卒聞警，躍馬疾馳。將領效力，則下拜而謝之；士卒有謀，則執手而問之，可謂之好尊耶？以臣爲受享，日夕餔糜，自買柴菜，居處營中。累土爲榻，以蒲代瓦。風雨時至，擁毯自蔽。木板爲几案，瓦盆爲頮器，夜無然燭，引燎自炤，可謂之享受耶？臣所以奮不顧身，甘冒賊鋒者，蓋見人情時勢之難，甯死於賊，以報明主之心；不死於讒，反爲任事之戒。臣之微軀何足惜？恐豪傑之士見臣受禍，皆懷明哲之思，沮效用之氣，非所以風示天下、宏濟艱難也。"賊平之後，抗疏爲舊督臣仲雪，曰："攘其位，掩其功，又欲殺其身乎？吾願與魏同罪，不願與葉同功，不然他日何以見魯衛之士乎？"南城之役，與將士緣梯蹴踏，右手傷大指，血沁佩玦，酒間慷慨循玦而歎："幸哉！七尺無恙，其不爲此指者幾希矣。"公之辭恩蔭，曰："角巾歸里，口不言功，使天下後世知臣一念樸忠，非有所爲，則臣榮多矣。"公以一指視一身，以一身許君父，雖通侯胙士，視之如浮雲，而貪功攘善之徒，顧欲以腐鼠嚇之，不已遠乎？西事甫竣，我師有東征之役，兵絓禍結，首尾七年。而西陲晏然，我得以一意東略，公之功於是爲多。

天子心知公能，有意大用。明年陞都察院右僉都御史，巡撫大同。又五年，陞兵部右侍郎，總督宣府、大同、山西三鎮。又三年，以父喪解任歸，未起而卒。故吾謂萬曆中，龐臣碩輔，膚公扞城之臣，以公爲首。而公之得以成功者，以神宗之明，知之蚤而任之力也。

公諱國楨，字客生，湖廣麻城人。大父諱吉，宏治己未進士。爲惠州太守，有惠政，夫婦皆百歲。父諱汝觀，母陳氏，生六子。兩世皆以公貴，贈兵部右侍郎。妣皆淑人。公生四歲，雄傑異凡兒，十四補博士弟子，二十六而舉於鄉，再試落第，挈家居長安。長安中戚里豪貴、都市輕俠、鄒魯文學、燕趙奇節，一旦盡出公下。閒拉宿將健兒，遨戲近畿，貰酒呼盧，走馬角射，衩衣短袖，長髯巨鼻，望之如羽人劍客。識者以爲郭元振、張詠之儔也。

萬曆癸未，與仲弟國樓同中進士。國樓選爲庶起士，公知順天之固安縣。刊落教條，蠲除贖鍰，闊略簡便，務得民和。中官操豚蹄餉公，請徵責於民，公歡然烹豚置酒，曰："今日爲公了此！"中官大喜，俄而牒追民至，公奮髯怒罵，趣鬻妻償貴人責，出今日死杖下矣！中官益喜，少選戒吏僞遣人持金買民妻，追與偕入。公持金付中官，叱僞買者挾婦去。民夫婦不知也，哀慟訣別。中官亦慟，不願得金，公固不可，曰："小民償責，誰不鬻妻子，顧可令貴人折閱耶？"叱去益力。中官與民夫婦參立悲咽，卒毁券而去。其馭輦轂，貴人多所操縱捭闔，不名一端，其大都如此。

公之母卧病國樓邸舍，公自固安跨馬入省，鄉人固止之，公流涕曰："吾豈以一官易吾母乎？"入侍湯藥者匝月，良已而後去。人亦無以難也。暇日輒較射，每就射所決訟，錯落數語立遣去。歲爰書奏上，才三四通，入覲乘駿馬插弓矢，從蒼頭廬兒沿途射生逐兔，箭聲叫空如餓鴟，他邑令引車匿避，問之爲公，乃大驚。其儻蕩闊達，不拘細碎，皆類此也。

公爲人奇偉，變化權譎機警，曉暢物情，暗合兵法。軍抵寧夏，通賊法嚴，城堡皆晝閉。公大馳禁令，軍中與民相貿易，米鹽騰湧，軍實不乏。公曰："吾平夏州，惟此可以言功也。"初視師，聞城頭炮聲，地漾漾如乍雨着塵，一將曰："此炮所至也。"急牽公避之，公曰："子母炮中必有母，是炮皆子，豈舉炮者不肯爲賊殺命使乎？"後果有内變，南城下。命急塞北門，賊果從大城來攻，不能奪。角樓火發，炮矢雨下，公曰："無恐！我軍誤褻火藥耳。許朝能賺我死乎？"已而果然。我軍疾攻大城，賊縛南城人妻子親戚，寘長竿上，居民皆痛哭，公使人傳呼曰："監軍已往取許朝之妻、劉東暘之母矣。"賊遂解縛，南城始安。

公在雲中，某王方款塞，一以安静禦之。一日，忽大出獵，縣令闞揚諫曰："秋成，多損稼。"公弗爲止。後數日，得寇諜，寇欲大入，以有備中止，揚乃服。

扯酋遣人送精鐵數十觔，曰："塞外某山忽産此。"公笑受之，命工制爲劍，銘曰"順義"。某來市求鐵鑊，公禁諸邊弗與。出劍示之曰："前者某王遺鐵，中國所未有。爾何用此頑鐵爲也？"寇衆大嘩，歸怨扯酋，扯酋詞拙，遣人首服謝罪。公曰："我以至誠待爾，無爲也！"仍與之鏤。

王畢邪氣者，寇中知文法爲間者也，同諸部來見，公謾之曰："汝非王畢邪氣也！何得僞來？"王叩頭自陳非僞。公笑曰："人言汝爲間寇中，我久礪斧鑕以待汝，汝故馴謹如此，幾令我誤殺好人。"王叩頭感泣，自是輒輸寇情以告。

公以恩信待寇，時其撫賞，恤其凶饑。每延見寇酋，傳呼聲詈，尊嚴若神，已而離立偶語，娓娓如家人。寇争獻嘗所服毳裘，以明身侍公側。亦請公冠服，歸襲而拜之曰："猶見我公也。"他鎮寇聞公名，皆呼"大人"。延鎮帥挑釁襖兒，殺其講事八十三人。寇大入掠，延撫王用賓構之，不聽，曰："必得梅大人言爲信。"公命使至，遂立解，其爲諸寇敬信如此。

公在兩鎮，弓矢皆親督製，寇中號曰"梅弓""梅矢"。每燕會，以寒具爲的，與賓僚共射。召諸將較獵，不及者罰大觥。比耦而射，易器而飲，弗問也。

張進諫者，萊人也。力能碎鐵石，執槊不去左右。每變服夜巡城壘，暗中遥辯人影，必進諫也。公死，進諫哭曰："進諫自今無死所矣！"未幾亦死。

總兵張臣，道經固安，公致餼加禮。張異而致問，公曰："棒槌崖之捷，殺寇數千人，我物色公久矣。"張拜伏大哭曰："某血戰一生，受文吏抑没，今願爲公死矣！"公之能知人得士，奔走豪傑，非偶然也。

温陵李卓吾，道人也，好談王霸大略，西事起，歎曰："天下之兵始矣。"既而曰："客生往矣，必能辦賊。"

公呼公安袁中道爲"小友"。中道客長安，以學道求友爲言，公遺書曰："貫城之旁，有日中之市焉？雖無奇瑰異物，而抱所欲者，各恣取以去，求友亦若是耳。顯靈公古柏婆娑，委地作虬龍形，東便門外奈子花如鍢幄，可容二十許人。晋陽庵有唐鑄觀音像，沙窩井水、葛道士球，順城門老中官射，此余十年所得友也。公儻欲之，便以相贈。"袁嘗語余："海内有偉人二，一爲公，一爲通州顧司馬養謙。"而惜余之皆不及見也。

萬曆三十三年五月十五日，公卒於正寢，享年六十有四。訃聞，贈官賜葬如彝典。於原蔭加一級，世襲。某年某月甲子葬於白畈之原。公之配劉氏，封淑人。生男浩然，早卒。女六人，長女爲大金吾太子太傅劉僑母；四女適吏部尚書李長庚。側室亦劉氏，生次男之熉，一名嗣勳。

公没十餘年，猶子之焕，由諫垣歷邊撫，功名志節，赫奕相望。之焕述公行事爲詳，又言之熉之稱爲公子也，之熉書來請曰："先公横身許國，勞深賞薄，進不争功，退不言禄。先公之志也，夫復何憾？惟是夏州之役，先公曰堤水，葉曰填土；先公曰急攻，葉曰緩師。先公冒死以戡亂，葉坐制而殺降。截大寇，下南城，馘羣賊，皆出先公隻手，葉無一焉。而萬曆稗史記三大征者，見聞單薄，援據錯互，舉艱危耆定之績，胥歸碁間害成之人。如信史何？如國論何？且夫先公既口不言功，而敘功之典，遂因而欺枉失次，無功者乘軒而世賞，血戰者負戟而長歎。功罪倒置，豪傑解體，至今疆埸之上，有朝廷負人之歎，在此役也！先公墓木已拱矣，有麗牲之石在，惟天子哀而賜之銘，所以表國功，正穢史，修廢典，胥於是乎？在夫子其無辭？"余曰："諾！"乃敘而銘焉。銘曰：神廟初年，四海乂安，風清浪偃，如海安瀾，西陲雜種，負鄙爲災，魚蝦跳擲，海水羣飛。皇曰往哉，汝監軍事。戎服督師，惟汝之志。堂堂梅公，矯矯如龍，星馳城下，決策軍中。師圍蔽鳥，寇援絶蟻；長堤擁河，賊在釜底；狼搏豺吞，交口並齧。整兵頓馬，我刃不血。奏囊横飛，血指沁漉。手提銀夏，以還九服。錫盾雕戈，鈴析萬里。名王入侍，穹廬外徙。於皇神廟，德侔蒼灝。擾畜羣龍，在我池沼。養其頭角，資以雨雲。俾舒鱗爪，以蕩祲氛。譬彼驕人，天吴罔像。鼓舞相縋，不越沆瀁。清廟有頌，麟閣即圖。邈矣神廟，還猷籲謨。河山有窮，碑石不改。梅公如龍，神廟如海。

賜進士出身、翰林院編修，特進光禄大夫、上柱國、建極殿少師兼太子太師、文淵閣大學士、吏部尚書、加五級、紀録十次，年愚弟福清葉向高頓首拜撰。

【箋】

葉向高，字進卿，號臺山。福清人。與梅國楨同年（萬曆十一年，1583）進士。累官吏部尚書，兼東閣大學士，乞休歸。光宗立，召爲首輔，卒謚文忠。

此文不見葉向高文集，但文字與錢謙益《通議大夫兵部右侍郎兼都察院右僉都御史贈副都御史梅公神道碑銘》《牧齋初學集》，《四部叢刊》本卷六四。幾完全相同，當爲錢謙益代撰。

梅大中丞傳　袁中道

梅大中丞名國楨，字客生，楚之麻城人也。少俊朗，有大韻，能詩文，善騎射。既舉於鄉，遂挈家客長安。久滯公車，無意仕進，鏟采埋光，無復圭角。嘗曰："人生自適耳！依憑軌跡，外張名教，酷非所屑。"常與海内之文人詞客，花月晨夕，分題賦詠，爲騷壇主盟。游金吾戚里間，歌鐘酒兕，非公不歡。筆劄唇舌，爲世所榮。孟公驚坐，樓緩合鯖。下至三河年少，五陵公子，走馬章台，校射平原。酒後耳熱，相與爲裙簪之遊。調笑青樓，酣歌酒肆。布衣楚制，出入市廛。摩挲鐘鼎，賞評書畫。大鼻長髯，有若劍客道人之狀。識者固知公愛憐光景，耗磨壯心，與俗沉浮，不用繩檢。而外夷内朗，宏量沉機，真謝安石、張齊賢之流也。

癸未登第，鳴琴畿輔，笑譚視事，不令而戢。邑多中貴，數擾條教。公詘其言，崇其禮，皆畏悦以去。入覲，騎駿馬，帶長弓，控羽箭；偕侍史蒼頭十餘人，作健兒裝。沿途逐狡兔，射野雀。他邑令值之大駭，以爲探丸人，熟視則公也。以政最，入爲御史。壬辰春，寧夏逆賊劉東暘、許朝、哱拜、哱承恩、土文秀等，忿巡撫黨馨裁制叛卒，特起殺之，遂據城掠堡反。督臣魏學曾以變聞，朝廷旰食，公上封事，大略言："賊不足畏，獨虜秋高馬肥，勾虜入犯，禍且不細。爲今計者，惟擇驍將扼虜，使不得入，而後賊可攻。臣見大將李如松，父成梁，弟如柏等，俱足智勇，無忝崇文、李愬。且世受國恩，可使也。”上許之。諸言者畏李氏跋扈，不宜拒虎進狼，議論鼎沸。

公又上封事曰：“臣見寧夏猖獗，必得名將，以專其任。時雖豪傑如雲，各有鎮守，惟退閑宿將李成梁父子，素有威望，紀律嚴明。諸子家丁，武勇可任。雖寧夏哱承恩父子，號爲勇健，而不知李氏父子之遠出其上也。諸臣乃慮其勢重生患，有拒虎進狼之憂，臣於此亦念之熟矣。李氏父子即爲狼子野心，自取覆滅，但當防之於遼東握兵之時，而不當防之於廢棄離任之後。況昔危疑不安，而今則明主洞察矣。不以疑之之日，肆其不肖之心；而於信之之日，反爲赤族之計。其愚悖速禍，又出劉東暘、哱拜之下矣，謂成梁爲之乎？臣非不知諸臣之心爲濟臣之所不及，非相悖也；但用人之道，疑則勿用，用則勿疑。上而疑下，必不肯盡與之權；下畏上之疑，必不敢盡行其志。將領因疑而不受節制，士卒因疑而不聽號令。忌者因疑而得肆其讒，敵人因疑而得行其間。欲專制也，人曰：‘非有異志，何以不待奏報？’欲撫惜也。人曰：‘非有異志，何以要結人心？’欲行法也。人曰：‘非有異志，何以立威？’欲待釁也。人曰：‘非有異志，何以觀望？’或與監軍謀而不合。人曰：‘非有異志，何以不聽約束？’或與督撫期而先發。人曰：‘非有異志，何以不與同心？’服而舍之。則曰：‘何故縱有罪以市恩？’抗而盡誅之。則曰：“何故多屠戮以冒賞？”脅之而使其自殺。則曰：‘攘以爲功。’困之而致其遁逃。則曰：‘縱以生患。’無功則以爲怠玩以養亂，有功又以爲妄報而欺罔。首尾牽制，手足束縛。古如王翦、樂羊，或請田宅而後行，或借投杼以自況。以孫權、周瑜，義同骨肉，必拔劍破案，而後成功。況未有深信之素，而又示以猜疑之端乎！臣固云今之將士，殺身不足以成名，剖心無由以自白。邊事之壞，所從來久矣。伏望陛下斷之宸衷，博採輿論。成梁父子稍有可疑，速罷其權，別爲調遣。如萬萬可以相信，方可虛心任之。臣自外吏，入廁台班，雖懷狗馬之心，未效涓埃之報。若疑徒市私恩，不顧國計，願與成梁馳赴寧夏，同心討賊。不必加以別銜，假之重任。但憑陛下威靈，生平忠義。賊知歸命，則臣爲陛下之使，奉揚恩赦，以安反側。負固不服，則臣爲陛下之將，披堅執鋭，爲士卒先。平定之日，一切事宜付之魏學曾等，聽其安輯，以靖地方。臣與成梁即日還朝，止求自明，不敢言功。倘中途事定，聞報即返；若其不捷，軍法在焉。何止薦舉非人之罪，又何至以臣之罪貽他人哉？兵機所在，關係重大。臣初聞變，即知此賊非魏學曾等所能定；今見此舉動，又知非此時紛紛者之所能辦也。臣之所望在陛下一人耳，惟陛下自以疑信決其用舍。若曰姑以試之，而使成梁不敢自專，則功不可成，患不可測。臣不若先受狂噪之誅，以免誤國之罪也。”疏入，人皆服其才，壯其氣。

上乃命如松往，而公監其軍。公乃與如松馳寧夏城下。時賊嬰城自守，外示卑順，以緩我師；廣結虜眾，以爲聲援。意待秋高虜集，肆其不逞。公以一受降白旗，豎之城南。虜聞公至，乃索見公，面陳歸順。公許之。東暘、許朝等梯城而下，劍戟鱗次，刀芒耀日，城上皆控弦挽弓以俟。公單騎而進，與東暘執手折論，神意安閒，詞語慷慨。許朝露刃擬公，公笑而受之，賊不自知其膝之下也。然賊意終奸狡甚，欲求鐵券，世守寧夏。公悉力攻城，因風縱火，毀其南樓。曲招降人，以安反側。引水灌城，會守將失防，決堤功遂不終。然賊益懼，所恃者虜耳。延至初秋，虜達數萬，果自沙湃大入，斷我糧道。賊遣通官二人，爲虜嚮導，饋虜金帛充溢，及部落奸人皆有贈遺。又括城中女子千人啗虜，令虜來取，虜以故樂爲之用，所至守將不能禦。至韋州慶陽，殺人民，奪牛馬無數。虜渡河，從李剛堡入，離城僅三十餘里。公曰：“事急矣！欲待督撫傳示，緩不及事。”麾下將李如樟挺身願往擊虜，公壯而遣之。李如松等諸將，奮勇擊虜，斬獲過當，我軍歡聲動地。虜敗去，賊大失望。當是時，賊失外援，自知必死，然詭言朝廷有招安詔，爲諸將所匿；諸將欲盡殺城中人，以怖居民，故皆爲堅守。公度賊勢，城中尚可支一年，若至嚴冬，此地酷寒，我軍不得屯；又恐勾虜復入，至生他變，大可慮也。

季秋八日之夜，忽有三人來營中，云諸賊以重陽悉入大城寘酒；南城空虚，可入也。蓋寧夏城有二重，分南城、大城云。諸將不之信，以聞公。公曰："時不可失也。"覘之，果無城守；急令李如樟等上南城。公繼至。時餘將多次且，總兵牛秉忠年七十，賈勇先登。公從城上語曰："老將軍登城矣，諸將何怯也！"遂相次上城。公念衆未易約，一妄殺則大城死守，不可復得。乃大呼云："生擒者論功不以級！"凡我軍生擒一人，即予紀録，而仍縱其人，所全活者數千人。城中大喜，然炬照視，盡設香案，遂得南城。賊勢益孤，我軍從北關攻大城益急。賊以南城居民子女親戚之在大城者，盡縛之寘長竿上。南城居民痛哭訴之公，諸將皆愕然，無可爲策。公令指揮董正誼呼謂賊曰："監軍已往取許朝之女、劉東暘之母矣！若不釋放，亦如之！"賊聞傳呼良已，人心始安。仍示以未殺降人，賊黨驚喜。

公廉知許朝、劉東暘等意欲獻城，而憚哱氏父子强，其中可間也。乃覓居民與哱相識者，得一人曰李登，令其行間，持諭字往哱所曰："若並劉許，罪可贖也。"哱見之，果戟手哭曰："吾父子生矣！"召其黨畢邪氣等計議，須得符印公據，乃如約。登至，公密與免死劄，付入城。時賊土文秀自作逆後，屢有歸順獻城之心。劉東暘知之，乃僞病，托文秀後事。文秀入問疾，遂殺之。哱承恩至南門，殺許朝父子。畢邪氣至北樓，見劉東暘，未及語，頭已墮地。哱氏父子至南門，以殺賊告。公遂開城門，嚴申軍令，不得妄殺一人。城中皆解甲焚香，以迎王師。公念事之殷也，脅從頗多，渠魁既誅，餘可寬貸。各賊家丁，宜分屬諸將標下，撫以恩惠，皆爲有力健兒。哱氏父子，即不可赦，宜寘囹圄，以俟天誅，庶人心不復驚憂。而各賊資財，足供賞軍之用。刀刃不血，保全一國生靈，實奇功也。而督臣忽有傳示，云："本日内不殺哱氏父子及諸從賊者，以賜劍從事！"遂盡殺哱氏及家丁等。軍卒争功，恣意劫奪，賊賄悉被抄略，居民蕭然一空。公殊憾之。以賊平聞，公不自居功，賞獨後，僅晋官，蔭一子金吾百户不世。然天子心知公能。明年，遂陞大中丞，開府雲中。

時虜王款塞，公以静鎮之。公嘗曰："婦姑亦有勃溪，何況華夷？當事者遇有争，無偏輕重，可潛消邊釁。"每遇華人盗夷物者，寘之法無貸。公一日大出獵，盛張旗幟，令諸將盡甲而出，校射大漠。縣令闞揚怪異之，曰："今秋成出獵，多損稼，公乃多事矣！"後數日，得虜諜云："虜欲大入犯，以有備中止。"闞令乃歎詫公機用之神也。諸遊客走塞上者，多以竿牘來。主者致諸將校，將校無所出，斂戍卒饋之。公曰："吾安能以養健兒者，媚無益之客乎！"卒不數見也。公清廉，又耳目長，諸將領不敢過爲朘削邊卒以飽。督宣府時，扯酋遣人送良鐵數十斤，云虜中某山，忽産此鐵。公不報，但命工鑄爲劍，淬磨甚精。及虜來市，公禁諸邊勿與鐵鑊。虜衆大嘩，公出劍示虜使曰："前者虜王所遺鐵，中國殆未有。爾國幸有佳者，何用此方下産也？"虜衆聞之，歸怨扯酋。扯酋詞屈，乃遣人來白云："某知罪矣！前鐵實中國市來，虜中安得有此，聊爲誇耳。"公曰："我以至誠待爾，此後勿復作此狡獪！"仍命以鐵鑊與之。公雖令虜不敢欺，而每遇虜饑，輒以賑濟，與華人不異。故虜皆感泣。酋王稱之爲父，其忠信行於蠻貊如此。後以憂歸田。既除服，不及起用而卒。

公性坦夷，外寬内嚴，終身不見有喜愠之色。毁譽當前，不復致辨。倥傯之中，愈見暇整。綜理綿密，筆硯皆有方略。口無臧否，忽出一言，其人立見。飲啖兼人，後房姬侍繁多，亦無華飾，頗有夏侯妓衣之誚，公夷然不屑。文辭甚典腴，詩有奇氣，不多作，尺牘工巧甚。喜射，至老不倦。每會燕，多以寒具爲的，與賓僚共射之。晚通禪理。女澹然以孀爲尼，公不之禁。澹然戒律甚嚴，於道有入。父子書牘往來，頗有問難。

方公之開府雲中也，予時客長安，公以字來訊。予答以學道未契，汲汲求友。公復以書來云："貫城之旁，有日中之市焉。雖無奇瑰異物，而抱所欲者，各恣取以去，求友亦若是耳。公欲于此處求友，顯靈宫古柏，婆娑委地，作虬龍形。東便門外，奈子花如錦幄，可容二十餘人。晋陽庵中，有唐鑄觀世音相。沙窩水葛道士毬，順城門守門老中官射，亦不佞數十年内所得友也。公倘欲之，便以相贈。”其持論蓋如此。後邀予至雲中晤言。予少時有奇氣，相見直坐上坐，捫虱而譚。公待之益恭。每有所論，公退而疏之。一詩成，公曰：“真才子也！”嘗於水磨河寘酒，大合樂，泛舟，辨論鋒起。公自謂數十年來無此樂。率將佐出獵，公與予並馬笑譚，千騎圍繞，笳管清路，呼聲震地，箭如餓鴟叫。抵暮而歸，燈火晃耀，居民摩肩以視。大略如子瞻遊西湖，從湧金門外入也。予偶與諸狎客野飲，公忽至，遂共坐，與諸人調笑，略無忤意，亦不問姓名而去。

一日暇，公謂予曰：“料理堂事，入衙偃卧，令兩婢搥背，便過一日。真可謂無事。”予曰：“公于此道，曾有所入否？”公曰：“我昔聽方湛一講論，有所入，至今灑然。”予曰：“護生須是殺，殺盡始安居。公未搗其巢穴，而據爾安居，未可也。”公曰：“殺之何由？”予曰：“此拔刀自殺者也。或于文字上殺，或于朋友聚譚時殺，或于無義語上殺。皆殺機也。若是，即吾欲公厭事矣。”公曰：“善。”公於是深研悟理。予自雲中别後，不復再晤。不意公遂去世，竟未圖一合併。已矣，已矣，何時復見此偉人也！

袁子曰：“世之名位，蓋前定焉。”公爲孝廉時，時大塚宰王公，爲子覓禮經師，未得。王公夫人夜夢一人，謂之曰：“公子師，麻城梅孝廉也。其人官爵，與堂上主公同。”頃之，即見孝廉坐堂上，長髯而鼻如拳。寤以告王公。王公明日往謁麻城劉大金吾守有曰：“公邑有梅孝廉否？”劉公曰：“有之，不佞兒女姻也。”王公即托劉金吾延之。後王公與公飲，夫人竊窺之，長髯大鼻，依然夢中人也。王公後乃語梅公以故，公遜謝。一日，王公對賓僚言此事，曰：“梅大將來名位，未易涯也。”少宰王公篆曰：“孝廉已非壯年。即明年得第，至八座亦須近三十年，耄矣。時恐不得待也！”次年，公即成進士，爲縣令。未滿十年，爲大中丞，晋少司馬。所贈官，正與塚宰同。夢中之言，不其符乎？梅公初無子，近六十乃生子，不殺之報也。

（據《珂雪齋集》卷十七）

明通議大夫總督宣大山西兵部右侍郎兼都察院右僉都御史誥贈右都御史梅公墓誌銘　莊天合

萬曆乙巳五月，總督宣大山西兵部右侍郎，兼都察院右僉都御史，麻城梅公薨於家。訃聞，天子宸悼，命宗伯諭祭，司空給葬。贈官右都御史，先所蔭子錦衣衛百户，加一級，世襲。會公之猶子，給諫長公，狀行略，來乞志銘。謂予辱在桑梓，通家稔知公，庶幾能道公萬一。蓋公之大勳，在討平寧夏。余嘗從史氏後，爲天子揚扢武功，余職也。而給諫爲余甲辰所首取士，余即不敏，亦何辭焉？

按狀，公諱國楨，字公生[4]，一字客生，别號衡湘，黄之麻城人。有宋宛陵先生裔，後有梅榮慶一者，卜居西陵茅屋民塘，九傳至愷，則公高祖也。愷生封駕部公玉鼎，玉鼎生吉，以宏治癸未進士，歷遷廣東惠州守。治惠有清白聲，居家喜賑施，壽至百歲。配熊淑人偕焉。楚黄以爲盛事。吉生汝觀，即公父，初爲諸生，後以公貴，累封兵部右侍郎。惠州公亦加贈如公官，妣陳、祖妣熊，皆累封贈爲淑人。公生先一夕，陳淑人夢有絳衣神，抱孺子置懷，因生公。廣顙隆準，身隱隱有五色文，是時惠州公老矣，猶及見公，曰："是兒必世吾業！"命小字"世"。甫四歲，穎悟絶羣，屬對警敏。客有以"桂花香十里"試公者，公應聲曰"梅子發千枝"，試者奇之。年十四，補博士弟子。爲文天才縱恣，不受羈絏，省試再不售。而是時公仲弟國樓、季弟國森，皆駸駸向學。公遂儼爲師，仲與季皆嚴事公，鮮敢狎，學皆大就。丁卯，公舉於鄉。癸未，偕仲弟同成進士，名滿都下。有詔選進士讀中秘書，全楚之士皆心讓公，而公磊砢多他奇，故引避。仲弟竟與選。是年公筮仕爲固安令，有異政。丁亥徵拜侍御史，尋丁淑人艱。辛卯歲再起爲侍御史。壬辰監李將軍軍，誅反者，平寧夏，以功升太僕寺少卿。命需次巡撫，蔭一子錦衣衛百户。癸巳陞都察院右僉都御史，出撫大同。三年秩滿，予二世封，再蔭一子入成均，邊臣四品，視内臣三品例也。戊戌五月，陞兵部右侍郎兼右僉都御史，總督宣府、大同、山西三鎮。會天子有事朝鮮，公遣兵協征，有功陞正二品，俸督撫如故。公威信久著邊陲，西北方倚重公。庚子冬，封公訃聞，難其代。至辛丑始解任去。壬寅服闋，天下皆望公再秉節鉞，或入柄樞筦，乃乙巳五月竟疾作不起矣。

嗚呼傷哉！蓋公視國事如家事，其在西北陲數年，殫心計，備勞苦，奔訃時顱已如雪，而居喪哀毀過制，日精銷亡，雖死於家，實死於國也。公性慷慨豪邁多大節，堅强含忍，屹立如山。學問淹通一切，天文地理、陰陽方術，以及竺乾老氏之書，無所不窺。尤工騎射，好爲詩歌。辛未試南宫，以對策譏切時政，爲相臣所抑。是時婁東王公與分校，實大奇公，與公爲布衣交，名振公卿間。海内能文之士推公爲盟主，日以詩詞相唱和，醉則悲歌燕市，天下固人人知公奇士矣。

初令固安，暇日習射，每就射所決訟，訟立解。嘗曰："民間小曲直，不足煩文法官，自欲借律索贖鍰耳。"一歲中所宜奏請者，不過爰書三四通，餘不問也。故庭中常闃無人，時引大白晏賓佐，而邑大治。部中多中貴人，前令非巽愞避之，即距之若仇，公劑以中。有中貴具豚蹄餉公，徵責於民。公烹蹄置酒，與飲甚歡。亟召負責者至，佯爲盛怒狀，而徐述貧家所以償責之苦，情詞慨惻，中貴泣數行下，竟舍券去。邑故飼馬，民償子駒，至破産不能支。公上牘台使減故額，爲邑永利。邑當南北孔道，多賓客，故事編坊民供給。公出帑金，具殽核，擇隙地牧雞豚諸物。客至，咄嗟辦而民不費一錢。公於細民無不加意，而於豪强特嚴。所句稽不法，刻期而至，民驚以爲神。然非其人心服，不輕加刑，以故民至死猶稱某令君者。後徵御史，邑建專祠，百姓私禱祀不絶。

公在臺中，仲弟少參公亦由中秘受黄門給事。兄弟並列臺省，天下比之雙鳳。會以丁陳淑人艱歸，服闋赴闕，而西夏適有哱氏之變。哱承恩者，夷人也，與其父拜曾血戰卻寇，以功陞副帥。陰蓄逆夷亡命，鎮兵獨强。而撫臣黨慘礉少恩，軍士胥怨，又欲核承恩在清海時虚冒金鐵數，承恩遂與其黨許朝、劉東暘、土文秀輩乘間敫亂，磔撫臣及石副使，縊總兵，奪其敕印。凡所據三城四十餘堡，欲爲趙元昊所爲。總督魏以變聞，時西北互市久，人不知兵，朝議紛紛無策，公慨然曰："國家獨無任事臣耳？詎難一叛寇哉！"乃抗疏云："今所遣討賊者，分位相埒，咸欲狎主事權，則令不一功不成，一令成功，非宿將不可。故遼帥李成梁，父子有威名，可大任。臣請爲監，保爲陛下破之。"廷臣以遼帥方詿誤，固争不可。上竟用公言，命遼帥子如松偕公往。公受詔出國門，曰："軍中無賞，何以使人？"請帑金三千兩以行。又私計，哱氏不足患，患在通寇。凡所過雲中、上谷諸邊，悉遣其譯遍諭寇："汝受國恩不薄，無從叛！"以故哱氏勾寇計竟不遂。公軍至，距寧夏六十里，無所得食。邏卒有獲從賊吴繼韜見。公察其可用，釋而慰之，授以十金。令與寧夏俞方策，持免死票招諸城堡。諸城堡稍出迎，因資其米、鹽續軍食。選饒勇二百人，與李如松所領五千人爲兩軍，壓寧夏而陣。賊堅守至秋不下，公時時繞城指顧攻城，城上炮發，中公騎，騎立斃。公神色不動，賊黨咸震。公相度地形，城如釜洧，四圍皆山。乃于城東南卑下處築堤千七百餘丈，決水灌城，城東西崩各百餘丈。其盜決堤者，復爲邏卒所殲。城中愈急，出詐降計，紿曰："願見梅監軍。"公曰："彼衆我寡，須單騎往，以示不疑。"衆皆危之，公不懼，挺身至城下，賊環弓矢銃炮擬公，公從容謂曰："吾奉朝廷命，救此一方。欲害吾，亦任爾！"賊相顧失色，遂縋以渡塹，叩首請命。公曰："汝輩皆脅從耳，何至環衛而來？若降，以九月九日開東門，先給免死牌，招撫百姓。"賊唯唯退，至期城猶閉，佯曰："堅築不得啟也，果招安當從城上懸梯進。"公覘各門有伏，乃索反賊首爲信。賊計不行，而衆心始貳。是夜，遂有乘賊之間，陰以南城獻者，衆莫敢先登，公倡之乃從。既登，亟申戒勿殺一人。賊黨聞南城人皆活，各無固志。公因誘承恩使殺許朝、劉東暘，城中亂，哱拜自焚，俘承恩以獻。

初制府意公書生大言耳，何能爲？故大軍住靈州，去鎮城百八十里，日置酒高會，俟公之敗爲口實，而不知公已告成功矣。時有罪帥楊鈿説公多殺，以邀封賞，公距不納。改説葉，葉乃封賜劍，斬三千人，且曰："有阻者以賜劍從事。"蓋微指公。公慨然賦詩爲歸隱計，有"平吴濬老"

“返晋推藏”之句。已而本兵石公敘功，石故與葉有舊，用首勳加宫銜，蔭一子錦衣衛指揮使。公亦遷亞卿，蔭一子。諸勞臣若李如松、蕭如薰、董正誼、張進諫、李登等亦皆授爵有差。出撫大同，公待寇以恩信，時其撫賞，而額外不濫分毫。諸酋長有言，必躬與詰辨，得當乃已。亹亹强事，自旦至昏不怠。久之，邊務釐舉，寇皆信服。争獻其嘗所服冠履衣袍，以明心侍公側。亦請公冠服歸，嚴事之，邊烽由是息警。公暇則召諸將時出校獵，不及者罰大觥，比耦而射，易器而飲，不問也。至功次當遷，又絶不假借。

逾年，三邊缺總督，天子復命公往。公治三鎮，一如所以治大同，他鎮寇聞公名，皆呼“大人”，延綏帥挑釁襖兒，嘗殺其講事八十三人，自爲功。致相報復，殺掠二萬餘人，又勾套寇爲患。撫臣王公見賓議媾寇，寇不從，必欲得公言爲信。王公以請，或戒公毋越局，公曰：“吾知爲朝廷保封疆，遑恤其他。”公使至，寇遂帖服，其爲遠人敬信如此！

夫當哱氏父子倡亂時，西北邊騷動。天子爲之旰食，所征兵幾半海内，金錢钜萬，輦而之西。然而絶韃寇之援，開招降之路，決水攻之，計皆出公策；而奮先登，躬矢石者，公與二三帥臣耳。當登城時，右手大指着玉玦，指傷，血滲入玉裏弗能去，夫玦猶在，誰之功乎？彼何以儼然受延世之賞也？自非天子心知公，公固無以自見。其遷太僕、蔭錦衣皆出上親旨。陽和缺總督，廷推六人。天子拔公六人之下，授以節鉞，知公深矣。後助征倭，文武十八府，皆止授銀幣，而獨加公俸，視正二品，亦謂前日之賞未足酬公也。

公爲詩，焚香立就，烟波滿紙，而詩成輒棄去。海内文士折節定交，而山人温允文欲爲公記西征事，笑而謝卻之。所舉遼帥父子，僇力邊陲，爲國虎臣。借令如廷臣言，彼且老死牖下，而國家不得其一臂之用，拊髀之歎，甯獨在馮郎哉？

公在兩鎮時，弓矢皆親自督製，號爲“梅弓”“梅矢”，精良無比，細大不遺，公可謂全才矣。

公生於嘉靖二十一年壬寅九月十九丙寅日巳時，卒於萬曆三十三年乙巳五月十五日，享年六十有四。配劉夫人，側室亦劉氏。子浩然，蚤卒，劉夫人出；次之熉尚幼，側室劉出。女六人，劉夫人出，長適太學生劉承棨；次適孝廉劉承緒，蚤寡，先公卒；次受錦衣衛指揮僉事劉承禧，聘未字，蚤卒。三劉，皆莊襄公系。次適浙江參政李長庚；次適庠士劉敵元，憲副巨塘公冢孫；次適庠生李長策，即長庚弟。

將以□年□月□日歸公三湖之原，余竊有感於公家給諫之言，曰："公神機似武侯，而平實無奇，縝密似士行，而通達不滯；敦行似萬石，而並藏其名；文采似子瞻，而不流於放；誠信服寇似汾陽，而絶無其侈。"其狀公生平，庶幾如畫，而余竊意未足以盡公者。《六月》之詩曰："文武吉甫，萬邦爲憲。"吉甫楚人也，實佐周興，其公之謂乎！

余既志之，而因係以銘，銘曰：

惟楚有才，文武吉甫。往矣斯人，寂寥千古。平勃無文，屈宋無武。兼而有之，於公再覩。振袂生風，揮毫捲雨。入以埋輪，出而禦侮。蠢蠢西氛，奸夫匪茹。公奮請纓，桓桓羆虎。直取鯨鯢，生縻猰貐。重奠朔方，歸報明主。爰寵節旄，三雲再撫。名識令公，氣吞套部。緩帶輕裘，綸巾白羽。楯墨争飛，觴歌共語。關塞宴然，式歌且舞。孰奪而南，如失慈父。人憶范韓，帝留衮補。麟閣如何，竟摧玉樹。西苑投瓜，東征罷鼓。象塚黄腸，恩頒異數。勳業文章，人間地府。司馬中丞，適來適去。青山白雲，長歸故宇。億萬斯年，以視姬輔。

賜進士出身、東宫日講官、奉直大夫、右春坊右庶子，兼翰林院侍讀，前管理誥勑兼修史國經筵官，通家鄉侍生長沙莊天合撰。

【箋】

莊天合，字德全，號沖虚。長沙人。萬曆十七年進士。改庶吉士，授編修。爲東宫官，受知於光宗。累進至少詹事。《湖南通志》卷一六六；朱國楨《湧幢小品》卷十"己卯館選"。

梅少司馬傳　南師仲

梅司馬者，名國楨，字客生，楚之麻城人也。少俊朗有大韻，能詩文、善騎射。既舉於鄉，遂挈家客長安。久滯公車，無意仕進。鏟采埋光，無復圭角，嘗曰："人生自適耳！依馮軌跡，外張名教，酷非所屑。"嘗與海内之文人詞客，花月晨夕，分題賦詠，爲騷壇盟主。游金吾戚里間，歌鐘酒兕，非公不歡；筆劄脣舌，爲世所榮。孟公驚座，樓緩分鯖。下至三河年少，五陵公子，走馬章臺，校射平原，分朋角射。酒後耳熱，爲裙簪之遊，調笑青樓，酣歌酒肆。布衣楚制，出入市廛；摩抄鐘鼎，賞評書畫。大鼻長鬚髯，有若劍客道人之狀。識者固知公愛憐花景，耗磨壯心，與俗沉浮，不用繩檢，而外夷内朗，宏量沉機，真謝安石、張齊賢之流也。

癸未登第，鳴琴畿輔，笑譚視事，不令而戢。邑故多中貴，數擾教條，公詘其言，崇其禮，皆畏悦以去。

時仲弟國樓讀書中秘，來迎陳淑人就養京邸。京邸去固安百里，公恐勞淑人起居，不許。仲弟請之力，許之。淑人既入京，忽有疾。公夕視事，甫聞即索騎馳赴。及春明門，遇同鄉司寇耿天臺、司隸劉司雲[5]，戒公且止，外吏非覲期，例不得潛入禁門。公流涕答曰："吾方寸已亂，何例之云！爲親觸禁，死非所恨。"遂入，奉湯藥者彌月，病起始還任。都人士憐其孝，竟無以例繩者。

任滿入覲，騎駿馬，帶長弓，控大羽箭。偕侍史蒼頭十餘人，作健兒裝，沿途逐狡兔，射野雀。他邑令值之大駭，以爲探丸人，熟視則公也。以政最選御史。未幾，丁内艱。服闋，補原官。

壬辰三月，西夏哱拜、子承恩與其黨許朝、劉東暘、土文秀等倡爲亂，磔撫臣黨馨及副使石繼芳、總兵張維忠，據寧夏三城及玉泉、廣武、中衛等堡。許朝、土文秀辮髮改服，分道以金錢、畜産勾諸寇爲聲援。

總督魏學曾上變，時西北互市久，人不習兵。變起倉猝，九邊騷動，舉朝洶洶，僉曰："衆倉猝聚，救死耳。急則合，緩則散。"公獨策："諸凶勢在騎虎，且城堅兵勁，有恃不悔，及其未定，卒然臨之，勢必自亂。緩則黨愈固，謀愈深。萬一勾寇入犯，内外相應，禍且不支。"遂上封事，其略曰："諸賊氣勢已成，蓄謀非淺，其心必不肯悔禍，其黨又無敢先發。遷延一日，則禍深一日。狂謀愈成，黨與愈固；聲勢愈大，風聞愈遠；協從愈多，人心愈疑。既難以俟其自定，又不可赫以虚聲。外多勾連，内有觀望。近者蠶食，遠者震驚。將來之患有不可勝言者矣。爲今之計，非力剿無以定禍亂，非分别無以宥無辜，非詔赦無以安脅從，非特遣無以重事權，非破格無以用豪傑。臣伏見原任遼東總兵李成梁，屢經戰陣，紀律嚴明。其子李如松、李如柏、李如楨，皆負大將之才，李如樟、李如梅又爲少年之傑。世受國恩，必不肯自頹於末路；屢經論列，更思昭雪其前功。將士相信，父子同心。不惟勇略，足以成功，抑其先聲，足以奪氣。若慮其權多分屬，地非素歷，宜擇文臣中曉暢軍事、實心任事者一人，監其軍以往，必能成功。他如閑住將領史宸、張應種、麻貴、馬孔英、倪敏政等，或素經戰陣，或膽氣過人，皆可隨軍，使之自效。若失此不圖，臣未見其得策矣。”

疏上，天子深以爲然。廷論紛紛，謂李氏素跋扈，不宜拒虎進狼。給事中王德完惶遽自列曰：“臣所請收録豪傑，非爲李氏也。異時有變，幾得無連坐。”公憤諸臣徒持文墨，好議論，略無實見，復上疏曰：“臣見寧夏猖獗，謂必得名將以專其任，時雖豪傑如雲，各有鎮守。惟退閑宿將李成梁父子，素有威望，諸子、家丁武勇可任。雖哱承恩父子號爲勇健，而不知李氏之遠出其上也。諸臣慮勢重生患，拒虎進狼，臣於此亦籌之熟矣。李氏父子即爲狼子野心，自取覆滅，但當防之於握兵之時，而不當防之於廢事之後。況昔則危疑不安，而今明主洞察矣。不以疑之之日肆其不肖之心，而於信之之時反爲赤族之計，其愚悖速禍，又出劉東暘、哱拜下矣，而謂成梁爲之乎？用人之道，疑則勿用，用則勿疑。上而疑下，必不肯盡與之權；下畏上之疑，必不肯盡行其志。將領因疑而不受節制，士卒因疑而不聽號令，忌者因疑而得肆其讒，敵人因疑而得行其間。欲專制也，人曰：‘非有異志，何以不待奏報?’欲撫恤也，人曰：‘非有異志，何以要結人心?’欲行法也，人曰：‘非有異志，何以立威?’欲待釁也，人曰：‘非有異志，何以觀望?’或與監軍謀而不合，人曰：‘非有異志，何以不聽約束?’或與督撫期而先發，人曰：‘非有異志，何以不與同心？'服而舍之，則曰：'何故縱有罪以市恩？'抗而誅之，則曰：'何故多屠戮以冒賞？'脅之而使其自殺，則曰：'攘以爲功。'用之而致其遁逃，則曰："縱以生患。"無功則以爲怠玩以養亂，有功又以爲妄報而欺罔。首尾牽制，手足束縛。古如王翦、樂羊，或請田宅而後行，或借投杼以自況。以孫權、周瑜義同骨肉，必拔劍斫案而後成功。況未有深信之素，剖心無由以自白。邊事之壞，所從來久矣。伏望皇上斷之宸衷！倘成梁父子稍有可疑，即別爲調遣；如萬萬可信，即當虛心任之；若疑臣徒市私恩，不顧國計，願與成梁馳赴寧夏，同心討賊。不必加之別銜，假之重任。但憑皇上威靈，生平忠義。賊知歸命，則臣爲陛下之使，奉揚恩赦以安反側；負固不服，則臣爲陛下之將，披堅執鋭爲士卒先。平定之日，一切事宜付之魏學曾，聽其安輯，以靖地方。臣與成梁即日還朝，止求自明，不敢言功。倘中途事定，聞報即返。若其不捷，軍法在焉。何止薦舉非人之罪，又何至以臣之罪貽他人哉？臣初聞變，即知此賊非魏學曾所能定，今見此舉動，又知非此時紛紛者，所能辦也。臣之所望，在陛下一人耳。"疏入，上乃命李如松兄弟往，而公監其軍。時朝多忌公者，故敕書中遂有"毋得自執己見，輒有侵撓，以誤軍機"之語。

四月二十六日，公與如松兄弟馳赴寧夏軍。五月抵陽和，與總督蕭大亨發諭帖，約東西部勿令助賊。旋抵大同，又同巡撫邢玠發帖温諭。至神木，又自遣通官往諭莊秃賴、明愛二處，略曰："爾等受朝廷厚恩，當爲國家出力，共擒逆賊，既得好名，又有重賞。如往助西賊，舉朝盡要先剿爾等。賴聖主寬恩，恐賢愚不等，特差本院向遼東李總兵，遇路查勘。爾等不助賊者，即與獎賞；或先助賊，今改過者，亦加獎賞；若擒賊來獻者，另有重賞加封。各賊家財已盡，爾等助賊，空有惡名，又無厚利。"云云。各皆聽命，遣使來受約束。又至靖邊，與套寇相近，遣通官往諭切盡比吉及吉囊等，詞旨剴切，皆悦服。公又慮諸部反覆，終爲利動，乃上疏云："督臣魏學曾，親駐花馬池，則清水、興武、横城一帶，可保無事。至於延綏，宜責之賈仁元；固原責之沈思孝；甘肅責之田樂及各鎮將領等官。寇如不動，則相安無事。若稱兵内犯，則嚴兵固圉，以遏其鋒。或寇往寧夏，即出師搗巢，以牽其勢。須多方偵探，使不得動。庶我兵專力於賊，而各鎮之功不在討逆之後矣。”上然之。

初，公謂學曾遲頓玩寇，意殊薄之，不與相見。久之，乃知其忠誠爲國，傾心相信，誓以共死。甘肅巡撫葉夢熊自請討賊，駐師靈州，思掩學曾功，代其位，而忌其倚公以辦賊也。飛謀鈎謗，間阻百出。公既受事，而西事益難言矣。

六月二十三日，由紅山逾靈州界，渡河至城下，大張旗幟，周覽城池。賊堅守，卒不能下。公恐多殺傷，意在用間招降，殲其渠魁，撫其脅從。督撫魏學曾意與公頗合，故凡所圖議，無不聽從。獨夢熊從中百計阻撓，忌公與魏公出計成功，於己無與。遂議用布袋盛土，堆積上城。公不得已，姑用之。軍被炮石損傷，不能近城。

二十六日，東南風作，公命放火箭毁其南樓，諸將皆云無箭。公大怒，欲還朝泣奏。苗兵遊擊龔子敬等，方與齊射，南樓毁，賊始氣奪。是日，城中百户姚欽等射帖，約是晚攻西門，已舉火内應，諸將匿帖，不令公知。欽等事泄，自投城下，賊盡殺其家屬。

蓋公爲葉所忌，而監軍權輕，又無賜劍，諸將因而怠玩，率不用命，公無可奈何，惟以忠義勉勵將帥，與士卒同甘苦。所居營皆水草，不能駐足。一旦繞城行，炮斃公騎，公神色不動，賊相顧驚畏。公周視夏城，西南爲唐渠，東爲紅花渠，惟北面稍低出水。公登堤，相其城如釜底，乃與魏學曾議，北築堤千七百丈，決水灌城。葉終持填土上城之策，移書止之，公弗應。堤城而水至，城多崩壞。時宰僧以萬騎從沙湃口入，斷我糧道。學曾調副將麻貴領騎兵五千，遊擊龔子敬領苗兵一千，前往邀擊。子敬軍乏火器，公深以爲慮，移書夢熊以軍應之。葉不從，遂全師覆没。幸麻貴敗寇於螺山尾，寇始退。賊遣通官阿卜矢户住夾河，專一勾寇内犯，以撓我師。李如松探知，遣遊擊李寧領家丁前往擒捕，失户中箭落水死。賊寇遂不相通。延綏總兵董一元得公檄，以兵千餘，直搗土昧鐵雷巢穴，斬首一百三十餘級，松套諸寇始大懼，求撫。賊勢漸孤，人心離異，公屢以諭帖告示，入城招撫，逾城降者不絶。但諸將玩賊有如兒戲。一夜大雨，忽傳攻城，軍士盡甲立雨下，又不傳散。公知，親至各營，撫慰諸軍，人人感激，無不願爲公死者。

七月終，賊駕船挖堤，被如松衝退。守堤參將逵雲失機當斬，夢熊以部將曲庇，反致憾公，公不得已，許其戴罪立功。

至八月初，堤潰水泄，賊出據教場，麻貴力戰奪之。原任副使隨府陷城中，同家人私躍下城，跌傷不能行，賊復下城擒上，我兵相去數十步，竟不救。公自以權輕，又屢奉“不得侵撓”之旨，故不能督責諸將。魏公雖與公同心，而葉百計阻撓，事事掣肘，諸將雖感公義，不免遲疑觀望，不肯盡力。公奮激上疏，言士卒不用命，火器不夠，攻城不力。蓋爲葉凡事阻撓，不能明言。不虞上大怒，反切責魏公，命逮問，而以葉代總督，異同愈甚。廷臣見公疏，疑公欲侵總督權，又奉嚴旨云：“監軍職任在糾察，不得侵撓！”公見事愈難爲，自乞罷斥，不允。

時葉居靈州，去賊二百餘里，不肯過河一步。公日夜攻城，親冒矢石，與士卒雜處。葉糧餉器械俱不時應，日置酒高會。有功即自居，有誤即相誚讓。公苦心周旋，葉終不解。且恐城破，功獨歸公，必欲公還駐靈州，屢以書來云：“觀賊之擒隨府上城，如拾地芥。憑其全力，擒文武大將，殊不爲難。公在軍中，晝有衝突之患，夜有刺客之危。竊爲慮之。”公答云：“營中之危，人人知之，但一離此，則人心涣散。且軍中事機不測，隨時應變，刻刻籌畫。若還靈州，往返數百里，恐見聞不真，有誤大事。受皇上知遇，自願捐軀討賊，利害非所計也。翁但坐鎮靈州，某當竭力爲公辦此耳。”葉得書，愈不懌。

時諸邊見公諭帖，俱遣人輸款，惟着力兔合打正把都兒爲賊所誘，賊許以金帛、駝馬各數萬，且云有美女數千，命其來取。八月二十一日，着力兔、宰僧復入李剛堡，渡河，離城僅三十餘里。公見事急，欲待督撫傳示，恐遠不及事，欲自調遣，又嫌侵越。惟約會諸將，令標下總兵張澤等，領百餘人先往埋伏，以忠義激勸諸將。中軍李如樟挺身願往，公壯之，乃令約同麻貴等領兵三千迎擊。如松恐有失，親領千人應之。

二十三日，天方明，如松至張亮堡，尚不見敵，令人登堤望之，則數萬騎散在堤下，羣起合圍，李自分必死，令一卒乘己馬，屬以死後，馳馬突出，歸報老將軍。卒有稍退者，手斬二人，奮勇前擊。會麻貴、如樟等在後，遇行者，問："大將軍何在?"有白鬚老人云："已被殺矣。"裨將趙夢麟、李寧等曰："大將軍死，安用我輩爲也?"趙免胄先馳，直貫敵陣。李望見大軍至，諸軍踴躍，内外夾擊。如松自射敵將，戰馬被傷，三易馬，猶手殺二寇，大敗之。追至賀蘭山，寇盡走出塞，我師捕斬二百餘級，蹈死山谷者甚衆。

公乃長竿懸大首示賊，曰："此而所勾着力兔也。"賊絶望氣奪。公於是復命修堤，水再至，賊勢益窘。葉又以書來，云："放水恐害及無辜。"公答曰："某意在用間招降，放水止以困城，非以攻城也。且攻城太急，賊突圍逃出塞外，非數年不能收拾，今四圍皆水，則賊不能出，寇不能救，然後用間令其内亂，是爲萬全之策耳。"葉以灌水一策獨出自公，始終惟持填土上城一説，以相抵牾。公報書云："一切軍務皆公主持，運用成功，盡歸之公，某無有也。"葉終不釋然，公亦勿較。惟約諸將製木筏，臨衝浮水攻城、又命降將姚欽等冠帶鼓吹耀於城下，城上人耳語，似有羡色。賊勢蹙，請降，欲親見梅監軍，公許之。哱氏父子及劉東暘縋城下，不敢逾濠，稽首而退，惟許朝揮雙刀躍濠而過直犯公。諸將在列，有倉遽索刀者，公止之，遂自前。朝不覺棄刀叩首，公曰："吾爲一城生靈，故弗亟剿汝等。若能降，今日以前一切勿較。"朝受命而退。

是時，從公者止張進諫一人。進諫，萊州人，少以勇聞，力能折鐵碎石。軍中侍公，執槊不離左右，屢目朝，欲殺之。見城上炮石森列，煙焰蔽霄而止，退曰："若非主在，朝碎我手矣。"一夜報有賊出城取食他堡，公命麾下士趣之，左右俱往，帳前一人不行，蓋進諫也。問之，曰："我非不知一級易五十金，但誰侍主者?"其義如此。後公没，進諫哭曰："進諫自今無死所矣。"未幾亦卒。

九月初八夜，漏下二鼓，有人越城下抵老營，時李如樟爲護軍，擒之以獻公，訊之云："將獻南城。"諸將猶豫。蓋寧夏有三城，大城爲哱氏窟，而南北二城則其黨爲兩翼。先是有獻南城者，日晡以矢數枝下遺爲信。城上屢以手語，下莫敢應。許朝先覺，盡殺欲降者，是以人心疑畏。公起曰："往，我任之!"馳約諸將，先後至數百騎，李寧先登，董正誼執監軍認旗隨之。總兵牛秉忠，年七十餘，賈勇而上，公大呼："老將軍且登矣，諸將何不前?"於是諸將與公相繼梯上，前後遝湧，頂趾相接。公爲懸刀傷指，血沁佩玦中。既上，公急命塞北門，以防大城賊至。

時降者殺守賊，血流有聲，公恐一多殺，則大城死守不可復得，乃踞坐血中，下功狀紀生擒，不紀殺。守賊所掠婦女，皆僵裸城上，命解死者衣衣之，麾使去。降兵遍索諸逸賊，皆反接以至。公隨至隨解，令環坐其側，慰諭之。又使旗士遍呼城中："諸賊已原宥，不得妄殺!"城中居民始敢開門。男婦燃香跪拜，望之如星，但聞沸云："有生矣。"大城賊果來奪城，以來路塞，不得進。賊勢益孤，我軍攻益急。賊以南城之親戚在大城者，榜諸長竿，百姓見之痛哭。公令董正誼呼謂賊曰："監軍已往取許朝之女、劉東暘之母矣，至則亦如之。"賊乃止。公令卒登睥睨，問城中何恃不降，答曰："傳言前降人盡戮，是以懼!"公令集南城人，隨所問甲乙，示之無缺。城中心變，賊黨亦人思自貳，第持疑莫先發。

公知哱氏强，而承恩年幼易煽，乃密求與哱氏相識者入城行間。南關居民李登願往，以妻寄母家，子托其弟，自稱成則有功，不成則以死報國。公乃以諭貼，令哱氏父子殺許朝自贖。又遍以帖諭城内軍民，令早歸順。且云朝廷盡知汝等無辜，皆係迫脅，若能投降，不惟不誅，且有恩恤。十四日，李登持承恩稟帖下城，云哱拜見説免死，哭泣跪拜，當與畢邪氣等商議投降，但要印信執照以爲憑證。十五夜，李登持各執照進城。值劉東暘知土文秀向有歸順意，乃假裝風病，將土文秀砍死。十六日早，哱承恩赴南門殺許朝，畢邪氣向北樓，砍下劉東暘首級，同赴南門報知，先求一大將入城，安輯軍民。諸將無敢先者，公撫如樟背曰："此非將軍不可。"如樟慨然先登，如松次之。公隨令董正誼執監軍認旗上城，禁止殺掠，滿城軍丁解甲焚香，以迎王師。公入城，安撫諸降者。諸將秋毫不擾，百姓歡聲動地。公意止取劉東暘首級獻闕下，而哱氏父子造檻車候旨。歛諸賊家多金封進，以償内帑用兵之費。

是日也，方命哱承恩隨出郊獵，以安降賊心，而陰令龔君禮監之以行。時葉在靈州，聞公受降，星夜馳至，恥功不自己出，乃封賜劍，下令盡誅降者，且曰："有阻者，以賜劍行法！"蓋微指公也。時承恩在公營，部下罪帥楊鈿説公即擒以爲功，公曰："吾降之而又殺之，何以安反側也？"拒不納，改而説葉，葉用其計。承恩方出公門即被縛，拜闔户自焚，而許、劉二級俱在燼中。諸軍大肆殺掠，金珠衣飾委積於途。時諸將争殺人報功。張進諫不往，公問之，答曰："臨陣殺賊，方可言功。彼俯首拜降而殺以爲功，某甚恥之。"公憤歎不已。即日還朝，猶見城中數處火起，百姓大哭追送。公題詩壁上，以平吴濬老詠魏公，而以返晋推藏自謂，則公與魏公同心協力可想見矣。時葉以劉、許首級既毁，欲僞造圖功，遣人以意偵公，公曰："有一首可代。"其人喜問："誰首？"公自指曰："我首也。"遂不敢言。故公還朝，字字據實報聞，有云："此事人可欺臣，臣不敢欺陛下也。"葉則悦己者敘，異己者排，輾轉周張，前後異詞。凡從公諸將士親冒矢石，拼死圖賊，如俞方策、張進諫、李登等皆不得達。公亦避矜功之嫌，終不敢爲辨。

方賊之將破也，長安言事者謂公侵督撫權，議撤公回，具連名，疏欲上，惟御史劉道隆不署名，人問何故，劉曰："吾不知彼中事勢若何，倘疏方上而彼處適奏捷，吾輩何以自處？"衆遂止。未五日而捷音至，天子御門受賀。大司馬石星故與葉善，而復與公不合，遂以葉爲首功，加封蔭子。公止遷太僕少卿，蔭子百户，不世。公所上諸勞臣，皆被抑，無陞賞。時學曾逮至京，天子怒其緩師養寇，將重治之。公屢疏辭官辭蔭，歷敘在寧夏與學曾苦心圖賊，凡一應破寇攻城，皆係學曾運籌佈置，臣不敢過享其成功。天子因公言剴切爲貸學曾罪，復其官。

公行時請帑金三千，備犒師之用。及事定，僅費四百餘金，登籍報部，其爲國家捐費如此。天子心知其能，明年癸巳，晋大中丞，開府雲中。

公待邊以恩信，時其撫賞，遇饑饉輒賑之，邊人親之若慈父。一日，忽大出獵，盛張旗幟，令諸將盡甲而從，校射大漠。縣令關揚怪之曰：“秋成損稼，公此舉過矣。”後數日，得一諜云：“寇欲入犯，聞有備中止。”令乃嘆服公之心計，非人所及也。

戊戌，三鎮缺總督。廷推者六，公最後。天子獨拔公，晋少司馬，假節鉞，督三鎮。公治之一如在雲中。一日，有以鐵數鎰來獻，曰：“此沙漠新産。”公意必無此事，彼幸我馳鐵禁耳。門下謂不宜受，當破其謀。公受之，製爲佩刀，刻“順義王送”四字於上，而陰檄三邊，無市釜邊外。其後缺釜，來言舊例，公曰：“汝國既有鐵，可自治也。”使嘩，言無有。公出刀示之，使叩頭服罪，自是不敢欺公一言。

邊人或言“於沙中得傳國璽”，以黄絹印其文，頂之於首，詣轅門獻之，乞公題請，公曰：“璽未知真假，俟取來吾閲之，當犒汝。”獻者曰：“累世受命之符，今聖朝而出，此非常之瑞，若奏聞上獻，宜有封賞，所望非犒也。”公笑曰：“寶源局自有國寶，此璽即真，無所用之。吾亦不敢輕瀆上聽，念汝美意，命以一金爲犒。”並黄絹還之。獻者大失望，號哭而去。或問公何以不爲奏請，公曰：“王孫滿有言：‘在德不在鼎’，况彼視爲奇貨，若輕於上聞，彼益挾以爲重。萬一聖旨徵璽，而璽不時至，將真以封賞購之乎？”人服公卓識。

辛丑，以外艱歸。乙巳，未及起用而疾革矣。方疾，謂人曰：“吾幼夢神人授我以《易》，曰：‘離，山也[6]，有用功處。巽，爾方知息活機。以卦材論，水火[7]相求，功畢致矣。’離，揚其光。巽，隱其體。且吾六十有四，卦氣已盡，其不起乎？”

公性坦夷，外寬内峻，人莫窺其喜愠之色。毁譽當前，不復致辯。倥偬之中，愈見暇整。處難事若易，處大事若細，綜理周密。筆研皆有方略，口無藏否，忽出一言，其人立見。獎借寒士，惟恐不給，而涇渭分寸不失。所置家丁輒能得其死力，後房姬侍絶無華飾，頗有夏侯妓衣之誚。既家居，絶口不言仕途事，布袍糲飯，始卒如一。出入乘馬不張蓋，田父野老每與之争道，公勒騎避之，其家僮與鄉人鄰居，累年莫知爲宦家僕。僕所畜雞偶侵鄰圃，鄰嫗詈之，累日終不敢反一辭。其家法之嚴如此。

公兄弟六人，公最長；次國樓，同科進士、翰林起士、刑科給事中；國森，壬午亞魁，贈吏科給事中；國楹，茂才；國棨，貢士；國林，武進士，承公蔭官錦衣衛指揮同知。公之配劉氏，封淑人，生男浩然，殤；女六人，長女爲大金吾太子太傅劉僑母；四女適吏部尚書李長庚。側室亦劉氏，生次男之熉，一名嗣勳，府學廩膳生，世襲錦衣衛正千户。智識深沉，雄文亮節，屹然有干城名教之志，海内名士翕然宗之。森子之焕，甲辰會魁、翰林起士、甘肅巡撫，慷慨尚節氣，人謂有公遺風焉。

論曰：往余與公締盟燕市，時武功康栲、光州劉黄裳、曲沃李承顔、豫章胡汝焕、臨川湯顯祖、蘭溪胡應麟、東嘉趙士楨、濠梁朱宗吉，金蘭結社，意氣聯交，而公視余獨莫逆於心。癸未，公與臨川通籍於朝。丙戌，光州繼之。臨川、光州遭時坎壈，武功、曲沃、豫章俱不得志春官。頫首一職，施尤不究。蘭溪竟卒孝廉。東嘉賫志殿廷，妻子流落。濠梁盡節保御，身後斬然。嗟嗟，良朋凋謝，鄰笛生悲，余與臨川倖存一息，第南北各涯，揚扢無從。可勝歎哉！獨公功在社稷，勒旂常而永令譽。記西夏凱旋，余宴公於郊園，移日而別。十五年來夢寐，風塵杳焉。會晤易簀時，兩劄繼至，托余以後事。夫公知交遍海内，竟不忘情。余必有深相孚合者，言之潸然淚下。一死一生，徒抱悳衷耳。

賜進士第、奏議大夫、右春坊右庶子兼翰林院侍讀、前司經局洗馬、國子監司業、纂修國史記注起居管理制誥官，友弟南師仲撰。

【箋】

文中稱："記西夏凱旋，余宴公於郊園，移日而別。十五年來夢寐，風塵杳焉。"西夏凱旋在萬曆二十年，則此文作於萬曆三十五年（1607）。

祭胞弟文 梅國晋

英雄無主，休稱都護之名；文字能豪，每笑太沖之拙。功名不稱，雖錢能自飽，恨大才徒齒乎侏儒；書劍抱冤，即貴極人臣，歎數奇尚同於李廣。官能容易達，不蒙庾亮之塵；家富等閒貧，懶守王戎之窟。實爲手足，不異形骸。亦喜亦憂，無語言之或隔；爲狼爲狽，覺行止之相依。兩京非遠，别恨年年，長是天涯白首同所歸，願世世永爲兄弟。平居相憶，無不泣以沾襟；握手暫分，尚且悲而心死。三千里外，無時不是念伊；十七年間，一日未嘗忘我。惟思長聚，期兄弟歡笑于一堂；何況永辭，值兒女悲嗚於幾處！竹梧猶在，鳳當何日還來；城郭依然，鶴以無時得返。青山身後塚，姊乃後而弟先；夜雨異時悲，死反歡而生苦。

燕邸之中半世，見之者稀；兄弟之行九人，存焉者五。英雄隊裏，已收塵土三分；花萼樓前，早失春風一半。野堂零落，何當化日淒涼；蝶影翩躚，嘗記舊時顏色。

惜别離之最苦，生猶爾而死復何堪？感寥落之無期，少者去而老當益壯。埋玉樹於地下，悲何可言；藏碧血於匣中，恨應難滅。淚多於水，情見乎詞。竊六合以招魂，叩九閽而見帝。伏願念至誠之感，日赦罪惡之彌天。生人未免有情，神應不棄；濁世誰能無過，帝亦相原！

（據麻城《陳氏宗譜》卷一）

【箋】

萬曆三十三年乙巳（1605）作。

《陳氏族譜》原題爲《八世祖妣梅（喜佛）祭胞弟文》。梅喜佛即梅國晋，法名“南無歡喜佛”，梅國楨之姊，陳楚産之妻。陳楚産，字悦道，又字北學，號五不，麻城人。萬曆十一年癸未（1583）與梅國楨同榜進士，初授博野縣令，遷兵部主事、南京户部員外郎。被論歸里，數十年不起。即宅爲廟，中殿塑三義神像。見康熙《麻城縣志》卷七，麻城《陳氏宗譜》卷一、卷五。

偈二首答梅中丞　李贄

其　一

本無家可歸，原無路可走。若有路可走，還是大門口。

其　二

莫誇家裹富，家富令人醜。若實到家人，一毫亦無有。

懷林答偈附　李贄

亦知都府内，事事無不有。只是從外來，令人難長守。

（據《焚書》卷六，《李贄文集》，社會科學文獻出版社 2000 版）

雲中僧舍芍藥二首　李贄

其　一

芍藥庭開兩朵，經僧閣裹評論。木魚暫且停手，風送花香有情。

其　二

笑時傾城傾國，愁時倚樹憑闌。爾但一開兩朵，我來萬水千山。

（據《焚書》卷六，《李贄文集》，社會科學文獻出版社 2000 版）

渡桑間　李贄

逢人勿問我何方，信宿並州即我鄉。明日桑間横渡去，兩程又見梅衡湘。

（據《焚書》卷六，《李贄文集》，社會科學文獻出版社 2000 版）

環陽樓晚眺得“棋”字 李贄

不是環陽客，何來席上碁！推窗雲亦去，俯檻月猶遲。水底魚龍醒，花間鳥鵲饑。眼看春又半，雖老亦忘疲。

（據《焚書》卷六，《李贄文集》，社會科學文獻出版社 2000 版）

乾樓晚眺三首 李贄

其　一

呼朋萬里外，拍手層霄間。塞晚浮煙重，天空歲月閑。斷雲迷古戍，落日照西山。幸有歌聲在，更殘且未還。

其　二

憑高一灑衣，望遠此何時？正是中元節，兼聽遊女悲。杯乾旋可酌，曲罷更題詩。願將北流水，彈與鍾子期。

其　三

中丞綏定後，攜我共登臨。所喜聞謠俗，非干懷壯心。山雲低薄暮，樓日壓重陰。欲歸猶未可，此地有知音。

（據《焚書》卷六，《李贄文集》，社會科學文獻出版社 2000 版）

曉行逢征東將士卻寄梅中丞　李贄

烽火城西百將屯，寒煙曉爨萬家村。雄邊子弟誇雕驥，絶塞將軍早閉門。傍海何年知浪静，登壇空自拜君恩。雲中今有真頗牧，安得移來覲至尊！

（據《焚書》卷六，《李贄文集》，社會科學文獻出版社 2000 版）

大同城　李贄

此城真與鐵城同，作者何人郭琥功。更有尚文周太保，至今説著猶悲風。

（《續焚書》卷五，《李贄文集》，社會科學文獻出版社 2000 版）

觀兵城東門　李贄

島夷何敢動天兵，魚陣今看出塞行。若使仲由聞得此，結纓直下到王京。

（據《焚書》卷六，《李贄文集》，社會科學文獻出版社 2000 版）

六月七日之夕，與梅君客生衡湘及諸鄉里趁涼於長安街，醉而稱韻，得“片”字　徐渭

長安白葶風吹斷，銀河瑟瑟難成片。楚人慣自唱陽春，一曲未終人已散。西内湖荷没鶴長，裁篇不得只聞香。東方萬瓦寒樓閣，月照金鴆琥珀黄。

（據《徐文長三集》卷五，《徐渭集》，中華書局 1999 年版）

一内史邀集王氏園亭，和梅客生席上之作　徐渭

園亭醉客處，歌落海榴花。櫻字穿雲亮，山眉入盞斜。北窗涼白墮，尚饌到朱耶。楚曲誰能和，陽春本大家。

（據《徐文長逸稿》卷三，《徐渭集》，中華書局 1999 年版）

長安酒樓同梅克生夜過劉思雲宅　湯顯祖

炙肉行觴深夜留，錦衣重覆敝貂裘。新豐滿市無人識，欲傍常何問馬周。

（據《湯顯祖集》卷六，上海人民出版社 1973 年版）

梅克生座中贈袁天臺暫歸廣陵　湯顯祖

今日逢君忽不歡，十年賓從曲江寒。幾窺煙液浮攀桂，復報風心罷採蘭。楚客夜過留佩語，胡姬朝醉拂琴彈。還嫌失作神仙令，咫尺天臺控鶴難。

（據《湯顯祖集》卷六，上海人民出版社 1973 年版）

梅庶吉公岑席中送衡湘兄固安　固安孝廉時同在余許二師南祭酒講下，上春官復同第二師門下云，湯顯祖

曾陪相國侍飛簪，把劍長安雪夜吟。八月寒濤湘夢遠，十年春草禁煙深。雲開赤縣雙凫映，花撲盧臺兩鬢侵。復是連枝爲太史，每逢朝朔候輕陰。

（據《湯顯祖集》卷六，上海人民出版社 1973 年版）

别梅固安　湯顯祖

黄村别徑曉塵輕，仙令梅生出送行。薄暮離情向汾水，白溝河上繞秋聲。

（據《湯顯祖集》卷七，上海人民出版社 1973 年版）

聞梅客生監軍二首　湯顯祖

易與官除賊，難知虜合圍。自公持斧出，新築受降歸。按節旄毛落，分旗燕尾飛。賀蘭山外雪，初拂侍臣衣。

叛壘新兒戲，降城舊走胡。材堪惟楚有，人已謂秦無。池上驄花馬，臺中朝夕烏。先朝曾用水，絶地見陰符。

（據《湯顯祖集》卷十二，上海人民出版社 1973 年版）

哭梅客生　湯顯祖

其　一

長安醉卧雪霏微，共枕貂裘覆納衣。今日塞門成宿草，楚天魂夢向誰飛?

其　二

眼裏衡湘一個無，文情吞漢武吞胡。錦衣躍馬吾何泣，十載窮交在兩都。

（據《湯顯祖集》卷十五，上海人民出版社 1973 年版）

寄麻城陳偶愚懷梅克生劉思雲　湯顯祖

逐夜秋風動井梧，幾年無雁向江湖。花邊説夢銷閑好，句裏拈禪發興殊。幕府才華千古盡，錦衣人地一時無。曾同吊屈今垂老，猶自招魂楚大夫。

（據《湯顯祖集》卷十七，上海人民出版社 1973 年版）

五日夢梅客生如秣陵競渡時二首　湯顯祖

其　一

吹簾伏檻影沉沉，五日更頭思夢深。似有一絲長命縷，莫愁湖上繫人心。

其　二

夢中還有好容顏，鐘漏泠泠到夢山。自作江累何用吊，蓄蘭心事在人間。

（據《湯顯祖集》卷十八，上海人民出版社 1973 年版）

送客謁梅克生軍府　湯顯祖

節鎮曾同京洛塵，醉拈鸚鵡漢陽春。分麾上黨男兒事，莫買釵頭向婦人。

（據《湯顯祖集》卷十九，上海人民出版社 1973 年版）

寄梅客生明府　屠隆

長安十載酒人傍，彩筆生花吐劍光。地迴霜高飲馬窟，天寒日落鬬雞場。兩都奏賦稱才子，三輔鳴琴自帝鄉。總恠神君朝月朔，雙舄咫尺得回翔。

（據《白榆集詩》卷七，《續修四庫全書》第1359册，上海古籍出版社2002年版）

同金擇陽趙彦卿過梅客生館翫晋唐諸帖　歐大任

園林歡客至，何損下帷情。朱果多垂檻，黄鶯尚滿城。臨池千歲字，鏤石幾家名。且莫陳油具，從嘲太瘦生。

（據《西署集》卷三，《明别集叢刊》第三輯，黄山書社2013年版）

【箋】

歐大任（1516—1596）字楨伯，號崙山。因曾任南京工部虞衡郎中，别稱歐虞部。廣東順德人。嘉靖壬戌，以歲貢除江都訓道。遷光州學正，又遷國子博士，官至南京户部郎中。歐大任一生著述甚豐，著有《百越先賢志》《廣陵十先生傳》《平陽家乘》及文集，另有《思玄堂集》《旅燕集》《浮淮集》《軺中集》《游梁集》《南翥集》《北轅集》《纝館集》《西署集》《秣陵集》《詔歸集》《蘧園集》等詩集，已由後人彙刻爲《歐虞部詩文全集》行世。

梅中丞以御史監軍討平寧夏詩以壯之　華善繼

夜上封章策亂兵，朝驅驄馬向西行。霜寒絶塞長城窟，風動元戎細柳營。坐使三軍争自奮，笑看千里盡皆平。還朝獻捷傾都嘆，第一功平白面生。

（據《華孟達詩稿》卷六，《四庫存目叢書》集部第176册，齊魯書社）

【箋】

華善繼（1545—1621）字孟達，號濟川，無錫人。嘉靖貢生。初官浙江布政司都事。歷任桐鄉、昌化知縣。俱有惠政。後官至永昌府通判。

與其弟華善述並有才名，與王世貞友善，被目爲“四十子”之一。乞終養歸，有《折腰漫草》。參閱朱彝尊《明詩綜》卷六十七。

与梅克生孝廉集季园 費尚伊

荆軻古劍客，其友高漸離。和歌燕市裏，歌竟仍嘘唏。烈士志不朽，誓死念靡移。至今易水上，節俠名猶垂。梅生天下士，磊落堪追隨。十年不上第，縱酒乃躭詩。顧予一何有，酒德謬見推。沈酣梅竟日，痛飲無猜疑。今日復何日，邂逅臨華池。主人出肅客，握手如親知。華堂建鳴鼓，麗豎彈朱絲。瑶觴盛美酒，琥珀堆琉璃。巾舄並沾濡，衫袖皆淋漓。耳熱發狂叫，大嚼鯨與鯢。藏䰟誇㧗陣，展局拈枯棋。手中三尺鐵，擊碎珊瑚枝。四座咸拊掌，荆高良在兹。

（據《市隱園集》卷三，《明别集叢刊》第四輯第十四册，黄山書社 2013 年版）

【箋】

費尚伊，字國聘，湖廣沔陽人。萬曆元年（1578）舉人，萬曆五年進士。選翰林庶吉士，改兵科給事中。

寄梅中丞二首 邱坦

其　一

故鄉俗薄不堪留，臘月翻爲薊北遊。風雪不寒人世惡，吾今何處寄蜉蝣？

其　二

長安市酒濁如泥，夜夜爐頭生曉雞。欲報雲中書一紙，醉來兩月竟忘題。

（據乾隆《麻城縣志》下卷六）

【箋】

邱坦，字坦之，號長孺。麻城人。萬曆三十四年舉武鄉試第一。官至海州參將。善詩，工書，喜遊歷。有《南遊稿》《北遊稿》《楚邱集》《度遼集》等。袁宗道序其《北遊稿》曰："其詩非漢魏人詩，非六朝人詩，亦非唐初盛中晚人詩，而邱長孺氏之詩也。非邱長孺之詩，邱長孺也，雖然，以此論長孺詩，以此詩論長孺，俱在焦腑之內。"《白蘇齋類集》卷十。

雲中梅中丞招飲城南精舍，醉後登臺有述，兼呈羅天池、唐仲文　袁中道

笙簫隱隱下禪堂，五月登高一望鄉。流落喜依嚴節使，逢迎重見蔡中郎。牛羊日暮千家戍，禾黍風薰百戰場。極目平原思校獵，時清何處射天狼。

（珂雪齋集》卷二，上海古籍出版社 1989 年版）

舟中偶懷同學諸公，各成一詩　袁中道

梅大開府克生

少年慕瑰奇，喜讀英雄記。今見過量人，掀髯談世事。平時只坦夷，當幾見淵邃。臨枰無後機，入險有餘地。天下要太平，只消囊應智。予本貧賤人，上座感高義。邯鄲無秦師，侯生報不易。

（珂雪齋集》卷二，上海古籍出版社 1989 年版）

同顧司馬沖庵虎丘看月，兼懷梅開府克生　袁中道

生公之石一掌平，白浄忽如一方雲。明月出林影墮地，冰上交加荇藻文。四角隱隱歌聲起，清和圓美氣氤氳。蟬聯珠綴無斷時，但恨雙耳

難遍聞。紅去紅來渾不住，此地從來無日暮。七尺氍毹揀地鋪，鋪向生歌鼎沸處。主人有酒百餘瓶，興來飛杯不知數。高人一見眼自明，不在區區新與故。紅林漸疏聲漸静，燦燦天中分月路。大言小言及諧言，沛若黄河水東注。拔劍翻酒酒污身，咄哉誰是英雄人。上馬橫槊下馬詩，曹家父子我所欽。只今海内真名士，爾與麻城梅客生。梅也權奇渾不測，司馬膽氣號絶倫。詞賦文章雅亦敵，滚滚千言好筆力。爾曹天下有事時，囊底餘智能了得。梅今尚作韝上鷹，卻放司馬入山林。水田瀟灑拄軍持，青山處處訪名僧。泛舟來採太湖色，又向虎丘看明月。虎丘明月天下奇，況是同心好相知。酒寒再熱爲君醉，今夜剛纔半夜時。

（珂雪齋集》卷二，上海古籍出版社 1989 年版）

寄梅開府衡湘，兼呈宏甫先生　袁中道

中丞膽略世無二，單騎曾監西寧事。劍戟林中吐笑言，賊虜雙膝自到地。身是天朝鎖鑰臣，不重太守重書生。中郎倒屐迎王粲，北海忘年拜彌衡。烽絶塵銷胡漢歡，五月榴花照馬鞍。是日幕府宴上客，邊廷父老路旁看。玉河涓涓數行柳，怪蟒纏衣親送酒。兜甲鱗鱗耀日光，偏裨材官繞前後。公子席前禮法卑，侯生座上形容醜。錦袍紅毾大樹下，珠弓羽箭獵平原。半天雪影墜雙鴻，一簇紅雲走萬馬。醉後一揖城南曲，我向長安載碧玉。渭水一泓沸於湯，黄河千里飛如瀑。青衫典盡赤仄羞，十月邗溝一痛哭。館娃宫前草樹青，燕子磯頭暮雨生。江潮送我至溢浦，水冷沙寒聞雁聲。盤渦吼怒江門水，卻向三徑拾梧子。明月如珠不肯收，重乘一舸向揚州。秋風冷冷颯衰鬢，鳳凰失羽麒麟病。手中白酒失朝昏，杖底青山無遠近。窮來最感故人恩，夢中時發邊城信。北望代雲忽如蓋，青牛聞已出關外。自古英雄急相知，投老爲君走邊塞。杜陵狂夫老更狂，惟餘嚴武能相愛。中郎匹馬走京國，我欲偕行過塞北。三遊西湖不及春，卻坐湖上候花色。收淚遠寄雲中書，白雪欲來天乍黑。

（珂雪齋集》卷二，上海古籍出版社 1989 年版）

李惟寅邀同梅客生諸公集顯靈宮　亳州朱宗吉

先帝祈靈太乙祠，重來空憶翠花旗。殿中香火儀猶具，海上仙人事轉疑。客與方書閑指畫，老來詩律舊心思。調高身健漸時輩，高閣憑觀眼故遲。

（據《帝京景物略》卷四）

【箋】

朱宗吉，字汝修。南師仲《梅少司馬傳》作“濠梁人”。

李言恭，字惟寅。歧陽武靖王李文忠裔孫。見前《臨淮李侯留守南京》詩箋。

紫塞遼陽遠　文從九用之

紫塞遼陽遠，彤弓漢將榮。朔方建寧夏，大府控長城。公才堪世用，帝簡得人真。充國能知敵，穰苴果善兵。職司青瑣重，馬渡黄河雲。六月遠班師，三軍誓勒勳。善識風雲陣，生擒將帥身。憤自孤忠發，勳從累戰成。獻馘登清廟，褒書出上京。功臣將擬像，麟閣自傳名。余忝通家好，稱觴慶遠情。

（據《梅氏族譜》卷三〇《燕臺集·贈答詩附》）

聖主開皇極　吴郡徐申

聖主開皇極，名臣翊帝謨。豸衣持節遠，繡斧策勳殊。涕淚思酬國，艱難走備胡。兵戈邊塞急，保障此身孤。豹略雄千古，鴻聲照八區。朔方才整轡，遐徼復長驅。地入關河迴，春回草木蘇。功名推吕尚，道術陋夷吾。海外寧干羽，天邊望斗樞。還看麟閣上，早晚列新圖。

（據《梅氏族譜》卷三〇《燕臺集·贈答詩附》）

【箋】

徐申，昆山人，字周翰，嘉靖中由鄉舉累官刑部主事。張延齡系獄，提牢主事寬假之。會大猾劉東山上告延齡有不軌謀，帝怒，執先後提牢主事付詔獄，申與焉。帝命杖之廷，謫外任。

寒雲漠漠風生生 衡郡文元發子悱

寒雲漠漠風生生，悠悠旌旆駷馬鳴。無端孽雛從地起，逆天驕悖紛飆塵。質劫要請恣横行，腥風獵獵統萬城。草枯寒傴壯士脛，雪花飄濕將軍纓。天子宵衣簡命切，繡斧明威霜戟烈。杖節車攻出塞垣，朔風如刀面欲裂。男兒願不在封侯，銅柱標勳志亦酬。元戎十乘迅雷發，默算旋樞克壯猷。羽書朝馳暮折馘，指揮已定蕭曹失。漢將歸來西塞空，累累肘後燕然勒。始看螳臂竟摧殘，一范能令西賊安。按轡無須細柳勞，膚功已報擒樓蘭。中丞才武由天錫，都護雄奇無配敵。願移刁斗回蒼龍，乘風早奪東方魄。

（據《梅氏族譜》卷三〇《燕臺集·贈答詩附》）

【箋】

文元發，字子悱。吴縣人。名前小字注“衡郡”誤。文震孟之父，文徵明之孫。貢生，官浦江知縣。辨析疑獄，多善政，遷衛輝府同知。

天生梅侯何英武 長洲許九敍

天生梅侯何英武，翩翩意氣虹霓吐。不獨文將山門齊，豹略龍韜邁今古。朔方寧静仗能臣，誰知草動起風塵。山鬼跳梁熒惑現，一時兵集如雲屯。命將出師拜征虜，吾侯節制專帥府。胸中自有百萬兵，計定蕭曹那足數。大儒戢亂事從戎，搗賊平羌無限功。料敵奇謀過六出，鼓士奮勇惟精忠。決河水勢掀天白，左賢有弓控不得。驅兵轉戰捷如飛，逆豎授首煙塵息。英雄如公信無敵，倚馬揮毫親草檄。歸來共唱平戎歌，燕然山頭堪勒石。

（據《梅氏族譜》卷三〇《燕臺集·贈答詩附》）

賀蘭山前森劍戟　長洲陸士仁

賀蘭山前森劍戟，鼙鼓聲沉邊境息。何當逆寇據爲巢，腥穢煙騰天日黑。帝簡明公尺一符，驄馬直入慰來蘇。樽俎折衝成勝算，塵尾一麾雄萬夫。鯨鯢授首妖氛静，韜鈐不數蕭曹今。錦袍初賜簇麒麟，秉鉞開牙膺寵命。萬里功名非偶然，赤心爲國誰與憐。莫道儒冠守青簡，一辞筆鋒書定遠。

（據《梅氏族譜》卷三〇《燕臺集·贈答詩附》）

【箋】

陸士仁，陸師道之子。字文近，號澄湖。畫山水筆法雅潔，書亦如之。

夏州叛軍揭竿起　吴郡錢允治功甫

夏州叛軍揭竿起，期月邊塵暗西鄙。人心洶洶思瓦全，朝議紛紛半茅靡。中丞攘肯起臺端，奮欲移師戰賀蘭。力保李家兄弟去，繡衣持斧辭金鑾。三軍未向河西渡，先聲已走卜失兔。火攻水戰南關摧，一朝解散如煙霧。中軍鼓聲殷地雷，凱旋獻馘黄金臺。天子論功推第一，煌煌制府雲中開。先時畏賊如畏虜，東西已失數十堡。此際若非麻城公，嵬名幾欲稱吾祖。天生柱石輔清朝，槁街逆首一齊梟。偷徇人言事姑息，遺禍豈獨如金遼。公今晏坐青油幕，椎牛饗士恩不薄。新平得勝市馬來，北寇游魂膽全落。何來東海復揚波，三韓日日循干戈。謀臣猛將計安出，金印丹書將奈何。

（據《梅氏族譜》卷三〇《燕臺集·贈答詩附》）

【箋】

錢允治，初名府，後以字行，更字功甫。貧而好學，年八十餘，隆冬病瘍，映日抄書，薄暮不止。没，無子，遺書皆散失，有《少室先生集》。

楚材申廟略 長洲張獻翼

楚材申廟略，節制羽林郎。三軍資鋭筆，千里淩風霜。驄馬出榆關，猶然懷奏章。朔風邊月黄雲冷，磧路胡天畫角長。梅福神仙吏，威名動遼右[8]。銜命赴朔方，誓將清黠寇。屯兵出將歷歲年，未聞朔北無鋒煙。米船不來鐵馬瘦，困獸猶鬥漁陽邊。漁陽瘡痍未堪起，詔書哀痛何時已？使君一出膽氣雄，策行頗有前賢風。坐見兵威消瀚海，先看喜氣滿關中。軍麾遥佐元戎去，碧漢勳名看自致。元戎廟略誇無敵，鼎魚穴蟻徒假息。轅門弓矢映秋毫，玉壘戈鋋照霜色。猛士材官席上過，春日陽知暖氣多[9]。今日夔龍兼衛霍，離筵慷慨青山郭。霜戟常寒使者裘，攙搶忽墜將軍幕。客如孫楚復袁宏，露板還堪倚馬成[10]。直須重賦燕然事，塞上方思萬里城。

（據《梅氏族譜》卷三〇《燕臺集·贈答詩附》）

【箋】

張獻翼，字幼于，或作友于，一名敉。長洲人。與兄張鳳翼、張燕翼並稱“三張”。早歲入貲爲國學生，屢困場屋，不得一舉。刻意爲詩歌，“三張”之名，獨獻翼爲高。頹然自放，故爲越禮任誕之事，以驚世俗。自謂“不可無一，不可有二”，因自號可一居士。嘗攜妓令乘馬，手自控之。以布衣老。

梅公梅公才何雄 長洲庠生許夢徵

梅公梅公才何雄，天生灝氣扶寰中。手握兵符泣神鬼，腰横長劍倚崆峒。世襲簪纓薄卿相，赫赫威名山門望。生平素負倚馬才，麾下嘗驅裂兕將。皇路多艱險未平，承恩盜弄朔方兵。且把儒衣隨鐵甲，謾將筆陣捲霓旌。饑來時食朔方草，渴來時飲朔方血。逆胡不滅不生還，草枯血乾忠膽竭。戰勝歸營酒一尊，暗雲慘澹布奇門。談兵衆共推梅福，料敵齊言似柳渾。遂決河流注城下，倒峽奔濤勢欲瀉。井蛙那得逭天誅，生擒西賊恢寧夏。書生節制古來難，漠漠胡沙撲面寒。帷幄運籌多廟算，闕庭稽顙是呼韓。振旅獻俘談笑噱，彎弧戲射雙雕落。凱旋勒銘燕然山，功成繪像淩煙閣。朔方平靖國蒙休，强敵兵屯江水愁。願憑滿腹龍韜略，搗碎殊方十萬舟。公今蚤書魯連箭，余亦願草陳琳檄。長鯨授首海無波，坐擁胡床吹鐵笛。

（據《梅氏族譜》卷三〇《燕臺集・贈答詩附》）

西陲醜寇煽妖氛　長洲文從龍夢珠

西陲醜寇煽妖氛，廟堂籌畫勞紛紛。羽書飆馳向北闕，烽火萬里一夕聞。驄馬行行名柱史，精忠貫日心如焚。抗疏願請上方劍，戎衣直搗犬羊羣。繡斧光寒邊塞月，金戈氣落夏城雲。七旬已馘長鯨首，三箭遂勒燕然文。威名遠被賀蘭國，刁斗争誇細柳軍。捷書飛奏天顔喜，露布遥傳萬國忻。旗鼓高張星錯落，凱歌徹耳霞氤氳。試看麒麟新閣上，只今誰冠漢家勳。

（據《梅氏族譜》卷三〇《燕臺集・贈答詩附》）

【箋】

文從龍，明萬曆至崇禎間人。字夢珠，號三楚，崇禎十五年孝廉，善山水。

靈武名高御史驄　太原王穉登百穀

靈武名高御史驄，更勞開府住雲中。美人學舞魚腸劍，廝養能開兕角弓。城下已無胡飲馬[11]，幕前安用客和戎。不知今日麒麟閣，誰是平西第一功？

（據《梅氏族譜》卷三〇《燕臺集·贈答詩附》）

【箋】

王穉登，字百穀，長洲人。原文作“太原”，誤。十歲能詩，爲人圓通，妙於書及篆隸，好交遊，善結納，談論娓娓，移日分夜，聽者忘倦。又以詩名，出入公卿達官間。同時山人布衣以詩鳴者十數，穉登名最大。萬曆間詔修國史，大學士趙志皋輩薦穉登及魏學禮、陸弼、王一鳴，有詔徵用，未上而史局罷。有《南有堂詩集》等。《明史》卷二八八有傳。

江盈科評“美人學舞魚腸劍，廝養能開兕角弓”句曰：“都是實事，描寫得佳。”《雪濤小書詩評·巧詠》。

河朔當年净脱巾　申時行瑶京[12]

河朔當年净脱巾，請纓慷慨屬埋輪。揮戈塞上吞胡氣[13]，運策帷中報主身。秦地雄風還駟鐵，漢家高閣畫麒麟。晋公督戰平淮後，千載猶稱社稷臣！

（據《梅氏族譜》卷三〇《燕臺集·贈答詩附》）

【箋】

申時行，字汝默，號瑶泉，晚號休休居士，長洲人。嘉靖四十一年進士第一，授修撰，官至吏部尚書，爲首輔。有《賜閑堂集》。

天子宵衣問朔方　申用懋

天子宵衣問朔方，忽傳借箸掃攙槍。綸巾坐測收全筴，組甲長驅失跳梁。自此塞垣垂保障，至今名姓怖降王。懸知薄伐成京觀，勳業應看紀太常。

（據《梅氏族譜》卷三〇《燕臺集·贈答詩附》）

【箋】

申用懋，申時行之子。字敬中，號元渚。萬曆進士，除刑部主事。熹宗時以右僉都御史巡撫順天，悉心邊計。忤魏忠賢，罷歸閑住。崇禎初，起任兵部左右侍郎，進尚書，致仕歸卒。

名賢開府靖靈州　吴郡强存仁善長

名賢開府靖靈州，勳烈桓桓邁列侯。聖主酬勞加九命，邊庭佩德頌千秋。韜鈐暫借雲中鎮，帷幄高懸塞上籌。此日東陲猶跋扈，還期節鉞建殊猷。

（據《梅氏族譜》卷三〇《燕臺集·贈答詩附》）

【箋】

强存仁，字善良，一作善長，吴縣今江蘇蘇州。人。山水得黄公望筆意，寫蘭效周天球，學其書獨有深解。民國《吴縣志》卷七十五上“藝術”。

孤忠自誓浄烽煙　張夢錫

孤忠自誓浄烽煙，直斬樓蘭奏凱旋。餘黨生擒來闕下，受降解縛向軍前。旌旗書偃黄河曲，鼓角宵恬紫塞邊。聖主論功崇寵眷，盟垂帶礪共千年。

（據《梅氏族譜》卷三〇《燕臺集·贈答詩附》）

【箋】

張夢錫，字雲生，自號破屋先生，四明今浙江寧波。人。貢生，入太學。明末清兵南下，與董志甯、王家勤、華夏、陸宇火鼎、毛聚奎稱“六狂生”，起兵抗清。

官家討逆向靈州　舊吴彭履道仲達

官家討逆向靈州，特簡臺臣贊壯猷。滿路霜風浮劍戟，萬軍鼓勇總貔貅。天威只欲殲渠首，廟算真能決勝籌。聞道曹彬將拜相，焉知儒者不封侯？

（據《梅氏族譜》卷三〇《燕臺集·贈答詩附》）

隴西烽火報長安　吴門姚俊

隴西烽火報長安，持節長驅一豸冠。驄馬臨風沙盡白，朱衣耀日草皆丹。旌旗影卷摇山嶽，刁斗聲飛破賀蘭。定擬干城須入相，凱歌何必望登壇。

（據《梅氏族譜》卷三〇《燕臺集·贈答詩附》）

【箋】

朱謀垔《畫史會要》："姚俊，吴中人。山水疏秀可佳，用筆亦老。"卷四。餘不詳。

花明韡韡燦瑶京　長洲杜大中子庸

花明韡韡燦瑶京，千里勤王斗色横。牙纛遠持天使節，鹹俘能振朔方兵。閫中虎豹承新命，閣上麒麟紀令名。東海烽煙仍自息，聖朝今喜得長城。

（據《梅氏族譜》卷三〇《燕臺集·贈答詩附》）

【箋】

杜大中，字子庸，號山堂居士。江苏苏州人，擅长书法。詹景鳳《詹氏性理小辨》。

胡雛憶昔訌邊關　杜大綬子紆

胡雛憶昔訌邊關，簡命親承豸服班。辭陛視師持國憲，矢心殲賊動天顔。金城身歷圖方上，淮蔡功成執許還。萬里龍沙洗兵馬，勳名高似賀蘭山。

（據《梅氏族譜》卷三〇《燕臺集·贈答詩附》）

【箋】

杜大綬，吴縣人，字子紆。畫山水逸氣，兼精端楷。年七十餘書《華嚴經》八十一卷，藏天宫寺。

捷書插羽奏謀猷　吴下黄嘉芳

捷書插羽奏謀猷，席捲邊塵一片愁。軍旅宣威彰帝討，山河保障釋王憂。龍韜報國身先奮，麟閣論功志始酬。尚説島夷猶負固，運籌還欲借劉侯。

（據《梅氏族譜》卷三〇《燕臺集·贈答詩附》）

【箋】

黄嘉芳，南直隶苏州府吴县人。“吴门画派”畫家，著名書法家黄姬水之子。

朔方旌旆早飛聲　長洲周時復

朔方旌旆早飛聲，直指臨戎藉老成。節著三臺堪砥柱，勳垂萬里是長城。彤弓令出風霆肅，青海塵銷警堠平。文武舊稱惟吉甫，更誰麟閣擅雄名。

聖朝西顧策才賢　長洲周時復

聖朝西顧策才賢，分陝從知寵命專。新拓降城猶款塞，重開飛閣爲籌邊。開牙久借元戎幕，秉鉞[14]仍推使相權。樞筦向來方倚重，廟謨時得奉恩偏。

（據《梅氏族譜》卷三〇《燕臺集·贈答詩附》）

【箋】

周時復，撰有《閭史》一卷，餘不詳。

西寇遊魂阻賀蘭　長洲張鳳翼

西寇遊魂阻賀蘭，六師聲討萬民歡。折衝總藉貔貅力，節制須憑獬豸冠。彈壓兼文資柱後，壯猷揚武出臺端。獻俘飲至天顔喜，不羨軍中有一韓。

（據《梅氏族譜》卷三〇《燕臺集·贈答詩附》）

【箋】

張鳳翼，字伯起，號靈墟。長洲人。嘉靖四十三年舉人。與弟獻翼、燕翼並著才名，號稱“三張”。善書，文學品格甚高，不以詩文字翰交結貴人。好填詞，嘗作《紅拂記》等傳奇。又有《處實堂集》《占夢類考》《文選纂注》《海内名家工畫能事》等書。

無端稱逆有懷恩　易丁元

無端稱逆有懷恩，插羽飛傳動帝閽。抗疏欲清豺虎穴，請兵直抵豹貙屯。霜威已肅雲中旅，電擊還褫塞下魂。千古旂常褒偉績，履臺應自促回轅。

（據《梅氏族譜》卷三〇《燕臺集·贈答詩附》）

【箋】

易丁元（生卒年不詳），字原躬，浙江嘉興人。布衣，入清後剃發爲僧，法名净伊，號願庵。善畫山水、人物、佛像，爲僧後專畫佛像，而山水筆墨尤爲高遠。

豸繡提兵逐寇氛　吴郡薛明益

豸繡提兵逐寇氛，朔方羽檄罷紛紜。千峰夜戟吹湖雪，萬里秋笳斷薊雲。驃騎長呼遼左戍，單于奔角漢南軍。只今麟閣功推首，青鬢還須奉聖君。

（據《梅氏族譜》卷三〇《燕臺集·贈答詩附》）

【箋】

薛明益，一名薛益，字虞卿。文徵明弟子，工書法，尤精於小楷，有"衡山後一人"之譽。亦擅篆刻。

凱歌三章　吴人章士雅

榆林古戍重邊州，烽火維今徹夜愁。白髮元戎空血淚，勳名第一冠軍侯。

沙黄月白陣雲孤，轉戰經年萬骨枯。繡斧新懸金鵲印，獨將尺組繫羣胡。

精忠一疏動天顔，鐵甲金戈出漢關。從此涼州無戰馬，勒銘元在賀蘭山。

（據《梅氏族譜》卷三〇《燕臺集·贈答詩附》）

【箋】

章士雅，字循之，南直吴縣人。進士，萬曆辛卯宰嘉善。光緒《嘉善縣志》卷十五。

君侯意氣萬夫雄　江盈科

君侯意氣萬夫雄，恢復西寧第一功。督戰軍師看白羽，還朝天子賜彤弓。煉從狼燧心全赤，拭卻龍泉血尚紅。但把餘威驚醜寇，受降高築古城東。

（據《梅氏族譜》卷三〇《燕臺集·贈答詩附》）

【箋】

江盈科，字進之，號淥蘿山人。桃源人。萬曆二十年進士，選授長洲知縣，官至四川提學副使。有《明十六種小傳》。盈科爲公安派健將，袁中道評其詩曰："詩多信心爲之，或傷率意，至其佳處，清新絶倫，文尤圓妙。可愛可驚之語甚多，中有近於俚語者，無損也，稍爲汰之，精光出矣。"《珂雪齋文集》卷九《江盈科傳》。

送梅侍御還朝　新都王之相

少年獻賦出明光，三楚才名獨擅場。珥筆周家誇柱史，寒帷漢武説循良。白頭塵避青驄馬，江上風生白簡霜。到日正逢宣室召，鴻書遥憶五雲長。

（據《梅氏族譜》卷三〇《燕臺集·贈答詩附》）

邀同梅客生諸公集顯靈宫　李惟寅，見《帝京景物略》補

先帝祈靈太乙祠，重來空憶翠華旗。殿中香火儀猶具，海上仙人事轉疑。客與方書閑指畫，老來詩律舊新思。調身高健慚時輩，高閣憑觀眼故遲。

（據《梅氏族譜》卷三〇《燕臺集·贈答詩附》）

【箋】

李言恭，字惟寅，見卷四《臨淮李侯留守南京》箋。

送梅侍御朔方監軍　江夏郭正域諡文毅，見郭美命《黄離》補

殺氣秦中太白低，圍城不肯豎降旗。憐君勇奪三軍帥，抗疏先行六

月師。曾斬鯨鯢封作觀，更追玁狁勒爲碑。歸來早拜彤弓賜，不負臨戎聖主知。

朔方叛將與降夷，大師元戎未敢窺。莫使匈奴防漢策，休言河朔似唐時。提兵且斷潼關路，選勝須過花馬池。四路偏師擣大夏，肘間金印好垂垂。

（據《梅氏族譜》卷三〇《燕臺集·贈答詩附》）

【箋】

郭正域，字美命。江夏人。萬曆十一年進士。授編修，爲皇長子講官，三遷至庶子。萬曆三十一年以禮部右侍郎署部事。因“妖書”案罷職。家居十年卒。正域博通載籍，勇於任事，時論以爲可以重任。《明史》卷二二六有傳。

寧夏紀事四首　江夏郭正域謚文毅，見《黄離草》

烽火連天照賀蘭，休將款塞報呼韓。降夷久諳中朝事，叛卒休窺大將壇。刁斗月明驚隴右，羽書風送到長安。諸君努力收全勝，九塞於今駐馬看。

套虜稱臣幾歲年，不聞元帥坐籌邊。妖氛一日起靈武，胡騎三千過酒泉。紅粉如雲隨馬革，青燐似雨泣狼煙。已捐主爵封侯印，肯惜司農少府錢。

帝城得歲好行師，十萬連營盡虎羆。早障濁流乘壩上，莫驕胡騎過秋時。火雲隊隊飄前陣，落日蕭蕭照大旗。浪説健兒多戰死，將軍未有報瓜期。

中朝一日起廉頗，鹿酒休調熱洛何。豈有一城皆北虜，好從間道渡黄河。葉公此日雲胡冑，魏絳於今莫許和。聖主有時臨便殿，朔方早爲奏鐃歌。

雪夜懷梅克生 江夏郭正域諡文毅

玉魄濯冰壺，寒聲凍轆轤。銀輪持世界，練影曳江湖。地作琉璃觀，天懸不夜珠。清都應似此，瑞木可開無？一片虛明裏，三千歲月徂。朔風吹觱篥，冷氣滿氍毹。卻憶霜臺客，梅花調轉孤。

（據《梅氏族譜》卷三〇《燕臺集·贈答詩附》）

送梅侍御還朝西 吴顧爾行

聖世才名君獨先，相思遥隔楚江天。致身抗疏雲霄上，養望開尊日月邊。拂袖喜逢明主眷，抽簪重繼後人賢。一從合浦珠分後，明月虛教幾度圓。

（據《梅氏族譜》卷三〇《燕臺集·贈答詩附》）

【箋】

顧爾行，歸安人。萬曆進士，官大名推官。

與梅衡湘 李贄

承示繫單于之頸，僕謂今日之頸不在夷狄而在中國。中國有作梗者，朝廷之上自有公等諸賢聖在，即日可繫也。若外夷，則外之耳。外之爲言，非繫之也。惟漢時冒頓最盛强，與漢結怨最深。白登之辱，中行説之辱，嫁以公主，納之歲幣，與宋之獻納何殊也？故賈誼慨然任之，然文帝猶以生事擾民，不聽賈生之策，況今日四夷效順如此哉！若我邊彼邊各相戕伐，則邊境常態，萬古如一，何足挂齒牙耶！

（據《焚書》卷二，《李贄文集》，社會科學文獻出版社 2000 年版）

復梅客生　李贄

陶公《乞食》詩云："扣門拙言辭。"是屢乞而多慚也。王摩詰誚之云："一慚之不忍，而終身慚乎！"蓋譏其不忍彭澤之小屈，而屢受屈於扣門耳。

袁二若能終身此道，笑傲湖山，如今之爲，則後來未必無扣門日子；若以次入京，旋來補缺，終不免作《進學解》以曉諸生，則此刻恐成大言矣。願公勿羨之！得行志時，且行若志，士民仰蓋公之卧治，戎夷賴李牧之在邊，積功累勤，亦佛菩薩所願爲者。若計此時有具眼人能破格欲求千里駿骨，難矣！上元燈火無論多寡，於襄陽二千石不爲少，雲中君油三斤不爲多，總不如窮釋子昏昏黑黑坐而假寐也。一笑。

（據《焚書》卷一，《李贄文集》，社會科學文獻出版社 2000 年版）

與梅君客生衡湘　徐渭

肉質蠢重，衰老承之，不數步而揮汗成漿，須臾抹卻塵沙，便作未開光明泥菩薩矣。再失迎候道駕，並只在鄉里故人咫尺間摇扇閒話而已，非能遠出也。稍涼敬當趨教，兼罄欲言。

又

讀牘與詩，高韻雅致，雙見互陳，如吴橘渡淮而枳，令人幾于易性，況寒暑細故耶？少間尊齋中，當聞蚯蚓竅中出蒼蠅聲也。

又

百丈之井，操尋常之綆以汲之，愈續而愈不及。僕讀足下之詩，將步驟其咫尺，而喘不可望也，亦然。泊淮時吊古者三首，抄以請教，余當面訂也。

（據《徐文長三集》卷十六，《徐渭集》，中華書局 1999 年版）

寄梅瓊宇 湯顯祖

弟受知克生兄最早，《玉茗堂》中有哭詩。時見夢言而已。仁兄與弟生同年月日，而宦游較弟稍達，多子殊秀。弟以烏哀流落，子多中才，卯酉相望，奚啻千里。吾兄容鬢何其？得借西來，庶爲心懌。

（據《湯顯祖集》卷四十六，上海人民出版社 1973 年版）

答梅開府先生 袁宗道

馬頭數語，略識英雄皮毛。寧夏之功，始見英雄面目。去年見龍湖，談及足下，始得英雄神髓。英雄之難識如此。不肖近攜兩弟都門，時時劇談，間有一二語可聽者，恨不得請正足下耳。

又

三弟，愚兄弟中白眉也，阿兄頗心遜而公私賞之。然自謂是瘖痂之好，豈期足下亦偏嗜乎？劉晋川開口見舌，意見亦少，然不肖所取，正以其無意見耳。世之一生談禪，意見熾然者不少，如晋川之脱灑亦自可喜也。知足下眼空世人，然朋友實難，何可備責。愚兄弟寒燈劇談，概多孟浪之語，語繁非筆楮能盡，無由請正大方。千里同心，鑒之聲外，當不俟耳聞矣。

（據《白蘇齋類集》卷十五，上海古籍出版社 1989 年版）

梅開府寄黄鼠 袁宗道

生平嘗恨未得飽噉此味，乃大中丞令兩力舁至，滿案盈俎，皆是物也。書生一生未曾得此雄噉也，第損郇廚太甚耳。

（據《白蘇齋類集》卷十五，上海古籍出版社 1989 年版）

答梅開府　袁宗道

忽接手教，展誦不能去手。門下功蓋天下，而文章亦妙天下。詞客文人，欲爲詩歌稱功頌業而不可得，即搜腸竭吻，曾不滿大中丞一笑。今不佞幸藉筆劄之役，少寄讚歎，深愧樸木敕，不能藻潤天言，以當台意。而門下顧先之以華牘，重之以厚貺，是詞客文人所不能得，而一椎魯少文之夫，乃緣蒙之，能無面顏也！

又

以門下之功，以門下之才若望，而欲高蹈人外，萬無得遂之理。今世界如一大舶在驚濤中，只靠數輩老長年，有不得出者，又有欲歸者，其奈蒼生溺何？處處好從赤松遊，不必棄侯印歸山中也。適有喪女之變，匆匆附此，言不暢心，惟蘄照亮。

又

李孟白來，得常聚談甚快。凡人聰明者，多欠真實。此兄既聰明，又真實，大是難得。所云講師何人乎？既是講師，説得天花没膝，恐亦與本分事不相干涉也。

（據《白蘇齋類集》卷十五，上海古籍出版社 1989 年版）

與梅客生　袁宏道

家弟自雲中歸，極口稱梅開府才略蓋世，識見絶倫，且意氣投合，不減龐道玄之遇於節使也。所不同者，于公疏，開府密；于公急，開府緩；于公一揮千金，開府衣無重帛。生之校量兩公於此。公自度與頔孰勝而孰劣哉？古之英雄，知此道者，晋有康樂，唐即于公，宋有夏英，更歷數千年，指不一二屈，不圖今日於明公見之，快哉！聞近日鄉思頗切，然不？光黄之間，有隱君子焉，歸而與其徒醉酒逃禪，政不必建牙吹角，終老塞上也。何如？

吴令繁衝，苦痛入骨，没奈何只得低頭做處，終是措大無遠志耳。顧沖庵曾一過蘇，與舍弟在虎丘一宿而别，近日蔣蘭居過吴，又將舍弟邀入武林去矣。附報。

（據《袁宏道集箋校》卷五，上海古籍出版社 1981 年版）

又

走一病六月，竟爾改官。前者從枕上得尊劄讀之，痛快不可言。因笑謂家人曰："梅公不難捨開府，袁生何有一小小知縣邪！"既而思之，知縣賤而卑，捨之甚易，開府貴且尊，捨之甚難。知縣可捨，開府不可捨也。何也？開府無簿書牛馬之累，終日高坐堂皇，其折腰跪拜者，皆金紫也。既不妨飲酒，又不忍參禪。開府官漸大，位漸高，三年一蔭，六年二蔭，若作二十年，便蟬聯奕世矣。三者皆高名厚利，不可捨之實也。操此三捨不得，而梅公必欲捨，袁生必欲勸梅公捨，豈不迂而不更事哉！

顧沖庵用世好漢也，蔣蘭居廉謹醇儒也。沖庵豪傑人，蘭居真學道人，不肖聞之阿三如此，俟明公異日鑒定。阿三至吴即歸。卓老一袈裟地竟不能有，天下事安得不以理論哉！

（據《袁宏道集箋校》卷十一，上海古籍出版社 1981 年版）

答梅客生開府　袁宏道

近日與西卿往來甚密，西卿聰明可人，至其老成練達，實僕之師。近復發心學道，僕謂西卿心則不可不發，道則不必學，西卿以爲然。

邸中無事，日與永叔、坡公作對。坡公詩文卓絶無論，即歐公詩，亦當與高、岑分昭穆，錢、劉而下，斷斷乎所不屑。宏甫選蘇公文甚妥，至於詩，百未得一。蘇公詩無一字不佳者。青蓮能虚，工部能實。青蓮惟一於虚，故目前每有遺景；工部惟一於實，故其詩能人而不能天，能大能化而不能神。蘇公之詩，出世入世，粗言細語，總歸玄奥，恍惚變怪，無非情實，蓋其才力既高，而其學問識見，又迴出二公之上，故宜卓絶千古。至其遒不如杜，逸不如李，此自氣運使然，非才之過也。

今代知詩者，徐渭稍不愧古人，空同才雖高，然未免爲工部奴僕，北地而後，皆重儓也，公然侈爲大言，一倡百和，恬不知醜。噫，何可令有宋諸君子見哉。

（據《袁宏道集箋校》卷二十一，上海古籍出版社 1981 年版）

答梅客生　袁宏道

饑急於名，飽急於樂，口腹急於身體，欲不教學何可得？且教學則永無大官之望，亦無長在仕途之望，不唯官閑，可以一意讀書也。

又

僕謂丘、李二兄之病，正病在識上作活計耳，非識不足也。長孺解作墨客及遊冶兒，酉卿歷官甚老成，此等皆從識上淘汰得出，謂之無識，僕不信也。

來書云："實實有佛，實實有道，實實要學。"甚妙，甚妙。僕謂官與冶客，即佛位也，故曰實實有佛。解作官作客，即佛道也，故曰實實有道。然官之理無盡，冶客蕩子之理亦無盡，格套可厭，氣習難除，非真正英雄，不能於此出手，所謂"日日新，又日新"者也，豈鹵莽滅裂之夫，所能草草承當者哉？故曰實實要學。如此注解，不知可當温陵長水不？

宋儒有腐學而無腐人，今代有腐人而無腐學。宋時講理學者多腐，而文章事功不腐；今代講文章事功者腐，而理學獨不腐。宋時君子腐，小人不腐；今代君子小人多腐。故僕謂當代可掩前古者，惟陽明一派良知學問而已。其他事功之顯赫，若於肅愍、王文成輩；文章之燦爛，若北地、太倉輩，豈曰無才？然尚不敢與有宋諸君子敵，遽敢望漢、唐也？

徐文長病與人，僕不能知，獨知其詩爲近代高手。若開府爲文長立傳，傳其病與人，而僕爲敘其詩而傳之，爲當代增色多矣。

又

僕所謂佛，即官也，即今梅開府客生也。今公求免於佛，亦將求免爲客生邪？須知客生無成無免，佛亦無成無免。所謂即者，猶是方便説法，不得已之辭。猶如有人云“大海是水”，已是戲論，而丈又欲令海求免于水，可謂戲而又戲矣。

又

僕近日坐尊經閣，與弟子談時藝，樂亦不減。閣中有《廿一史》《十三經》及他書甚多。窮官不必買書，是第一快活事。近地所可遊處，則有北安門湖水及諸梵刹。朋友則有一二小官，齋郎典客之類，絶口不談朝事者，其胸中又無一段先入意見爲主，僕遂得遺形縱舌，不相妨礙。縱彼不甚領略，而僕得大開口，四肢暢適，勝彼擎拳躬身閉吻嘿坐時多矣。獨貧不能致客，覺有不快。僕有詩云：“貧廚非大祭，未有肉留賓。”此紀實也。

近日聽潘雪松説《易》甚快，僕于《易》學不甚邃，驟聞其説，如聆天樂，出世入世之理具此矣。如羲、文、周、孔者，真震旦國古佛也。

又

經理巡撫缺出，生竊謂此事，非梅公恐了不得。今日見報，明公在會推中，此事恐當屬公矣。近日事體，大約如人家方有大盜，而其妻妾尚在房中争床第間事，又如隔壁人告狀，而我賣田鬻子爲之伸理，至於産盡力竭猶不止，抑亦可笑之甚矣。

教官美處，誠如來劄。但所云不足者，亦自有説。昔在吴縣，妻妾衣食粗足，然或經月不見面，往食虎丘黄魚，如吃黄土，今食頻婆餅餌，不減仙廚。寺院雖不閑，遠勝於訟庭，僧雖無可與語，雅于囚徒胥吏。

蓋人或望尊榮厚實，多以爲不足，若直看作隱居之地，未有不足者矣。

又

麻城令去時，僕與家兄屢以長孺爲托，不意命薄如此，真所謂轉喉觸諱者也。江進之之苦不待言，僕交遊半天下，似此人者，識見肝膽真不可多得，縱不作吏部，不思世間尚有作教官者乎？

三弟來，又添一朋友，此近日快心事，即近日所得之快友也。眷屬初至，一少姬病死，未免作惡。去役匆匆，不暇他及。

又

與諸大將校射即語也，有能勝我者，即大可與語人也。明公更欲求何等人作可語哉？近日無他受用，但與一輩白頭腐儒，杯酒往來，覺無絲毫不相入處，以此消遣閒日，不覺身之爲客也。卓老久無帖去，湖上意似亦果生。三明春若無他往，當騎驢沖寒至矣。

又

令公出獵之日，正不肖同諸秀才飲酒烹茶之日也。雪中無事，一味以管城相角，每得佳語，席上人同聲喝采，亦自奇快。不知并州兒之樂，於不肖何如也？

又

措大持寸管，欲與塞上公較樂。辟如乞兒持殘羹餘酒，矜張五侯之門，亦可謂不知量也。

又

一春寒甚，西直門外，柳尚無萌蘖。花朝之夕，月甚明，寒風割目，與舍弟閒步東直道上，興不可遏，遂由北安門至藥王廟，觀御河水。時冰皮未解，一望浩白，冷光與月相磨，寒氣酸骨。趨至崇國寺，寂無一人，風鈴之聲，與猧吠相應答。殿上題額及古碑字，了了可讀。樹上寒鴉，拍之不驚，以礫投之，亦不起，疑其僵也。忽大風吼簷，陰沙四集，擁面疾趨，齒牙澀澀有聲，爲樂未幾，苦已百倍。數日後，又與舍弟一觀滿井，枯條數莖，略無新意。京師之春如此，窮官之興可知也。冬間閉門，著得《廣莊》七篇，謹呈教。

（據《袁宏道集箋校》卷二十一，上海古籍出版社 1981 年版）

答開府梅衡湘　袁中道

龐居士有言："護生須是殺，殺盡始安居。"古人種種方便，皆殺機也。或於經教上殺，或於無義語上殺，或於人情事變上殺。殺得不留遺種，方是安居消息。今安然豢賊於家，以賊爲子，何時寧謐也！只如向來明白處俱是賊，不可冒認。承下問，僭效一得，亦邸中臘月扇耶。

（據《珂雪齋集》卷二十三，上海古籍出版社 1989 年版）

與梅衡湘　袁中道

久不獲通候明公，就近嘗於酉卿處知動定。數年來俗態紛紛，乃明公静而觀之，真所謂"長安雖鬧，我國晏然"者也。此乃不動聲色，而措天下於泰山之安手段，非真實學問何以有此。自禿翁去後，絶無可與言者。近日京師有志者，都向事相上理會，所謂入微取證一脈殆將絶矣。

念公嘗周旋否？雖無老成人，尚有典刑。中郎虎賁自可念耳。生僥倖一舉，可漸了書債。不知今年作何景象，自覺心疏膽薄，終亦無益於世。悔往者親遇至人，不能細心窺其機用之妙，用世出世，都成當面蹉過，良可歎也！

（據《珂雪齋集》卷二十三，上海古籍出版社 1989 年版）

梅衡湘知縣　王錫爵

浹年兩度相見，意落落如此。雖苦法縛，亦由其精神衰短，不能於賢愚踈戚中提撕。了照一番，泛然而應，泛然而辭，古之三吐三握者，竟何人也。教來，承已報三載治狀，禾黍被野，鴻雁來庭。單父鳴琴之理，豈復過是？詔徵近矣，願請其緒餘以爲天下方。今世風國，雖小見清楚，而九尾三窟，營營之黨尚伺天下。有非常以忮少年血氣未定之舌，此足下他日憂也。

（據《王文肅公文集》卷十六）

梅衡湘巡撫　王錫爵

吾公袖中龍泉，業已試之斷割。今游刃之餘，豈復有難事？若教中所云“虜情宗禄，如理亂絲，如解連環”，在細心耐煩耳。

又

外諭，東封事。唐太宗謂李世勣曰：“吾以公爲將，安得不用公計？但無誤吾事而已。”

至于朝鮮不宜置戍之諭，誠然誠然。豈有傾中國供億終歲爲屬國守禦計者？薊遼平原，淺草之地，非所長，騎射可以制之，清野堅壁，可以困之。獨中原饑亂，聞有大賚，頗能自輯否。大抵撫饑民，定亂民，不出公緩急兩言，願密示有司，令遍識此意。擺馬事固可以嘗虜，得其要領者必能讋伏其心，豈獨市馬乎？屢聞讜言，受賜不少，謹附謝。

又

奉教，知今年貢事較精彩。人之相忌，不早用公於遼，豈知正所以成公也。貢馬既高壯，盍就此講求喂養之術。使馬不損，軍不困，一旦更得其用耳。僕頃蒙召對之後，上欣與往復問答數四，其詳不可外傳。乃知册儲猶豫之故，“不老無疾”一言毫無他意，而羣少年睥睨兩宫一毫不着。則有以閣部院異同之説，别生事端，不知其愈巧愈拙也。兄亦可以無憂疑謗矣。

（據《王文肅公文集》卷二十六）

報梅中丞　朱孟震

自與臺下别河東也，未幾聞新命。英姿偉望，仗鉞擁麾；主上釋西顧之憂，關内藉北門之鑰。營平、定遠之勳，行且立建！所爲鄙人踊躍者，固不啻燕雀之私而已。擬勒一械，因循未遣。乃使者自萬里外儼然翰貺先臨之，感刻在衷，恒情百倍。不才幸側名藩諸大夫之後，然碌碌少所樹植。近者大木之役，官民疲困，又益以建武之事，今仗餘茈，首惡仗辜，人心稍定。臺下還念桑梓，何長策以授孱人？俾有所持循，則拜賜愈益隆渥矣。方奔走梓州，中途遇使者，卒勒謝不盡。

（據《朱秉器全集》卷三，《北京圖書館古籍珍本叢刊》第 79 册，書目文獻出版社 1988 年版）

寄梅客生　朱孟震

舍人還，奉足下書及扇頭詩，良慰離索。第還自三關，簿牒山積，酷暑病軀，揮汗盈几。勞勞竟日夕，欲再致箋未由也。襲美聞請告而録中尚有名，邸報中亦未及，豈少需耶？抑太翁恙已瘳耶？有一書致之，恐其行，或足下爲轉致，或夢白兄處有汝南人往還，可便寄之。

都下人文比來想日益盛，聞比部有濟南周君，大自可人；職方郎于君，故澤守也，其人爲于鱗門人，而撰著不師其故，可謂善於學下惠者。足下試與往還，有篇章酬唱以示遠人，一開蒙昧，甚幸！泰甫寄來二種書，佳甚，何以報之？印譜再分鄴架之儲，殊不安也，感感！

《漢書》計此時已至，可付來役領回。都下有新寄書否？俗吏日對案塵，將借此一濯之，幸留意。

又

武功康子秀孝廉，來自都下，爲不佞談足下雄才雅度，口津津不置。又取足下詩誦之，恍如對飛天仙人，湌沆瀣、御泠風也。足下果今人耶？乃不佞不獲從執鞭耳，心益熠然動矣！李太史本寧，足下同鄉人也，謂足下大似廣陵宗子相，恨不及一見。乃不佞同鄉人湯義少者，不佞亦不及一見之，各心爲恨。何意足下不遠闒吏，從數千里外以尺箋枉訊哉！不佞於足下蓋稱神交，乃今又若目睫見之矣。

足下詩，大有天趣。即尺牘數言，襍以詼諧，愈見其致，不至落尋常蹊徑。如不佞曩僻在湖濱，雖有志此道，而聞見寡謬，近得從一二名公遊處，稍爲開益，然亦晚矣，足下其何從示之越人之砭也？

羅封君壽章最不易作，得足下數言，踰於金漿玉醴，拜賜良厚，謝謝！

不佞二月初叨濫汾陽之吹，山妻以三日前奄逝。兩年中夭一子一女，並山妻而三，慟欲絶矣！初擬挂冠神武，扶柩南還，作長林豐草間遊。比得報，又念國恩隆渥，無故輒棄去，且重負廟堂知遇。忍心割愛，東渡蒲津。比至汾水，又夭一子。蓋山妻所存一脈，亦不能有。能薄罰深，分甘荼苦，顧病軀益增昏聵，將何能樹立，以答清時？今此心摇摇不定，晋中入賀以次相及，或當策駑蹇從長安市，與足下爲酒人遊乎？足下其有意否也？

偶緣便羽，草草附謝。引楮不知所云，惟惠子諒我。

又

巨源此來，聞欲作歸楚計，不知果否？此君義俠，又足下暱交，弟視之猶足下也。客歲欲留之久處，奈其性不任馴擾，時時從俠斜遊。此自吾輩習之，在汾人莫不駭異。故不敢强留之，亦不敢聞之左右也。王門諸君，素非慷慨之士。衹緣弟故，勉强支吾，其禮文甚恭，非本心也。萬一久而有他，弟且無色甚矣，望付一書達此意，蓋以全交道順人情也。

又

耿使君入計，曾附一椷，爾後溷跡簿書錢穀間。又值蜀大木大兵相繼而起，一攝司事，百責萃之。尋以庫藏欠清，吏弊叢委，兩院屬臬司會盤。蓋三閱月，執牙籌與簏庫，日夕校計銖兩。苦心縈慮，甫畢事而百病交作。又值嚴禁，無一好況。訊及故人，叔夜之嬾慢相成，三閭之形神憔悴，蓋兼得之矣！

量移貴竹，卧痾瀘陽。手足木强，幾不能起。賴足下之靈，幸免隕墜。因循赴任，夷方山菁茂密，瘴霧冥濛，卉服鳥言，日夕爲侶。欲去不能，欲留無據。四月之初，幸以米鹽瑣屑入上三年之考。菲材無當於用，自分擯棄猶憑藉天幸。儻萬一獲沾恩典，爲先人九地之榮，即出望外。青雲茂宰，久樹芳猷，入柄蘭臺，乘驄衣繡，在此日矣！遠吏無能，躬執羔鴈爲賀。敬因承役之便，一展積悰。

又

客生足下：

僕自得康孝廉，便與足下神交矣。比以尺書往復，敘致情懇，頗慰夙心。然宇宙寥廓，山川間之，豈謂復從長安市中，與足下文酒遊也？足下才高千古，誼復倍之。湖上鄙人，又簿書俗吏，果何足以當足下一盻？

茲來曾不踰月，窮罄懽恰，一觴一詠，竟日連宵。雖復汗漫之期、膠漆之投，無以易此矣。心賞未畢，離緒忽牽，風雨長途，僕馬相向。念欲從足下狂呼五百，露坐中宵，郍可復得也？人生白駒一隙，惟不朽之業可以千古，然非從異人遊處不能獨致。足下期我乎九垓之上，儻遂憑陵八極，以罄百年，差可爲快！足下其有意乎？

送役之還，聊此附謝，一布耿耿。外奉襲美諸君書，頗繁褋，恐京皂無賴或沉浮之便，以煩從者。諸容入晋祠，致不一。

（據《朱秉器全集》卷三，《北京圖書館古籍珍本叢刊》第 79 册，書目文獻出版社 1988 年版）

【箋】

朱孟震（1530—1593）字秉器，號㵎木山人，新淦（今江西清江）人。隆庆二年（1568）进士。官至副都御史，巡抚山西。參閲《玉林师范学院学报》2012 年第 1 期，侯荣川《明朝朱之蕃、朱孟震、潘之恒生卒年考》。

答梅客生侍御　詹景鳳

曩辱足下約爲兄弟，繼幸承乏仙鄉，愧未能申猶子之敬於太夫人，何太夫人臨終遺教孜孜尚及足下？走弟真猶子弟也！伏讀來翰，涕潸潸下，敢不終身兄事丈以仰答太夫人之心於地下？

追惟昔者，與兄締交燕市。是時四海高明之士雲集，吾兄掞嘉藻爲三楚先，而秦中則有南子興、康子秀，薊北則有劉仲修、魏懋權，嶺南則有歐楨伯，閩海則有袁景從，中原則有李襲美、劉玄子，于越則有余君房、胡元瑞，江西則有胡文甫、湯義叔，江南則有李季宣與列侯李惟寅。乃今離散四方，曠若參辰，若懋權、子秀則已化爲異物，人生會聚難常固爾哉！每一思之，可勝悲慨。

惟兄位不負才，言爲世憲。居燕則燕風振，居楚則楚調高。左盼右睞，惟所述造，其何有于當世諸君子弟也？碌碌所不逮，兄何恨？十舍弟不舍之志，雄于刺虎，猛于拔山，烏有厭志。弟日知不足有之耳，尔殆少進焉。著書六十四卷，詞賦不與。稿已當子羽修飾之日，恨無計縮地，與兄相譜尽耳。冬杪欲借齋捧入京，春還取道仙鄉，與兄握手龜峰絶頂。豪談痛飲，以傾九年勞積，爲千秋萬世大業，亦再發之樂也。能釀百甕遲我乎？若來翰所謂秋風可乘，則布帽可破三山之浪，恐斯言之未必踐也。如必踐之，義叔固在，第欲如疇昔所集四方名高之士，獨有弇山公白首躩躒，自堪振旗鼓而掩符秦百萬于江上，又金陵饒佳山水，彼中吞若龜峰驤河者何啻八九而已？倘然肯來，則請傾山并海，與兄爲歡笑。兄飲酒視昔幾何？只恐登塗，諸美人以廣胤牽衣語刺刺，無能來耳。愿努力努力。若與各各有身，則豈啻老伯父愿足燕磯牛渚之間，可來十里棹矣。極兄弟之歡，以申兩家之好，定須在斯，然亦太夫人遺意也。如何如何？弟日夜望之。

（據《詹東圖集》，《明别集叢刊》第三輯，黄山書社 2015 年版）

答梅衡湘 詹景鳳

弟諸美人已散矣。足下不信，復勞佳問，豈謂羣姬儺儺，不堪苜蓿一盤僅僅耶？大丈夫能甘能苦，作冷官即令真冷耳，冷外豈復遑顧？

（據《詹東圖集》，《明别集叢刊》第三輯，黄山書社 2015 年版）

【箋】

詹景鳳（1532—1602），字東圖，號白嶽山人，又號大龍宫客等，安徽省休寧縣流塘村人。隆慶元年丁卯（1567）鄉試中舉，萬曆十年壬午（1582）補麻城教諭。萬曆十六年戊子（1588），遷南京翰林院孔目，擢南吏部司務。萬曆二十三年乙未（1595），謫四川保甯教授。二十六年（1598）陞廣西平樂府通判。他一生愛好書畫，並留下書法作品多件傳世。

與梅衡湘 陳有年

使節一出而迄勘定逆亂，成社稷功，壯哉猷也，可以報天子矣。始，逆賊作難，且稽天誅。議恂恂盈庭，未知所底，比捷聞而後喜可知也。先是，使持札來。當其時，逆尚憑城，未亟下，乃尊札業策，其危絶與今報符。且疏爲舊制府申捄，葢大義耿耿矣。天子赫震怒甚，得大章又事已，捷儻可幾解乎？札後称欲歸侍，何爲發此？明堂策勲，三錫且鼎至敬，藉使以復，併颺大慶焉。帷倭積勞，千萬自愛。

又

承教爲邊擇才，此不佞之所欲聞也，謝謝！吕大參乞休疏抄甫至，且事休不得先考滿覆，是以後代者當如命。李民部俸未及需後用耳，邊道寔難，自當以總鉞建牙之言爲質，而稍權其資俸。無已，而後求諸他。即昨者岢嵐之改，制府公寔教之，玆若復議，留後將莫知適從矣。蓋今日之不敢再改，非特以持政體，正爲異日相信地也。唯高明幸察。

（據《陳恭介公文集》卷十二，《續修四庫全書》第1352册，上海古籍出版社2002年版）

【箋】

陳有年，字登之，號心谷，浙江余姚人。與余姚孫鑨，平湖陸光祖並稱爲“浙中三賢太宰”。嘉靖四十一年進士，歷任刑部主事、吏部主事、驗封郎中、吏部尚書。他一生風節高尚，天下公認。萬曆二十六年，陳有年卒，贈太子太保，謚恭介，留有《陳恭介公文集》。

答梅中丞衡湘　孫繼臯

某偶承乏，謬荷改遷。自知才不逮人，良媿處非其據。而門下遠看除目，深用注心。分衺帶之餘閑，箋裁五色；借簪裾之渥寵，意倍三薰。某拜誨知榮，酬知敢替久矣。孤忠貫斗，早欽絶塞鴻名；屹焉一柱，擎天立見中樞。驛召庶荷聯履，亦慰摳衣。謹謝，併祝不宣。

（據《宗伯集》卷五）

【箋】

孫繼臯（1550—1610），字以德，號柏潭，江蘇無錫人，萬曆二年（1574年）狀元，任翰林院修撰。歷任經筵講官、少詹事兼侍讀學士、禮部轉吏部侍郎等職。萬曆二十四年，因忤旨致仕，晚年講學於東林書院。萬曆三十八年（1610）病卒，追贈爲禮部尚書。有《孫宗伯集》十卷。

評論拾摭

一

通州馬侍御，經世才也，正理會出世事業而乏朋侶，然異日者斷斷是國家獲濟緩急人士。吉州太和王大行，非佛不行，非問佛不語，心無二念，動無雜思，他年一尊釋迦是的；不然，亦上品化生矣。今世參禪學道，未見有勇猛精進過此者。承天之陳，舊日徽州太守也，用世事精謹不可當，功業日見烜赫，出世事亦留心，倘得勝友時時夾持，進未可量。此京師所親炙勝我師友如此，其餘尚多，未易筆談。梅客生雖眼前造詣勝是三公，但負其奇邁，少許可，亦終爲經世士耳。

接手教即同見面，接見令兄即同見公。外《净土訣》一本附奉。

（據李贄《復陶石簣》，《續焚書》卷一）

二

顧沖庵具大有爲之才，負大有爲之氣，而時時見大有爲之相，所謂才足以有爲，而志亦欲以有爲者也。梅衡湘亦具大有爲之才，而平時全不見有作爲之意，所謂無爲而自能有爲者也。此二公之别也，然皆當今之傑也，未易多見者也。顧沖庵氣欲蓋人，而心實能下人。梅衡湘時時降下於人，而心實看不見人。此又二公之别也，然亦當今之傑也，未易多見也。在寧夏時，以不干己之事而能出力以成大功，其有爲也如此；今居大同，軍民夷虜若不見有巡撫在其地者，其安静不爲也又如此，所謂真人傑者非耶？

（據李贄《與友人》（節録），《續焚書》卷一）

三

卓吾居士曰：楚之麻城有梅姓者，實爲世家名族，余過其家門不見有匾額，當孔道不見有牌坊，但見有石樓巍然出雲，書曰“百歲坊”云。其上爲二方。其一方書曰：“曾大父某，壽若干歲；曾大母某氏，壽若干歲。”其第二方書曰：“大父某，壽若干歲；大母某氏，壽至百歲以上。”梅氏同胞親昆弟六人：長即客生；其四弟五弟六弟年少壯，絶聰偉，時時試爲文學特等；其二弟三弟皆一時同領鄉薦。而客生又與其二弟並其妹婿一時同登進士，一爲臺諫，一爲給諫，亦頗光榮矣。而過門不見匾額，過街不見牌坊，倘不有“百歲”石樓横截當路，即不知此中乃梅氏之居也。豈客生之意專以百歲爲榮歟？意富與貴亦人世常有，而唯壽爲難歟？故知《洪範》五福，一曰壽，非徒然也。抑以子子孫孫所以貴且賢者，皆其大母與其大父福壽之所遺，以故欲表而揚之，以見其所自歟？然則客生之意遠矣。此余旅寓龍湖之日，所見“百歲坊”，所聞梅氏母者如此。

今萬曆二十五年丁酉，余復旅寓沁水之坪上，而獲見劉晋川之婿王洽者。王洽見余，每爲余道其祖母田淑人之壽；見今九十歲，其修齋誦經，念佛作福，勤儉好施，聰明快便，猶五六十歲時也。夫王洽之父，即太參公王正吾也；其從祖父，即冢宰王公。家世如此，而王洽每以祖母壽考福德歷歷爲余詳言之不已，豈亦有大同之意乎？

今余將往大同矣，倘過陽城入門而化飯，則必請見爾祖母於堂而親祝之曰：“作福須勤，念佛尤當勤也。”又祝曰：“作福則生天，壽雖千億，尚有量也；念佛則皈依西方佛，而以蓮花爲父母，其壽不可量也。”又祝而言曰：“念經必誦《阿彌陀經》，誦《觀音經》，誦《金剛經》。”

今往見大同，必爲梅大同頌之矣。他日倘再至麻城，余必大張之曰：“是‘百歲坊’也，吾雖聞其壽，未獲見其人也；是梅氏之大母也，雖壽至百歲以上，猶未爲無量也。吾今親見王氏祖母，吾又親祝之，吾實見無量壽佛來矣。”

（據李贄《壽王母田淑人九十序》，《續焚書》卷二）

四

或曰：“先生之愛才誠然矣，然其始也取人太廣，愛人太驟，其既也棄人太急，而終之收録人也亦太狹。曷不論定而後賞，勿以始廣而終狹乎？”吁！不然也。夫人實難知，故吾不敢以其疑似而遂忽之，是故則見以爲廣；而真才難得，故吾又不敢以疑似而遂信之，是故則見以爲狹耳。若其入眼即得，無復疑似，則終身不忒，如丘長孺、周友山、梅衡湘者，固一見而遂定終身之交，不得再試也。如楊定見，如劉近城，非至今相隨不舍，吾猶未敢信也。直至今日患難如一，利害如一，譭謗如一，然後知其終不肯畔我而去。夫如是，則余之廣取也固宜。設余不廣取，今日又安得此二士乎？夫近城篤實人也，自不容以有二心；楊定見有氣人也，故眼中亦常常不可一世之士。夫此二人，皆麻城人也。友山麻城人，而麻城人不知之也。衡湘麻城人，而麻城人不知之也。若丘長孺之在麻城，則麻城諸俗惡輩直視之爲敗家子矣。吾謂周友山則世之所稱布帛菽粟是也，其不知也宜也。梅衡湘則古今所稱伯樂之千里馬，王武子之八百駿是也，其不知也亦宜也。若丘長孺，雖無益於世，然不可不謂之麒麟鳳凰、瑞蘭芝草也。據長孺之爲人，非但父母兄弟靠不得，雖至痛之妻兒亦靠他不得也。非但妻兒靠不得，雖自己之身亦終靠他不得。其爲無用極矣。然其人固上帝之所篤生，未易材者也。觀其不可得而親疏敬慢也，是豈尋常等倫可比耶？故余每以麟鳳芝蘭擬之，非過也。若楊定見二子者，譬則樓臺殿閣，未易動摇，有足貴者。且高明之家，吉人之都，是非好惡，又自明白。

或曰：“公之知梅衡湘，似矣，然人之所以不知者，以其權智太審也。夫人而專任權智，則可以生人，亦可以殺人，如江淮河海之水然矣。”余謂衡湘雖大樣，然心實細謹，非曹孟德等比也。必如曹孟德等，方可稱之爲江淮河海之水，如之何而遂遽以譽衡湘也哉？嗚呼！此數公者，我固知之，而數公固各不相知也。非有日月星辰洞然皎然，如郭林宗、許子將、司馬德操者出，安能兼收而並用之耶？

或曰：“如先生言，必如此數者，然後可以用於世耶？”曰：“不然也。此其可大用者也，最難得者也，未易得者也。子但見麻城一時有此數人，便以爲易易矣，不知我費了多少心力，方得此數人乎？若其他則在在皆有，時時可用，自不待費力以求之矣。猶之鳥獸草木之生，周遍大地，任人選取也。”

…………

夫馬牛麟鳳，俗眼視之，相去故甚遠也。然千里之駒，一日而致；八百之牛，一日而程。麟乎鳳乎，雖至奇且異，亦奚以異爲也？士之任重致遠者，大率類此。而世無伯樂，只謂之馬牛而不知其能千里也，真可慨也！是又一物也。

夫能生人又能殺人，能貧人又能富人，江淮河海是也。利者十五，而害者亦十五。利害相半，而趨者不倦。今世用人者知其害而不察其利，是欲堙塞天下之江河而不用之也。宋王介甫欲決梁山泊以爲良田，而思無置水之處。劉貢父大聲叫曰：“再鑿一梁山泊，則可置此水矣！”然則今日江淮河海之士，既以有害而不用矣，將安所置之哉？是亦一物也，今未見其人也。

（據李贄《續焚書》卷四，節録）

五

嘉靖以來，名公如唐荆川中丞、趙大洲閣老、趙浚谷中丞，皆巍科大儒，士林宗仰。然俱究心武事，又皆出詞林，足爲文人生色。今上初年，如馮仰芹、子履。于完樸達真。二大參，俱真正邊材，惜乎不及大用。其次則沈少林狀元、董伯念禮部，並有聲藝苑，亦好談兵。但阨於年，賫志以没。唯二十年來，如顧沖庵、養謙。葉龍潭、夢熊。萬邱澤、世德。李霖寰、化龍。梅衡湘，國楨。皆因四方多事，各從簪筆吮毫，時伸其彎弓擊劍之技，俱正位司馬、延世金吾，頓令措大吐氣。穆宗朝楊虞坡、譚二華、王鑑川、劉帶川輩，又未易指數。又如今上丁亥，有一鄖撫，其人素講學兼文武才，至以王文成自命。忽爲部卒嘩亂，備極窘辱，既而逃入襄陽。尋冒功事發，詔徵入獄，則真尿汁諸葛亮也。

（據沈德符《萬曆野獲編》卷十七“兵部·文士論兵”）

六

嘉靖丙辰，倭酋請降，時督帥爲胡襄湣，宗憲。許以不死，已上疏於朝。既而有流言，謂賊首汪直、汪五峰者，與胡少保俱徽人，潛通重賂，貸其族誅。胡悸懼無策。趙文華正以少保視師，勸胡追還前疏，盡改其辭，汪酋輩遂俱授首。近年壬辰，寧夏之事亦然。初哱承恩受圍既久，乃請降於監軍御史梅衡湘。國楨。亦許貸其命，且授以官。承恩欣然，斬劉東暘諸叛賊以獻。既而督臣葉龍潭夢熊。愧功非己出，決策誅之。遂俘之朝，寸磔於市。梅恨甚，有詩曰："棄甲抛戈滿路旁，家家門外跪焚香；軍門忽下坑降令，關市翻爲劫奪場。計就平吴王濬老，謀成返晋介推藏；山中黄石休相問，已乞仙人辟穀方。"其怨悱可知矣。自古殺降必非陰福，然汪、哱之流毒南北，即戮之非過也。

（據沈德符《萬曆野獲編》卷十七"兵部·殺降"）

七

嘉靖間不次用人，如議禮張、桂諸公不必言。從倭事起，西臺中則有王思質忬。以御史庚戌守禦通州功，陞僉都御史。既而倭事起，胡梅林宗憲。以浙江巡按御史，陞僉都撫浙。此皆兵事驟興，難拘典制。若通政趙甬江文華。出視倭警，歸而報曰："旦夕且平。"未幾倭大熾，懼上譴責，乃告訐吏部尚書李古沖默。出題謗訕。上大悦，從工部侍郎，直陞尚書、太子太保。仍出視師。則人人切齒。抑不可比於軍興矣。此後登進遂少有超異者。惟隆慶間張學顔，以山東副使陞僉都，撫遼東。劉應箕以山西副使陞僉都，撫大同。吴兑以河南副使陞僉都，扶宣府。雖以才望，亦出高新鄭拿銓，報宿知也。至今上乙酉，陞薊州兵備副使顧沖庵養謙。爲僉都撫遼左，則以邊才素著。庚寅陞蘇松兵備副使李養愚涞。爲僉都撫應天，則以先朝直臣。此後不多見。至壬辰寧夏功成，監軍御史梅衡湘國楨。當不次大用。然猶先轉太僕少卿，尋以僉都撫大同。蓋當事者猶斤斤惜名器，稍迂其途以酬功。而御史逕超僉堂，遂絶響矣。

（據沈德符《萬曆野獲編》卷十七“兵部·兵事驟遷”）

八

麻城梅客生國楨。大司馬，少登公車，高才任俠。其中表劉思雲守有。亦大司馬天和。孫，時領緹騎，與江陵、吴門二相相暱，而好文下士。梅每遊京師，輒以羽林衛士給之，因得縱遊狎邪，如杜牧之爲淮南書記時。嘗題詩倡館，有“門垂夜月梨花冷，簾捲東風燕子寒”之句，爲時所膾炙。後至癸未始登第，齒已長矣。出爲邑令，入西臺。會劉、哱倡亂，朝廷大震。乃上疏力薦遼帥李如松往討，而請身監其軍。至則親擐甲胄、當矢石，屢挫賊鋒。鎮城窘急，亦自相魚肉，獻賊自贖。因奏功還，峻遷中丞，開府雲中，以至右都御史，贈今官。如松在環衛，故與梅爲方外之遊，握手銜杯，誓以功名各自奮。果不負所期云。如松後以遼帥戰歿，梅亦終保聲名而卒。

（據沈德符《萬曆野獲編》卷十七“兵部·梅客生司馬”）

九

邊功，自將帥而外，止當及督撫司道。若歸功兵部、兵科，以及閣臣，已爲僭濫。猶曰發縱調度之功也。至於御史雖有監軍記功之責，例主糾彈，不主薦舉；又主敘功後覆勘，不主報捷時敘功，此定規也。自正德末，差滿御史謝源等，以王守仁起義兵，征宸濠，留之軍前，而體褻矣。自嘉靖初，陝西巡按御史吕光洵，分總兵周尚文之賞，而職侵矣。迨庚戌虜犯京師，巡按御史王忬守通州，奏功驟拜中丞，而撻伐之勳，等於介胄矣。甲寅乙卯，倭踐江南，巡按御史胡宗憲，與倖臣趙文華，合謀拒退，亦拜中丞，以至尚書三少而豸冠，風力化爲繞指矣。隆萬之間，南北少事，臺規稍振，號能舉其職。今上初年，江陵當國，益務飭紀綱，御史不得他有所侵。會其門人劉臺按遼東，以新入臺，不知故事，誤報捷音，爲江陵票旨詰責。臺懼甚，摭張陰事，訟言於朝，劉以得罪死。近年補諸臣諡，郭宗伯尚不許臺易名，則猶以報捷一事也。近日寧夏之役，梅御史國楨，力薦李如松往討，而身自領監軍。二人本兄弟交，至則協力成功。其報捷一疏，至比唐淮蔡舊事，蓋擬如松爲李愬，而以裴度自居也。其時廟議方喜告成飲至，不加深詰。梅即得冏卿中丞，人亦不以爲忝。獨給事中王如堅，特疏糾梅。謂其與武弁交結誇詡，無人臣禮。疏雖不行，識者壯之。

（據沈德符《萬曆野獲編》卷十九“臺省·御史與邊功”）

十

麻城人黄取吾，建衷。素負時名，早登公車，風流自命。時同邑梅衡湘司馬長女，嫠居有才色。結庵事佛，頗于宗門有悟入處，即李卓吾所稱澹然師者是也。黄心欲挑之，苦無計。其愛妾亦姝麗能文，乃使詭稱弟子，學禪於澹然。稍久亦喜其慧黠，甚眷念之。因乘間漸以邪説進，且述厥夫殷勤意。澹然佯諾，謀于司馬，姑勿露機，反更厚遇之，因令入司馬家晤語。初亦伺司馬他出始一來，既而習熟。司馬忽戒遠遊之裝，澹然與訂期，俾弟子先至，而黄續賦多露可也。其妾甫及門，則女奴數輩竞擁香車入司馬曲房，自是扃閉不復出，而澹然亦不復再過其舊庵矣。黄羞赧不敢言，爲鄉里所誚。初以雉媒往，不特如皋空返，且並媒失之。黄後登辛丑進士，從户部改兵部，近罷計典謫去，然其人材器可用也。黄字季主，已卯與張江陵公子狀元懋修同鄉舉，最厚。在公車二十三年始第。

（據沈德符《萬曆野獲編》卷二十三“婦女·黄取吾兵部”）

十　一

梅司馬國楨爲孝廉時，時塚宰王公國光爲子覓禮經師未得。其夫人夜夢一人謂之曰：“公子師，麻城梅孝廉也，其人官爵，與堂上主公同。”頃之，即見孝廉坐堂上，長髯而鼻如拳。寤以告王，王明日往謁麻城劉錦衣守有曰：“公邑有梅孝廉否?”劉曰：“有之，不佞兒女姻也。”王即托劉延之。後王與公夜飲，夫人竊窺之，依然夢中人也。王語梅以故，第遜謝而已。一日，王對賓僚言此事曰："梅大將來名位未易涯也。"少宰王篆曰："孝廉已非壯年，即明年得第，至八座，亦須近三十年，耄矣，將恐不得待也。"次年即成進士，爲縣令，未滿十年，爲大中丞，晋少司馬，贈尚書。夢中之言始符。梅初無子，近六十，乃生子，不殺之報也。

（據朱國禎《涌幢小品》卷二十三"館賓爵位"）

十　二

余於齊安，蓋游梅公生及其弟公岑，泊丘謙之、周元孚四君子云。

謙之既謝世，元孚亦暫起復謫，獨公生以侍御治兵西邊。公岑由夕郎參藩中土，方貴重用事。海内人士咸想望風采，而公生在長安時，獨向余推其季父寄之之賢。雖在諸生，有國士風。謙之、元孚亦抵掌云然，余竊私心嚮慕久矣！

逮今十有餘年，而寄之適以談秇入沔，偕諸文學儼然造焉。余既從諸君識寄之，雅重其瞻矚，已，又得其文若詩。讀之文則左氏、司馬，詩則開元、大曆，靡不引繩墨而重宫商者，始信四君子推轂寄之者不虚也！乃寄之慷慨謂余，士之處世，猶錐處囊，要以功見名立爲賢，無庸垂空文自見爲也。尚父鷹揚，方叔壯猷，遠者無論，即如近古所稱曹沫，一刺客之雄耳！柯之會以片言而重魯，魯仲連一布衣之俠耳！聊城之役，以一矢而亡燕。世主高其勛伐，後世豔其行事，詎不千古豪舉乎哉？

今逆賊首難於邊陲，羌夷接軫於内地，宇内不翅多事矣。士不及此時收薄伐之功，取封侯之業，坐令緩急無用，即口吐白鳳之文，手握驪龍之珠，譬則玉卮無當，將焉用之？夫處不忘君，則藎臣之義；奮不顧難，則烈士之墓。假令寄之用世，必有過人者，彼四君子所以推轂寄之者，寧謂寄之文士止耶？

兹寄之且買舟東歸，將訪公岑於大梁。大梁，中州一大都會也。竹池兔苑，與古夷門繁臺之勝俱在。憑高弔古，庶幾一吐其奇，而後改轅之秦，問公生所以安邊制虜者何狀。其運籌擘畫，亦必有助公生之所不逮者。

功成奏凱，公生上書謂：“賴陛下神靈威武，逆賊授首，然非獨臣之力也。臣季父節在行間，實教臣方略。”天子不愛通侯之賞以旌公生，幕府上首功，次第且及寄之。寄之待詔公車，都人士咨嗟賞歎，謂惟楚有才，三梅鼎足，既文且武，於焉攸出。徐奏子虚上林之賦，令人主翻翻乎有凌雲之思，非不朽一盛事哉？聞元孚在里，寄之就而商之，當必頷余也。

（據費尚伊《送梅寄之序》，《市隱園集》卷十九）

十　三

往余讀書中秘，與麻城今督撫公梅客生遊甚歡，則寄之之族子也。時客生尚困孝廉籍中，每過其逆旅，主人論兵説劍，豪爽俊邁，有古國士風。間爲詩歌，雄渾悲壯，吼蛟龍而走雷電。海内修辭之士，無不批頰退者。非久，客生竟以才名自致青雲之上。

自余去國門，而把臂之跡疎矣。偶寄之從其鄉挾策遊沔，訪余里中。接其人，還爽俊邁客生也；讀其詩，雄渾悲壯客生也。竊避席而嘆曰：“何梅氏之多才哉！”且燥發而當天下士，甫失之客生旋得之寄之，抑余又何幸焉？

寧夏兵變，客生以繡衣使者往視其師。出奇制勝，元惡就擒。主上嘉悦，有詔開府北邊，旗常鐘鼎旦暮見之。而寄之尚陸沉諸生中，白首佔俾，未知底止。謂世不用才，客生胡然而雄飛？謂才爲世用，寄之胡然而雌伏？用是不能無扼腕焉者。無何，寄之且提一蒯緱劍，北遊燕趙。取道盧龍涿鹿間，涉桑乾、抵薊門，觀客生所謂安邊制虜狀。客生覘其至，以軒車迎寄之邸中。朝夕問計，沿邊諸郡賴以寧謐。幕府上首功，飛章露布，半出寄之手。時賈餘勇，製爲鐃歌鼓吹，及入塞出塞之曲。每一篇出，客生輒擊節稱善。昔安石功名，以中郎驟顯；客生閥閲，以寄之彌著。芝蘭玉樹，易地皆然。遇不遇，初何損於寄之哉？會寄之刻其北遊諸草，而余爲引其端如此。客生方以忠赤結知明主，有如下尺一問："君家阿叔安在?" 豈得謂族有名士而不知乎? 則相與歌詠太平，潤色鴻業，當必有進於此者。余請泚筆以俟!

（據費尚伊《刻梅寄之詩稿序》，《市隱園集》卷二十一）

十　四

梅國楨，湖廣麻城人，總督宣大兵部右侍郎，贈右都御史。

初舉於鄉，三試不第，因携家長安。與酒人俠客浮觴角射，或效武夫結束，或如羽流。長髯大鼻，聲如洪鐘，望者却走。成進士，爲固安令，有異政，徵拜御史。

會有哱承恩之變，公抗疏，舉故遼帥而身請爲監，上命遼帥子如松偕國楨往。國楨過雲中上谷，先遣使諭諸虜無從叛。以故哱氏勾虜計不遂。壓夏城而陳，城上砲發，中其騎，神色不變。相地勢，決水灌城。城中勢急，陰導虜騎入慶陽，國楨遣兵敗之，以酋首耀城下。賊大窘，圖詐降，且願見梅監軍，國楨挺身出。爲賊腹心者劉東暘，縋城而下，環衛皆露刃。國楨握東暘手，爲陳禍福。一賊揮雙刀突前，笑而承之，賊遂叩首請命，約以九月九日開東門。至期負約，而賊有以南城獻者，國楨麾諸將急登，遂平之。俘承恩以獻。是役也，督府與國楨不甚同心，隻身任事，其功與李西平薄蔡州等。行時請帑金三千金，僅費四百餘金耳。論功，僅遷僕少。

未幾，以中丞撫雲中，以少司馬督三鎮。中外倚之，如方叔召虎云。

擬謚"景襄"：耆意大慮，甲胄有勞。

又擬"襄毅"：甲胄有勞，强而能斷。

（據姚希孟《名臣謚議》，《公槐集》卷六，《四庫禁燬書叢刊》第 178 册，北京出版社）

十　五

天下奇人聚京師者，皃已得遍觀。大約趨利者如沙，趨名者如礫，趨性命者如夜光明月，千百人中，僅得一二人，一二人中，僅得一二分已矣。三哥頗爲同儕所推許，近日學問益覺長進。昨梅中丞邀請數次，因塞上苦寒，尚未及行。梅，真正好漢也，兒恨不識其人。三哥識有餘，而膽氣未充，正是多會人廣参求之時，想故鄉一片地，横是麟鳳塞滿，真不必令其在家也。

（據袁宏道《家報》，《袁宏道集箋校》卷五）

十　六

初，梅中丞鎮雲中時，過聽龍湖老人語，且得予《南遊稿》讀之，甚激賞。聞予在伯修邸中，數以字見召。予以書貽之，曰："明公廄馬萬匹，不以一騎逆予，而欲坐召國士，胡倨也？"後梅公以符至，始於四月終自都門發。明日，過昌平，出居庸關。關路在兩山中，如一拱。山上危石壁立，雜以丹碧之華，古木叢生。旁岩有泉，曰琵琶峽，流聲汩汩。酈道元曰："濕餘水出居庸關東。溪之東岸，有石屋三層，其户牖扇扉悉石也。蓋古關之候臺矣。"今所見者，即道元所云濕餘水也。出關至土木，爲先朝北狩處，徘徊久之。已至上谷，見山隆隆起，訊之，爲摩笄山。昔趙襄子以姊妻代王，因取代，姊遂摩笄自刺。予謂此簡主志也，恒山之望何爲哉？自土木至上谷，嶺出左掖，長城蜿蜒嶺上，如一縷素絲。以暑夜行，月色如晝。行至荒野，草色無際，月益白。有黑雲從後起，上薄月。從者曰："疾雷猛雨至矣！去堡尚遠，無可避者，當奈何？"急策馬，雷聲從馬首落，電光灼人目睛。時以月爲命，度雲之不至月者僅丈許。正憂悸，忽有聲自西北來，激怨哽咽。郵卒曰："此胡笳也，去堡近矣！"頃之至堡，月隱，雨如傾。明日霽，見道旁田作者，宛似江南。又明日，抵雲中。梅公候予於大寺。

（據袁中道《塞遊記》，《珂雪齋集》卷十二）

十　七

有談及梅衡湘中丞事者，云女澹然學佛死，中丞祭之，有云："有佛自然有魔，不信安得不謗。”予心服，以爲名言。

（據袁中道《游居柹録》卷六）

十　八

公安袁中道曰：“世之名位，蓋前定焉。”公爲孝廉時，大塚宰王公某爲其子覔禮經塾師未得，王公夫人夜夢一人謂之曰：“公子師，麻城梅孝廉也，其人官爵與堂上主人同。”頃之，即見孝廉坐堂上，長髯，而鼻如拳。寤以告王公，王公明日往謁劉大金吾守有曰：“公邑有梅孝廉否？”劉公曰：“不佞兒女姻也。”王公即托劉金吾延之。後王公與公飲，夫人竊窺，長髯大鼻，依然夢中也。王公後乃語梅公以故，公遜謝。一日，王公對賓僚言此事曰：“梅大將來名位未易涯也。”少宰王公篆曰：“孝廉已非壯年，即明年得第至入座，亦須近三十年，耋矣。時恐不得待也。”次年公即成進士，爲縣令，未滿十年爲大中丞，晋少司馬。所贈官正與塚宰同。夢中之言不亦符乎？梅公初無子，近六十乃生子，不殺之報也。

（據《梅氏族譜》卷首）

十　九

少司馬梅公衡湘總督三鎮，虜酋忽以鐵數鎰來獻，曰：“此沙漠新産也。”公意必無此事，彼幸我馳鐵禁耳，乃慰而遣之。即以其鐵鑄一劍，鐫云：“某年月某王贈鐵。”因檄告諸邊：“郡中已産鐵矣，不必市釜。”其地後缺釜，來言舊例。公曰：“汝國既有鐵，可自治也。”虜使嘩言無有，公乃出劍示之，來使叩頭服罪，自是不敢欺公一言。按：公撫雲中，值虜王款塞，以静鎮之。遇華人盗夷物者置之法，夷人於賞額外求增一絲一粒，亦不得也。公一日大出獵，盛張旗幟，令諸將盡甲而從，校射大漠。縣令以非時妨稼，心怪之而不敢言。後數日，獲虜諜云：“本欲入犯，聞有備中止。”令乃嘆服。公之心計，非人所及。

（據馮夢龍《智囊補》卷五“梅衡湘”，《四庫存目叢書》子部第135册，齊魯書社）

二　十

仲淹知延州，先是總官領邊兵萬人，提轄領五千人，都監領三千人，寇出則官卑者先出禦。仲淹曰："將不擇人，以官爲次第，敗道也。"乃大閲州兵，得萬八千人，分六將領之，將各三千，分部訓練，使量賊多寡，更番出禦。

梅少司馬客生疏云："古之詔爵也以功；今之敘功也以爵。"二語極切時弊。夫臨陣則卑者居先，敘功又卑者居後，是直以性命媚人耳，宜志士之裹足而不出也。分將迭出之議固當，吾謂論功尤當專敘汗馬，而毋輕冒帷幄，則豪傑之氣平，而功名之士知奮矣。

（據馮夢龍《智囊補》卷八"分將"，《四庫存目叢書》子部第135册，齊魯書社）

二十一

梅少司馬衡湘，初仕固安令。固安多中貴，狎視令長，稍强項則與之争，公平氣以待。有中貴操豚蹄餉公，乞爲徵負，公爲烹蹄設飲，使召負者前，訶之。負者訴以貧，公叱曰："貴人債何債，而敢以貧辭乎，今日必償，徐之死杖下矣。"負者泣而去，中貴意似惻然。公覺之，乃復呼前蹙額曰："吾固知汝貧甚，然無如何也，亟鬻而子與而妻，持鏹來。雖然，吾爲汝父母，何忍使汝骨肉驟離，姑寬汝一日，夜歸與妻子訣，此生不得相見矣。"負者聞言愈泣，中貴亦泣，辭不願徵，爲之破券。嗣是中貴家徵負者，皆從寬焉。

（據馮夢龍《智囊補》卷十四"梅衡湘"，《四庫存目叢書》子部第135册，齊魯書社）

二十二

吴下後學通家子馮夢龍曰：余少時聞梅少司馬，蓋一代畸人云。六上公車而始成進士，官縣令未十年而開府。何前之跛，而後之馳也，豈非天乎？公之始上封事也，前顯者忌公大用，吝公權。及晚而家食，後顯者忌公復用，而鑠之蝕之，使優遊林下以死。夫忌而卒以成功，公之才有大過人矣。若夫功成而忌公又何憾焉？且夫始終知公者，天子也。

後之不復用，公又安知非天子之善藏公於林下，以待夫一旦不可得之需乎？設公而再起，忘身殉國，事未可知，雖又安知非天之哀其忠勤，而以正寢福公也。余初游楚，館亭州，得與公嗣惠連善。搜公遺文，止燕臺雜詩百餘章，而奏議亦止西征十七疏。楚人不好事如此哉。友人云，公居鄉時，有欲請其西征事蹟爲記者，公笑而謝之。又所親集其詩文尺牘若干卷，將謀梓，公曰："是有訛，吾將自閱。"取至付之一炬，則此寥寥僅傳者亦危矣。夫公不願居功於朝，豈願記功於野？而又況文章之末乎哉？

雖然，嘗反復公疏，其論兵事也，曰："賊有同心，而我則異志；賊有確畫，而我皆浮談；賊得我之言皆疑，而我得賊之言即信。賊之耗我不得聞，而我之謀賊已先覺。賊以知者謀之而必行，我以不知者敗之而中輟。"

其論塘報也，曰："本遇零敵，則曰'約百約千'。人未得敵，則曰'首級未割'。偶捕卑弱，則曰'奮勇斬獲'。多損兵卒，則曰'中傷未核'。目擊諸將用兵不及兒戲，因知從前報捷盡屬欺罔。"

其論軍功也，曰："或竄名沽賞，或買級算功；或殺人，或奪人；或非賊而作賊，與其賞不實之首級。孰若録有據之功勞？"

其論紀録也，曰："欲紀功則無功可紀，諸將可以欺臣，而臣不可以欺陛下；欲録過則不勝録。人不駭爲刻，必黜以爲狂。"

其論賞罰也，曰："古之恩賞以功，故功高者受上賞，無功者蒙顯罰；今之恩賞以爵，故官尊者雖安坐而賞厚，官卑者雖勞苦而賞輕。"

其論揭害也，曰："被揭者雖未必君子，揭人者顯已爲小人，揭人者既已爲小人，則信揭者必不爲君子。"

凡此數端，切中時弊。在昔固爲明鑒，在今尤爲要藥。當與漢晁賈，唐陸忠宣，宋蘇文忠著作並垂萬世。則公之文之所遺於世者，未爲寥寥也。公之嗣惠連，醇謹有大志。任子世爵，兩無所取。絀就青衿，與諸寒士角藝於文壇，行將窮古今天人之學，以紹公未竟之餘烈。吁！誰謂麟鳳無種哉?!

（據《梅氏族譜》卷首）

二十三

潤州通家子錢邦芑曰：以郭汾陽、李臨淮之才，分九節度而出，尚不成功。甚矣，事權之貴專一也。曹武惠出師，宋祖賜之劍曰："副將而下，不用命者，皆斬之。"潘美等相顧失色，故卒定江南。夫誠有鑑於此矣，公之平西夏也，人擬之晋公之克蔡，夫晋公以宰相視師，位尊而權重。唐宗有曰："吾獨任裴度，一人足可滅賊。"李愬以元戎迎拜馬首，其視公之無權無兵，中多猜忌，外有牽制者，爲何如哉？他人當之鮮不受禍，而公獨以一念忠誠感激將士，卒成大功。其苦心妙用，蓋有難以語人者矣。

李塚宰長庚，公婿也，曾爲芑言，公之令固安也，有總兵張臣過其邑。張固驍將，曾於棒槌崖與寇人大戰，殪數千人。廷臣多以冒功繩之，且時方右文，武弁多爲文臣抑，公獨加敬禮，張驚問公，答曰："棒槌崖之捷，從來未有。我敬子以天下豪傑，非以其官也。"張不覺放聲大哭，拜伏於地，歎曰："某血戰一生，天子不知，大臣不録，公獨知，某雖即刻死公前不憾也。"嗟乎，公之收羅豪傑如此，人有不樂爲效死者哉？

（錢邦芑作，據《梅氏族譜》卷首）

二十四

梅少司馬克生，在寧夏時誘降哱賊，許以不死。後督撫專命殺之。司馬恥其言之不行，有負於降而死者。即日告歸，終身不談寧夏事。

（據光緒《麻城縣志》卷四十"大事記"）

【校記】

〔1〕庸豪傑，《征哱奏議·第一疏》作"用豪傑"。

〔2〕盈，當爲"然"字之訛。

〔3〕下臣於理，《征哼奏議·第六疏》作“下臣於獄”。

〔4〕公生，當爲“克生”。

〔5〕劉司雲，當爲“劉思雲”之誤。據康熙《志》卷七：“劉守有，號思雲。武進士出身。襲祖莊襄公蔭，官大金吾，加太傅，膺神廟寵眷殊涯。”

〔6〕山也，當爲“火也”。

〔7〕水火，當作“木火”。

〔8〕右，光緒《麻城縣志》作“左”。

〔9〕暖氣多，光緒《麻城縣志》作“喜氣多”。

〔10〕露板，光緒《麻城縣志》作“露布”。

〔11〕胡飲馬，光緒《麻城縣志》作“夫飲馬”。

〔12〕瑶京，申時行號瑶泉，底本誤。

〔13〕吞胡氣，光緒《麻城縣志》作“吞夫氣”。

〔14〕秉鈇，當爲“秉鉞”。

荊楚文庫

梅國樓集

目　録

梅公岑草

梅瓊宇先生詩序

瓊宇梅公當讀中秘書時，名已沸甚。長言短章，流播所在，無不藏弆以爲榮矣。繼拜夕郎，再遷藩臬。使者糾虔肅給，寔能厥官，以蒸乂吏治，毗贊廟謨，而巍赫之望如景星慶雲，照耀班荀。乃不佞瀛獲定交黔中。蓋楊酋匪茹兩人者，身俱在兵革間也。綦江既破，賊勢頓猖。凡討軍實而訓迪之，於以綢繆犄角，圖撲燎原。公暨余封疆之臣，日夜以之，其何力之敢愛？然竊計夫黔之席安也久，羽書狎至，羣聽周章。所恃二三大吏，以鎮静敉甯，不宣先示之葸，以自餒其氣。間相與釃酒賦詩，陽若賊不足介意，而公輒慷慨淋漓，敏於擊缽，玄黄溢目，宫徵睦聰搶攘之際，力有餘勇。致有餘閑，余即稍稍賡酬，不勝蕪蕭爲累。益服公神宇之恬，鑒識之遠，而才具之捷，天寔縱之。擅文武而憲萬邦，非偶爾也。

頃過梁園，公特爲余留北上之駕者十日。諸王孫薦紳輩歌敝芾而修縶，維觴詠之餘，楮素盈几，斕斑斐亶，人各得其滿意，去而所爲。余作賦一篇，則搆思於丙夜，而脱草於晨雞。比曙而金石之聲鏗然見示，左思之藩溷，十年不既鈍乎？夫登高而苞孕古今，含毫而吸吐海嶽，固公武庫剩技，要亦我兩人者，肝膽灼於夙披，精神契於冥授。憶昔同登祖逖之舟驢，今再投孟公之轄。公即章光自閟，毛穎陳玄，且慫慂之矣。余固請，非余誰當傳公詩？公亦謂如其傳者，必子之序。因梓其近稿若干首，而序之曰：夫三百篇之爲詩鼻祖也，則多出於田夫工女之口。而後世學士大夫，竭追琢纂組之力，而弗克毛髪肖者，其天機不侔也。天機所至，不必皆才，而非超軼横厲之才不能。矢口抒闡，以自寫其性靈，不必皆學，而非淵博淹綜之學不能，滿志淘汰，以木蜀搴其箐藻。故兩漢三唐，古詞今體，其間繁會叢雜，紛葩斕熳，洝散廣衍，掌距刧遻，不可殫述。既以瑱褈綷表，流聲藝林，殘膏賸馥，尤足沾被來者。而所稱近三百篇，惟漢十九首而最後焉者，乃唐人絶句竹枝等詞。以此知雕章繪句，縟華疊采，皆足以損自然之真趣，而鬱曼衍之天倪，輓近沾沾，又可不置論也。

瓊宇書讀等身，胸吞雲夢，鞭雷駕霆。爲能驅策千古，搜剔六幕，而絶無鉤棘詰迫，以窘其幅。而硜其聲鎔冶之極，頓臻圓孅，擬議已成，遂流迅疾。故外之景色光音，森森渺渺；内之情志寄會，悠悠邈邈。而追其稱物納照，程形賦音，有意必宣，有詞必達，清新旖旎，蒼勁玲瓏，神情輳泊，興象融洽，如轉石于崔魏之巔，勢無留行，決注於浩瀚之陂，驟無停息也。而瓊宇惡知其所以然，不知其所以然者，天機之謂也。余與瓊宇同寀有日，稔知直方敦慤，仲穆恬夷，純白獨全，人巧不鑿。則其天機之真一，又有出於毫素之外者，寧獨其詩渢渢乎追響三百篇哉？昔人謂國風無楚，爲夫子删之。夫夫子固無如，其諸侯不貢，太史不採，何也？而試觀其流而靡也，景屈之流，獶獿煒煜，弘敞钜麗。使夫子修詞，詎能廢諸？而况其篳簬籃縷之先，或隱約以道之，肆好以賦之者乎？然則楚于周無詩，而於明有詩者，其瓊宇張之也耶！擅文武而憲萬邦，其終屬瓊宇也耶！萬曆乙巳歲秋仲季，河南布政使司左布政使瀛海易登瀛頓首拜譔。

五言古詩

擬　　古

處世若大夢，都棄百歲長。白駒成過隙，石火無留光。朝來看華髮，曉鏡落秋霜。猶然記竹馬，非復少年塲。俛仰已陳跡，盛衰安可常？咸陽秋草裏，累累漢侯王。富貴歸故鄉，浮生空自忙。蝴蝶更變易，牛山徒悲傷。何如廣成子，鑄鼎荆山陽。

荆　　門

迢迢出荆門，雨色催黄昏。鄉土故蕭索，山川仍糾紛。居人耕壟畝，誰識明妃村。山花不敢豔，片片哀香魂。寧爲隴頭水，不作巫山雲。琵琶何足語，嘈啐若爲情。

擬采菊東籬下

采菊東籬下，秋風吹我衣。采采不盈掬，山氣送斜暉。何事苦折腰，殊與初願違。出岫雲無心，知還鳥倦飛。三徑栽五柳，今是昨者非。漉酒頭上巾，日暮掩柴扉。談笑對林叟，前路竟忘歸。

八月念七日

涼風萬里至，言度章華台。黄葉何零落，玉山自崔巍。雄才漢武帝，樓船發悲哀。人生不滿百，此日豈再來。美人委青草，霸圖成塵灰。海上有三山，青鸞重徘徊。寄語世中人，乘之到蓬萊。
［五言絶句附］

贈俠客

見説陶朱侣，相逢劇孟行。彎弓雕落盡，前路暮雲生。

五言律詩

行雲夢道中紀事

我來古雲夢，樹杪拍蒼波。楚澤今如此，巴江可奈何。舟人簪杜若，村樂舞婆娑。不是江南路，牢離也自多。

入　　谷

入谷逢修竹，悠然愜素心。避巘疏返照，雜水響鳴禽。石磴斜乃古，柴門晚更深。坐令忘蜀道，幽興日相尋。

【箋】

作於萬曆二十年壬辰（1592）後，爲四川按察司副使時。《神宗顯皇帝實録》卷之二百五十一："萬曆二十年八月……陞河南左參議梅國樓爲四川副使。"

寓蜀獨坐

獨坐消殘夏，微涼緩暮愁。鳴蟬辨鄉土，宿鳥擇林丘。高士休懸榻，羈人托繫舟。惟看天上月，猶似故園秋。

【箋】

作於萬曆二十年壬辰（1592）後，爲四川按察司副使時。

夏夜月戲效齊梁體

涼飆入林後，圓景渡河初。鴈塞寒仍遠，鴛闈暑暫除。樹摇光喜淡，池印影宜虚弱。能令吴牛喘，寧驚蜀大疏。

【箋】

作於萬曆二十年壬辰（1592）後，爲四川按察司副使時。

客窗夜雨得“微”字

旅館殘燈暈，銀窗孤枕幃。暗風驚淅瀝，夜雨入霏微。聲碎階前樹，寒侵身上衣。故鄉思轉切，疑是淚痕飛。

【箋】

作於萬曆二十年壬辰（1592）後，爲四川按察司副使時。

賦心中萬事如等閒，得“閒”字

蝶夢翻成幻，遊鷗聊爾閑。都拚身外物，識破鏡中顔。坐對溪邊月，行吟江上山。古今只如此，藜杖看雲還。

【箋】

作於萬曆二十年壬辰（1592）後，爲四川按察司副使時。

寄何應山

昔傳何郎粉，今鳴宓子琴。惠流巴水遠，夢入楚雲深。馴雉應殫力，烹鮮見苦心。思君自秋夜，風雨寄知音。

題美人圖得“人”字

無語容偏麗，含嬌意轉親。芙蓉匀黛色，楊柳入眉顰。洛浦渾疑賦，陽臺若夢人。淩波試微步，羅襪恍生塵。

貴竹立春即事

其　一

原是天涯客，相將春復春。燕雲猶在目，貴竹且棲身。白髮催蓬鬢，青山戀主人。自憐萍梗跡，無計叵風塵。

其　二

何事來三楚，應居在九夷。椒花驚歲暮，梅蕋向春時。鴻雁思千里，鷦鷯寄一枝。倚門還有望，遥憶數歸期。

其　三

故園經年別，鄉音無使來。夢魂堪自苦，懷抱向誰開。江上梅新發，門前柳舊栽。楚雲何處是，瞻望獨徘徊。

其　四

日落玄猿斷，霜前白雁稀。年華忙裏度，相思暗中飛。潘令添新鬢，班萊憶舊衣。關河原不隔，歸夢到庭闈。

【箋】

作於萬曆二十六年（1598）后，任貴州布政司左參議時。貴竹，即貴陽。“貴陽”之名較早見於明弘治《貴州圖經新志》：郡在貴山之陽，故名。道光《貴陽府志》卷四“沿革上”：洪武四年“正月，置貴竹、水東、龍里、底寨、養龍、坑劄、佐青山七長官司。”隆慶二年六月：“移程番府於貴州布政司城。三年三月，改名貴陽府，貴陽府之名昉此”。到萬曆十九年二月，才“罷貴竹長官司，置新貴縣”。古人言地名好用舊稱。

乾隆《貴州府志》卷十七“職官”載，梅國樓，布政司左參議。

次應侍御韻

列戟臨丹旐，層巒聳翠屏。倚天騰劍氣，高閣湧江聲。大地三千界，雄關百二城。簡書報明主，談笑夜郎平。

【箋】

應侍御，即應存卓，字從之，號宏齋。仙居人，嘉靖三十八年進士，授刑部主事，陞郎中。萬曆十五年陞廣東左參政，調雲南參政，轉四川參政，陞貴州按察使。二十二年陞廣東右布政使，調河南。萬曆二十七年，任貴州左布政使，陞太常寺卿，致仕。民國《臺州府志》卷一〇九有傳。參閱明郭子章《黔記》卷二十八《總督撫按藩臬表》。

送鸚鵡

不作翔鵉侶，還應棲鳳林。渾忘秦北夢，常戀隴西心。巧語羞嬌舌，低飛護翠襟。正平成賦後，千載寄知音。

婁山人之商城兼呈赤城王孝廉

謾説商山好，還應採蕨薇。士從知己死，客不爲兒饑。白雪推高調，青霜透短衣。寄言王子晋，對月憶柴扉。

寄司九岡

自別三巴路，相思各惘然。久知青眼客，長是白頭仙。楊柳摇春晝，芙蓉憶往年。吾生忘出處，赢得日高眠。

代楊春元爲馮太孺人貞壽

捧檄趨金馬，摽貞勒石銘。廿三魂已斷，五十鬢成星。松柏凝庭翠，芝蘭遶砌馨。獨留千古史，藉慰九原靈。

【箋】

《明史》卷一百二十一："榮昌公主，萬曆二十四年下嫁楊春元。四十四年，春元卒。久之，主薨。"則此詩作於萬曆二十四年至四十四年之間。

又《明神宗實録》卷五百五十六：萬曆四十五年四月癸亥"予駙馬楊春元母祭葬"。知其母死於萬曆四十五年（1617）前。

初夏寄甯振鵾太史

甯武今何在，慈恩事杳然。暫爲金馬隱，曾是玉堂仙。雞舌含香署，鑾坡視草年。思君不得見，衰鬢各相憐。

題西蜀劉廣文亭州攬勝卷

天禄燃藜夜，亭州攬勝多。萬峰如玉壘，一水接銀河。秀奪芙蓉色，光摇菡萏波。殷勤種桃李，花滿碧山河。

送辨才上人入荆襄

遠公無去住，飛錫到荆州。白下皈禪榻，青門脱故侯。雨昏湘浦暮，雲淡穆陵秋。縹緲孤帆影，長江天際流。

代壽劉學博

經學傳劉向，桑懸此日弧。領來巴蜀色，寫入大椿圖。桂樹含秋影，晴空照玉壺。華封三祝意，始自及門徒。

送劉叔元之黔南

聞説黔南路，艱難憶昔時。風波心獨苦，歲月鬢成絲。瘴雨孤帆遠，嵐煙匹馬遲。殷勤謝知己，早報及瓜期。

王巨川初度

天上開南極，人間弄彩毫，雲霞騰曙海，蓬島結仙桃。醉裏乾坤大，閒中日月高。長留笙鶴壽，喜見鳳凰毛。

題易海洲茅亭二首　有序

易海翁闢署後創草亭，誅茅爲屋，環檻皆山。有物外煙霞之趣，而萍蹤梗跡不足以絆此身也。命予賦詩，因寓棘闈閒適，謾爾賦此。時庚子八月十八日也。

其　一

湖海飄萍梗，乾坤寄草亭。茅疏天是瓦，翠擁石爲屏。月色空中見，松聲醉裏聽。脩然圖畫意，遥夜入丹青。

其　二

不盡登臨興，移亭獨向東。水光浮瀲灩，山色隱溟濛。瀚海無傳箭，扶桑已挂弓。主人歌既醉，花下許誰同。

又　和

憔悴天涯客，頻年惜寸陰。簾垂孤月淡，門掩暮雲深。題葉雖無語，憐花自有心。蛾眉原見妬，莫向漢宫尋。

【箋】

作於萬曆二十八年庚子（1600）。易海洲，生平不詳。

芝　佛

芝佛横周極，祥光瑞漢家。菩提滋雨露，樓閣靄煙霞。玉樹平分蓝，金蓮半湧花。一莖還丈六，大地化恒沙。

【箋】

此詩作於萬曆十六年戊子（1588），在麻城龍潭湖。是年秋，李贄徙居龍潭湖芝佛院。

民國《麻城縣志前編》卷二“建置・寺觀”：“芝佛院在龍湖北岸，建寺掘地得三芝，類佛像，因名。”李贄《初潭集序》：“《類林》成於萬曆戊子之春，余復以是秋隱於龍潭之上。”袁中道《代湖上疏》：“公之寓齊安也，非以黄安耿布衣故也？布衣死，周公友山可與論學，遂住維摩庵。已，龍湖芝佛院僧無念名深有者，時時來問學，公爲此兩人無歸意。然念維摩庵在麻城中，喧鬧非静居者，遂至無念湖上，住錫聚佛樓下，樓在芝佛寺右，净潔可居也。”《珂雪齋文集》卷十一。

秋日訪月空上人不遇得“留”字

野寺徑行遍，高僧不可求。齋心歸洞壑，飛錫下林丘。清梵三千界，疏鐘八月秋。皈依無住著，沽酒暫淹留。

詠八月紅梅　有序

易海翁署中闢四友軒，種松竹梅葵，環繞階砌。八月望日，偶開紅梅一枝，豔色奇葩，芳馨迥異。蓋草木得氣之先，瑞氣所鍾，先期而發。雖紛處秋風叢桂之間，而傲雪淩霜之節固自在也。晋椽岳生者，矢之聲歌，傳之棘署，余聞而奇之。因擊節揮毫，聊紀勝事。時庚子八月二十日也。

莫是孤山種，先開八月時。香分金菡萏，色暎紫玻璃。姑射秋酣酒，羅浮夜染姿。竹松休訝早，還與歲寒期。

【箋】

作於萬曆二十八年庚子（1600）。

宫中行樂詞

睥睨餘情照，罘罳斂夕曛。淡粧籠素月，豔舞入行雲。花拂青鸞鏡，香凝紫鳳裙。明朝遊太液，歌吹九霄聞。

登香爐峰玉清閣

頻訪高僧榻，幽尋上帝居。野煙殘照裏，山色暮鐘餘。宦況因愁減，人情著病疏。到來耽佛日，莫問使君車。

送辨才開士之玄嶽

總識遨遊意，渾忘去住心。賜衣歸闕重，卓錫入山深。堦樹經僧臘，江濤度梵音。莫辭玄嶽遠，到處是禪林。

汝陽詠秦京二小松用“侵”字韻

曲徑連雙樹，幽齋傍獨吟。托根還咫尺，植節竟千尋。影月侵虛弱室，鳴風入素琴。從來秦大夫，不改歲寒心。

五言排律

詠樹間新月

桂闕光初動，蘭皋氣已滋。應弦驚鳥影，臨鏡學蛾眉。疏密隨人近，陰晴托樹移。榆星疏閣道，松露滴寒枝。比璧猶辭滿，懷珠更剩輝。曜稀知自貴，景遠豈全窺。葉度娟娟潤，風吹細細垂。冰紈摇復冷，水荇漾還疑。素魄誰能蔽，真明總未晞。焜煌徵道泰，盈縮與時宜。片片飛金屋，盈盈上玉墀。何時依日表，分照滿天涯。

代贈高公祖

績奏三年久，恩敷化日長。雨餘桑柘秀，春到杏桃芳。單騎行驄馬，雙旌引秀裳。金甌聞姓字，玉燭見輝光。税釋千家哭，冤伸六月霜。龍鱗堪犯逆，雞舌近含香。令尹曾名楚，文忠且在黄。他時有封事，竚聽珮鏘鏘。

挽萬鳳岡一律

北國憐遊藝，南窗憶讀書。挑燈和夜雨，炊黍對茅廬。天上新招李，延陵舊挂徐。達生蒙傲吏，卧病馬相如。百年真是幻，萬事總歸虛弱。鶴夢松楸遶，鵑啼蕙草疏。青天催歲暮，黃土築墳餘。幽明成斷絶，風雪獨躊躇。

七言絶句

夜坐即事時將赴任

姊妹相看白髮新，膝前兒女舊時情。無端又作天涯别，莫惜篝燈坐五更。

送周生還楚有感

其　一

十載交遊不厭貧，他鄉何處問迷津。誰言范叔爲秦相，猶憶綈袍是故人。

其　二

裘馬翩翩憶昔年，偶來情態倍堪憐。山中茅屋無風雨，贏得科頭盡日眠。

其　三

何事驅馳到九夷，楚天縹緲問歸期。西園自是無芳草，空向山陽笛裹吹。

其　四

世路雖非古道存，王孫一飯敢忘恩。淮陰即挂封侯印，歸去深山獨掩門。

贈楊生

何處翩翩楊子雲，明光獻賦有雄文。離歌一曲郵亭暮，十二欄干長憶君。

雨中牡丹

其　一

宿雨懨懨春色賒，沉香亭北牡丹花。嬌嬈不勝東風意，淚倚欄杆濕絳紗。

其　二

一夜東風萬朵新，絳羅高簇不勝春。曾沾雨露君王寵，不是巫山夢裹人。

其　三

自緣國色染天香，十二雕欄春晝長。寂寞漢宮春易老，玉容空憶舞霓裳。

贈羅田汪山人善畫

自挾風雲去復回，芙蓉萬朵鏡中開。剡溪藤上山陰棹，一夜孤舟雪後來。

附汪生寄胡文學羅田

賦就淩雲見面難，一回相望一憑欄。多情寄語汪生畫，描取文園掌上看。

寄　勉

其　一

塵世難逢百歲身，豪華富貴逐時新。浮雲過眼翻成夢，須作人間第一人。

其　二

百歲光陰瞬息過，世間應有大山河。總然夢落南柯裏，勝負從來爭幾多。

示蜀舊役

荏苒韶華三月天，桃花帶雨柳含煙。相逢俱是他鄉客，重與挑燈説往年。

代送方先生之保寗

三年聊寄一官閒，雙鯉迢迢楚蜀間。春雨春風留不得，錦帆秋挂錦屏山。

秋日別灊智昆仲

其　一

邂逅逢君別夢長，風塵愁思雨茫茫。他年相憶還相問，總落秋風鬢裏霜。

其　二

十二瑶台夜月清，倦遊人寄武昌城。黃粱忽醒遊仙夢，黃鶴樓頭吹笛聲。

黃粱夢

人世輕棲弱草塵，枕邊春夢枕邊新。不知身是黃粱夢，翻夢黃粱夢裏身。

戊戌七月七日

百歲年來半百過，鵲橋今夜奈愁何。由他送盡千般巧，總是昏昏夢裏多。

【箋】

作於萬曆二十六年戊戌（1598），時年五十歲。據此詩可推知國樓約生於嘉靖二十八年己酉（1549）。又檢《湯顯祖集》卷四十六《寄梅瓊宇》書"仁兄與弟生同年月日"，而已知湯顯祖生於嘉靖二十九年（1550），則梅國樓亦當生於是年。

竹枝詞四首

其　一

白帝城邊雲日黄，白帝城下江水茫。過盡巫山不成夢，暮煙寒雨度瞿塘。

其　二

白鹽赤甲兩山開，遥指孤帆萬里來。莫似無情江漢水，東流到海不曾回。

其　三

望帝銷魂事可憐，只今山鬼哭寒煙。問郎幾分春愁在，莫信舟人打杜鵑。

其　四

江頭江尾石巑岏，百丈摇摇報上灘。灧澦莫誇今日過，峽流何處不潺湲。

秋日觀察使者至偶成

燈火傳呼不夜城，青驄燁燁有光明。笙歌若徹逃亡屋，化作秋原夜雨聲。

郡守往返百里一夜雨至喜而賦之

雙舄飛飛夜不閒，關河百里去猶還。于公亦是襄陽守，到處逢人説峴山。

客有舍近而之遠者感而有作

銀燭金爐照夜寒，錦城花柳去無難。昭王一閉門千里，不得黄金臺下看。

觀吕仙圖賦遊仙詞

其　一

遶海飛來到岳陽，洞庭春滿水雲長。須臾指點千年事，贏得時人兩鬢霜。

其　二

手把芙蓉八百春，雙龍袖裏出風塵。桑田滄海多更變，得到蓬萊有幾人。

其　三

何處天邊黄鶴樓，笛聲吹徹楚江秋。金丹夜挾烟霞色，飛到瀛洲最上頭。

其　四

枕上黄粱覺夢生，榮枯得失最分明。華胥不是人間世，别有樓臺十二城。

其　五

醉裏乾坤醉裏仙，江湖不繫釣魚船。知他塵世興亡事，獨抱瑶琴盡日眠。

賽賽曲爲寇山人賦

其　一

楚館清歌半入雲，多情應是沈休文。明朝莫謾河橋别，别抱琵琶向使君。

其　二

巫峽迢迢淡淡粧，風流别自惱襄王。何人更識高唐夢，惹得春愁盡日長。

【箋】

寇山人，即寇學海，字巨源，廣濟人。工詩。少負奇，削髮入盤山，楗户究詩。詩成家，然後蓄髮入世。與一時名士沔陽陳文燭、京山李維楨，及東南文士相與馳騁。蕲邸樊山王尤爲推許，交遊遍天下……明社既遷，學海亦老死於客。參閲清乾隆十六年《廣濟縣志》卷十三“儒林”；清光緒十年刻本《黄州府志》；《章氏遺書》卷三十，《湖北通志未成稿》。

送我虚道人之茅山

其　一

乾坤到處是吾廬，半落塵寰半太虚。試向茅山問真訣，道人爲寄數行書。

其　二

難變黄金白髮長，一官終日爲人忙。從今欲駕千年鶴，寄語松風掃石床。

塞上曲十首

其　一

一片寒霜上鐵衣，直隨風雨過金微。龍堆幕絶閒驅馬，獵火原空夜合圍。

其　二

十萬材官擁漢關，更留一半守陰山。胡兒牧馬愁雲黑，調得雕弓不敢彎。

其　三

長劍憑陵淬鸊鵜，交河南北草萋迷。傳聞瀚海三千里，只用秋風送馬蹄。

其　四

吹徹秋聲滿戍樓，笛中楊柳曲中秋。憑教青海城頭月，不作紅山壯士愁。

其　五

青嶂黄雲黯不收，居延城外古靈州。先憑殺氣驅風雨，吹落黄河欲倒流。

其　六

婺弧高插赫連臺，兕革魚文向日開。爲報單于休近塞，漢家飛將自天來。

其　七

黄沙直上遠嵯峨，平虜誇胡早渡河。漢將營空明月冷，長城秋老白雲多。

其　八

鐵騎雲屯夜束裝，但誇此去縛名王。笑看眼底千重虜，不及刀頭一片霜。

其　九

太白寒收紫戟前，旄頭夜落玉門邊。篋中新拂龍泉劍，撑住燕然半壁天。

其　十

十載和戎罷遠征，閼支争請繫長纓。燕然勒罷渾無事，好挽天河一洗兵。

平播凱歌八首

其　一

百萬雄兵羽檄飛，鸊鵜新淬照征衣。海關不避千重險，斬得酋頭馬上歸。

其　二

虎踞山城七百年，空憐山鬼哭寒煙。一宵劍指旄頭落，不信青天別有天。

其　三

疊嶂嵐煙黯不收，風雲八陣借前籌。試看猿玃愁攀處，一夜摩崖入播州。

其　四

風雨冥冥晝不開，漢家飛將自天來。只須一炬燒山火，雉堞嵯峨化作灰。

其　五

曠古誰登大將壇，摩挲長劍斗文看。西南半壁愁雲黑，汛掃蠻煙六月寒。

其　六

天外何年設夜郎，浮雲勢入自崩亡。從來萬里封侯骨，六月寒生劍戟霜。

其　七

二月興師六月還，七擒今復見平蠻。壁壘雲屯天地暗，轟雷俄掣海龍山。

其　八

水流江漢有恩波，數載憑陵血戰多。萬里銅摽堪紀勝，轅門清夜聽鐃歌。

【箋】

作於萬曆二十八年庚子（1600）。平播之役，據《明史》卷三一二“四川土司二”，萬曆二十八年，總督“李化龍已移駐重慶，徵兵大集，遂以二月十二日誓師，分兵八路進。”至六月四日破海龍囤，楊應龍自焚，其子楊朝棟被俘。計“百十有四日，八路共斬級二萬餘。”

丘郎卧病有所思也，爲作長相思以寄憾焉

其　一

暫時雲雨暫時親，别處樓臺别處春。到手柳條攀不住，章臺空惹斷腸人。

其　二

春事無聊晝掩扉，沈郎多病不勝衣。林花原是無根蔕，只認東風上下飛。

其　三

别卻文園獨自居，一宵恩愛幾宵疏。縱有琴心挑不得，茂林病殺馬相如。

其　四

相思夜夜復朝朝，夢裏分明渡小橋。十二樓中絃管寂，寒燈暮雨過元宵。

其　五

春事無緣春色賒，乍開乍落是林花。絶少丘郎同别調，向人不忍抱琵琶。

其　六

懨懨病染爲誰深，春色無端到小林。多少繞梁堪寄思，不緣同調不傷心。

【箋】

作於萬曆二十四年丙申（1596）。據馮夢龍《情史·丘長孺》記載，萬曆二十四年，劉承禧游吴，獲白六後返回麻城。八月，劉承禧將白六遣贈給丘長孺，二人遂拜堂成婚。但劉承禧"越夕而悔"，擄走白六。白六被軟禁在劉家後，經受威逼利誘而毫不屈服，最后吞金自殺。見馮夢龍《情史》卷六《丘長孺》，《馮夢龍全集》鳳凰出版社，2007 年版；參閲凌禮潮《馮夢龍〈情史〉考實》，《北京科技大學學報》2010 年第 4 期。

林姬善音律，歸丘郎。一宵别去，丘郎思之成病，林遂思之致死。别時曾留破鏡，而破鏡終不可圓矣。林以死從丘，丘以生待林，可謂兩不相負。一死一生，乃見交情，較世之翻雲覆雨、朝楚暮秦者大相徑庭。余感其事，爲作挽詞挽之

其　一

不惜黄金買笑歌，千金一刻夜如何。空留一片菱花色，獨照殘粧淚幾多。

其　二

病魂病骨病相思，拼作生離共死離。十二重門還有夢，於今真是蓋棺時。

其　三

黄金猶向病時遺，贖得殘魂已是遲。卻説丘郎多意氣，見郎不是舊

蛾眉。

其　四

一閉長門不見春，懨懨瘦損病中身。愁聽花外鶯聲囀，疑是孤帷夢裏人。

其　五

一枕南柯别夢長，雨雲愁殺楚襄王。玉簫謾説還魂事，況復還魂事渺茫。

其　六

一度相思一惘然，眼中猶憶插花鈿。自從死别無消息，不得梨雲枕上眠。

其　七

半疑是死半疑生，鐘鼓遲遲漏五更。庭草無人春自緑，愁風淚雨過清明。

其　八

千金買骨意非輕，重憶燈前月下盟。即使拚來拚不得，倚欄風雨落花情。

其　九

薄命無緣隔夜臺，生時别去病時來。不須更灑西園淚，死向君前心已灰。

其　十

花開花落易黄昏，獨對篝燈拭淚痕。一種萋萋春草裏，不知何處覓芳魂。

其十一

愁心成海淚成河，不是妖魂不是魔。君愛是身身是死，報君身死是彌陀。此夢中詩也。

其十二

芳草萋萋春色寒，落花寂寂淚欄干。傷心怕照青鸞鏡，留取香魂夢裏看。

【箋】

作於萬曆二十四年丙申（1596）。

"林姬"即"白六"，知白六實爲林姓女子。參閲潘之恒《亘史鈔》，《四庫全書存目叢書》子部，第193册，齊魯書社1995年版。

贈黄道人

其　一

九轉丹砂别有方，眼中空笑世人忙。紅塵欲住無由住，依舊煙霞去路長。

其　二

不著緋袍著布袍，壺中日月酒中豪。道人不住人間世，指點天涯北斗高。

其　三

一卷黄庭一曲歌，蒼顔不老醉顔酡。海天自是吾歸處，爲報青鸞向夜過。

其　　四

半在人間半在天，逍遥散蕩是神仙。大還欲鍊先逃世，學得山中自在眠。

王姬墜馬

其　　一

步蹴金蓮粉汗香，輕車何事度王嬙。丹青不妬青驄妬，嘶落桃花損舊粧。

其　　二

慵整雙鬟爲使君，偶從花畔赴行雲。驊騮若解高唐意，輕踏瀟湘六幅裙。

其　　三

金勒雕鞍白玉驄，美人馳逐墮春風。殘粧不合隨人去，只許襄王到夢中。

送夏侍御

金陵冠蓋乍相逢，嶺北天南路自通。看取柴門無犬吠，春風人醉月明中。

寄魏希孝之祖其年七十餘

不事王侯不曳裾，教兒且讀鄴侯書。致君堯舜知多術，更喜年光七十餘。

寄黄永珍之祖其年九十

圯上仙翁道姓黄，兒孫蕭相有輝光。世間巧曆何能筭，甲子從頭三十霜。

寄謝秀才三秀

彩筆憑陵二十春，曲江隊裹傍風塵。謝家玉樹從來秀，他日看花問主人。

送楊道士還黔

其　一

漢武祈神太乙零，紫煙衣上斗文星。還家兩翼生風雨，多讀黄庭幾卷經。

其二　送馬高龍等

萬里還家白髮生，雨餘柳色轉啼鶯。天涯芳草王孫路，珍重明朝别後情。

其　三

薄官何妨短髮侵，歸來萬里抱瑶琴。從今消息知難定，别有桃源未可尋。

其四　馬之伯父好玄故及之

玄門世代有高賢，白日飛升聽自然。始信馬良眉最白，更看平地作神仙。

贈陳阿敬

其　一

間關萬里獨從吾，歷盡風波是丈夫。可是報恩重報主，陳嬰名姓滿江湖。

其　二

信陵結客已三年，珠履堂前近十千。莫謂主人無膽氣，平生死不受人憐。

其　三

別有煙霞別有春，眼前物色逐時新。從今揮手桃源路，他日尋原問主人。

其　四

自從歐鳥久忘機，不管傍人是與非。多少鳶雛爭腐鼠，閑雲野鶴向天飛。

壽熊□谷　辛丑生，時年六十一

世代衣冠世代賢，壺中日月飲中仙。更看錦服披萊服，重祝他年辛丑年。

【箋】

詩當作於萬曆二十九年辛丑（1601）。

贈張繼松從赤松遊

青山無事枕書眠，學得人間第一仙。揮手赤松天外去，澆花種杏過年年。

壬寅寄黔中

江天暮雨亂鶯啼，黔客歸程去路迷。別有交情兩行淚，隨風吹落穆陵西。

【箋】

作於萬曆三十年壬寅（1602）。

題煙波釣叟

青山緑樹白鷗天，一帶湖光萬頃煙。捲卻漁竿船不繫，隨風吹到洞庭邊。

贈陳猷甫

其　一

不使人間作業錢，松雲蘿月獨參禪。怪底龍潭清到骨，閑來漱石枕流眠。

其　二

因緣身世識輪回，萬念千思着冷灰。不是死生容易破，夜臺曾到夢中來。

其　三

荆黄相望水爲鄉，處處名高北斗傍。總是好賢能設醴，穆生應戀楚元王。

其　四

二十年前漢水濱，曾從物色識風塵。始知世路皆由命，相送中原問路人。

其　五

陽春十月穆陵關，醉裹乾坤静裹閑。惟有閒心能玩世，揚州乘鶴到人間。

【箋】

陳猷甫，麻城人，有目疾。孙继皋《宗伯集》卷十有《送陳猷甫還麻城君以瞽廢》，知其爲麻城人。

送獨空之金陵

卓錫金陵寄鉢衣，雪花撩亂片帆飛。獨持半偈無空色，夜夜禪心燕子磯。

壬寅除歲日二首

其　一

幾載遨遊不到家，多情長是惜年華。姊妹自憐還自愛，尊前秉燭看梅花。

其　二

除日鄉關思更長，往年曾此拜椿堂。如何未了兒孫願，早著星星鬢裹霜。

【箋】

作於萬曆三十年壬寅（1602）。

盛泰甫再謁曾司空墓

荒隴松楸夜月衰，延陵孤劍獨徘徊。司空多少如雲客，誰到尚書塚上來。

【箋】

作於萬曆二十三年乙未（1595），在麻城。

盛泰甫，山人。王祖嫡《師竹堂集》卷十一《贈盛泰甫序》稱其爲“吴人”。明末清初詩人李英有《送盛泰甫還無錫》詩，或爲無錫人。

曾司空，未詳。

又謁劉司隸墓

水遠荒墳落日微，麒麟高卧草菲菲。錦衣門下三千士，獨拜青山是布衣。

【箋】

作於萬曆二十三年乙未（1595），在麻城。

劉司隸，即劉守有。布衣，當指盛泰甫。

弔先君志感

生死憐君一束芻，故人交義重江湖。黄鶴青山天萬里，白雲愁色滿三吳。

【箋】

作於萬曆二十八年庚子（1600）。

先君，指梅國樓已故的父親梅汝觀，汝觀死於萬曆二十八年十一月二十八日。《梅氏族譜》卷首上“卹典”。

送七十三翁還毘陵

欲話離情酒未酣，翩翩裘馬向江南。問君甲子今多少，五十年前二十三。

送甯暨光還衡陽

其　一

片帆飄渺下瀟湘，落木紛飛萬里霜。從此莫教音信杳，鴈飛還得到衡陽。

其　二

提攜龍劍楚天長，落木蕭蕭還故鄉。此去莫言書信杳，年年有鴈過衡陽。

贈武昌主人

黄鶴樓前鸚鵡洲，玉京仙子駕雲遊。主家舊住羅浮上，萬里江天八月秋。

乙巳三月過朱仙鎮

其　一

南渡中原勢已分，直須唾手復燕雲。從來大將權臣妬，世上含冤不獨君。

其　二

憑高遥望陣雲開，曠古名高大將才。可憐三字含冤血，平地黄河萬馬來。

【箋】

作於萬曆三十三年乙巳（1605）。

七言律詩

憶山中舊廬

曾構茅廬傍翠微，瀟湘縹緲楚雲飛。穿簾皓月全欺屋，拂座清風半掩扉。萬里荒蕪松菊徑，十年憔悴芰荷衣。自慚不是勤三顧，空負青山舊釣磯。

萬里橋

馬首何緣去住遥，青天蜀道恨迢迢。當年未識三湘路，今日飄經萬里橋。客子夢魂迷蛺蝶，浮生蹤跡總鷦鷯。錦江春色應無限，還憶仙人海上簫。

寓蜀書懷

雲樹依依寂寞居，竹床獨卧暮蟬餘。客愁萬里憐烏鳥，鄉夢三秋憶鯉魚。蜀使幾人嚴節度，茂陵何處馬相如。生平應不知揚監，只合幽齋賦子虚。

雨中望巫山

巫山一片帶黄昏，十二煙蘿未可捫。别有杜鵑哀帝子，空留芳草憶王孫。山花江燕知無主，暮雨朝雲亦是恩。宋玉不堪摇落後，獨令蕭瑟爲招魂。

白帝城懷古

風濤五月下瞿塘，白帝遥登思渺茫。江水有聲流漫漫，古城無主日荒荒。雲迷巫峽歸帆遠，草暗黄牛客夢長。功蓋三分何處是，殘碑不見漢文章。

白兔亭望千尺泉，泉出蟠龍洞

其　一

千尺孤亭擁翠微，百盤石磴轉危磯。濛濛飛雨巘前過，片片浮雲杖底歸。泉噴水龍吟白晝，朋寒霜兔弄清暉。不知髣髴諸天近，拾得煙霞自滿衣。

其　二

峰頭立馬破冥冥，倚杖乾坤得此亭。頻送鳥還憐楚客，若驚龍卧響山靈。青天漠漠飛流落，蒼霧漫漫古洞扃。萬壑松濤人去後，卻從何處問滄溟。

【箋】

白兔亭，在原梁山縣境内。今重慶市梁平區。光緒《梁山縣志》卷二“古跡”載：“白兔亭：縣東蟠龍山飛雪亭左，明嘉靖壬辰（1532）獲白兔于此。巡撫宋滄表進，禮部尚書夏言請獻宫廟，作頌以進，命建亭并勒石豎坊。亭當孔道，有詩碑四。”

千尺泉，在蟠龍洞后側。祝穆《方輿勝覽》卷六十：“中有二石，龍狀，首尾相蟠，故名。旁曰‘噴霧崖’。洞中之泉下注，垂崖約二百餘丈，噴薄如霧。”

蟠龍洞，位于重庆市梁平城南部蟠龙镇，为“梁山八景”之一，史称“古洞蟠龙”。蟠龙洞分水洞和旱洞，水旱两洞上下错落，水洞碧波常流，深邃莫测；旱洞有二石首尾相蟠呈龙状，旁有喷雾崖。洞口垂着一条长十米左右酷似舌状的钟乳石。

千佛殿

其　一

千尺蒼崖俯翠華，煙蘿色色是蓮花。四禪法界開青靄，萬縷金光射紫霞。野客堦前馴燕雀，真人天際枕琵琶。石龍一去無消息，日日山中暮雨斜。

其　二

峨眉天竺接天人，萬刼如來總化身。見説寶珠俱是幻，繞依浄土覺非塵。漫漫南望心無住，杳杳西風夙有因。駐馬不須題姓字，當年曾識石麒麟。

其　三

鑿石何人破翠微，諸天寶相儼依稀。雨餘石繡莓苔色，月近寒深薜荔衣。鐘静客還山虎嘯，缽虛僧定毒龍飛。徘徊眼底浮雲盡，何必無生始息機。

過順慶望謝自然脩真洞

雨花飛罷緑陰餘，松影山雲暗襲裾。谷口煙沉蒼鹿過，洞門人去紫芝疏。夢殘露掌金莖藥，收得雲林玉斧書。回首莫嗟鄉思遠，海天何處是吾廬。

【箋】

作於順慶府（今南充市）。

謝自然，果州人（今南充市）。《新唐書》卷五十九“藝文三”：“李堅《東極真人傳》一卷。果州謝自然。”

寄商城范令之南宫

相逢傾蓋結羣英，遥望天涯送遠行。桃李三春盈北地，棠蔭一日遍南城。滹沱氣借真人壯，恒嶽雲隨使者生。最是長亭秋欲暮，夜來風雨獨關情。

【箋】

范令，即范應賓。康熙《商城縣志》卷五“名宦”：“范應賓，字觀父。嘉興進士，萬曆壬辰年任。博學弘文，每於公餘集多士講學較藝，指授元家宗派。一時人文蔚起，號稱極盛。后調南宫，商士民感誦不忘。”又同卷“職官”：“范應賓，秀水人，壬辰進士。萬曆二十一年任。”

“樊玉衡，黄岡人，乙未進士。萬曆二十三年任。”則此詩作於萬曆二十三年乙未（1595）。

南宫，指禮部。宋敏求《春明退朝录》卷上：“按唐旧说，礼部郎中掌省中文翰，谓之‘南宫舍人’，百日内须知制誥。”

盛泰甫與余兄弟及劉司隸公爲舊交，六年前曾來西陵。别後，司隸公即世，而余髮亦種種矣。乙未九月，訪余山中，束生芻以奠司隸，屈指六年，幾成兩世。興思撫景，能不悵然？古云：“一死一生，乃見交情。”盛君之謂也。余高其義，爰作是詩，情見乎詞，聊識歲月云

裘馬翩翩自縱横，西風吹客楚江城。最難白髮驚重會，容易青山送遠行。説劍十年餘俠氣，束芻千里見交情。劉郎已去梅郎老，相對寒燈夜五更。

【箋】

作於萬曆二十三年乙未（1595），在麻城。

登香爐峰送潘山人遇雪

天入仙臺望渺漫，風飛玉屑下雲端。簾攏帶暝祥光澹，樓閣飄花夜色寒。授簡故從梁苑賦，流風原自謝家看。何如占斷陽關路，遮莫千山萬玉攢。

元宵燈月輝映，既望陰雨彌漫，乃知來日陰晴未定。行樂貴乎及時，感而有賦

來日陰晴未可知，百年身世總堪悲。猶看光景花燈夜，又見淒涼風

雨時。歲月白駒驚過隙，浮生烏鵲寄殘枝。沈郎多病潘郎老，秉燭青霄已是遲。

過射洪望陳伯玉讀書臺

千載名高陳拾遺，金華山下讀殘碑。煙霞飜借詞人色，風雅還從古道知。獨有荒臺留想像，曾操大計定安危。破琴多少雄心在，不盡江流寄所思。

潼川道中香山寺即事

江閣憑陵散晚煙，不愁昏黑到諸天。柴門亂占寒沙外，估棹遥回返照前。鷗白晴窺堤柳暗，鵝黄淺浴水荇牽。亦知遊子津梁倦，爲愛山僧共往還。

【箋】

潼川，即今四川三台縣。香山寺，在射洪縣。

石鏡寺，鏡在唐甚明，今光盡矣。李白有“石鏡更明天上月，後宫親得照蛾眉”之句

石鏡何年出上方，肯隨珠箔度昭陽。蒼崖翠落禪光淡，寶鼎香沉月殿涼。鸞影未歸憐錦帶，蛾眉曾照舞霓裳。自言不受織塵妬，銷盡鉛華古佛傍。

【箋】

光緒《新修潼川府志》卷六“寺觀”：射洪縣“石鏡寺，在縣北二里。唐建，宋淳熙年復建。明成化三年僧繼圓於草莽中得古碑，漫滅不可考，惟存一詩，因就遺址重修，今廢”。《四川府縣志集》巴蜀書社 1992 年版。

李白《上皇西巡南京歌十首》其五："萬國同風共一時，錦江何謝曲江池。石鏡更明天上月，後宮親得照蛾眉。"

五日去年客梁今年客蜀因志之

五日還嗟客路新，天涯節序轉相親。暗推夙昔驚雙鬌，强泛尊罍又幾巡。艾葉榴花頻入眼，梁園蜀道遠憐人。柴門翠竹歸何定，菖歜銀瓶憶甚真。

【箋】

作於萬曆二十年壬辰（1592）。據《明神宗實録》卷二百四十："萬曆十九年九月……升刑科給事中梅國樓爲河南左參議。"卷二百五十一："萬曆二十年八月……陞河南左參議梅國樓爲四川副使。"

入蜀寄西陵友人

萬里寧嗟蜀道難，芙蓉可摘紫芝殘。江穿翠竹三巴浄，山入青天五月寒。暮雨遠憐飛鳥外，客星原作轉蓬看。長卿應歎知音少，抱得摇琴不肯彈。

謁諸葛武侯祠，祠上漢先主殿前有八陣圖

殘碑古殿入彌牟，碧草荒臺拜武侯。魚水千秋森劍佩，旌旗八陣掩松楸。指揮王業天爲動，嘘拂炎精死未休。將略相材今古重，書生敢向借前籌。

病　　裏

古栢閑階鴉亂鳴，鄉心正發夢蓴羹。客從病裏翻知味，瘦在詩前卻

有情。僧住雪山忘報偈，書傳綿竹舊通名。問予何事支離甚，一卷黄庭過此身。

再懷西陵親友

五月寒深草樹幽，浣花溪畔稱羊裘。天涯殘夢翻驚雨，客裏懷人似入秋。雲外寄書憐寂寞，夜深連榻想淹留。遊梁舊日鄉心在，重作遊人不耐愁。

戲詠薛濤箋

薛濤一紙貴縑絲，不數花紋古陟釐。餘粉似曾沾舞袖，壓光猶未洗凝脂。井中波亂迷桃葉，曲裏情深怨竹枝。總是憐才今古恨，肯教魚網妬蛾眉。

草　　堂

其　　一

濯錦江寒闢草堂，淒淒立馬問蒼茫。榿林籠竹重開徑，語燕飛烏自過牆。故宅有情淹日月，移家無地老瀟湘。花間指點殷勤處，空憶當年晝省香。

其　　二

門背孤城栢滿林，何年卜築錦江潯。浮名不及蒼苔色，古棟空分綠樹陰。白髮依人詩共老，青山憐客坐仍深。玄亭酒肆俱隣近，蕭瑟他鄉萬里心。

夏夜有懷

深夜披襟暑乍平，忽疑秋色到蓉城。月穿疏雨寒分影，風拂驚烏細有聲。事去雙眸憐往跡，吟搔兩鬢數殘更。半年萬里音書絶，行盡蒼苔百念生。

奉送大中丞江公

太白寒收紫戟前，每從瀚海勒燕然。自堪功德標銅柱，肯使旃裘卧榻邊。萬里獨持三尺節，一封頻達九重天。謝安夙重蒼生望，未許東山盡日眠。

客中七夕

畫屏銀燭夜悠悠，烏鵲星橋望裏收。華髮百年堪自老，愁懷七夕又驚秋。鄉關有夢思征馬，河漢無聊看斗牛。乞巧未能當此際，依然零落黑貂裘。

秋日山居，喜夏侍御公祖枉駕，走筆謝之

其一

自掩柴門久不開，福星遥夜照莓苔。若非鴈塔題名舊，那得總乘特地來。握手十年多意氣，論心一日重徘徊。蒼生有望情何切，白簡須君次第裁。

其　二

太史占星楚地過，故人相見意如何。自慚松逕來驄馬，不信柴門有雀羅。衡岳影摇餘氣色，洞庭春滿見恩波。山林野老無他事，盡日高眠也自多。

送陳山人猷甫訪張中丞

楚水西風向客吹，月明霜冷斷腸時。纔從白下傳詞賦，又對黄花説别離。滄海久遺珠有淚，上林不信鵲無枝。憑君試訪張開府，爲報星星鬢已絲。

【箋】

陳猷甫，麻城人，有目疾。孙继皋《宗伯集》卷十有《送陳猷甫還麻城君以瞽廢》，知其爲麻城人。

冬日百可園賦古調詩吟山色裏得“人”字

衡門原不傍風塵，獨閉霜天曉月新。怪底三年成一字，飜從十月見陽春。青山入望應爲主，白雪長吟合有人。最喜知音湖海士，將詩相問轉相親。

【箋】

百可園，麻城鄧楚望建於城南的園林。鄧楚望《百可園亭記》：“余歸自雅州，卜邑城之南偏。結茅以居，名曰‘百可園’。”

乾隆《麻城縣志》上卷十九：“鄧楚望，字震卿，號東里，嘉靖己未進士。鄉舉年最少，爲貧欲仕。廷試時内閣夏言惜之，命撤席歸。久之，始登第，官行人，外補按察司副使。解官年僅五十，林下三十餘年。賞花賦詩，筑百可園自娱。”

賦春寒得“難”字

序入東皇望渺漫，東風忽透竹皮冠。澗泉挾凍成冰易，苑萼含疎欲放難。油壁車遲愁去路，流蘇帳曉怯憑闌。朔雲飛雪猶疑在，銀燭金爐向夜殘。

送本省郭開府入朝

帝寵名臣列上臺，福星遥夜映三槐。建牙南國風雲壯，秉憲西臺日月開。封事千秋遺白下，恩光萬里到蓬萊。子儀原係蒼生望，濟世全憑出世才。

丙申春日送益吾侍御，時有海澄之行

杏苑題名鬢已蒼，共君今夜話黄粱。衣沾冀北浮雲色，馬踏湖南春草長。棠樹十年留雨露，栢臺千里見風霜。浮沉宦海尋常事，莫怨關河路渺茫。

【箋】

作於萬曆二十四年丙申（1596）春。

詠菉竹得“春”字

幽篁苒苒出風塵，曲檻蕭蕭傍主人。葱蒨半分淇圃色，琅玕先占草堂春。獨憐孤節經霜舊，不改清陰帶雨新。摇落子猷千載後，此君原與歲寒親。

送寇山人

郢客陽春和者稀，湘江相見雨霏霏。避喧自合柴門迥，識舊應憐社燕飛。病卧青山容我懶，愁添白髮與人違。巨源莫説長安夢，梅福依然老布衣。

【箋】

寇山人，见前《賽賽曲爲寇山人賦》诗箋。

上巳日

三月三日風日微，相臨曲水對柴扉。流光不覺年華易，漸老應知世事非。柳色參差留客醉，桃花撩亂點人衣。春來共擬蘭亭會，坐對青山向暮歸。

擬詩城摛錦成，陳玉叔弁其端，走筆寄謝，得“城”字

解綬瀟然萬慮輕，偶從千古結詩盟。自慚封事遺青瑣，獨拾餘言簇錦城。魂夢飜驚春草色，縹緗忽墮夜珠明。穆陵詞客情多少，願托雄文識姓名。

【箋】

陳文燭（1525—?），字玉叔，號五嶽山人，沔陽人。嘉靖四十四年進士，授大理寺評事，歷官淮安知府。累遷南京大理寺卿，萬曆二年爲四川提學副使，五年陞山東左參政，憂歸。十一年復除，起任爲四川左參政，陞福建按察使，官至南京大理寺卿。博學工詩，著有《二酉園詩集》十二卷，文集十四卷，續集二十三卷。參閱光緒《沔陽州志》卷九“人物·文苑”，《中國地方志集成·湖北府縣志輯》第47册。

暮春郊行夜集余宅共得“春”字

屈指韶華春復春，春風結伴步芳辰。三年蜀道琴中客，此夜山陽笛裏人。尊酒共憐傾蓋舊，殘燈獨照白頭新。蓬門日掃開花逕，乘興重來莫厭貧。

題仙人脚

足躡煙霞汗漫遊，亭亭笙鶴坐中收。谷神已自隨風去，壁影還應特地留。苔蘚半封雲外色，水光長抱鏡中浮。千年贏得王喬跡，雙舄何能到海洲。

【箋】

仙人脚，位於嘉興談仙嶺，相傳是春秋楚國時老子李耳東來留下的。談仙嶺的嶺名與譚峭有關。古文“談”與“譚”通。宋《澉水志》載：上有譚仙廟。相傳爲南唐道家譚峭煉丹得道之處，至今留有仙人脚、石浴缸、煉丹井等遺迹。

賦柳色雨中新得“晴”字

章臺何處夢魂驚，嫩葉柔條兩岸生。帶霧濛濛迷遠道，摇風細細濕孤城。旖旎袖舞嬌堪拭，婀娜眉顰翠轉明。自是曲中吹不得，折來天氣半陰晴。

秋日登樓，獨王明府爲奕魔所障，走筆嘲之，得“天”字

湖海賓朋秋可憐，蒹葭白露兩茫然。慣從劉毅樗蒲擲，怯向徐生榻

畔眠。高敞瑶臺堪翫月，重開碣石更談天。王郎不作登樓賦，倒屣空勞説往年。

閏中秋賞月得“秋”字

歲華容易月華流，夜色庾公舊此遊。時序三年還值閏，良宵八月又中秋。瑶臺掩映冰輪出，紺殿虚無素魄浮。我欲乘風便歸去，廣寒深處自夷猶。

【箋】

作於萬曆二十四年丙申（1596）閏八月。

寄貴州通學

貴竹蕭蕭寄一枝，幾經冰雪歲寒時。險心自遇盧丞相，直道誰憐魯士師。日月有明光必照，鬼神無物暗難欺。雷州司户崖州户，天理昭昭應始知。

贈方士

身世茫茫宇宙間，何人跳去死生關。有能了悟長生訣，我亦因之煉大還。别有長繩繫白日，豈無大藥駐朱顔。試隨雲鶴遨遊去，先到蓬萊第一山。

九月六日登杳然亭

孤亭高與白雲平，别有樓臺十二城。琪樹晝開瑶島色，緱山夜度玉蕭聲。壺中日月無争戰，物外煙霞識姓名。我亦欲乘黄鶴去，海天秋月夢蓬瀛。

玉峰九日得“秋”字

憑高九日思悠悠，遍插茱萸當酒籌。松菊有緣隨地種，江洋不斷抱天流。一官牢落醺成夢，雙鬢蕭踈半入秋。世事奕棋無了局，五湖吾欲向平遊。

送光山胡明府返廬

楚國班荆意氣真，中原傾蓋自相親。綈袍戀戀龍門舊，彩服翩翩鳳誥新。寒雨三冬分驛路，嚴霜十月憶陽春。多君尚記梁園吏，曾愧夷門作主人。

丁酉春月送別劉公雨山人返廬

蓬門車馬爲誰過，三逕深深掩薜蘿。高卧容吾歌鳳隱，乍逢聊爾問漁簑。刼來江漢煙霞滿，居卜樊湖日月多。我意釣鼇滄海上，不知何處少風波。

【箋】

作於萬曆二十五年丁酉（1597）春。

南樓春望用“樓”字韻

春暮陰陰宿雨收，憑欄登眺思悠悠。遠村雲擁山腰斷，輕絮風飄水面浮。玄草自嘲楊子宅，懷人獨賦仲宣樓。長安欲見無由見，指點天涯天盡頭。

【箋】

南樓有六，一在今湖北省鄂州城南，又名玩月樓。南朝宋劉義慶

《世説新語·容止》："庾太尉庾亮。在武昌，秋夜氣佳景清，使吏殷浩、王胡之之徒登南樓理詠。"一在今武漢市黄鶴山頂。一名白雲樓，又名岑樓。宋陸遊《入蜀記》卷五："二十七日，郡集於南樓，在儀門之南石城上，一曰黄鶴山。制度閎偉，登望尤勝。鄂州樓觀爲多，而此獨得江山之要會，山谷所謂'江東湖北行畫圖，鄂州南樓天下無'是也。"一在湖南潭州。唐杜甫《舟中夜雪有懷盧十四侍御弟》詩："暗度南樓月，寒深北渚雲。"仇兆鼇注："邵注謂南樓在武昌。顧注謂南樓在岳陽。盧注據柳子厚《長沙驛前南樓感舊》詩爲證，是南樓即在潭州。"一在湖北省江陵縣東南。唐張九齡嘗登此樓賦詩。宋張栻重修，改名曲江樓。宋朱熹《江陵府曲江樓記》："敬夫一日與客往而登焉……於是顧而嘆曰：'此亦曲江公所謂江陵郡城南樓者邪!'"一在廣西省宜州，有宋黄庭堅所書《范滂傳》刻石。宋嘉熙中毁去。參閲《明一統志》及《慶遠府志》。一在雲南省昆明市南。明西平侯沐英駐節此處，題曰"南樓望遠"，劉有年有記。未知孰是。

瑞芝爲郭大中丞賦

爲問仙芝紀漢年，五雲飄渺瑞南天。飛來海上三株樹，開遍峰頭百丈蓮。日射丹砂翻貝葉，霜凝寒液下藍田。華陽萬里無征戰，結就華胥繡佛前。

弘齋應中丞華誕

薇署風清玳瑁開，斗文懸處見三台。□□□□□□□，□□□□□□□。

【箋】

應中丞，即應存卓，字從之，號宏齋。

少參公遺文

漕運改折記

麻城舊隸河南，介在萬山中。治前止一衣帶水，淤沙平淺，掬土可塞，雨集而漲，雨霽而涸，舟楫不通，揭厲可涉也，因附籍楚。楚濱江之區，例有漕運，故麻不免焉，計量四千二百石有奇。水遠運苦，頻年以來，吏抱牘而不休，民無以苟旦夕。每一傳呼，必立收受。頭會箕歛，倍于常額。上下山阪，出入溪澗，車不方軌，馬不成列，負載道路之間，伺候公府之門，不待至水次而已疲累矣。一至水次，吏胥必有稽查，折耗必有賠補。船脚楞板之類，所費倍之。故心剜腰折，閭閻告病。曩時邑父母及鄉先生曾議及此，然狡獪之徒因而爲利，陰撓於主計者。故朝上議而夕報罷，即發言盈庭，遂成作舍矣。禮部儒士喻儀，醇雅篤實之士也。素好義而樂施，奮臂興曰："吾儒不能利及天下，而使桑梓之中有扼腕而悲者，非夫也。"乃輸産捐金，代三鄉父老子弟而請命焉。

歲丙寅[1]夏，周尚賓偕不佞冒行烈日中，謁當事者。白其狀曰："漕，爲水設也。近水者利本色，遠水者利折色，此兩利之道也，奈何獨于麻而靳之？今民不堪命，逃死四方者種種矣。此之不改，毋乃轉陸爲海，化淠行舟乎？邑人嘵嘵然，不憚請命者，非爲私也。"當事諸公亦爲感動，而喻生周旋其間。曾改五分之三，然猶未得堅決也。

蓋徵派猶累小民，而全書未垂永利。喻生倚牆之哭未動于秦，而泛舟之情猶未遍於晋也。惟是邑縉紳、學校、里老人等，再因喻生之請而呼籲其事。維時西蜀劉公來蒞茲土，下車以來，政通人和，利興害祛，力任其事。文移旁午，内云兑米一徵，有"破産屋，市妻子，言之刺心，聞者酸鼻"等語。亡何，公入覲，而陳留高公代署其篆。睹艱難困苦之狀，毅然以身任之。文移中有"小民肩擔背負，皮破足穿，哭聲載道，聞見心酸"等語。勤勤懇懇，蓋身當之，故言之親切而有味也。時東粤方伯梁公持其議，而西蜀撫臺趙公往爲監司時，曾身歷亭州，目睹地里，方允其議。先後四千二百石有奇，盡折色矣。俞允之日，歡聲載道。億者復蘇，勞者復息，真千年之利，萬世之福哉！

嗟夫！非常之原，黎民懼焉，及臻厥成，而天下晏如也。方糧未改時[2]，孰不以爲難，孰肯捐其利？喻生産業不逮中人，多稱貸而益之。凡邑之富封大賈倍于喻生，何可勝數？若拔一毛而利一邑，誰肯窺左足而先應？喻生奔走九年，財力俱竭，險阻艱難備嘗之矣。然天之視聽在民，多男如執左券，數世之後，其名益彰。視守財虜身名俱往者，奚啻逕庭哉？若守令茲土者，無慮數十人，小民之疾苦非不周且悉也。然時有所不逮，議有所不堅，或作或輟，竟成畫餅。天時人事，益有所待也歟？高公視篆，不以傳舍視吏事，不以代庖視握符，心徹閭閻之下，而身置痌瘝之側也。積誠貫金石，獨斷避鬼神，宜俄頃奏效哉！考漢史，神爵、五鳳之吏治蒸蒸，無不爲民興利除弊，即鰥寡孤獨，泉渠菱芡雞豚之類，靡不盡心，況此不世之利乎？歲計省費六千余金，賦額三分之一。若以十年積算，約省六萬金有奇。

昔召伯遺甘棠之歌，國子播輿人之誦，至今凜凜猶有生氣。如二公之惠政，安知後之視今，不猶今之視昔耶？彼計日待選，急身圖進，而於小民之治，漫不加意，雖高爵厚禄，炫赫一時，去後之思，則不逮二公遠矣！余爲文業已數年，竟無片石。縣尉李君必奇適至，秉彝好德，慨慕於衷。暨諸同寅屬邑諸生，李先棠父子請焉，而其稿已敝之笥中，遂付勒石。劉公諱文琦，號翼白，四川西充人，萬曆辛丑進士。高公諱維垣[3]，號岩築，河南陳留人，萬曆乙未進士。趙公諱可懷，號寧宇，四川巴縣人，嘉靖乙丑進士。萬曆三十二年歲次甲辰夏六月既望賜進士第翰林院庶吉士，禮刑工科給事中，侍經筵官，邑人梅國樓頓首拜譔。

【箋】

作於萬曆三十二年甲辰（1604），在麻城。喻儀，麻城儒生。

萬曆二十四年丙申（1596），麻城漕糧曾改折五分之三，事見梅國楨《寄里中喻儀書》。

周尚賓，即麻城周弘禴，字元孚，號二魯。萬曆二年進士，授户部主事，降無爲州同知，遷順天通判。萬曆十三年春，上疏指斥朝政，謫代州判官，再遷南京兵部主事。十七年疏請早建皇儲，不報，尋召爲尚寶丞。明年冬，以監察御史閱視寧夏邊務，以將材薦哱承恩等。二十年，承恩等反，坐謫澄海典史。投劾歸，卒於家。

劉文琦，字德華，號翼白，四川西充人。萬曆二十九年辛丑（1601）進士，任麻城令。官至陝西關南道參政，所著有《德輿集》《負薪集》。光緒《西充縣志》卷七、卷八。

高維垣，號岩築，河南陳留人。萬曆二十三年乙未（1595）進士，官至大同知府。康熙《陳留縣志》卷三十一有傳。《中国地方志集成·河南府县志辑》。

趙可懷，字德仲，號寧宇，四川巴縣人。嘉靖四十四年（1565）乙丑進士。授山東汶上縣知縣，擢爲御史，歷遷兵部侍郎，先後任應天、保定、福建、陝西等地巡撫。爲官四十餘年。萬曆三十一年（1603 年）任湖廣巡撫期間，因楚宗劫杠案，於閏九月遭楚王朱華奎宗室毆打致死。清嘉慶《巴縣志》卷九“人物”。

與喻儀書

通縣改折事，通縣士民實受其福。然財力百倍於足下者不少，求之致一詞、捐一錢無有先當者。足下家資不厚，捐多資而勞苦萬千，首倡義舉，此予及周二魯所以不憚跋涉，而奮一臂之力也。奈當事者或信或否，持議不決。予與王方伯書曰“激於義士之氣”，義士蓋指足下。要之，事成則通邑之幸，而足下完其名；不成則通邑之不幸，而足下盡其心。事之成否，雖古聖賢不能取必於人，吾於足下之所許者，如是而已矣。

【箋】

當作於萬曆三十一年癸卯（1603），改折之前。

周二魯，即周弘禴，字元孚，號二魯。光緒《麻城縣志》卷十八。

王方伯，或爲王庭詩，華州人。嘉靖四十四年乙丑（1565）進士，時任湖廣布政使。

大安山記

西陵之西，百丈之陽，鳶停鶴峙，禪林出焉。琳宫掩映，寶塔嵯峨，松徑竹廻，石梁蓊鬱，此大安之大概也。

予曾三遊其地矣，荏苒年華，消磨豪傑，屈指同遊，無一存者，殊爲悵然。昔人之三遊積峰寺，其初則禪榻定僧、古樹棲鶴，故曰“松巢老鶴半江月，僧在翠微開竹房”；二則僧化而鶴在焉，故曰“老鶴尚存松露滴，竹房不見舊時僧”；三則鶴亦去矣，故曰“惟有前峰明月在，夜深還過半江來”。予讀此詩，若合符節。始知今昔異時，而興懷寄慨，其致一也。因念秦漢盛時，唐宋末路，朱門綺户，千萬餘邨。物换星移，黍離增嘆。寺居幽僻，兵火不加，猶然風雨漂摇，年深寺廢。況五侯池館，畫棟連雲，三晋樓臺，翬飛耀日，尤回禄之所易加，而山鬼之所易闞也，不則大半主人非矣。乃知王謝堂前燕子，飛入人家；平章宅裏蘭花，東風落盡。人事固然，物理亦若是矣。

天下之物，有有必有無，有聚必有散。富貴繁華着身來，空即是色。即山河大地都入胸中，榮枯得失過眼去，色亦成空。即身世姻緣皆爲苦海，既入胸中，何非吾有？既爲苦海，何非吾無？然則蕭寺之有者，未始不無，無者未始不有也；而據今之聚者，未始不散，散者未始不聚也。語云，山川風月，原無定主，閒者爲主。耳得成聲，目遇成色。三千世界，盡收萬丈維摩，浮漚成幻，泡影成虚。百萬連甍，俱化寒灰烈焰。世間萬事，逢場作戲。到處即家，何必認其何者爲家，何者不爲家耶？今之學士大夫，讀書其地者，未遇則不能爲，既遇則不肯爲。而素封巨室，又以寺非吾有，何田舍之不爲，而寺之爲？是不知有無聚散之道，而以華堂蕭寺分畛域也。

梅子老，不欲官而頗有遐外之想。夷考香山之九老，洛陽之耆英，昌黎之大顛，東坡之佛印，結方外緣以怡暮景，頃具侍御熙陽疏而直委命於不佞，得無有意于方外緣乎？因憶予與熙陽四十年前老友也，方其少壯時，慷慨自許，意氣相期，登詞壇，建旗鼓，固一時之雄也。而今頭白爲郎，水邊竹下，相對兩衰翁。曾日月之幾何，而舊遊似夢矣！昔白樂天晚寓蕭寺，偶聞鐘聲，感而賦曰："半是天明半未明，醉聞花事睡聞鶯。娃兒[4]憾起鐘聲動，三十年前曉寺情。"予游大安，至今倏忽三十餘年。曾記古殿燈殘，疏鐘香靄，僧歸月下，鳥宿溪邊，依稀在目。倘一再逢，諒山林蕭瑟，風景淒涼，遺搆荒蕪，殘僧零落。爾夫鄰人之笛，懷舊者感之；斜谷之鈴，溺愛者聽之；曉寺之鐘，鍾情者能之。後之視今，猶今之視昔。撫今思昔，感慨係之。嗟夫！此予曉寺情也。

【箋】

大安山，在縣西二十五里。北有石級，名百丈階。自七里岡至此，踰白沙關，爲宋時達汴之通道。乾隆《麻城縣志》上卷四"山川考"。

積峰寺，當作幘峰寺，在巾子山上。巾子山，"在城内东南，連小固山。兩峰如帢幘，一號帢幘峰"。民國《臨海縣志》卷三"敘山"。幘峰寺，即巾子山禅寺。"昔人之三遊積峰寺"，指唐末任翻遊巾子山詩三首。《宿巾子山禪寺》："絶頂新秋生夜凉，鶴翻松露滴衣裳。前峰月映半江水，僧在翠微開竹房。"《再游巾子山寺》："靈江江上幘峰寺，三十年來兩度登。野鶴尚巢松樹遍，竹房不見舊時僧。"《三游巾子山寺感述》："清秋絶頂竹房開，松鶴何年去不回。惟有前峰明月在，夜深猶過半江來。"《全唐詩》卷七二七第8335頁，中華書局1980。

熙陽，彭好古，字熙陽。萬曆丙戌進士，知歙縣，擢御史，歷僉事。剛直不撓，風格類古人。乾隆《麻城縣志》上卷十六"列傳二"。

薦兄司馬公疏

天攘奇才，古今間氣，寬宏大度，光風霽月。襟懷直節堅貞，旋乾轉坤力量。從容作賦，彩筆生花。指顧談兵，風雲黯色。事君父兩全忠孝，愛弟妹久篤友于。同氣六人，獨兄居長。連枝一樹，初朵先摧。

憶膝下舞班衣，融融笑語；慶堂前開晝錦，蕩蕩和風。迎春飲柏葉之觴，除夕進椒花之酒。旦夕詩書教我，晨昏禮義從兄。折桂南宮，幾年燕水；提戈北塞，萬里關山。銅雀金符，帷幄運籌淹歲月；兄酬弟勸，故園歡樂過年時。遠隔天涯，説道歸來聚會；復歸故里，何曾一日相歡。恨眼前之風景無多，嘆往昔之光陰錯過。只信仁人多壽，永保百年；誰知積德難憑，竟成不起。數月自依兄，何堪永别；臨危尚哭妹，已是生離。言語猶存，黯黯傷心空有淚；音容何在，寥寥望信杳無蹤。更思摧折椿萱，堪惜分飛鴻雁。長兄如父，痛兄與思父傷心；猶子比兒，悼兄與孤兒增泣。此心絶不了，相見是何時。虎帳空懸，怕聽邊笳鳴夜月；雁行空斷，那堪宫管起秋風。九轉肝腸，千端愁緒。

兄證真如，無去無來歸正覺；弟延塵世，一心一念總皈依。

【箋】

作於萬曆三十三年乙巳（1606）五月。莊天合《明通議大夫總督宣大山西兵部右侍郎兼都察院右僉都御史誥贈右都御史梅公墓志銘》："壬寅服闋，天下皆望公再秉節鉞，或入柄樞筦。乃乙巳五月，竟疾作不起矣。"

文昌醮疏

昨年大幸，業捷楚而魁燕；今日人心，敢得隴而望蜀。第和熊之苦，今已回甘；而舐犢之情，更多憐少。蕊珠桂籍，生前之註定難移；墨霧筆華，斗上之文芒可借。弟兄當日，元方季方；叔侄今時，大謝小謝。少年刻勵，謬期雲路。天衢中歲棲遲，徒伴燈窗夜雨。緣功名之久滯，遂荏苒之漸移。綺思半刻於窮愁，慚疏鉛槧；彩筆幾投於羸疾，懼廢箕裘。黄卷殘編，案看蠹走；青箱墜業，門可雀羅。席上珍藏，自疑玉同燕石；篋中裘敝，誰憐金盡秦關。久思桃李之榮，幸際風雲之會。翩翩五陵衣馬，争看同學輕肥；濟濟七澤英雄，猶似當年馳驟。雖病餘之沈約，不任疲勞；顧據鞍之馬援，尚看振起。敢曰大鵬衝舉，竊彼尺蠖求伸。敬竭涓埃，仰干天地。

伏乞憫窮儒終日拮据，念寒士半生坷坎。嗷嗷家口，妻子之累既多；種種顛危，犬馬之齒已長。況孔庭在望，旌懸楚國之泥金；矧孟母云亡，腸斷北堂之萱草。俯臨備嘗乎百苦，特邀鴻庇於兩儀。逐鹿何能，全仗鼓瑟之神女；戰蟻無學，惟藉點額之朱衣。適文昌開黄桂之期，祈大帝錫青錢之選。歲屬庚金，妄冀南金耀彩；歷當子首，預希榜首題名。乃孫繼乃祖，而重光前芳可衍；庚子續庚午，而脱穎舊躅堪追。事非人爲，寵由帝造。齊心修醮，願求吉兆於衡門；卜日薦忱，懇賜洪麻於棘院。

【箋】

作於萬曆二十八年庚子（1600）。從文中“庚子續庚午”句，查乾隆《麻城縣志》上卷十二“選舉表”，隆慶四年庚午科舉人有“梅春元”，則此醮疏殆爲梅春元之孫鄉試前所作。

祭周邠初文

念雅妙之君子，值懸弧於茲辰。

憶昔年之此日，羅賓客以盈廷。乃夜台之闃寂，緣庭草而無人。來舊交之親友，對時物而傷神。緬想胸藏飲露，志羨淩雲，將鵬摶於萬里，抑鯤化乎八溟。時不利兮騅不逝，難扶大厦兮將傾。鵩鳥適來乎五月，俄驚隕落乎客星。嗟馬良之眉最長，哭阮籍之恨難醒。遺稿對於蛛網，虚堂照乎亂螢。夢蝴蝶於五夜，灑鵑淚於三更。憶垂髫而結社，坐山舘以同盟。相期春風之桃李，詎意秋雨之飄零。記榻前之叮囑，尚洗骨而服膺。一曰二子之孱弱，二曰外侮之侵淩。余既以言之在耳，又豈以義之負心？嗟雷陳之已逝，歎管叔之知深。交態形於貴賤，生死見乎交情。嗚呼！大雅不作兮黄鐘毁棄，讒人高張兮瓦缶雷鳴；梧桐摧殘兮孤燈夜雨，寒蛩唧唧兮夜月招魂；駑駘馳騁兮驊騮卻步，鉛刀爲割兮寶劍埋塵。日月忽其不掩兮，春雨與秋山代序。壯士去而不復返兮，臨風灑淚其沾襟。

薦弟郢原疏

南楚人豪，西陵士冠。下帷卒業，佇看禮樂三千；棘院掄魁，不減才名第五。胸羅萬卷，合百家子史而兼收；筆掃千軍，推一世英雄而辟易。絶無稜角峭厲之跡，雅有温良和樂之風。壯歲題橋，致抱馬卿之病；悲風作賦，應多宋玉之愁。金風動而鵬鳥適來，玉樓成而文人遂去。百身莫贖，奚啻三良；一去無踪，已經五七。若味榻前之數語，總爲幼女孤兒；再思地下之愁懷，尚有千端萬緒。垂情棠萼，何能九子如初；遍插茱萸，竟是一人獨少。生時渾不覺，虚過在日光陰；此際自難堪，安得往年聚會。憶昔螢窗雪案，艱難辛苦同嘗；乃今月冷風清，悽愴焄蒿安在。愁多身槁，卻忘向日音容；病久聲嘶，只憶當年笑語。黄泉何處是，長夜漫漫；青夢有誰同，寒蛩寂寂。寄尺書而不達，長空鴻雁離羣；將只履以無憑，原上鶺鴒聲斷。母歸碧落，青山或爾相依；父在高堂，白髮更多關念。即此目前之兒女，克承後日之箕裘。家世有人，夜臺無慮。幾年骨肉，原無爾我形骸；半世弟兄，豈有幽明兩隔。自應撫孤慈幼，不少負於人間；尚期見性明心，即超登於仙界。三年化碧，夜氣猶生；一逝爲星，陰靈不朽。與君今世爲兄弟，未結來生不了因。敬托鴻都，聊資羽化。

薦姪女淡然疏

兩間之秀，百煉之剛，智慧聰明，獨先男子。艱難阻險，苦盡浮生。鳳侶卜劉，喜見眼前兒女；雞鳴警旦，早成全楚科名。可憐靡不有初，轉盼遂成無是。斷腸裂腑，慘目傷心。身世飄零，烏止誰家之屋？人情冷暖，雀羅翟氏之門。爲垂老之翁姑，强留殘喘；以未來之旦暮，報答春暉。拂淚剔孤燈，霜寒月冷；含啼親敝帚，雨暗雲愁。黄鵠柏舟，益勵共姜之志；輕塵弱草，誰知令女之心？奮志祝髮披緇，何異割耳斷鼻。

一身自守，九死不移。覷破真如，不離自性。只從樂國，悟入無生。十二時中，常翻公案；二三女伴，共證菩提。姊妹諸姑，盤桓數日。略無揾喜，那有形骸。一座春風，潛消鄙吝。片言藥石，盡解塵煩。不問便是如來，即此可成極樂。朋家作孳，既成射影之蟲；羣小附和，遂作吠聲之犬。黃鐘棄毀，瓦缶雷鳴。白璧爲瑕，青蠅止棘。所恃信心信理，不必人知；只求奉佛奉姑，俱成我是。

嗟嗟淡然，長舌之婦，百福幽貞者，適遭其窮。再醮之女，稱賢孤貞者，反加之謗。爾無係累，何患繁華，爾不報劉，豈無父母？托足空門，不得甚地可容；似玆鬼國，無親何方能避？有身有苦，遽如是乎？無故無聊，亦雲極矣。且當末劫，吾道終窮。君子云亡，小人因而得志。人情如此，天道又不可知。草木未免成愁，鐵石何能堪此。方爾談道，任彼風波，有佛自然有魔，不知安能不謗。如如木石，待山鬼以不見不聞；湛湛虛空，任浮雲之自來自去。寂無人我，又況冤生？不見死生，安知毀譽。真人中之川海，實佛教之金剛。竟夕坐談，更無別語。逢人勉勵，似有先知。歎前路之微茫，合無常之迅速。原無空色界，久破死生關。欲見姑而涅槃，遂下輿而步化。道成繡佛，事定蓋棺。從此四知，正氣常滿西方；自茲六月，冤霜不飛東海。自古英雄見垢，輒按劍以忘身；從來豪傑乘亡，尚祈天而永命。爾乃不著是非之境，獨越生死之天。閻羅何自而求蹤，佛祖當爲之虛左。奮心多生於憂患，聞道不問乎彭殤。天欲玉成，得不置之拂鬱？爾方解脱，斷不落乎因緣。

但骨肉情深，招魂不得。雲山在望，見爾無由。借此慈航，渡之苦海。若往因未斷，當來手足如初；倘塵緣已灰，便使法輪常轉。皈依浄土，胡不移之目前？憫念眾生，奚必渡之死後。既生豺虎，不得怪其咥人；已是獍梟，亦奚疑其食母。凡此世界，總仗佛慈，生天、生地、生人，無生禽獸；種竹、種桃、種李，不種薔薇。則人心果有是非，不致呼朋引伴；即大道永無荊棘，無窮泣岐悲塗。佛即眾生，何分凡聖。人皆自渡，不必津梁。

【箋】

作於萬曆二十八年庚子（1600）。

募開祇場文

萬法歸源，貝葉結菩提之樹；一塵不到，祇園開蘭若之林。同屬南瞻，都來西極。無己相無人相無眾生相，戒定慧一心；有真空有悟空有色界空，佛法僧三寶。誰識本來面目，虛弱生天地山河。剛落輪回，頓成韁鎖。蜉蝣關外，往客去而來又來；蛱蝶夢中，前車覆而後又後。無論炎涼壽殀，都拼得喪悲歡。貪嗔渾不乏，徒爲身外乞浮名；癡愛末潛消，都向死中求活計。凋傷秋葉，已墜霜前。富貴春花，不留雨後。那得脱離苦海，總然未破華胥。稽首慈悲世尊，演説蓮花玅法。放毫光八千有萬，炤世界六趣三天。普度比丘比尼，解信優夷優塞。種種相貌，種種因緣。闡明心上之心，發見性中之性。前生今世，俱是無生。已覺未成，感成大覺。千萬億兆劫，總落空亡；三萬六千場，直同瞬息。早净六根不染，速來四德無虧。允作津梁，誕登彼岸。鷲山頂上，枝枝楊柳生春；鹿野苑中，處處浮雲散彩。將見曇雲靉靆，化作慈雲佇勑。花雨靡霏，結來法雨。有魔有障，袪障降魔。爲厄爲災，消災解厄。入覺海之皈依，燭迷途之溷沌。氣净而浮光瀲灩，天空而潭影澄清。半輪明水鏡，高懸清梵落西峰；萬壑透松濤，幾度疏鐘坐下界。人在浮閻國土，佛居耆闍山城。能施涓滴，功比恒沙。倘入跏趺，自遊極樂。願偕檀越善緣，莫謂靈山遂遠。漠漠九原深，金粟積來陰騭路；茫茫百年速，玉蓮照徹死生關。唯一則爲實，餘二則非真。試看座上如來，十方佛説法，五峰山點頭，且聽乘中般若。

募橋引

旌陽之功行滿足，及拔茅以升清微；通明之勝事圖成，期脱形而證都監。貧婦免滋凍餒，功兆於施氊；儒生早掇科名，事徵於徧竹。不然者生民之眾泥沙，苦樂之等天壤。王侯將相，家積千鐘，有金可以鑄鼎；

齊民匹夫，生餘一尺，無土可以卓錐。口銜玉食，猶嫌未輔於鳳麟；腹受枵饑，長患不保其藜藿。窮年而爲歌舞之場，樂矣逍遥没世；通夕而不沾杯炙之味，且也罵詈隨身。登高山，臨曲池，復道層階，而破屋之秋風淅瀝；擁豔妓，選麗色，分行列隊，而鰥夫之長夜淒其。玉床冰簟，涼灑灑矣，日如烘，汗如雨，焉知道路之悲；廣陌遊輪，喜洋洋哉，虱處頭，蚊鑽膚，寧識囹圄之苦？試思上帝孰疏孰戚，司命何德何仇。夫果以因成，業由心造。惡所當去，譬如燎毛不盡不已；善當所爲，譬如種穀務獲收成。芬河分渡，馮夷索命，鬼伯伺人。貫鄰於魚鱉之鄉，泉下幽魂夜哭；卜地於蛟龍之宅，沙頭白骨交撐。念此渡之艱危，即爲苦海；將創橋以利濟，願作慈航。庶幾波恬風静，曹盱女不復煩邯鄲之篇；日朗沙明，霍里妻無事作箜篌之引。

梅氏祀典序

梅氏者，楚西陵之右族也。原鄭姓，復梅姓。自宋元以來，相沿不啻六七百載。洪武初年版籍，有茅屋三間，民塘一口，蓋其舊也。古西陵之居，未有如梅氏之久且□者。其傳家以忠孝友弟，持身以正直和平，存心以淳厚慈愛，待人以退遜坦易。吾大父西野公始舉進士，嘗曰：“求忠臣必於孝子之門。未有爲子不孝，爲臣能盡忠者也。未有事死不如事生，事亡不如事存，而能爲孝子者也。未有其所厚者薄，其所薄者厚也。”每於春秋二祀致其詳。余父都御史南山公，克承先志，歲時必登邱墓，拜掃有加，且著爲令，永爲遵守。年月既久，人心怠玩。有忘其歲時者，有爲主推避者，有屢祭不與者，有視爲泛常而漫不經心者。五弟國棨有慨於衷，乃推廣祖父德意，更斟酌損益，期於悠久可行，遂刻而永貽之，甚盛舉也。

夫子孫者，祖父之身也。一人之身，而痛癢不關者乎？父母在而出不告，反不面者乎？見狐狸眠塚，松楸蕭瑟，而不惻然動念乎？霜露悽切，風雨飄摇，而掉臂不顧乎？非人心也！己與父母不關，而風水窀穸，則望廕庇。高爵厚禄，而不思父母之德澤；高堂廣夏，而不思青塚之離離；鼎食多饌，而不思寒食之麥飯；乘馬喝騶，而不思墓門之蕭蕭；引類呼朋，而不思荒墳之寂寂。佛道教場，即頂踵不惜，於親則不肯拔一毛；奔勢赴炎，即千里不辭，於親則不肯越跬步；華筵綺席，即十日可留，於親則不肯省封樹。夫植本固者則枝自茂，發源深者則流自長。今人水木之不思，而風水之是計。以若敖之餒鬼，而希南陽之貴人，此實難矣。

嗟夫，今日之此身，即前日父祖之子孫也，後日子孫之父祖也。此身之視父祖，猶子孫之視此身也。落木歸根，流水滴舊。吾不爲孝子慈孫於前，欲責忤子逆孫於後，此所謂反鏡索照，求影直而不端其表也。未正人心，其如天道何？詩曰：“滔滔江漢，南國之紀。”言有源也。又曰：“黄鳥于飛，集於灌木。”言又本也。本源既厚，民德歸厚。匪獨梅之培，而實有望於栽者之培。明萬曆四十三年歲次乙卯冬十二月十五日，賜進士翰林院布政司副使十三世孫梅國樓序。

（據清光緒辛丑《梅氏族譜》卷首）

【箋】

作於萬曆四十三年乙卯（1615）。

【校記】

〔1〕丙寅，疑當爲“丙申”之誤，理由有三。第一，梅國楨《寄里中喻儀書》，内言“改三之二”，與此《記》“曾改五分之三”相合。且言“奈不肖言輕，且在遠徼，不能爲力”，又言“不肖居官，無以及民”，則其時當在大同巡撫任上，昇任三省總督之前；若在“丙寅”，爲嘉靖四十五年，則梅國楨仍爲諸生，并未“居官”。第二，萬曆二十四年丙申“四月十一日，户部覆大同巡撫梅國楨題，大同府屬各州縣歲派徭役銀兩，係先年撫按定數，難以再減。今次編審，力左行令一條鞭徵，以從民便，報可”。《明神宗实录》卷二九六。此爲全國範圍調整税賦，行一條鞭法，當與麻城改折有關。第三，文中説“喻生奔走九年”，從“丙申”到寫此文時的“萬曆三十二年甲辰”，剛好九年；且“丙寅”“丙申”，一字之差，極易致誤。

〔2〕“方糧未改時”至結尾,《湖北文徵》和乾隆《麻城縣志》均無。

〔3〕高維垣,原文作“高維坦”,據《明清進士題名碑録索引》改。

〔4〕娃兒,《才調集》作“娃兒”,陳寅恪辨其誤,認爲當爲“狌兒”,即小黄狗。《四庫存目叢書》集部第二八八册《才調集》;陳寅恪《元白詩箋證稿》第94～95頁。

少參遺稿

五言古詩

憶友人遠出

日落風淒時，思君何所底。地遠易添傷，天涯或亦爾。向聚視爲常，聊違念莫已。即兹以廣推，人情類如此。不識離者悲，安知合者喜？

春日山中

山靈獻詩策，破壁滿青苔。溪水流不盡，一片春光來。鳥聲時上下，積雨翠桑槐。樓外樹影摇，樓中獨徘徊。

遣　　懷

暖日開寒梅，健老而藴籍。園蔬薄朝露。有處聞風來，孤韻天成。幽香預暗度。春色萬里生，遐想。遥瞻興企慕。故人蹤跡深，乃在峰之霧。我意本高幽，看山直到暮。俯仰獨心知，超然感林樹。芳草離故根，不長舊時路。淒淒形影隨，發言無可訴。淺灘煙水冥，長堤自信步。不摹陶而與陶實暗會，今之擬陶者直如嚼蠟。

麻姑洞

捫苔履雲根，山中眾色静。背寺入松陰，紆廻始登嶺。麻姑亦雲遥，蔦蘿垂舊影。圻壁細鳴淙，香泉尚澄井。石龕洞口幽，掬手飲清冷。風吹春氣颸，芳馨結日永。緬懷山水遊，移情隨意領。呼響叩孤鐘，聲聲動斜景。

擬　　古

萬物各依時，而我獨罔托。默默如有懷，心隨事繹絡。衝風水横波，寒影歸餘爝。將以望所思，芳洲采杜若。杜若有淺深，所思無厚薄。采之遺中流，願及伊與洛。美人殊未還，草木恐零落。何以卜佳期，邀夢訂高閣。直逼漢魏。

七言古詩

擬所思

愁雲不動時將午，春風吹滿桃林雨。日暮郎歸山色青，楊花寂寞掩窗户。含情一淚一徘徊，從此菱花瘦杏腮。别後未知郎去處，相思幾度入魂來。瀟瀟行李憶天涯，裾帶寬鬆只暗嗟。芳草自青更自長，王孫何事不還家。芙蓉面上銀珠濺，日日堂前飛燕燕。釵環懶取共衣眠，獨宿空床人不見。惋折。

俠士短歌行

俠士一怒，天地風雲色盡愁。腰懸匕首，逢人但問有何讐。微笑長驅跡難求，但聞哀聲嗚嗚水悠悠。山鬼野狐跳梁雄未休，見之馳藏悲啾啾。木葉瀟落，雲昏月欲收。尊酒尚暖，歸來霜凍黑羊裘。東剖負心膽，南刺奸雄喉，囊中取擲雙人眸。吁嗟，吁嗟，亦何糾！乾坤六合之内，安得日有俠士遊！

牛女曲

月影瀉滄銀河水，長空蕩漾虛明裏。支磯石下路全迷，牛郎今夜相思死。憑誰封寄淚千行，二十五絃彈斷腸。思人不至闌干曲，漆點雙眸秋色光。金梭聲歇音容杳，高樓夢返香縹緲。釵沉井底鳳凰飛，空憶當窗顏皎皎。

題李長吉傳後

隴西王孫哭秋風，牛蛇弔詭花幽濛。破囊閃錦香煙滿，抽毫一嘔元氣空。通眉長瓜吟無力，古篆班離照顏色。緋衣使者何處來，君有奇文存不得。爲善者懼矣。寶車隱霧咿啞起，仙嬛垂珮芳蘭美。天上高高且乏才，人間那得容詩鬼。奧筆深閟不盡露，神工故假溷中怒。碧落千年自渺茫，無人更踏玉樓路。

泥製水注歌

陶人雕泥成水器，移入幽窗稱位置。寸身略具黿鼉形，小物區區究土質。初受勺水似能容，再益微波忽乖恣。生平未睹湖海心，胸懷豈識風濤意。盈盈欲溢半攲斜，過滿終還恐隕墜。嗚呼！氣量乃如此，爲君剪取西江水。

和之曰：一勺已具湖海心，生平不作風波意。一笑。

五言律詩

小園位置花木

舊土營新築，隨懷作徑斜。牆頭宜柳影，窗外可梅花。添月梧堪補，看山竹莫遮。還留茅屋面，對水望晴沙。

途　次

望斷四山迷，行行有所思。長因荷葉酒，獨唱竹枝詞。白水農撾鼓，青邱客認碑。棗花開遍路，香滿夕陽時。

游黃柏沖寺 有序

黄柏沖，居邑之北九十里。兩山對峙，中寺建焉。去大道里許，松木稠茂，樹與山合。過者以林麓視之，初不疑有寺也。辛巳秋經其地，土僧言沖深邃處有蘭若，稱一方勝。余山水之興亦復不淺，因率衆遊之。始入沖口，轉一山脚，寺之徑出焉。旁多桐栗，下溪流環繞，老樹生圻石上。仰望聳翠巖，千石如屏如壁。巖若正立，而峰反側向也。徑盡乃竹，竹盡乃寺。開廓清朗，非同向所見者矣。到寺少憩，禮佛殿。翠巖忽拱於前，日光遠灼。苔蘚紛披，欲墜人眉睫間。最後爲洞，路崎嶇難履，賴杖以達。非洞也，石自撑支，覆出丈餘，遂相與洞之。遊竟思還，還復思遊，然濟勝之具亦略倦矣。寺僧持紙索對聯，爲題“秋聲動翠色，溪影寫寒機”。薄暮方返出沖外，回觀猶疑沖内未嘗有寺也。細思此地佳處不在寺，在泉石、竹木、巖壑縈衛耳。使經古人見傳，不待今日。歸一月而記以詩。

石路深松裏，因秋偶爾登。聽泉聲到寺，望竹影逢僧。行盡峰千疊，坐來雲幾層。微聞清磬瞑，步步下寒藤。

【箋】

作於萬曆九年辛巳（1581）。

秋月遠懷

短衣初著月，萬里此清光。中夜遥相憶，情思正杳茫。無心理燈影，觸目守秋香。就裏疑顔色，何曾在屋梁。

雪晴静對

冬老雪光厚，數峰寒色稜。煙深何處寺，漁斷野塘罾。桃葉思還在，梅花約未曾。渴懷消不得，煮盡一園冰。

七言律詩

和張完樸老公祖韻爲贈楚南契丈

偶揮班斧斲天工，萬古形神指顧中。夢裏翩躚驚獨鶴，個中消息憶冥鴻。乾坤老大璇璣洩，日月浮沉紫氣通。謾説龍眠稱國手，煙霞物色幾争雄。

【箋】

張完樸，即張元芳，字完樸。揚州人，萬曆四十四年丙辰（1616）進士，明天啟七年被免職。參閲《山堂肆考》“參定姓氏”；《明崇禎實録》。曾撰《批點毛詩振雅》六卷，作《重修晴川閣記》，見《大别山志》卷四目録。纂修《順天府志》。

初秋即事

數年種樹能成碧，分得幽光秋一林。飛鳥度風高下勢，寒蟬鳴葉短長音。殘書散帙塵時滿，破屋黄茅病暗深。南望草枯千里赤，懷人因旱淚霑襟。

鶯山畈，歲乙亥雷馬二將軍戰没處也。傷往事無傳，過而弔之

蒹葭風起大河清，舊事將淹意不平。百戰武陵埋馬援，一聲蒿裏哭田横。吴鉤血染沉沙底，故鎧魂遺泣草莖。有恨莫憑山頂月，照人只是昔年情。

【箋】

光緒《麻城縣志》卷十三：“馬人龍，鎮筸今湖南凤凰县治沱江镇。人。崇禎時提兵千餘至麻城，遇賊滿天星等，擁眾數十萬掠麻城北鄙。龍同副將雷應乾争前殺賊，戰於陰山畈，賊尸蔽野。會大雨，賊四面環攻，二將及所部皆死之。”又卷三十七“大事記一”：崇禎八年乙亥，“是冬，流賊至陰山畈。守將馬人龍、雷應乾，游擊馮虎昂均死之。先是，春間賊過麻城，督師使馬雷二將鎮守陰山畈。冬，賊復至，二將率守兵百餘力禦之。援兵不至，眾寡不敵，全師盡覆”。

豔詩四首 有序未録

兩槳橋頭第幾家，伯勞東去燕西斜。使君笑繫黄金勒，賤妾時邀白鼻騧。雙鬢烏鴉盤寶髻，單衫杏子染輕紗。東南隅上羅敷日，又照當年萼緑華。

西陵松柏白門楊，何處同心結洞房。蠶子纏綿堪感化，鴛鴦羅列自成行。拾來翠羽眉邊鈿，採得明珠耳上璫。更盡方知子夜變，芙蓉花畔罵秋霜。

陳孔新乘赭白驕，春風調倚董嬌嬈。東平存作劉生袴，南國羅纏楚女腰。金彈花前飛暖日，玉簫樓上譜長宵。歌成桃葉桃根後，出入梧桐見子遥。

從來兢説霍家奴，十六胡姬傍酒壚。玉腕臂粧金跳脱，銀盤繪醉錦氍毹。羞持琴瑟翻新曲，獨採蘼蕪問故夫。致語使君自有婦，空勞五馬立踟躕。

過白帝城

風濤五月下瞿塘，白帝遥登思渺茫。江水有聲流漫漫，古城無主日荒荒。雲深巫峽歸帆遠，草暗黄牛客夢長。功業三分何處是，殘碑不見漢文章。按此詩有碑刻於白帝城，係公手書，友人有搨歸者，不啻拱璧。毓春識。

五言絶句

閨詩三首

夜冷不關寒，春風吹儂想。儂在幽房中，郎戍孤邊上。

儂坐一房燈，燈爲儂之黨。所恨燈光明，餘光照羅網。

嫁郎未月余，郎去十五日。昨日郎歸家，今朝郎又出。

戲　作

嚴風滿嶺雪，遊子悵離别。聶政逢荆軻，歎息腰中鐵。

七言絶句

偶　成 天啟元年閏二月望，聊記歲月

得魚沽酒且忘憂，萬里煙波一葉舟。明月蘆花隨處有，利名應不羡王侯。

次游侍御韻送楚南游楚

世界三千説楚豪，天風八駿驌驦袍。如來大地來初地，莖草金身萬丈高。

補　遺

華清懷古

雕輦從遊事已賒，驪山宫闕自年華。脂凝翠黛隨流水，淚染紅妝落晚霞。一片白雲迷故國，半簾疏雨淡人家。應憐賜浴池仍在，曾照當時解語花。

（據《華清池志》，西安地圖出版社 1992 年版）

無　　題

兀朮憑淩殺氣高，中原血色染征袍。八千里月摇雲海，三十功名老鬢毛。

二帝蒙塵巡絶漠，人臣盡瘁正斯時。陶朱縱有全身術，忠武原來不敢知。

憶昔盟踰金匱後，相傳直到靖康時。秦奸未必讐忠武，天意茫茫不可知。

（據徐縉芳《宋忠武岳鄂王精忠類編》卷八，《四庫全書存目叢書》史部第八十四册）

【箋】

詩題後注“梅國樓，麻城人，給事中”，知其作於萬曆十三年至十九年，在北京。

無　　題

百戰燕雲不顧身，精忠血淚灑孤臣。虚勞旗制隆褒錫，翻作金牌誤主人。

風雨瀟瀟劍戟鳴，英雄揮淚幾縱横。皇天不用明心事，長作中原萬里城。

（據湯陰《岳飛廟志》，《宋元明清詠岳飛廣輯》，中州古籍出版社 2015 年版）

范太史邀遊凌雲

征帆迢遆下嘉州，杖策凌雲最上頭。山挹翠峨窺鏡遠，江穿緑樹抱城浮。看君琬琰仙人録，愧我風塵傲吏遊。恍忽慈恩十年事，深林明月重淹留。

（據《樂山歷代詩集》卷九，樂山市市中區地方誌辦公室編）

【箋】

范太史，即范醇敬。字葆元，一字凝宇，四川嘉定人。萬曆十一年癸未（1582）進士，授翰林檢討，纍官禮部右侍郎。曾纂修《嘉定州志》。

凌雲，即凌雲寺。凌雲寺在凌雲山上，九峰環抱，寺宇輝煌。因是樂山大佛所在，所以又稱大佛寺。凌雲寺創建於武德年間（618—626），距今1400餘年，早於樂山大佛的建造，開元初年（約713年）開鑿佛像，寺宇又有擴建。據《方輿勝覽》記載："會昌前，峰各有寺"。但到會昌四、五年間，由於唐武宗李炎下令滅佛，凌雲山廟宇只有凌雲寺得以保存。"佛教除長安、洛陽各四寺，地方諸州各一寺外，悉毀壞之"見蔣維喬《中國佛教史》卷三第十五章，《民國叢書》第一編第八册，中國書店。

永安即事

緑窗朱户永安莊，衰草荒臺半夕陽。惟有夜郎天外月，隨風猶自照西廊。

（據道光《遵義府志》卷四十五"藝文四"，《貴州府縣志輯》第33册，巴蜀書社2006年版）

自望草過綏陽二首

驅馬度深險，伏枕亦成眠。朝雨人煙少，寒雲草色連。亂山開小邑，叢樹擁高天。荒服來千載，勳勞此日偏。

亂後地初闢，途長春可憐。雲山互隱現，煙樹相連緜。叱馭寧九折，揮戈方二年。民勞財亦竭，珍重論開邊。

（據道光《遵義府志》卷四十五“藝文四”，《貴州府縣志輯》第 33 册，巴蜀書社 2006 年版）

【箋】

當作於萬曆三十年壬寅（1602）。詩中言“亂後地初闢”，“揮戈方二年”，道光《遵義府志》：“（萬曆）二十九年四月，分播地爲二，屬黔者爲平越軍民府，屬蜀者爲遵義軍民府。”

望草：據道光《遵義府志》卷一“圖説”，“明屬真州長官司，平播後置縣，以宋綏陽縣爲名，編里凡四。”即旺草里、趙家里、明水里、金竹里，正東爲望草里。又卷二：“按播州治在今綏陽縣城左右，明詹淑《尹珍講堂銘序》言，‘修望草公署，掘地得碑，題曰：漢尹珍講堂，唐廣明元年六月播州司户崔礿立。以此推之，司户之立講堂，必在州治附近，爲州人振啓文教，使其有所景企。”見道光《遵義府志》，《續修四庫全書》第七一五册，上海古籍出版社。

武侯祠

飄零無復漢官儀，野廟松杉繫所思。五丈秋風人去後，半山春草日斜時。陰房剥落龍蛇畫，壞宇傾頹鳥雀枝。俯仰直成千古事，倚欄搔首讀殘碑。

（據清《宜賓縣志》卷四十八“藝文上”，《四川府縣志輯》第三十册）

贈嵫陽郭先生

嵫陽世系郭汾陽，奕奕勳名滿建章。抗節自高齊國士，懷忠光輔楚賢王。沙門蒲塞乾坤大，藥鼎丹爐日月長。欲訪仙源何處是，天臺況復有劉郎。

（據高曰化《宫省賢聲録》卷三，《四庫存目叢書》第128册）

【箋】

約作於萬曆十五年丁亥（1587）。

遊太和山

鰲極何年駕地靈，洞門寒雨晝冥冥。雲開菡萏三千里，天列夫容十二屏。玉柱半縣雙闕紫，金宫遥插萬峯青。層霄咫尺瞻依近，指點仙槎問客星。

（據丁宿章《湖北詩徵傳略》卷十九，《續修四庫全書》第一七〇七册）

過黄粱夢村吕仙祠

客子驅車去路長，風塵愁思正茫茫。一宦念年猶未醒，向人空自説黄粱。

十二瑶臺夜月清，倦遊人寄武昌城。黄粱忽醒游仙夢，黄鶴樓頭吹笛聲。

仙家日把黄粱炊，大夢經年醒有誰？幾過邯鄲思往事，祠前楊柳自低垂。

（據乾隆《邯鄲縣志》卷十一"藝文·各體詩"《重謁吕仙祠》，乾隆二十一年刻本）

本朝列卿年表序萬曆癸未館試[1]

天子置公卿輔弼之臣，葢將展采錯事，齊一紀綱，鋪張治具。爲股肱，爲耳目，濟濟師師，以恢弘廟謨，表率朝端，其任良鉅。漢唐至宋，固嘗建設六卿，然而事權歸重者，猶不專於是。

惟我朝獨隆其任，故天下事宜，咸歸六曹。而盈縮劑量，列卿實司之。較漢唐宋之所建設者，大相徑庭矣。於是紀其名氏，登其屬籍，名曰《列卿年表》，使他日有所據而考焉。不但觀其履歷之詳，而至於行事之是非，人品之高下，亦可概見。信哉！明如指掌，而較若列眉矣。然登是名者固甚榮，又甚懼也。

昔尼父作《春秋》，獨詳於列國之卿。故一字褒貶，天下萬世而後，以華袞鈇鉞視之，其榮辱固列卿所自定，尼父懸衡鑒而觀焉。非能榮辱列卿，列卿固自榮辱之耳。固曰：登是名者固甚榮，又甚懼也。人有敝褐居深山者，終身不聞姓名，及衣文繡、遊都市，則觀者屬目焉。何也？蓋深山爲韜光之地，而都市爲指視之藪也。列卿業已衣文繡、遊都市，眾目且聚而視之矣。一有不類，欲同諸敝褐山居者豈可得乎？故紀其姓氏，自某始，至某止，若干人。按其年表而指之曰，某也賢，某也不肖。則尼父之《春秋》凜然在焉，謂獲榮施無懼[2]慮也，吾弗信矣。

（據《湖北文徵》第三册第 25 頁，湖北人民出版社 2014 年版）

【箋】

當作於萬曆十一年癸亥（1583）會試時。亦見於王錫爵等輯《皇明館課經世宏辭續集》卷七，《四庫禁燬書叢刊》集部 93 册第 94 頁，北京出版社 2000 年版。

題邊垣圖序

古帝王以神聖撫方夏，而疆埸之事必資經略上臣。時平而廑陰雨之防，羊亡而軫補牢之策。所爲察機運謀，乘勢備制，以設險而守。史册班班，可覆覈也。是故，周制玁狁以薄伐、以戍守，而漢以姻結冒頓，唐以盟餌頡利，宋則金繒獻納，受侮無甯歲。要其謀斷於廟堂，而决策於邊鄙者，亦當代得失之林。已我成祖睿智天挺，曠然馳域外之觀。與二三大臣，朝謀夕畫，即元大都永奠宸樞。選勝營邱，奠陵天壽。左薊遼而右宣大，擁衛稱重鎮焉。

往年先兄衡湘建牙陽和，余亦銜命馳驅。四顧山河，周遭阨塞，真巖崿矣！特其邊鄙逼近北國，若懷來以西，赤城以北，所係藩屏要地，不啻託股肱而護腹心也。嘉、隆以前，宣之四履無地，不受蹂躪。幸穆廟主邊臣計，以欵啗敵受我戎索，爲我臣妾，疆宇敉寧，居民安堵，幾五十年矣。夫鷹伏臂韝，豈忘搏擊？儻監柙少逸，惡知耽耽逐逐者之不入城擇肉也。居嘗莊誦宣廟之言曰：“古人制外，惟在備邊，若城堡固瞭望，嚴士練糧足，豈患敵哉？顧獨苦怟漫自隳廢耳。”洋洋聖謨，固萬世封疆之吏所當奉爲寶訓者也。

今觀察胡公，以乙未舉南宮，筮士會稽之上虞，多異政，入爲司馬郎，有經略望，遂奉簡命握憲於宣之懷。隆三年而治兵，百度維修疆理有成蹟，督撫及巡方使交章特薦，蒙俞旨：“從民請，加陞觀察使，領鎮如故。”余居京邸，時聞諸父老及冠帶之倫，僉謂公塹山綢户，無事不拮据其身，邊徼其心。憂盛危明之念，六載如一日，可得而纚指焉。公甫下車，詢民間疾苦，則有城南之水爲民害也，慨然有杠梁之修，長虹卧波，蒼龍掩映，巋然爲宣鎮大觀。橋成，而諸事次第舉矣。則有城郭臺堡之築，由火焰山而西，若四海、靖平、柳溝、土木、花園諸所，鼎建營堡三十餘處，繕修南北邊垣紆迴三百餘里，而樓櫓森如烽燧，凜如星羅碁布，守望瞭然。種種擘畫，所爲羽鎩尾敝，勞心焦思以成此室家者也。又慮軍戍之食詘也，則廣積儲，從節省之餘，每年積粟萬石，三年、九年，儲糧備矣。又慮外運之艱，與請餉之難也，則核各屯衛之曠地而可藨蓘者墾之，闢之爲田幾萬頃，歲可入粟數萬石，軍有宿飽矣。又慮軍食之虛冒也，則汰冗員，裁冗食，歲省金錢若干緡，藏於餉庫以待緩急之用。已，又三令五申，簡材官而訓練之。所轄州縣，若延慶、保安、永寧等處，修城浚池，飭戒養士，指臂聯絡，呼吸立應。至此，已兵無不足，備無不修矣。於是，又廣勵學官，特出金錢若干緡置學田，以贍士之貧而組修者，此又其經武之暇，留心文事者也。余嘗槩論公“智能明時，才能運物，執不襲故，通不悖常”。其任久而不遷，其權一而不奪，故其逖觀遠覽，動中肯綮，則賈洛陽之治安，而陸敬輿疏奏也。老成練達，鎮静嶽立，則翁孫之金城、王忠嗣之持重也。簡乘飭材，令行禁止，則臨淮之變易旗幟，而穰苴之僕表決漏也。移易襟肘，補苴甲乙，則鄼侯之飛輓轉輸，而韓滉之給餉關中也。增兵益戍，笞箠馭胡，則希文之撫屬羌，而睢陽之寒賊膽也。實墉實壑實畝實籍，則寬州之青徐，延綏之大順，而我國朝經略諸公，楊、葉、翁、許之遺芳餘烈，民到於今稱之者，先後一揆也。聖天子方以公爲長城、寄鎖鑰，肇造區夏，直媲方叔吉甫甯顧問哉？公所治村氓野老具有祝祠估客遊人，咸有口碑，矧諸立言大家，煌煌烈烈，盈軸累帙，可不稱揚盛美，彪炳金石乎？至公之一腔忠藎，有溢於圖繪之外者，非余所能贊一辭也。時因公屬吏以父老子弟之意爲請，故不揣妄謬，弁於簡端。

（據光緒《懷來縣志》卷十七，《河北府縣志輯》第 12 册，上海書店 2006 版）

蔡志舊序

夫學者載籍雖博，考信於六藝詩書雖缺，而虞夏商周之道具有也。夫道在天地間，一元磅礴，萬籟吹嘘，文獻足徵，禮樂明備。其信今傳後者，莫壽於金石，而尤莫壽於史册。金石之質有銷而史册之垂無朽也。故古人以立言謂之不朽，而立言志事即功德亦賴以不朽。志者，志也，志於今而傳於後者也。故《乘》志晋，《檮杌》志楚，《春秋》志魯，非志莫志焉。往代南史簡、董狐筆、邱明、遷固，炳烺一時，灼映千古。片藻登壇，青衿振響，九天落欬，黄壤生輝。爛汗竹之青，壯風簷之色。不待生存，不隨死亡者矣。志在一時者，知一時之事；志在千古者，知千古之事。若燭照數計而龜卜也。若上下古今於几席間也。若舉海，若山□，乾坤宇宙風景依稀，恍飲沆瀣而神遊汗漫也。

粤考興國其名，始宋太平興國年號，故名興國。其志汗漫無存，或説焉而不精，或語焉而不詳，不無魯魚亥豕之訛，不無風葉塵埃之誚。遂致輿地、賦役、風俗、人物諸類俱無所考。温陵蔡令與邑士人有感而思，有思而志，修志以資考鏡，修橋以濟往來，修學以培文脈，夙夜非懈，三載竣業，有志者事竟成焉。昔伯喈曠世逸才而藉成漢史，端明弘詞上第而通濟津梁，元定洞澈淵源而闡揚理學，此往牒之懿軌而來禩之芳規也。夫人世之事，萬有不齊。時有古今，人有變幻；世有陞降，俗有淳漓。必囊括鴻裁，攟摭鳥篆。提人物之權衡，發造化之窔窽。揚旂常之彪炳，表巖嵁之幽照，挺松柏之堅貞，瀉蒼冥之淼浩，描山嶽之崒峻，攄闇曶之潛耀，搜石室之珍藏，採閭閻之畫嘯。乾坤賴以不毀，日月賴以必照。使一見而指洪濛於目前，運河山於掌上。此萬世一大業而千秋一大權也。況一身有盡而歷世無窮，士君子不以有盡之身，而易無窮之世。陞沉顯晦，宦海之浮漚；得喪死生，人世之大夢。石火隙光，飈忽不待。使前代無稗官，安傳後代乎？後代無野史，安知前代乎？夫待伯夷而興者頑懦也，待文王而興者凡民也，無所待而興者豪傑也。豪傑橫襟蒼宙，俯仰今古，天地蜉蝣，風雲吞吐，豈徒沾牛山之衣，灑雍門之涕哉？落月萬山孤，猶疑留皓魄。寄語世中人，百年一過客。故人逝則興感，時往則興思。莫志於前，孰彰其美；莫志於後，孰盛其傳。語曰："高山仰止，景行行止。"又曰："監于成憲，其永無愆。"後之視今，亦猶今之視昔；今之視後，亦猶昔之視今。其有所感也夫，其有所思也。

（清乾隆《興國縣志》卷二十六，乾隆十五年學海堂刻本）

《篔簹館集·山雨樓草》序

昔余在諸生時，嘗爲詞賦矣。輒十餘年不遇，後三年而始一遇，然終不以偶遇者爲幸，而以不遇者爲悔也。遍涉海内，世鮮知音。晚得謝生，始屈一指。謝生詞賦，風致飄然，有淩雲出塵之思，而其中多怨。昔《楚騷》作而三閭悲，《秋賦》成而宋玉歎，雍門洟涕而銷魂，牛山沾衣而致慨。撫景傷情，托物寄興，良有以也。

以謝生之才，而使之流落不偶乎？夫寶瑟塵埋，徐而拂之，必有逸調。高山流水，徐而聽之，豈無知音？即使謝生少年遇合華轂朱輪，以洋洋得志於里巷，其氣焰熏灼，里巷小兒或敬重之。然隙駒石火與其人俱往矣，必不能登詞壇而流金石，以垂不朽。夫謝生之才十倍於余，而其不遇偶同于余，余且庶幾一遇，況謝生乎？

（據郭子章《黔記》卷十五，《北京圖書館古跡珍本叢刊》第 43 册，書目文獻出版社 1990 年版）

書槐江丁先生傳志後

余讀《丁氏家世》，而知丁之世長也。

始讀《三陵稿》，見其詞和，其致婉，其持論澤於理，知爲凜凜厚德君子也。乃其傳志所載，其微行炳節如是，而竟不大致通顯，始默然疑，已爽然，信天之報施善人深乎？夫宏名厚實，兩相持衡而重於世。顧兹兩者，若有所制而不可力致，又若有所新而不可兼致，則天之已定也。

先生惟宦清曹且不達，以沉酣憤素之津，而遊意著作之府，惟再典名郡故實，政灼灼在民；惟耿介不諧俗，故得爲善於鄉，而種德於家。今先生子若孫相繼成進士，治邑佐都日有聲，其他翩翩多俊才，不忝門風。則當世談文章必首《三陵》，談政事必推二郡守，談家世而芝蘭玉樹，亭亭未艾也。則名實相附，若造化不自主而先生主之，其所得不已多乎？

余聞先朝許襄毅公平哈密，多所全活，故子孫貴顯爲當代最。先生如減沉獄，出滯繫，解悍苗之争，釋流民之俘，其所全活奚啻數十百萬？而張安人又能贊之，則王家三槐，張家七葉，豈獨天實爲之隱德顯報，正不爽也？

丁叔子，爲余年友中翰李君所録士，業爲先生銘其墓而表傳志狀，但屬史氏鴻裁，行且納先生於儒林、循吏之間，係安人爲賢媛之林，余知其爲信史也夫。

賜進士第中順大夫四川按察司副使楚人梅國樓撰修

（據《陳江聚書丁氏譜牒》，丁衍夏撰修，明萬曆十五年。轉録自馬建釗、張菽暉主編《中國南方回族古籍資料選編補遺》民族出版社 2006 年版）

【箋】

本文應作於萬曆二十年壬辰（1592）後任四川按察司副使期間。

【校記】

〔1〕館試，據《皇明館課經世宏辭續集》卷七補。

〔2〕慮，據《皇明館課經世宏辭續集》卷七補。

附　录

生平事跡史料摭拾

一

梅國樓，字公岑，號瓊宇。萬曆癸未進士，拔詞垣，官行人。典試浙江，遷工科給事中。時河決，議復故道，請專設總理。國樓力保潘季馴，上遂命潘爲都御史，總理河道有功。萬曆十四年，征永寧蠻。時安堯臣外怙平播功，内仗水西，有撫鎮雄制永寧之心。國樓爲川南道，督兵協討，俘獲蠻醜者，詢知鎮雄將魯大功兵五營屯大壩，水西兵已渡馬鈴堡，約攻永寧。堯臣所遣彭月政等，助逆不退。於是，移諮總兵侯國弼等，始知歸惡堯臣，而川貴兩撫馳奏堯臣稔惡，急移師擊之，毋使虺復爲蛇，鏄復爲河也。疏上，廷議無敢決用師者，國樓遂亦不能竟其志。後遷廣東貴築道[1]，江西南贛兵備道，布政使司參議，年七十餘告休歸里。

（據乾隆《麻城縣志》上卷十六“列傳二”）

二

梅國樓，字瓊宇。進士，選庶吉士，歷遷至四川敘州副使。時播酋楊應龍反，蜀撫進討失利。督起李化龍節制，檄國樓隨軍進剿。國樓同將軍劉綎冒險出奇，併力合攻。應龍倉皇闔室自焚死，播州平。捷聞，各加一級，賜賞有差。

（據康熙《黄州府志》卷七“人物上”）

三

國樓字瓊宇，號公岑。萬曆進士，官副使。爲川南道，督兵協討永寧蠻，有功，遷布政使參議。《遊太和山》云：“鰲極何年駕地靈，洞門寒雨晝冥冥。雲開菡萏三千里，天列夫容十二屏。玉柱半縣雙闕紫，金宫遥插萬峯青。層霄咫尺瞻依近，指點仙槎問客星。”

（據丁宿章《湖北詩徵傳略》卷十九，《續修四庫全書》第 1707 册）

四

大兵既入播州，糧餉十分要緊。需多方轉運，常使不乏，此鄭侯之功也。路既遠，夫須多。若至三百里之外，須一兵一夫乃濟。幸圖之，此一勞永逸之時矣。

（據李化龍《平播全書》卷十三，叢書集成初編本，商務印書館 1937 版）

五

賊關外之令不甚行，即有戰者，亦逆黨自戰其地耳。水西之兵威頗盛，無格斗者宜也。惟報功無級，逼巢無戰，則不可曉耳。詳其意，蓋以勦紿我，以助紿賊，欲兩下觀勝負而投足者。惟使之而防之，則不蹈烏江之轍矣。來教甚合鄙意，敬謝！密之密之。

（據李化龍《平播全書》卷十三，叢書集成初編本，商務印書館 1937 版）

六

向見陳恩，知安氏無他。恩雖不甚明義理，尚能識時勢也。凡人之情，無害而後求利，無失而後求得。若不計得失利害，而一意冥行，以速危亡者，惟楊應龍爲然。此乃間氣所鍾，不可多得也。執此以揣安氏，知其終無他慮，況今日乎？

烏江之事，安氏幸災有之，加功尚不可知，彼將士恥敗自文耳。劉綎入關，賊劫之，潰一子營，後力戰乃勝之。綎恥其先潰，亦以安氏爲詞，僕謂之曰：“安楊已破面矣，無庸藉口也。”後知其二十九日之戰，乃愧而噤口。烏江兵將，皆遠不及婁山，將不在行間，兵亂行而掠，敗固宜然，將誰尤焉？今播賊已爲川兵殺盡，賊止率其戚屬保囤上耳。安氏初以無糧退，見川兵勝，復回攻囤，欲以分功。自當任之，不必疑也。

貴州近爲安氏敘功，卻又過於鋪張。馭夷自有中道，畏與徇不可。

政恐平吴之後，當勞聖慮耳。密之密之。有機事，時時教之，必不洩也。

（據李化龍《平播全書》卷十四，叢書集成初編本，商務印書館 1937 年版）

答梅瓊宇　李贄

承念極感！生所以出家者，正謂無有牽挂，便於四方求友問道而已。而一住黄、麻二邑遂十六載，可謂違卻四方初志矣。故晋川公遣人來接，遂許之。又以此老向者救我之恩不敢忘，相念之勤不能已，可去之會又適相值也。

然友山愛我之心甚於晋老，知己之感亦甚於晋老，其救我之恩雖晋老或未能及，何也？耿門三兄弟，皆其兒女之托，至親也；天臺又其嚴事之師，楚倥又其同志之友；若叔台之相與親密，又其不待言者也。夫論情則耿門爲至重，論勢則耿門爲尤重，乃友山頓舍至重之親不顧，尤重之勢不管，而極力救護一孤獨無援之老人，則雖古人亦且難之，恐未易於今人中求也。乃今以友山故，幸得與天臺合併，方出苦海即捨而他去，則生真忘恩負義之人矣，是豈友山蓋精舍以留生之本意哉！是以生雖往山西，斷必復來。甯死於此，決不敢作負恩人也。

本約以是月初十往，開春便回，不意又聞史道欲以法治我，是又天不准我往山西去也，理又當守候史道嚴法，以聽處分矣。想晋老聞之，亦能亮我。草草奉復，幸一照。

（據《續焚書》卷一，《李贄全集注》第三册，

社會科學文獻出版社 2010 年版）

寄梅瓊宇　湯顯祖

弟受知克生兄最早，《玉茗堂》中有哭詩。時見夢言而已。仁兄與弟生同年月日，而宦游較弟稍達，多子殊秀。弟以烏哀流落，子多中才，

卯酉相望，奚啻千里。吾兄容鬢何其？得借西來，庶爲心懌。

（據《湯顯祖集》卷四十六，上海人民出版社 1973 年版）

用韻寄懷梅吉士公岑 朱震孟

天入瀛洲望渺漫，相思萬里一憑闌。校書東閣青藜夜，染翰西堂白玉寒。蜀道客疑牛渚泛，漢廷人作歲星看。即今池草堪誰賦，幾向中宵夢二難。

（據朱震孟《朱秉器全集》詩集卷三，《北京圖書館古籍珍本叢刊》第 79 册，書目文獻出版社 1988 年版）

復梅掌科 僧無念

自公去後，惟守寂寥，眼前無可與語者。反思求友三十餘年，不見有一不受污染者，海内同參，盡凋零殆盡。法門寥落，無可奈何。而今九鼎一絲，恃有公在，見超物外，真獅子兒，但欠開眼耳。近時賢士夫，各執聰明識見，多被理障，而豪傑又不免情事騷擾，不得自在。細觀公借仕途遊戲，真箇自在，獨不能忘情於俠氣，想是夙習。不知凡有所重，即住窠臼，不得自由，難免輪迴。但盡凡情，了無解礙，恒處無所重任，纔好觀幻妄作佛事。遊戲人間，經世出世，了無彼此，不枉大丈夫出世一番。昨在藏經中，檢出二種經，敬録呈覽。想智者自當了然，直下清凉，證自金剛不壞之體矣。僧已七十老叟，何所求？唯求友，一念未能放下，願公堅固色身，作法門梁棟。現宰官身，行菩薩行，上報佛祖君恩，下利親友之德，庶不負野老拳拳耳。

（據民國十五年《梅氏族譜》卷三十一）

懷麻城梅九 顧景星

入門即修竹，迴檻得林泉。柿葉當軒緑，爐峰帶蘚妍。玉童雙侍立，銀甕迭陳前。

倚曲催觴政，微酣擘綵箋。停車余戴笠，投轄爾開顔。丙辰夏，予自天雄歸，造君柿葉軒，口占：“挽車曾入郭，戴笠即登高。指點床頭甕，旁人笑我狂。”灑落看賓主，門闌識後先。中丞宣力舊，之焕。槁木死心禪。之熉。大義懸天壤，余才藉簡編。君家世世有集。嘗思先友重，倍覺後人賢。安否兵戈外，窮愁歲序遷。僧歸頻問訊，書到失周旋。入夢憐花藥，爲歡憶管絃。藤稍青未了，洞壑白依然。吟望終今日，相思落月邊。

【校記】

〔1〕廣東貴築道，查乾隆《廣東通志》，廣東歷史上無“貴築道”。據乾隆《貴州通志》卷二“輿圖·貴陽府圖説”：“自有明隆慶時，易程番府爲貴陽，遂爲省會之首……所轄三州四縣，附郭曰貴筑。”則其時已有“貴筑”之名。又卷三“建置”：“隆慶二年改程番府爲貴陽府，移治布政司治所。萬曆十九年改貴筑長官司爲新貴縣，附郭。”至清康熙二十六年（1687 年），才以貴州衛、貴州前衛地置貴築縣，與新貴縣同城。康熙三十四年（1695 年）新貴縣併入貴築縣。明貴州布政司參政二員，一分守安平督糧道，一分守貴寧道；參議二員，一分守新鎮道，一分守思仁道。按察司有副使四員，一分巡思石兵備道，一分巡安平威清兵備道，一分巡貴寧兵備道，一分巡新鎮都清兵備道。并無“貴築道”名目。參閲乾隆《貴州通志》卷十六“官制”。